中国新能源汽车产业创新发展研究

刘颖琦 / 著

科学出版社

北京

内 容 简 介

作为解决世界能源短缺、减少 CO_2 排放、有效使用绿色能源的重要手段之一，新能源汽车产业在全球得到快速发展。本书共分为 18 章，涵盖新能源汽车产业的相关政策、商业模式的影响因素、各个因素之间的相互作用、商业模式的创新等。本书在内容上点、面、体结合，注重理论与实践的相互印证，从产业体系全景图介绍，到整车、动力电池和充电基础设施三大产业链分析，再到全球 8 个典型国家的大量产业数据和产业实例研究，既有以经典理论为引领构建的技术创新驱动下的新能源汽车产业商业模式创新演变模型，更有结合实践深入浅出的实际案例剖析。

本书可供新能源汽车产业界专业人士以及政府部门的相关人员参阅，也适合想要快速了解新能源汽车产业商业模式的广大读者阅读。

图书在版编目（CIP）数据

中国新能源汽车产业创新发展研究 / 刘颖琦著. —北京：科学出版社，2023.9
ISBN 978-7-03-075975-7

Ⅰ. ①中… Ⅱ. ①刘… Ⅲ. ①新能源-汽车工业-机制创新-研究-中国 Ⅳ. ①F426.471

中国国家版本馆CIP数据核字（2023）第125542号

责任编辑：石 卉 吴春花 / 责任校对：韩 杨
责任印制：徐晓晨 / 封面设计：有道文化

科 学 出 版 社 出版
北京东黄城根北街 16 号
邮政编码：100717
http://www.sciencep.com
北京中科印刷有限公司 印刷
科学出版社发行 各地新华书店经销
*
2023 年 9 月第 一 版 开本：720×1000 1/16
2023 年 9 月第一次印刷 印张：25
字数：436 000
定价：188.00 元
（如有印装质量问题，我社负责调换）

前　　言

　　作为解决世界能源短缺、减少 CO_2 排放、有效使用绿色能源的重要手段之一，新能源汽车产业在全球得到快速发展。随着新能源汽车产业技术创新能力的大幅提升、续航里程的不断增加，以及充电基础设施的日益完善，不仅缓解了消费者的"里程焦虑"，更推动了各类商业模式的涌现。

　　作为新能源汽车最大的生产国和全球最大的新能源汽车市场，中国新能源汽车产业的快速发展是在国家和地方产业政策支持，以及技术创新和商业模式创新共同驱动下的结果。新的技术和商业模式不断催生着新产品、新服务、新业态和新模式，而商业模式的创新不仅是产品在技术还不足够成熟时进入市场的支持，更是产业化不断向纵深发展的市场推动力。因此，聚焦中国新能源汽车在技术创新驱动下的商业模式创新，不仅能够吸引更多新兴领域利益相关者的加入，促进新能源汽车产业的创新发展；更能鼓励更多公众关注新能源汽车产业，为产业发展提供更多支撑，从而进一步推动中国新能源汽车产业高质量发展，助力交通强国、制造强国建设。

　　本书共分为 18 章，涵盖新能源汽车产业的相关政策、商业模式的影响因素、各个因素之间的相互作用、商业模式的演进等内容。

　　本书对中国新能源汽车产业体系、产业链和商业模式的现状进行了国内外对比研究。通过绘制新能源汽车产业体系全景图，并以产业体系中的整车、动力电池和充电基础设施三大产业链条为切入点，对比新能源汽车保有量、TOP10 企业排名、动力电池装机量、充电桩数量和快慢充比例等数据，对全球和中国市场进行深入剖析。研究表明，中国新能源汽车产业在经历了市场萌芽、市场启动、市场扩散和市场加速四个阶段后，增速远高于世界平均增长速度。通过选取 Autolib、Car2go、EVCARD、整车销售、融资租赁等具有代表性的项目及商业模式进行国内外对比分析，可以看到中国市场拥有全球最为丰富和种类繁多的商业模式。

　　全球新能源汽车产业市场的飞速发展得益于各国政策的有效支持。本书选取具有代表性的 8 个国家（美国、德国、法国、荷兰、英国、日本、韩国和中国）进行政策对比。其中，美国和德国在新能源汽车方面的法规和标准较为完善；英国的能源环境战略更为健全；荷兰和法国将财政刺激作为政策的重要手段；中国更加重视发挥补贴和税收减免政策工具的作用，对充电基础设施等方面的政策支持体系最为完善；韩国的新能源汽车补贴政策体系较为完善；而日本的各项政策更加重视燃料电池电动汽车和混合动力汽车。

为寻求中国新能源汽车产业商业模式不断涌现背后的深层原因，本书从动态视角出发，基于战略-商业模式分析框架和战略选择模型，构建了技术创新驱动下的新能源汽车产业商业模式创新演变模型。该模型包括商业模式创新的演变基础（影响因素）、动力系统（技术创新、制度条件、产业结构和资源基础 4 个子系统）和演变结果三部分。

中国新能源汽车产业的商业模式创新动力机制研究表明，商业模式创新的动力在市场启动阶段以产业政策和产业链为主要动力；在市场扩散阶段重视联盟参与、价值网络构建、市场竞争等要素；在市场加速阶段则更加关注价值网络构建和技术创新驱动带来的创新动力。同时，随着产业和市场进程的发展，使用导向型商业模式与产品导向型商业模式的创新日益受到重视，并深受各阶段主要创新动力的推动和影响。

城市商业模式创新对比表明，北京、杭州、深圳三个城市商业模式创新网络存在明显差异，分别形成了北汽主导资源整合与创新能力的商业模式创新网络、各大车企共同创新的商业模式创新网络、普天与比亚迪共同驱动的商业模式创新网络。

新能源汽车产业体系的开放性和动态性，吸引了包括无人驾驶、氢燃料电池、无线充电、5G 等技术在产业平台上落地扎根。技术与需求之间的差距决定了未来商业模式将对产业发展产生更为深远和广泛的影响，也将引领产业向更高层级跃进。

在本书写作过程中，笔者先后赴国内外 20 多个城市，40 多个整车企业、电池企业和相关充电运营企业进行调研访谈，发放 500 多份问卷，获取了大量一手数据和访谈资料，并建立了基于城市层面的中国新能源汽车产业数据库。通过社会网络分析和系统动力学等系统工程研究手段，构建了新能源汽车产业层面的商业模式创新模型，从而实现了商业模式理论创新。在此，感谢所有参访企业及专业人士的大力支持。

此外，在撰写过程中，我的博士研究生和硕士研究生（张力、张雷、宋泽源、李震、周菲、陈睿君、冯瑞虞、席锐、王璐、乔爽、黄雅曼）给我提供了许多帮助。从数据获取到统计分析，再到模型构建等，都离不开研究团队一直以来不断的讨论与打磨。

　　本书虽经再三琢磨，仍难免有疏漏及不足之处，尚祈专家学者不吝指正。

刘颖琦

2023 年 1 月 1 日

目　　录

现　状　篇

理　论　篇

图 目 录

表 目 录

第 1 章 绪 论

　　新能源汽车是指采用非常规的车用燃料作为动力来源(或使用常规的车用燃料,但采用新型车载动力装置),综合车辆的动力控制和驱动方面的先进技术,形成技术原理先进、具有新技术和新结构的汽车。世界能源危机与环境问题的日益加剧使得新能源汽车成为未来可持续发展的重要选择之一。当前,世界能源结构以石油为主,中国作为世界最大的能源生产国,目前能源结构以煤炭为主,且可再生资源开发利用程度很低。同时,中国也是世界最大的能源消费国,能源消费总量不断增长,但受到资金、技术、能源价格等因素的影响,能源利用效率较低。中国的经济发展主要建立在国产能源生产与供应基础上,能源技术业主要依靠国内供应,因此中国能源危机与环境污染形势更加严峻。联合国《2030 年可持续发展议程》中对新能源汽车产业可持续发展提出了明确目标,各国政府也借这次发展契机,适时公布了燃油车禁售计划。从全球范围看,一场以动力电气化、材料轻量化、车辆智能化三大科技为核心的新能源汽车技术大变革正在兴起,2021~2025 年全球将迎来汽车产业重组和技术转型升级的重要战略机遇期,同时商业模式的创新又进一步拓宽了新能源汽车产业的发展空间。基于此,新能源汽车产业发展得到了来自国内外学术界和产业界的广泛关注。

　　本章通过具体阐述能源危机与环境问题的现状、新能源汽车的可持续发展目标、新能源汽车的发展契机、新能源汽车产业技术创新及新能源汽车产业商业模式,介绍了本书的研究背景,并分析了技术创新驱动下、多要素影响下的新能源汽车产业商业模式创新演变,对进一步促进我国新能源汽车产业发展的重大意义;同时,概述了整个研究的研究思路和研究内容,即从技术角度出发,探析中国新能源汽车产业商业模式创新过程,并提出了本书创新点。

1.1 研 究 背 景

1.1.1 能源危机与环境问题下的必然选择

2008 年，金融危机席卷全球，经济萎缩造成能源安全问题凸显，环境保护和能源效率问题受到世界各国的重视。经济合作与发展组织（Organization for Economic Co-operation and Development，OECD）的研究资料显示，交通运输领域的能源消耗占全世界能源消耗的 1/3（IEA，2015）。国际能源署（International Energy Agency，IEA）在《世界能源展望 2015》（*World Energy Outlook 2015*）中指出，如果没有重要的能源政策和气候政策出台，预计汽车保有量与能源消耗将稳步增长，至 2050 年将翻一倍，这种情形无疑将增加二氧化碳排放量，进一步扩大石油需求（IEA，2015）。

在能源问题凸显的同时，汽车保有量的增加引发了更多的环境问题。根据政府间气候变化专门委员会（Intergovernmental Panel on Climate Change，IPCC）的调查，交通领域排放的温室气体占全球温室气体的 14%（Intergovernmental Panel on Climate Change，2014）。随着汽车保有量的持续增加，全球气候变暖问题更加凸显。同时，联合国环保组织的调查显示，城市中的空气污染 50% 来自燃油汽车的废气排放，而汽车拥有量最集中的欧美国家的一些城市，空气污染的 60% 来自燃油汽车的废气排放。据测定，汽油、柴油动力汽车排放的废气中含有害物质达 160 多种，汽车尾气中含上百种不同的化合物，其中的污染物有固体悬浮微粒、一氧化碳、二氧化碳、碳氢化合物、氮氧化合物、铅及硫氧化合物等，一辆汽车一年排出的有害废气重量比自身重量大 3 倍（联合国环境规划署，2019）。

中国作为世界第二大经济体，随着经济的快速发展，能源需求也在持续高速增长。中华人民共和国海关总署数据显示，2018 年原油进口同比增长 10.1%，达到 4.62 亿吨；2018 年成品油进口同比增长 13%，达到 3350 万吨。中国已经连续第二年成为全球最大原油进口国。2019 年上半年全国汽车保有量达 2.5 亿辆[①]，

---

① 交管局：2019 年上半年全国汽车保有量达 2.5 亿辆[EB/OL]. http://auto.cnr.cn/gdzx/20190719/t20190719_524698263.shtml[2021-11-18].

相比 2009 年的 7600 万辆①，约增长 3 倍。同时，根据北京市生态环境局（2020）的研究，机动车对 $PM_{2.5}$ 的贡献为 22% 左右。随着我国汽车保有量不断增加，车用汽柴油消费量不断上升，汽车对能源的依赖和消耗不断提升，对环境的污染也日益严重。在这样的大背景下，汽车产业迫切需要进行一场节能降碳的产业革命，以缓解由此带来的能源危机和对环境的压力。而新能源汽车作为缓解能源危机、提高能源效率、降低环境污染的重要措施受到了世界各国的关注，发展新能源汽车产业成为解决能源危机与环境问题的必然选择。

1.1.2 可持续发展目标下的重要举措

2015 年 9 月，联合国可持续发展峰会通过了《2030 年可持续发展议程》，提出可持续发展的 17 项目标，其中目标 7 "确保人人获得负担得起的、可靠和可持续的现代能源"，目标 12 "采用可持续的消费和生产模式"，目标 13 "采取紧急行动应对气候变化及其影响"中都明确提出对气候变化、可持续能源和生产消费模式的新要求。可持续低碳运输合作伙伴组织（SLoCaT）分析强调，可持续交通已具体纳入 17 个目标中的 7 个，并由 5 个目标直接涵盖。

自《2030 年可持续发展议程》提出以来，各国为落实可持续发展议程做出了不懈努力，取得了积极成果。其中，日本可持续交通目标涉及以下领域：重视智慧安全交通、严格管控交通对环境的影响、坚持低碳交通技术行动、鼓励新能源研发、完善城市公共交通系统以及坚持客运优先的发展原则，以快捷、便利、安全、舒适为发展目标维护公平的市场管理理念。中国政府率先发布了《中国落实 2030 年可持续发展议程国别方案》，建立了由 45 家成员单位组成的部际协调机制，将 17 个目标和 169 个子目标按工作领域分解到各部门，统筹推进落实工作。

新能源汽车产业作为可持续交通的重要实现途径，具有新能源载体、智慧交通平台、灵活建设的基础设施、可持续快速应对气候灾害以及绿色环保技术快速应用等特点，为可持续交通目标的达成提供了有力支撑，是践行可持续交通的重要举措之一。而随着全球发展合作的加深，可持续发展理念的不断深化，必然对新能源汽车产业提出更多新的要求，依托新能源汽车产业的可持续交通发展依然

---

① 公安部：2009 年全国机动车和驾驶人数量增长迅猛[EB/OL]. http://www.gov.cn/gzdt/2010-01/08/content_1506124.htm[2010-01-08].

任重道远。

1.1.3 燃油车禁售浪潮下迎来新的机遇

2015 年，荷兰率先宣布最早将于 2025 年禁售燃油车，之后世界各国也相继公布了禁售燃油车时间表。法国和英国拟定 2040 年开始禁售燃油车，传统汽车强国德国将于 2030 年开始禁售燃油车，挪威禁售燃油车时间是 2025 年，印度也宣布 2030 年禁售燃油车。2017 年，中华人民共和国工业和信息化部正式启动燃油车退出时间表的相关研究。2019 年 5 月 20 日，中国石油消费总量控制和政策研究项目在北京发布《中国传统燃油车退出时间表研究》报告，其中综合中国汽车产业发展及排放目标，对燃油车的退出时间进行了分析预测，提出中国有望于 2050 年以前实现传统燃油车的全面退出，私家车的全面新能源化有可能在 2030 年前后完成。

从企业层面来看，世界传统车企巨头也纷纷公布停售燃油车时间，投身到新能源汽车的浪潮中。例如，沃尔沃在 2019 年就停售纯燃油车，宝马也在 2016 年提出要在 2020 年前实现旗下所有车系都拥有不同形式电动化的目标，大众计划于 2030 年实现全部车型电动化，奔驰计划于 2025 年起所有新发布的车型架构将均为纯电平台。国产自主品牌、互联网新创车企也相继开始发力，如长安宣布在 2025 年后不再销售传统燃油车，北汽也从 2020 年开始逐渐停售自主品牌的传统燃油车。

这场传统燃油车市场的重大变革无疑是新能源汽车发展路径中的一个重要转折点。同时，随着国家产业政策对电动汽车生产资质的逐步放开、民间资本的流入，一大批互联网新势力造车将迎来爆发式发展。在这场燃油车禁售的发展浪潮下，不管是对已经投身于新能源汽车领域的传统车企，还是对新势力造车企业而言，都将迎来新的发展机遇。

1.1.4 融合开放生态下技术创新的重要推力

从全球范围来看，一场以动力电气化、材料轻量化、车辆智能化三大科技为核心的新能源汽车技术大变革正在兴起，新能源汽车产业生态已经由零部件、整车研发生产和营销服务企业之间的"链式关系"，逐步演变成汽车、能源、交通、信息通信等多领域多主体参与的"网状生态",相互赋能、协同发展成为各类市场主体发展壮大的内在需求。因此,2021~2025 年,跨行业、扩领域、融合创新和更加开放包容的国际合作成为新能源汽车产业发展的重要特征,全球新能源汽车的产业重组和技术转型升级将面临一个重要的战略机遇期。从中国来看,中国新能源汽车示范推广与产业高速发展,源于关键零部件产品技术性能突破和产业链体系建设。占据新能源汽车保有量95%以上市场份额的中国品牌新能源汽车依靠的是基于自主核心技术的电池、电机和电控关键部件。截至 2018 年底,我国量产动力电池单体能量密度达到 265 瓦·时/千克,成本控制在 1 元/(瓦·时)以下,提前达到 2020 年的目标水平。与 2012 年相比,能量密度提高了 2.2 倍,成本下降了 75%。

与国际新能源汽车技术相比,中国锂离子动力电池正极材料、负极材料、电解液和隔膜已进入国际动力电池生产企业供应体系。磷酸铁锂离子电池产业成熟度和规模领先国际,采用三元正极材料的高比能量电池和钛酸锂负极材料的快充电池大规模商业化应用。此外,电池管理系统、驱动电机、电控系统也取得技术进步,逐步向国际先进水平看齐。中国的乘用车驱动电机系统和商用车驱动电机系统已形成规模化产业。乘用车驱动电机形成了系列化产品,并为国内多款乘用车配套,部分产品实现了批量出口;开发出了深混动力分流双电机、并联单电机和高速桥驱电机等重点产品,应用于混合动力、插电混合动力和各类纯电动车型。

除通过提升技术层次促进新能源汽车产业外,新利益相关者的加入也为新能源汽车产业带来了新的技术,如智能网联、无人驾驶、5G 技术、轮边驱动技术、无线充电等创新技术,将为促进、推广、创新新能源汽车产业发挥重要作用,与此同时,技术与技术之间的叠加效应也愈发明显。在多领域多层面的技术创新下,新能源汽车产业发展获得了极大助力,以新能源汽车为技术载体的全球科技大变革正在悄然发生。

1.1.5 商业模式创新下的广阔空间

商业模式创新作为促进新能源汽车发展的有效手段,与新能源汽车的技术创新同等重要。中国作为全球最大的新能源汽车产业市场之一,将吸引越来越多各类国际巨头企业的进入,目前已经可以在中国市场上看到宝马之诺租赁项目、特斯拉线上线下结合销售模式、戴姆勒 Car2go 模式、Uber 专车运营、苹果

CarPlay 等商业模式。不可否认的是，这些国际巨头企业的进入将进一步提升产业技术创新，触发商业模式创新和演变，加速新商业模式对旧商业模式的取代速度。

国家高技术研究发展计划（"863 计划"）作为新能源汽车产业发展的开端，从技术层面实现了"三纵三横"①的技术研发路线和战略部署，"十城千辆节能与新能源汽车示范推广应用工程"（简称"十城千辆"工程）则开启了新能源汽车产业的商业模式创新活动，从"十城千辆"到"推广应用示范城市（群）"，新能源汽车产业得到快速发展。

与此同时，商业模式更是呈现多样化的发展趋势，北京、上海、深圳、杭州等示范运营城市（群）呈现出微公交模式、车分享模式、普天模式、比亚迪金融租赁模式和特斯拉售卖模式等具有中国特色的商业模式创新。中国新能源汽车产业商业模式创新不仅在一定程度上解决了电动汽车充电难、续航里程短等技术难题，而且克服了以色列 Better Place 公司快换模式的缺陷，从而加快了产业市场化进程。商业模式的创新为新能源汽车产业提供了更广阔的发展空间。

在这样的产业发展大背景下，新能源汽车产业渐进式技术创新和突破式技术创新，推动了新能源汽车产业商业模式创新，而创新的商业模式将进一步在规模和速度上对新能源汽车产业格局产生前所未有的改变。目前，对商业模式创新的研究不仅要了解这样一个非同寻常的演变及其所产生的影响，更需要理解并系统地解释商业模式创新的动力来源及其动力演变，理解商业模式如何克服挑战、实现创新，从而为中国新能源汽车产业发展提供坚实的支撑。

1.2 研究对象及概念界定

经过多年持续努力，我国新能源汽车产业技术水平显著提升、产业体系日趋完善、企业竞争力大幅增强，2015 年以来产销量、保有量连续五年居世界首位，电动化跻身世界前列，网联化、智能化发展势头强劲，共享化应用市场孕育兴起，产业进入叠加交汇、融合发展新阶段。目前，我国新能源汽车产业已经形成了较

---

① "三纵三横"："三纵"指混合动力汽车（hybrid electric vehicle，HEV）、纯电动汽车（battery electric vehicle，BEV）、燃料电池电动汽车（fuel cell electirc vehicle，FCEV）；"三横"指多能源动力总成控制系统、电机及其控制系统、电池及其管理系统。

为完整的发展体系,形成了以动力电池、电控系统、驱动电机和整车为主的上游产业链,以科研院所、中间服务商和高新技术企业为主的中游产业链,以充电基础设施、后服务市场和应用用户为主的下游产业链。

1.2.1 新能源汽车

新能源汽车的概念最早出现于 20 世纪 60 年代,是指除汽油、柴油发动机之外所有其他能源的汽车。世界各国关于新能源汽车的定义不同。例如,新能源汽车在日本通常被称为"低公害汽车",2001 年日本国土交通省、环境省和经济产业省制定了"低公害车开发普及行动计划"。该计划所指的低公害车包括 5 类,即以天然气为燃料的汽车、混合动力汽车、电动汽车、以甲醇为燃料的汽车、排污和燃效限制标准最严格的清洁汽油汽车。而在美国,通常将新能源汽车称为"代用燃料汽车"。

新能源汽车这一概念在我国最早于《中华人民共和国国民经济和社会发展第十一个五年规划纲要》("十一五"规划)初期的"863 计划"中提出。这一概念提出后,引起了学术界的广泛关注,汽车生产企业也尝试用新能源作为动力研发新能源汽车以替代传统汽车。根据我国 2009 年 7 月 1 日实施的《新能源汽车生产企业及产品准入管理规则》,新能源汽车是指采用非常规的车用燃料作为动力来源(或使用常规的车用燃料、采用新型车载动力装置),综合车辆的动力控制和驱动方面的先进技术,形成技术原理先进、具有新技术和新结构的汽车。新能源汽车包括混合动力汽车、纯电动汽车(包括太阳能汽车)、燃料电池电动汽车、氢动力汽车(hydrogen vehicle,HV)等。

混合动力汽车是指采用传统燃料同时配以电动机或发电机来提高燃油消耗和低速动力输出的车型,它至少拥有两个能量储存系统和能量变换器。混合动力汽车又可分为普通混合动力汽车和插电式混合动力汽车(plug-in hybrid electric vehicle,PHEV)。根据燃料类型的不同,又可分为柴油混合动力汽车和汽油混合动力汽车。目前,国内市场主流的混合动力汽车为汽油混合动力汽车,柴油混合动力汽车在国际上发展较为迅速。

纯电动汽车是储能动力源由单一蓄电池组成的汽车。与混合动力汽车相比,纯电动汽车的引擎完全不用内燃机,也不使用柴油、汽油等燃料,而是完全靠电池驱动。

燃料电池电动汽车是以甲醇、氧气等通过化学反应产生电能为燃料,采用燃料电池为动力源启动发动机,从而驱动汽车运行。由于燃料电池在化学反应中并不燃烧,因此对环境没有污染;与传统内燃机相比,燃料电池的能量转换率很高,因此对于环境保护和能源利用来说,燃料电池也是实现新能源汽车的重要技术之一。自 2019 年以来,燃料电池技术取得了很大突破,许多著名汽车制造商如宝马、福田、丰田都开始生产燃料电池电动汽车。

氢动力汽车分为氢内燃汽车与氢燃料电池汽车。氢动力汽车排放的是纯净水,具有无污染、零排放等优势,因此是一种真正实现零排放的交通工具。奔驰、大众和宝马也积极开展新能源汽车研究。

不同类型的新能源汽车具有不同的特性。截至 2021 年底,全国新能源汽车保有量达 784 万辆,其中纯电动汽车保有量 640 万辆,占新能源汽车总量的81.63%[①]。因此,本书研究的新能源汽车主要指以动力电池为动力源的电动汽车,燃料电池电动汽车和氢动力汽车作为还未全面市场化的新能源汽车产品,仅做讨论研究。

1.2.2 新能源汽车产业

新能源汽车产业从经济学描述,是从事新能源汽车生产与应用的行业,发展这一产业能有效减少空气污染以及缓解能源短缺问题,其具有战略性、先进性、系统性、市场性、多元性等特征。在当今提倡全球环保的前提下,新能源汽车产业必将成为未来汽车产业发展的导向和目标。

中国新能源汽车产业始于 21 世纪初。2001 年,新能源汽车研究项目被列入《中华人民共和国国民经济和社会发展第十个五年计划纲要》("十五"计划)期间的"863 计划"重大科技课题,并规划了以汽油车为起点,向氢动力汽车目标挺进的战略。"十一五"以来,我国提出"节能和新能源汽车"战略,政府高度关注新能源汽车的研发和产业化。2009 年启动的"十城千辆"工程,更是推动了新能源汽车产业的进一步发展。2011~2015 年,新能源汽车进入产业化阶段,在全社会推广新能源城市客车、混合动力轿车、小型电动车。2016~2020 年,我国进一步普及新能源汽车、多能源混合动力车、插电式电动汽车,氢燃料电池电动汽车将逐步进入普通家庭。

---

① 截至 2021 年底,全国新能源汽车保有量达 784 万辆,其中纯电动汽车保有量 640 万辆[EB/OL].
http://www.caam.org.cn/search/con_5235354.html[2022-04-20].

自"十二五"期间进入七大战略性新兴产业以来，新能源汽车产业持续发力。经过多年的研究开发和示范运行，我国新能源汽车形成了从原材料供应、电机电控电池、整车关键零部件、整车制造到后服务市场和充电基础设施这一完整产业链条。图 1-1 呈现了新能源汽车产业链全景。

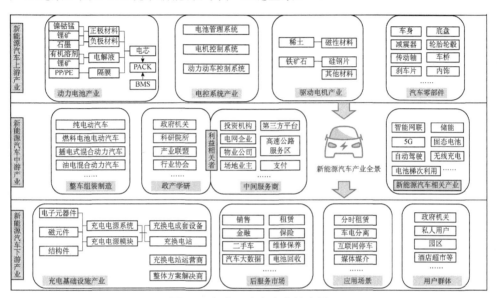

图 1-1　新能源汽车产业链全景

资料来源：笔者根据公开资料整理绘制

PP/PE：聚丙烯/聚乙烯；PACK：动力电池的包装、封闭和装配；

BMS：动力电池管理系统

新能源汽车产业作为平台型战略性新兴产业，产业全景涉及领域广泛，利益相关者众多。上游产业包括核心技术产业即动力电池产业、电控系统产业、驱动电机产业、汽车零部件。中游产业包括整车组装制造、利益相关者、新能源汽车相关产业。利益相关者不仅包含企业，还包括政产学研以及为新能源汽车产业提供服务平台的中间服务商等，如投资机构、第三方平台，以及保障充电和停车的电网企业、场地业主。新能源汽车相关产业包括提升车载系统服务的智能网联和5G 产业；改变汽车产业格局的自动驾驶产业；改进电池续航能力的固态电池产业；提高电池梯次利用价值的储能产业等。相关产业作为新加入的利益相关者为未来新能源汽车的技术创新和商业模式创新提供了契机点。下游产业有配套的充电基础设施产业、后服务市场、应用场景和用户群体。新能源汽车产业全景是由多利益相关者参与、多产业融合的产业平台体系。

新能源汽车产业的发展受到政策、利益相关者等多方面的影响，从图1-1中不难看出，新能源汽车受到核心技术的影响最大。本书从技术视角，重点关注整车组装制造技术、动力电池技术和充电基础设施技术对新能源汽车产业商业模式创新的影响，如图1-2所示。

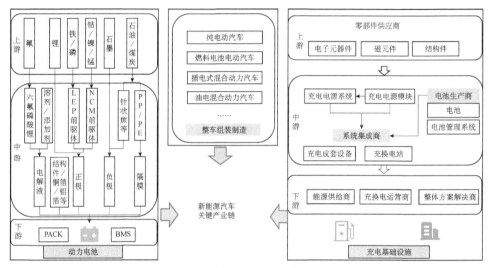

图 1-2　新能源汽车关键产业链

资料来源：笔者根据公开资料整理绘制

LEP：磷酸铁锂，化学式为 $LiFePO_4$；NCM：指正极材料由镍（Ni）、钴（Co）、锰（Mn）三种材料按一定比例组合而成的三元锂离子电池

1.2.3　新能源汽车产业体系

1. 整车产业链及企业

在国家政策的积极鼓励下，中国新能源汽车产业已初具规模，产业链上游、中游和下游吸引了越来越多的利益相关者参与，产业竞争也日趋激烈。目前，中国新能源汽车产业链主要包括上游零部件配售商、中游整车组装制造商、下游用户。中国新能源汽车产业链全景如图1-3所示。

（1）产业链上游主要是上游零部件配售商，产品主要包括电池、电机、电控等关键零部件以及轮胎、轮毂、减震器和传动器等其他零部件。

新能源汽车关键零部件的技术突破，对于打破国外供应商在新能源汽车核心零部件的垄断，提升我国自主品牌汽车竞争力，具有重要的战略意义。《"十三五"

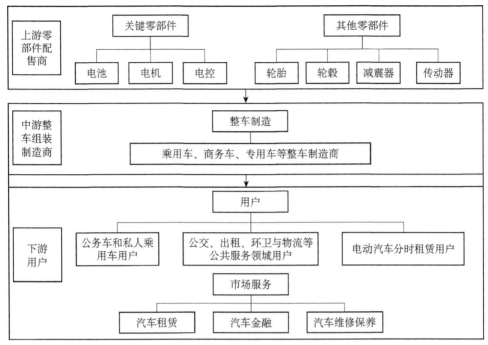

图 1-3 中国新能源汽车产业链全景

资料来源：笔者根据公开资料整理绘制

国家战略性新兴产业发展规划》中的新能源汽车发展部分明确提出要提升关键零部件技术水平、配套能力与整车性能，超前布局研发下一代动力电池和新体系动力电池，实现电池材料技术突破性发展。动力电池是新能源汽车的核心总成，关系到新能源汽车的安全性、动力性、经济性、续航里程寿命与充电方便性等。我国动力电池关键材料基本上实现了上下游相对完整的产业链，但材料的总体技术水平与国外还存在一定差距，尤其是在高性能动力电池正极材料及高端隔膜方面。未来动力电池的发展仍以保障电池可靠性和安全性，提高电池比能量和比功率，降低成本为主要目标。在驱动电机方面，我国自主开发的永磁同步电机、交流异步电机等已经实现了整车配套，功率覆盖 200 千瓦以下新能源汽车电机动力需求。在高性能、新结构电机制造工艺方面，我国只有少数电机供应商在开发样件，国际上已经开始批量生产。总体来讲，我国驱动电机产业链不够完善，在电机控制器方面，尚处于初步发展阶段，电动汽车电机控制器行业尚未形成清晰、稳定的市场竞争格局。我国电机、电控、电池产业代表性企业主要有比亚迪股份有限公司、精进电动科技股份有限公司、中山大洋电机股份有限公司、联合汽车电子有限公司、深圳麦格米特电气股份有限公司、上海电驱动股份有限公司、天津力神电池股份有限公司和合肥国轩高科动力能源有限公司。

（2）产业链中游是连接上游零部件配售商和下游用户之间的关键纽带，产业链中游的一些利益相关者对于目前我国新能源汽车产业发展至关重要。我国新能源汽车产业链中游主要包括整车组装制造商，主要包括乘用车、商务车、专用车等新能源汽车制造厂商、销售商、运营商。乘用车是指车辆座位少于九座（含驾驶员位），以载客为主要目的的车辆。2020 年，我国新能源乘用车销售 124.6 万辆。2020 年，新能源乘用车销量排名前十的企业分别为比亚迪股份有限公司、上汽通用五菱汽车股份有限公司、特斯拉（上海）有限公司、上海汽车集团股份有限公司乘用车公司、广汽埃安新能源汽车股份有限公司、长城汽车股份有限公司、上海蔚来汽车有限公司、奇瑞汽车股份有限公司、一汽大众汽车有限公司、上汽大众汽车有限公司。商务车是指车辆座位大于九座（含驾驶员位）或者以载货为主要目的的车辆。2020 年，我国新能源商务车销售 12.1 万辆，主要企业有郑州宇通集团有限公司、比亚迪股份有限公司、中车时代电动汽车股份有限公司、中通客车股份有限公司等。专用车是指装置有专用设备，具备专用功能，用于承担专门运输任务或专项作业以及其他专项用途的汽车。2020 年，我国新能源专用车销售 7.4 万辆，主要企业有重庆瑞驰汽车实业有限公司、东风汽车集团有限公司、南京金龙客车制造有限公司、东风渝安车辆有限公司等。

（3）产业链下游为用户，包括公务车和私人乘用车用户，公交、出租、环卫与物流等公共服务领域用户，电动汽车分时租赁用户，以及汽车租赁、汽车金融及汽车维修保养企业。目前，中国新能源乘用车用户仍然以私人消费为主。2020 年上半年，中国新能源乘用车上险数为 30.8 万辆，其中个人购买、单位购买、营运车辆分别为 22.1 万辆、4.4 万辆、4.3 万辆，分别占比 71.8%、14.2%、14.0%（恒大研究院，2020）。在汽车金融方面，2018 年和 2019 年受我国汽车市场整体低迷的影响，我国汽车金融行业进入淡季，汽车金融行业正处于行业整合期，代表性企业有易鑫集团有限公司、优信（陕西）信息科技集团有限公司、上海灿谷投资管理咨询服务有限公司、上海点牛互联网金融信息服务有限公司等。

我国新能源汽车产业链上游、中游、下游企业之间互相合作，形成了互补共生的产业态势。其中，产业链上游的关键零部件制造企业主要包括电池、电机、电控企业。目前，市场上的电池、电机、电控企业主要有以下三类：

第一类是具备电机、电控供应链的整车厂，电机、电控全部自供且部分由少量外销，该类厂商一般为传统车企，具备完整的零部件生产能力，如比亚迪、北汽新能源等。

第二类是新能源电机与控制系统专业制造商，可以提供包括电机、电控等的完整驱动系统，如上海电驱动股份有限公司、烟台正海磁性材料股份有限公司等。

第三类是只生产电机或电控的厂商，电机厂商如精进电动科技股份有限公司、浙江方正电机股份有限公司，电控厂商如深圳市汇川技术股份有限公司。

随着新能源汽车行业的高速增长，新能源专用牌照的发放带来的将是专门制造新能源汽车的新车企的崛起，在这样的背景下，新能源汽车产业链分工细化有一定的必要性。未来，第三方驱动电机系统企业有获取新增订单、与整车企业成立合资公司等多种发展机遇，而在这样激烈的竞争下，具备核心技术、成熟驱动电机系统产品经验优势的企业更将脱颖而出。

中游整车组装制造商主要可以分为三类（表 1-1）：传统整车企业、造车新势力和跨界企业。其中，传统整车企业主要包括：北汽新能源、江淮、长城、上汽、吉利等；造车新势力主要包括威马、蔚来、车和家、小鹏汽车等；跨界企业主要包括万向、碧桂园、华夏幸福、宝能、万科、雅居乐等。目前，三种不同类型的企业分别采用了不同的企业战略，其中传统整车企业主要针对中国市场，全力打造全产业链技术布局（尤其是三电系统核心部件），并主攻纯电动和插电式技术路线；造车新势力则主要依靠资本推动，以代工模式快速切入新能源汽车市场，并主攻纯电动技术路线；跨界企业主要通过收购知名整车企业，整合汽车产业链资源进入新能源汽车市场。

表 1-1　中游整车组装制造商发展特点及竞争趋势

企业类型	发展特点	代表企业	竞争趋势
传统整车企业	①主要针对中国市场； ②全产业链技术布局（尤其是三电系统核心部件）； ③主攻纯电动和插电式技术路线	北汽新能源、江淮、长城、上汽、吉利等	优化产品组合，突破核心技术部件，保持主导权
造车新势力	①依靠资本推动； ②以代工模式快速切入新能源汽车市场	威马、蔚来、车和家、小鹏汽车等	交付产品，获取品牌认可和客户接受
跨界企业	①产业链上相关企业 ②地产进入新能源汽车行业	万向、碧桂园、华夏幸福、宝能、万科、雅居乐等	雄厚的资金支持，收购知名整车企业

资料来源：笔者根据公开资料整理

下游用户层面主要可以分为三个方面：公务车和私人乘用车用户，公交、出租、环卫与物流等公共服务领域用户，电动汽车分时租赁用户。2020年，我国新能源乘用车用户仍然以私人消费为主，2020年上半年数据显示新能源乘用车个人购买占比超过七成（恒大研究院，2020）。公共交通服务领域的规模扩大主要得益于中央政府政策推动及各地地方政府政策措施引导，《新能源汽车产业发展规划（2021—2035年）》提出鼓励地方政府加大对公共服务、共享出行等领域车辆运营的支持力度，给予新能源汽车停车、充电等优惠政策；2021年起，国家生态文明试验区、大气污染防治重点区域的公共领域新增或更新公交、出租、物流配送等车辆中新能源汽车比例不低于80%。在分时租赁方面，我国分时租赁车辆规模正逐年增长。相关数据显示，2019年12月我国汽车分时租赁市场月活用户规模达到347.6万人，分时租赁用户同比增长27.5%[①]，随着共享经济模式的逐渐成熟，以及新能源汽车技术的提升，新能源汽车分时租赁市场将在未来几年内保持较快速度的增长。

2. 电池产业链及企业

动力电池产业链主要分为上游原材料与电池材料环节、中游电池系统及集成环节、下游电池应用与回收环节。其中，上游原材料与电池材料环节的技术链主要包括正极制造技术、负极制造技术、电解液制造技术、隔膜制造技术、其他制造技术，涵盖镍（Ni）、钴（Co）、锰（Mn）、锂（Li）、石墨（C）和硅（Si）等矿产原材料以及动力电池电芯材料的生产；中游电池系统及集成环节的技术链主要包括电池技术和电池组技术，涵盖动力电池单体电芯和电池系统集成的生产；下游电池应用与回收环节主要包括动力电池在新能源汽车上的应用、动力电池回收利用行业。

总的来说，动力电池产业政策对产业链的影响主要是从技术引导和体系建设两个层面同时进行的。通过对近年来政策思路的梳理，可以解析出上游、中游、下游产业未来的技术发展趋势，如图1-4所示。

随着新能源汽车的日益普及，动力电池企业将面临更多的机遇与挑战。如何降低成本、提升性能，在竞争中获得优势，是当下动力电池企业倍加关注的焦点。

---

① 2020中国汽车分时租赁行业用户规模持续增长 一线城市用户集中度高[EB/OL]. https://free.chinabaogao.com/qiche/202003/03104R9222020.html[2022-06-13].

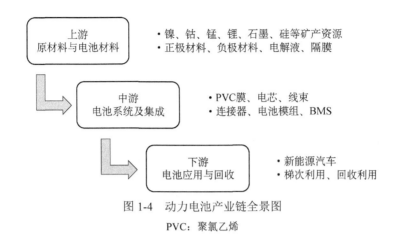

图 1-4　动力电池产业链全景图

PVC：聚氯乙烯

1）上游

动力电池产业链的上游为原材料资源的开采和加工，主要有锂资源、镍资源、钴资源和石墨等。其中，锂资源是其中需求量最大的原材料。

据粗略计算，一辆特斯拉电动汽车需要 50~70 千克的碳酸锂；一辆三元电池汽车需要 12~14 千克的镍，而一辆丰田普锐斯混动汽车约需要 8.5 千克的镍。随着新能源汽车年产量的提升，全球每年消耗的动力电池原材料数量巨大。

巨大的市场需求对相应的供给能力也提出了要求。以锂为例：地球上储藏着大量的锂矿资源，其中有 60% 的锂资源尚未得到勘探和开发。全球近 70% 的探明锂矿资源分布在南美洲的智利、阿根廷、玻利维亚三国，另外也有一部分分布在澳大利亚和中国。根据类型的不同，可将锂矿分为盐湖卤水型锂矿、伟晶岩型锂矿和沉积型锂矿三种，目前商业开采的主要为盐湖卤水型锂矿，而智利化学矿业公司（SQM）、美国雅宝（ALB）和美国富美实（FMC）几乎垄断了全球 80% 的卤水锂盐产量。

虽然全球范围内的锂矿资源储藏量丰富，但是可供开采的锂矿资源数量有限，且集中在少部分地区。对矿产资源匮乏的国家和地区而言，动力电池原材料需要进口是其发展新能源汽车的劣势。在动力电池的原材料资源中，锂矿应用最为广泛，我国的储量也相对丰富。根据美国地质调查局（USGS）的数据，截至 2019 年，我国在锂资源的储量上排名世界第六，图 1-5 主要列出了全球锂储量最多的六个国家[①]。

---

① 全球锂储量最大的六个国家[EB/OL]. https://xueqiu.com/1508613299/195855369?page=2[2022-04-06].

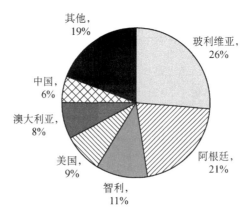

图 1-5   全球锂资源储量分布情况

从总量来看，我国锂矿资源丰富且资源潜力大，锂储量达 450 万吨，占世界总储量的 6%。但大部分锂矿分布在青藏高原，资源开发利用受环境和技术条件双重限制，仍需要大量进口锂矿石。综合考虑锂资源开采难度和开采成本，全球可开采锂资源储量中仅部分高品位优质锂资源有开采价值。这说明，锂资源虽然看似丰富，但长期看却是稀缺的。

钴是锂离子电池的主要原材料之一，主要用于生产钴酸锂、镍钴锰、镍钴铝正极材料。钴属于较为稀有的金属，主要集中在刚果（金）。2019 年，全球钴矿储量约为 700 万吨，中国钴矿储量占全球总储量的 1.1%，全球主要钴资源分布如图 1-6 所示[①]。

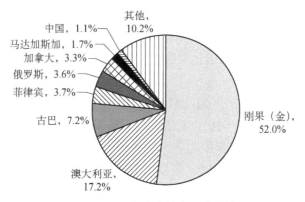

图 1-6   2019 年全球钴资源分布情况

---

① 2020 年全球及中国钴产量、需求量、钴供需平衡预测及价格走势分析[图][EB/OL]. https://www.chyxx.com/industry/202006/872771.html[2022-04-06].

由图 1-6 可知，钴资源主要分布在刚果（金）、澳大利亚和古巴，三国合计占比约 76%，其中刚果（金）的钴储量占世界储量的 52%。从数据来看，钴资源是相对稀缺的，而且钴资源主要集中在刚果（金），由于当地政治稳定性存疑，所以钴供应链体系缺乏安全保障。此外，由于钴价较高，为降低成本同时提升能量密度，高镍低钴是目前动力电池用料的发展趋势，未来单位吉瓦·时电池对应的钴金属量呈下降趋势。

新能源汽车电池产业的发展将增加对某些材料的需求。其中，对钴和锂需求的快速增长可能带来一些风险。钴的供应尤其关键，技术的持续发展降低了电池化学材料中钴的含量，能达到更高的能量和功率密度，但热稳定性降低。未来，钴需求的不确定性以及相对较低的全球钴需求（与其他金属相比）将导致其价格飙升。为了能实现产业发展、出行电气化的顺利转变，需要确保在一个适中的价格有稳定的钴供应。

2）中游

动力电池主要应用于纯电动汽车和插电式混合动力汽车两种新能源汽车。2009 年以来，我国陆续出台了一系列新能源汽车产业政策，已逐步形成了较为完善的政策体系，从宏观统筹、推广应用、行业管理、财税优惠、技术创新、基础设施等方面全面推动了我国新能源汽车产业的快速发展，并初步发挥了引领全球的龙头作用。

2020 年，中国动力电池装机量排名前 10 的企业主要分布在广东、福州、江西、合肥以及京津冀和长三角等东部沿海地区。同时，中国动力电池企业分级明显，如宁德时代以 31.79 吉瓦·时的装机量排名第一，占 2020 年全国动力电池装机量的 50%，而排名第二的比亚迪动力电池装机量为 9.48 吉瓦·时，占比约 14.9%，其余电池生产商的市场份额均相对较小，未能形成良好的市场竞争优势[①]。

3）下游

在新能源汽车产业快速发展的同时，废旧动力电池的回收问题也逐渐凸显。当前，我国动力电池的回收利用产业尚未规模化，动力电池拆解、梯次利用和电芯破碎/分选等方面的技术还需要提升，所建立的回收利用体系也需要完善。动力电池回收企业从 2017 年的 300 多家到 2021 年累计近 3000 家注册，而截至 2022

[①]　2020 动力电池装机量出炉　宁德时代登顶[EB/OL]. https://baijiahao.baidu.com/s?id=16890162469 45957973&wfr=spider&for=pc[2021-11-18].

年 2 月符合《新能源汽车废旧动力蓄电池综合利用行业规范条件》的企业仅有 45
家①。根据新能源汽车锂离子电池装机量预测，到 2025 年我国动力电池将进入大
规模退役期，因此废旧动力电池回收产业的市场空间十分广阔。

3. 充电基础设施产业链及企业

在国家政策的积极鼓励下，中国电动汽车充电基础设施产业已初具规模，产
业链上游、中游和下游吸引了越来越多的利益相关者参与，如一些互联网基因企
业、科技公司、初创公司等，产业竞争也日趋激烈。根据对全国 300 多家充电企
业的业务内容、网络公开信息和资料以及新闻报道等进行搜集、梳理和分析，发
现充电基础设施产业链全景可以展示为图 1-7。

（1）产业链的上游主要是充电设备制造商，本书将充电设备制造商和配电设
备制造商统一称为充电基础设施制造商，充电设备制造商又分为充电桩、监控设
备、滤波装置制造商等；配电设备制造商又分为变压器、高低压保护设备及低压开

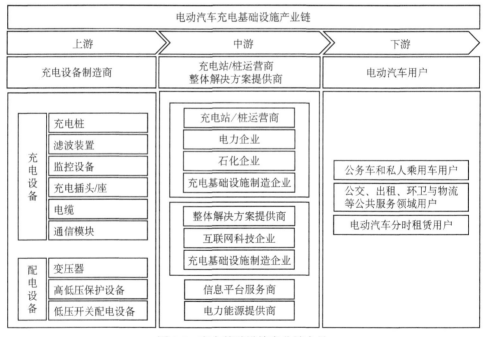

图 1-7　充电基础设施产业链全景

---

①　深度剖析动力电池回收产业[EB/OL]. https://baijiahao.baidu.com/s?id=1725691624110269875&wfr=
spider&for=pc[2022-04-06].

关配电设备制造商。这一环节是充电基础设施市场商业模式最为确定的环节，绝大多数厂商已经实现盈利，其中充电设备制造商是此环节中最重要的部分，拥有较高的行业壁垒。现阶段的充电基础设施制造商主要是传统的制造企业，如杭州中恒电气股份有限公司、苏州工业园区和顺电气股份有限公司、许继电气股份有限公司，以及新兴的互联网科技企业，如北京智充科技有限公司、北京畅的科技开发有限公司、成都新能电庄科技股份有限公司等。传统的制造企业更具生产制造上的优势，而科技企业则更具网络监控、技术升级和互联互通方面的技术优势。

（2）产业链的中游主要包括充电站/桩运营商和整体解决方案提供商，同时本书也将信息服务平台和电力能源提供商划入产业链的中游。产业链中游的一些利益相关者对于目前充电基础设施产业发展至关重要。

现阶段运营商的主要参与者包括电力企业（国家电网有限公司、中国南方电网有限责任公司）、石化企业（中国石油天然气股份有限公司、中国石油化工股份有限公司）、充电基础设施制造企业（北京华商三优新能源科技有限公司、普天新能源有限责任公司、特来电新能源股份有限公司等）以及互联网科技企业（成都新能电庄科技股份有限公司、北京智充科技有限公司、北京畅的科技开发有限公司等）。电力企业及石化企业不仅拥有国有资本的优势，在运营方面也更具经验；充电基础设施制造企业相对具有较高的研发和生产能力，为充电基础设施产业建设提供基本保障；互联网科技企业则发挥其"互联网基因"的优势，在智能充电、平台监控以及充电方式和途径等方面为用户提供便利。此外，整车企业（如北汽）也开始踏入充电运营领域。

现阶段，整体解决方案提供商的角色大多由充电基础设施制造企业承担。随着产业的发展，充电站/桩运营商、充电基础设施制造商和整体解决方案提供商等产业角色逐渐呈现出业务整合的趋势，一些企业既承担着运营商的角色，也同时承担着其他角色，因此综合型的运营商逐渐出现。

另外，随着市场需求的不断变化和互联网技术的不断提高，企业间的互联互通成为推动产业发展的重要因素之一。中国最早出现的信息平台服务商是在北京市政府部门监管下独立运营的第三方平台 e 充网。此外，科技企业北京电动未来信息科技有限公司的"充电桩"APP，南京云快车信息科技有限公司的"云快充"共享平台以及整车制造企业北京新能源汽车股份有限公司的轻享"充电吧"充电应用服务平台都是新兴的信息平台服务商。

（3）产业链下游的电动汽车用户，包括公务车和私人乘用车用户，公交、出租、环卫与物流等公共服务领域用户，电动汽车分时租赁用户。信息平台服务商为促进运营商的互联互通，通过搭建充电服务平台，为下游用户提供整合的充电站/桩的信息，用户可以直接获得充电站/桩运营商的充电服务，也可以通过信息平台服务商提供的充电平台，查询充电站/桩的信息并获得充电服务。

此外，以充电设备制造商、充电基础设施运营商及互联网平台为核心的"互联网+充电基础设施"环节，已成为当前中国新能源汽车充电基础设施产业链的最大价值来源；电力企业、土地业主方分别掌握电网及土建核心资源，成为充电基础设施市场发展的重要辅助方；整体解决方案提供商能够为充电设备制造商、充电基础设施运营商及用户提供前期咨询、建设及运营整体解决方案，成为中国充电基础设施市场的重要组成部分。新能源汽车充电基础设施产业链核心环节如图 1-8 所示[①]。

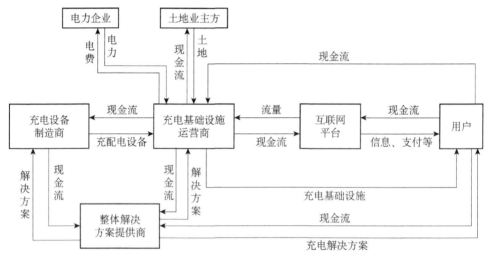

图 1-8　新能源汽车充电基础设施产业链核心环节

目前，中国充电基础设施产业链全局产业竞争日趋激烈。为了进一步分析中国电动汽车充电基础设施产业链的主要利益相关者和产业链变化趋势，本书对现有多家企业的业务内容、网络信息和新闻报道等进行搜集和分析，根据企业间的业务及组织结构关联程度，最终梳理出拥有充电桩制造、建设和运营等业务的企业 178 家。同时，根据产业链中利益相关者的产业功能对现有企业进行分类，代表企业分析结果如表 1-2 所示。

---

① 2016 中国新能源汽车充电设施市场分析[EB/OL]. https://www.sohu.com/a/114107044_464093[2021-11-18].

表 1-2 中国电动汽车充电基础设施产业链代表企业

产业链角色	企业类型	代表企业
充电设备制造商	传统企业	杭州中恒电气股份有限公司、苏州工业园区和顺电气股份有限公司、许继电气股份有限公司、平高集团有限公司、青岛特锐德电气股份有限公司、山东鲁能智能技术有限公司、深圳市科陆电子科技股份有限公司、江苏万帮德和新能源科技有限公司、北京森源东标电气有限公司、长园深瑞继保自动化有限公司、河南森源电气股份有限公司
	互联网科技企业	北京智充科技有限公司、北京富电科技有限公司、北京畅的科技开发有限公司、成都新能电庄科技股份有限公司、上海埃士工业科技有限公司、深圳聚电智能科技股份有限公司、苏州奇才智能科技有限公司
整体解决方案提供商	充电基础设施制造企业	杭州中恒电气股份有限公司、苏州工业园区和顺电气股份有限公司、许继电气股份有限公司、国电南瑞科技股份有限公司、深圳奥特迅电力设备股份有限公司、万帮新能源投资集团有限公司、浙江万马新能源有限公司、普天新能源有限责任公司、长园深瑞继保自动化有限公司、上海泰坦科技股份有限公司、深圳市科陆电子科技股份有限公司、深圳市盛弘电气股份有限公司、国电南京自动化股份有限公司、北京华商三优新能源科技有限公司
	互联网科技企业	北京智充科技有限公司、北京富电科技有限公司、北京畅的科技开发有限公司、成都新能电庄科技股份有限公司、上海埃士工业科技有限公司、深圳聚电智能科技股份有限公司、华为技术有限公司、中兴通讯股份有限公司、深圳充电网科技有限公司、深圳驿普乐氏科技有限公司、苏州奇才电子科技股份有限公司、上海上汽安悦充电科技有限公司
充电站/桩运营商	电力企业	国家电网有限公司、中国南方电网有限责任公司
	石化企业	中国石油天然气股份有限公司、中国石油化工股份有限公司
	充电基础设施制造企业	北京华商三优新能源科技有限公司、北京首钢自动化信息技术有限公司、万帮星星充电有限公司、浙江万马新能源有限公司、普天新能源有限责任公司、北京富电科技有限公司、南京能瑞电力科技有限公司、特来电新能源股份有限公司、上海鼎充新能源技术有限公司、深圳市科陆电子科技股份有限公司、贝棱斯实业(上海)有限公司、浙江天齐电气有限公司
	互联网科技企业	北京智充科技有限公司、北京富电科技有限公司、北京畅的科技开发有限公司、联合电动汽车创新中心有限公司、北京高陆通新能源科技有限公司、深圳聚电智能科技股份有限公司、易卡充电科技(苏州)有限公司、苏州奇才智能科技有限公司、上海埃士工业科技有限公司、云杉智慧新能源技术有限公司、珠海驿联新能源汽车有限公司、深圳驿普乐氏科技有限公司、深圳充电网科技有限公司
信息平台服务商	政府主导第三方平台	e充网
	整车制造企业	北京新能源汽车股份有限公司
	互联网科技企业	北京电动未来信息科技有限公司、南京云快车信息科技有限公司
电力能源提供商	电力企业	国家电网有限公司、中国南方电网有限责任公司

现 状 篇

世界各国政府、企业和社会团体积极研发，加大推广，推出一系列新能源汽车产品，促进了新能源汽车市场的蓬勃发展。1997 年，丰田汽车推出了世界上第一辆混合动力汽车普锐斯，在美国市场中表现卓越。2009 年，中国首款自主品牌混合动力轿车杰勋正式上市，标志着中国新能源汽车产业起步。

在世界各国一系列低碳减排倡议和产业政策支撑下，新能源汽车市场取得了辉煌成就，新能源汽车产品不断升级，技术得到更新。2020 年全球新能源汽车保有量为 1023 万辆，销量为 324 万辆（同比增长 54.2%）[①]，其中中国市场新能源汽车销量占全球新能源汽车的 40.7%[①]。与整车紧密相关的动力电池装机量、充电基础设施建设数量也再创历史新高。2020 年全球动力电池装机量约 136.30 吉瓦·时，同比增长 18%；其中中国动力电池装机量接近 62.85 吉瓦·时[②]，中国公共充电基础设施也进一步增加，累计达到 168.1 万台[③]。随着市场销量、动力电池和充电基础设施的完善，新能源汽车产业商业模式得到了快速发展，国内外相继涌现出Better Place、Car2go、EVCARD 等新型新能源汽车产业商业模式。

为了清晰描述新能源汽车产业的市场表现，本篇将从影响新能源汽车产业发展的政策、动力电池与充电基础设施三个关键视角，就国内外新能源汽车的市场表现进行分析，全面掌握新能源汽车产业的整体现状。首先，整车的市场表现分析涉及销售数量、销量结构、销量分布、厂商排名和主要国家的销售情况分布；其次，对动力电池的成本、装机量、装机量排行进行分析；再次，就充电基础设施建设的数量、地区分布及分类数量进行详细描述；最后，对国内外典型商业模式进行阐述和分析。通过市场现状和商业模式的对比与分析，展现出全球新能源汽车产业的市场图景，为进一步研究技术创新驱动下的商业模式创新做好铺垫。

---

① 2020 年全球新能源汽车保有量及销量分析：特斯拉 Mode3 销售数量最多［图］[EB/OL]. https://www.chyxx.com/industry/202111/985603.html[2022-05-29].

② 2020 全球动力电池装机量 TOP10 解析[EB/OL]. https://baijiahao.baidu.com/s?id=1693300087243544903 [2021-11-18].

③ 2020 年全国充电基础设施累计数量达 168.1 万台[EB/OL]. https://baijiahao.baidu.com/s?id=168918 4384367527128&wfr=spider&for=pc[2022-05-29].

第2章　国外新能源汽车产业发展

无论是核心技术还是市场渗透率，新能源汽车产业的发展都受到了世界主要国家的关注，其成功的经验值得借鉴和学习。本章从国外新能源汽车市场表现、国外新能源汽车动力电池市场表现、国外新能源汽车充电基础设施市场表现三个方面，重点描述美国、德国等世界发达国家目前新能源汽车产业体系及产业链的发展现状。

世界各国积极发展新能源汽车产业，国外政府出台诸多政策鼓励新能源汽车发展；全球汽车企业加大技术开发力度，发展势头强劲；社会团体注入社会资本，为新能源汽车产业蓬勃发展提供了良好条件。世界各国希望通过发展新能源汽车，打造"再工业化"和"工业4.0"等升级概念，努力振兴本国制造业，积极应对全球产业变革。

在各国政府的大力支持下，各国新能源汽车产业经过几十年的发展，不管是产业链搭建、市场表现还是技术创新、商业模式创新，都取得了卓越成就。

2.1　国外新能源汽车市场表现

2020年全球电动汽车销量同比猛增39%，至310万辆[①]。中国是世界上最大的电动汽车市场，全球纯电动和插电混动汽车销量为324万辆，其中销量最高的国家是中国，全年销量为133.7万辆，占全球销量比重的40.3%，第二位的德国销量为39.8万辆，第三位的美国销量为32.8万辆，第四和第五位的法国和英国销量

---

① Canalys：2020年全球电动汽车销量同比猛增39%至310万辆[EB/OL]. https://www.sohu.com/a/457077594_166680[2021-11-18].

分别为 19.4 万辆和 18.1 万辆①。

图 2-1 列出了 2020 年全球纯电动汽车销量排名前五的国家,其中中国排名第一,2020 年纯电动汽车销量达 110 万辆;美国以 32.7 万辆的纯电动汽车销量排名第二;排名第三、第四和第五位的国家为德国、挪威和英国,纯电动汽车销量分别为 11.13 万辆、7.9 万辆和 7.6 万辆。

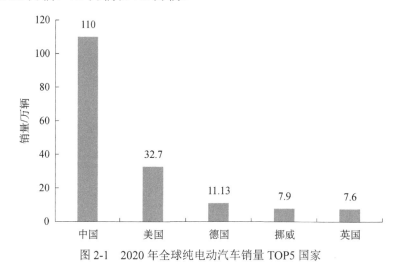

图 2-1　2020 年全球纯电动汽车销量 TOP5 国家

电动汽车销量的快速增长离不开电动汽车企业的不断努力,图 2-2 统计了 2020 年全球新能源乘用车车企销量排行,全球新能源乘用车销量 TOP10 的企业中有三家中国企业,分别为比亚迪、上汽通用五菱和上汽。

2020 年企业销量排行榜中,第一名是特斯拉 499 535 辆;第二名是大众 220 220 辆;第三名是比亚迪 179 211 辆。

在车型方面,图 2-3 统计了 2020 年全球新能源乘用车销量 TOP10 车型,中国比亚迪秦 EV 入围。

在车型排行榜中,特斯拉 Model 3 全年销量达 142 346 辆,成为全球最受欢迎的纯电动车型;雷诺 Zoe 紧随其后,全年销量达 37 154 辆;日产聆风全年销量为 23 867 辆,排名第三;其余销量前十车型依次为大众 e-Golf、比亚迪秦 EV、宝马 530e/Le、现代 Kona EV、三菱欧蓝德 PHEV、奥迪 e-Tron、大众帕萨特 PHEV。

鉴于美国特斯拉和德国整车企业引领全球新能源汽车市场,本章进一步对美

———————

① 2020 年全球新能源汽车销量超 324 万,欧洲已成最大市场[EB/OL]. https://baijiahao.baidu.com/s?id=1691227195211674404&wfr=spider&for=pc[2021-02-09].

国和德国的新能源市场表现进行详细分析。

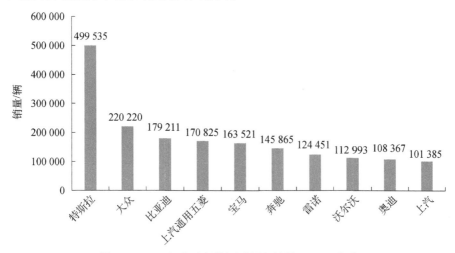

图 2-2　2020 年全球新能源乘用车销量 TOP10 车企

资料来源：2020 年全球新能源汽车销量排名，新能源汽车行业的发展历程[EB/OL].
https://www.xianjichina.com/news/details_255466.html[2022-05-29]

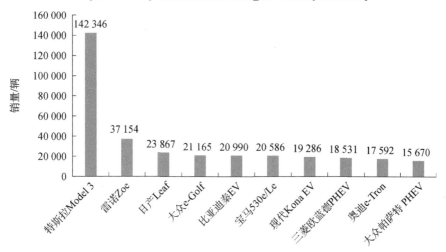

图 2-3　2020 年全球新能源乘用车销量 TOP10 车型

资料来源：2020 年全球新能源汽车累计销量排行榜，比亚迪 EV 还是很给力的，第五名！[EB/OL].
https://chejiahao.autohome.com.cn/info/6652628[2022-05-29]

2.1.1　美国市场

作为较早发展新能源汽车产业的国家，美国新能源汽车始终保持稳健增长。

图 2-4 统计了 2012～2019 年美国电动汽车销量。从图中可以看出，美国电动汽车销量总体上呈现逐年上升趋势。2019 年平均市场份额为 1.9%左右。

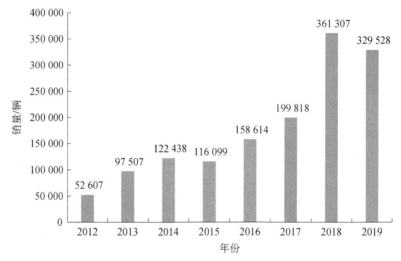

图 2-4　2012～2019 年美国电动汽车销量

资料来源：2019 年德国/法国/美国市场电动汽车销量情况[EB/OL]. https://news.yiche.com/hao/wenzhang/32061247[2022-05-29]

　　图 2-5 按照畅销车型排序，截至 2020 年底，美国市场纯电动车型的注册数量达到 252 548 辆，同比增长 11.1%，其中纯电动车型的市场份额更是增加到 1.8%。特斯拉 Model 3 不仅在国内备受欢迎，而且在美国本土市场的表现也相当喜人，

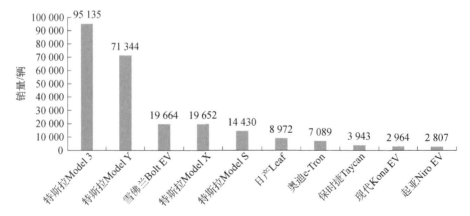

图 2-5　2020 年美国电动汽车销量 TOP10 车型

资料来源：2020 年美国电动车销量前 10 出炉，特斯拉占 4 席，仅 1 款日系车上榜！[EB/OL] https://chejiahao.autohome.com.cn/info/8012381[2021-11-18]

其以 95 135 辆的市场表现夺得美国市场电动车销冠。在 TOP10 榜单中，特斯拉旗下的车型便占据了四席；Model 3 与排名第二的 Model Y 的销量之和已突破 16.6 万辆，占据美国电动汽车市场 60%以上的份额。而排名第三的车型则与前两名车型存在明显的销量差距。在销量 TOP10 中，日系车型仅占据一席，而定位略显高端的保时捷 Taycan 收获了接近 4000 辆的市场表现。

　　图 2-6 按照纯电动汽车与插电式混合动力汽车两种动力结构，统计了 2018～2020 年美国新能源汽车动力结构比，即两种动力结构的新能源汽车销量占两种动力结构新能源汽车销量之和的比例。可以发现，纯电动汽车销量占比逐年增加，2020 年高达 80.1%。

图 2-6　2016～2020 年美国新能源汽车动力结构

2.1.2　德国市场

　　德国作为重要的汽车工业基地，大力鼓励新能源汽车产业发展。德国新能源汽车在欧洲市场的表现很好，2020 年德国共售出 19.4 万辆电动汽车，相较于 2019 年增长了两倍多，市场份额上升到 6.7%。图 2-7 展示了 2020 年德国电动汽车车型销量 TOP10，其中雷诺 Zoe 在德国市场销量达 30 376 辆，另外前十中包括三种大众的车型。

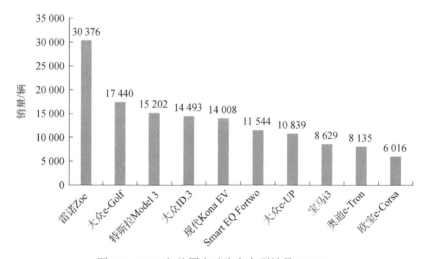

图 2-7　2020 年德国电动汽车车型销量 TOP10

资料来源：2020 年的德国车市，疫情影响大，连高尔夫也下滑了？[EB/OL].
https://www.sohu.com/na/449629318_151376[2022-05-29]

2.2　国外新能源汽车动力电池市场表现

在新能源汽车高速发展的带动下，全球动力电池行业飞速发展。世界主要汽车强国在新一代高比能量动力电池研发和产业化方面积极布局，不断加大投入，未来市场竞争将会更加激烈。美国制定了动力电池单体能量密度 500 瓦·时/千克的目标；日本计划 2030 年研发出单体电池能量密度达 500 瓦·时/千克下一代新型动力电池；欧洲计划 2030 年本土生产的动力电池占全球比例为 30%；韩国三星、LG、SK 三家企业联合建立基金加速固态电池、锂金属电池和锂硫电池等技术的商业化。

当前，市场上主流动力电池种类分为铅酸电池、镍氢电池、锂离子电池及燃料电池。2020 年，全球动力电池装机总量为 136.30 吉瓦·时，同比增长 18%。图 2-8 显示了 2020 年全球动力电池装机量 TOP10 企业，分别是宁德时代、LG 化学、松下、比亚迪、三星 SDI、SKI、中航锂电、远景 AESC、国轩高科、亿纬锂能，排名前十的企业市场占有率约 93%。

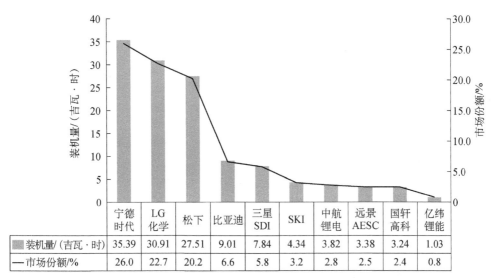

图 2-8　2020 年全球动力电池装机量 TOP10 企业

资料来源：2020 全球动力电池装机量 TOP10 解析[EB/OL].

https://newenergy.in-en.com/html/newenergy-2402579.shtml[2022-05-29]

从国别来看，TOP10 企业中松下与远景 AESC 来自日本，LG 化学与三星 SDI 来自韩国，其余六家均为中国企业，动力电池产业主要集中在中国、日本、韩国三国。从全球动力电池格局来看，宁德时代、LG 化学和松下的竞争优势明显，比亚迪作为整车企业装机量紧随其后，其余国内企业排名较为靠后。

2.3　国外新能源汽车充电基础设施市场表现

在新能源汽车和动力电池快速发展的同时，各国纷纷加大了新能源汽车充电基础设施的建设力度。美国、日本、德国等发达国家和地区的起步较早，且涨势迅猛。充电基础设施取决于当地环境、国际和超国家政策框架，包括清晰的建设目标、法规以及用于直接投资的资金筹集和财政支持。在各国政策的支持和鼓励下，2016～2020 年所有类型的充电桩数量呈现持续上涨趋势，如图 2-9 所示。

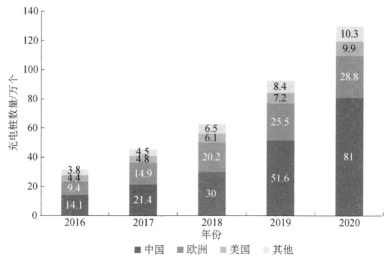

图 2-9　2016～2020 年所有类型的充电桩数量趋势图

2016～2020 年所有类型的充电桩数量呈现出持续上升趋势。相关数据显示，全球公共慢充电桩 92.22 万个，快充电桩 38.57 万个[①]。在公共充电桩领域，无论是快充还是慢充，中国都保持着领先地位。

IEA 调查数据显示，2020 年，中国公共慢充电桩数量约 50 万个，占全球公共慢充电桩数量的一半以上。欧洲公共慢充电桩数量排名第二，约 25 万个。美国公共慢充电桩数量约 8.2 万个。2020 年，中国有近 31 万个公共快充电桩，欧洲有超过 3.8 万个公共快充电桩，美国约有 1.7 万个快充电桩。

---

①　2021 年全球电动汽车充电桩行业市场现状及发展前景分析　未来充电桩保有量有望突破千万 [EB/OL]. https://www.sohu.com/a/528475293_114835[2022-05-29].

第3章 中国新能源汽车产业发展

全球新能源汽车仍然处在高速增长的阶段。根据预测，到 2030 年新能源汽车的渗透率可达 30%。我国作为全球最大的新能源汽车消费国，占据全球插电式新能源车辆销量的 40% 以上[1]。同时，我国正在探索新能源汽车发展之路，并将新能源汽车的发展上升至国家战略层面，为新能源汽车的发展提供了大量支持政策。经过多年的研究开发与示范运行，我国新能源汽车行业已经有了很大的进步，具有完备的产业链，从供应原材料、电池、车辆控制器等关键零部件的研发与生产，到整车的设计制造，以及充电基础设施的配套建设等，都具备了产业化的基础。本章将从我国新能源汽车产业的整车、动力电池及充电基础设施三个方面分析我国新能源汽车产业的市场发展现状。

3.1 中国新能源汽车产业市场阶段

作为战略性新兴产业之一，在产业政策、技术创新、商业模式创新的共同作用下，中国新能源汽车产业目前正处于高速发展时期。但是，关于其产业阶段的划分目前尚无统一的定论。科学技术部等官方报告和数据显示，中国新能源汽车产业经历了"十五"时期的起步阶段、"十一五"时期的发展阶段、"十二五"时期的调整阶段，并在"十三五"时期迎来车身轻量化、智能化、网络化等技术方面的挑战以及补贴、国际竞争等市场方面的挑战。有学者基于中国新能源汽车产业政策支持的侧重点不同，将该产业划分为 2001～2008 年、2009 年、2010 年后三个阶段，对应的政策分别侧重于技术研发与投入、公共交通领域示范、市场扩大三个阶段；也有学者基于产业政策与市场表现、专利信息的关系，描绘了产业

---

[1] 国内新能源汽车发展现状[EB/OL].https://www.sohu.com/a/320096898_517171[2021-11-18].

发展的变化过程。基于已有研究、相关产业数据及产业政策，本节从市场化应用状况的角度，将中国新能源汽车产业发展划分为四个阶段（表 3-1）。

表 3-1　中国新能源汽车产业发展阶段及其特点

阶段	时间	标志性政策	市场应用状况	典型商业模式
市场萌芽阶段	2001～2009 年	863 计划（2001 年）	小型示范项目（如奥运会等）	—
市场启动阶段	2009～2013 年	"十城千辆"工程（2009 年）	公共交通领域示范；私人消费市场积极探索	定向购买模式（合肥）、普天模式（深圳）
市场扩散阶段	2013～2015 年	推广应用示范城市（群）（2013 年）	私人消费市场商业模式创新与发展	微公交模式（杭州）、车纷享模式等
市场加速阶段	2015 年至今	补贴退坡及关注其他领域的政策	商业模式的再创新与可持续发展	微公交模式及一些新的商业模式

（1）市场萌芽阶段（2001～2009 年）：这一阶段以技术研发为主，因此新能源汽车产品及其技术的应用仅有一些小型示范项目，如奥运会专用的公交车、物流车采用新能源汽车车型等。这一阶段，国家从 2001 年的"863 计划"开始确定了战略规划和技术路线，并投入了大量资金，为产业发展打下了基础；直到 2009 年"十城千辆"工程相关政策的陆续出台，才进入新的阶段。

（2）市场启动阶段（2009～2013 年）：这一阶段是"十城千辆"工程的主要推广期，以公共交通领域示范推广为主，私人消费市场也开始积极探索。2009 年通常被认为是中国新能源汽车产业发展的元年，不仅是因为"十城千辆"工程的启动，更是因为从 2009 年开始无论是产业政策数量及其支持力度，还是产销量、技术专利数量等，都在快速增长，商业模式也在公共交通领域得到了创新与发展。2012 年"十城千辆"工程结束后，新能源汽车产业进入一个短暂的调整期，并随着 2013 年补贴等相关政策的更新，开始实现新的增长趋势和市场表现。

（3）市场扩散阶段（2013～2015 年）：这一阶段是新一轮新能源汽车推广应用城市（群）的主要推广期，主要是向私人消费市场进一步推广扩大规模，促进商业模式创新和发展。2013 年新一轮新能源汽车推广应用城市（群）将新能源汽车推广至全国大多城市，新能源汽车产销量也随之呈现出快速增长的趋势，随之而来的是车纷享和微公交等模式的陆续产生、推广和创新，包括车纷享模式在不同城市的市场扩大、微公交模式的不断创新等。

（4）市场加速阶段（2015 年至今）：从 2015 年起补贴政策退坡调整、税收减免政策阶梯式退出，充电基础设施、安全监管等政策及法规标准陆续出台，新能源汽车积分等政策规定也开始提上日程；与此同时，汽车厂商纷纷成立各类商业联盟、布局商业模式，抢占新能源汽车市场，这些都意味着新能源汽车市场需要更多地关注商业模式的再创新与可持续发展，促进进一步的市场化、商业化，从而促进这一产业可持续发展。

3.2　中国新能源汽车产业发展市场表现

中国政府从 2001 年开始发展新能源汽车，中国政府、地方政府和企业配套 24 亿元资金支持"863 计划"电动汽车重大专项，并且确立新能源汽车"三纵三横"的技术发展布局。2019 年出台的《产业结构调整指导目录（2019 年本）》，指导汽车产业结构调整。2009 年出台的《新能源汽车生产企业及产品准入管理规则》中，首次从政府的层面定义了新能源汽车的概念，即新能源汽车包括混合动力汽车、纯电动汽车、燃料电池电动汽车、氢动力汽车以及其他新能源（如高效储能器、二甲醚）汽车等。同时，通过减免消费税对新能源汽车产业发展给予支持。2008 年，新能源汽车在北京奥运会上进行示范应用，产生了良好的社会效应和国际影响。2009 年，在全球金融危机的外部大环境影响下，中国新能源汽车产业进入转折之年。2009 年初国务院下发了《汽车产业调整和振兴规划》，为提高节能、环保、安全等关键技术水平，安排 100 亿元支持新能源汽车及其关键零部件的产业化。随后开启了最具发展标志性的"十城千辆"工程，确定了首批 13 个示范试点城市。

"十城千辆"工程由财政部、科学技术部、国家发展和改革委员会、工业和信息化部四部委联合牵头，通过提供财政补贴，鼓励试点城市在公交、出租、公务、环卫和邮政等公共服务领域推广使用节能与新能源汽车。2009～2012 年首轮"十城千辆"工程，确定了首批 13 个示范试点城市。尽管新能源汽车应用初具成效，但并未实现最初设定的一系列目标。截至 2012 年底，25 个新能源汽车示范城市共推广示范试点车辆 27 432 辆，其中公共服务领域 23 032 辆，私人购车 4400 辆（王静宇等，2012）。为了进一步促进中国新能源汽车产业的发展，"十城千辆"工程结束后，2013 年 11 月，在"十城千辆"工程的基础上，财政部、科学技术部、工业和信息化部、国家发展和改革委员会组织专家对各地申报的新能源汽车推广应用方案进行了审核评估，确认了新一批新能源汽车推广应用城市，2014年2月，四部委又联合公布了第二批推广应用城市。这两批城市涉及39个城市（群），88个城市，囊括我国大部分省会城市和经济发展水平较高的大中型城市。

中国新能源汽车推广应用城市如表3-2所示。从推广数量来看，我国新能源汽车推广范围逐步扩大，新一轮新能源汽车推广应用城市数量远远超出"十城千辆"工程中的城市数量。"十城千辆"工程为期三年，该工程结束后，参与城市从13个扩展到25个。而新一轮推广中确定的首批城市和区域就有28个，并且这28个城市和区域中包含5个城市群，每个城市群囊括4～10个城市。第二批城市和区域有12个，其中包括4个城市群，每个城市群包含2～6个城市。这些城市涉及几乎全部省会城市和经济发展水平较高的城市。不仅如此，9个城市群的确定使得新能源汽车的推广单位从单一的城市范围扩展到经济、环境、人文等客观条件相近的区域范围，这样的思路变化有助于区域联动推广新能源汽车，同时未来也将有助于新能源汽车的商业运营模式在城市之间复制和推广，从而加快实现新能源汽车的产业化。

表 3-2　中国新能源汽车推广应用城市

推广批次	年份	数量/个	推广城市（群）
第一批	2009	13	北京、上海、重庆、长春、大连、杭州、济南、武汉、深圳、合肥、长沙、昆明、南昌
第二批	2010	7	天津、海口、郑州、厦门、苏州、唐山、广州
第三批	2011	5	沈阳、成都、呼和浩特、南通、襄阳
新一轮第一批	2013	28	北京、天津、太原、晋城、大连、上海、宁波、合肥、芜湖、青岛、郑州、新乡、武汉、襄阳、长株潭地区、广州、深圳、海口、成都、重庆、昆明、西安、兰州；河北省城市群［石家庄（含辛集）、唐山、邯郸、保定（含定州）、邢台、廊坊、衡水、沧州、承德、张家口］、浙江省城市群（杭州、金华、绍兴、湖州）、福建省城市群（福州、厦门、漳州、泉州、三明、莆田、南平、龙岩、宁德、平潭）、江西省城市群（南昌、九江、抚州、宜春、萍乡、上饶、赣州）、广东省城市群（佛山、东莞、中山、珠海、惠州、江门、肇庆）
新一轮第二批	2014	12	内蒙古自治区城市群（呼和浩特、包头）、沈阳、长春、哈尔滨、江苏省城市群（南京、常州、苏州、南通、盐城、扬州）、淄博、临沂、潍坊、聊城、泸州、贵州省城市群（贵阳、遵义、毕节、安顺、六盘水、黔东南苗族侗族自治州）、云南省城市群（昆明、丽江、玉溪、大理）

"十城千辆"工程使得新能源汽车率先在公共交通领域进行推广和应用，并鼓励私人购买市场。在2013年推出的新一轮新能源汽车推广应用城市（群）都表现不

俗。截至 2015 年 9 月，39 个新能源汽车推广应用城市（区域）累计推广应用新能源汽车总量达到 180 945 辆[①]。

表 3-3 列出了推广量排名前十的城市（群）。到 2015 年 9 月底，上海、北京、浙江省城市群（杭州、金华、绍兴、湖州）、江苏省城市群（南京、常州、苏州、南通、盐城、扬州）、广东省城市群（佛山、东莞、中山、珠海、惠州、江门、肇庆）推广应用城市数量居前五。其中，上海、北京、浙江省城市群推广量分别为 34 821 辆、19 445 辆、18 257 辆；上海、浙江省城市群、合肥、广东省城市群、湖南省城市群推广完成率居前五，提前实现了推广计划。

表 3-3 新能源汽车推广应用城市（群）（前十名）

排名	城市（群）	截至 2015 年 9 月底 推广数量/辆	完成率/%
1	上海	34 821	348
2	北京	19 445	56
3	浙江省城市群	18 257	181
4	江苏省城市群	14 173	78
5	广东省城市群	12 377	124
6	深圳	7 973	23
7	合肥	7 466	131
8	广州	7 104	71
9	湖南省城市群	6 478	106
10	河北省城市群	5 754	44

资料来源：39 个新能源汽车推广应用城市（群）推广成绩单[EB/OL]. https://mp.weixin.qq.com/s/pWJU-4IggbkUnHLr5NWBGg[2022-07-11]

"十城千辆"工程结束之时，2015 年新能源汽车销量为 37.9 万辆，同比增长 4 倍[②]，首次超过美国，成为全球最大的新能源汽车市场。此时，基础设施建设滞后和"三电"技术问题正成为制约新能源汽车进一步发展的重要因素，因此 2014 年开始相继出台的《关于新能源汽车充电设施建设奖励的通知》《电动汽车充电基础设施发展指南（2015—2020 年）》等政策，对充电基础设施建设、运营给予

---

① 中国截至 9 月累计推广新能源汽车 18 万辆，但只有 5 城完成目标[EB/OL]. https://mp.weixin.qq.com/s/1ZLdNXXdB2JcjGV-kJcmYg[2022-07-11].

② 集齐这六份报告就得到 2015 年新能源汽车的完整答卷[EB/OL]. https://www.sohu.com/a/59243957_118021[2021-11-18].

奖补，并对经营性集中式充换电设施用电实行价格优惠。另外，积极引导汽车企业加大技术研发，重点突破"三电"技术。2015 年出台的《汽车动力蓄电池行业规范条件》，对动力蓄电池的梯级利用、资源再生利用、原材料能量回收利用等提出指导意见，随后公布了四批符合规范的企业目录。

　　本章在综述中国新能源汽车产业发展的基础上，按照整车、动力电池和充电基础设施的顺序，全面分析中国新能源汽车产业市场表现、中国新能源汽车动力电池市场表现和中国新能源汽车充电基础设施市场表现。

3.2.1　中国新能源汽车产业市场表现

　　在一系列利好政策的支撑下和技术创新的驱动下，2014～2020 年中国新能源汽车产销量如图 3-1 所示。2015 年开始，在电池技术大力发展和充电基础设施逐步完善的基础上，新能源汽车销量呈现曲线形增长趋势。2014～2020 年，中国新能源汽车总产量从 7.85 万辆跃升至 136.60 万辆，总销量从 7.48 万辆增长至136.70 万辆。

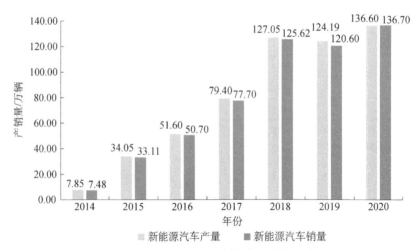

图 3-1　2014～2020 年中国新能源汽车产销量

资料来源：2021 年中国新能源汽车产销量及龙头企业对比分析[图][EB/OL].
https://baijiahao.baidu.com/s?id=1726515334530236401&wfr=spider&for=pc[2022-07-11]

　　在销量逐年提升的情况下，新能源汽车企业持续发力，涌现出一批销量领先的电动车型（表 3-4）。

表 3-4　2016～2020 年新能源汽车销量前十名

销量 TOP10	2016 年	2017 年	2018 年	2019 年	2020 年
1	比亚迪唐	北汽新能源 EC 系列	北汽新能源 EC 系列	北汽新能源 EU 系列	特斯拉（Model 3）
2	比亚迪秦	知豆 D2	奇瑞 eQ 电动车	比亚迪元 EV	宏光 MINI
3	绅宝 D20	宋 DM1.5T	秦 Pro DM	宝骏新能源	欧拉 R1
4	绅宝 D50	奇瑞 eQ 电动车	比亚迪 E5	奇瑞 eQ 电动车	埃安（Aion S）
5	云 100S	帝豪 EV	江淮 IEV	唐 DM	全新秦 EV
6	荣威 550 混动	江淮 IEV	江铃 E200S	比亚迪 E5	奇瑞 eQ 电动车
7	比亚迪 E5	比亚迪 E5	宋 DM 1.5T	埃安（Aion S）	理想 ONE
8	众泰 E200	奔奔 EV	唐混动	荣威 Ei5	汉 EV
9	帝豪 EV	比亚迪秦	元 EV	欧拉 R1	蔚来 ES6
10	秦 EV	荣威 RX5 1.5T EDU	荣威 i6 1.0T EDU	帝豪 EV	宝马 5 系 PHEV

从表 3-4 中可以看到，比亚迪在私有市场占据绝对优势。比亚迪、北汽、奇瑞、江淮等传统整车企业生产的新能源汽车居新能源汽车销量前列。随着电池续航能力的提升，畅销车型也发生了变化。2016～2018 年，知豆、奇瑞 eQ 等中小型电动车受到市场消费者的喜爱。2019 年开始，续航里程更长的 A00 级以上的乘用轿车得到了更快的发展。

横向来看，2014～2020 年，纯电动汽车比例逐步增加。2020 年纯电动汽车销量为 111.6 万辆，占比为 81.64%；2020 年插电式混合动力汽车销量为 25.1 万辆，占比为 18.36%。在以纯电动汽车为主流的市场趋势下，仅有比亚迪秦 Pro DM 为插电式混合动力汽车，其余为纯电动汽车。图 3-2 展示了 2020 年按照动力来源和车辆类型划分的新能源汽车产销量统计。

2020 年，新能源汽车产销分别完成 136.5 万辆和 136.7 万辆，比上年同期分别增长 55.7% 和 49.5%。除了数量上的增长，车型类别的销售比例也发生了变化。纯电动乘用车产销分别完成 99.1 万辆和 100 万辆，比上年同期分别增长 9.4% 和 16.1%；插电式混合动力乘用车产销分别完成 25.6 万辆和 24.7 万辆，比上年同期分别增长 19.6% 和 9.1%。纯电动商用车产销分别完成 11.4 万辆和 11.6 万辆，比上年同期下降 19.9% 和 16.3%；插电式混合动力商用车产销均完成 0.4 万辆，比上年同期下降 23.8% 和 22.2%。

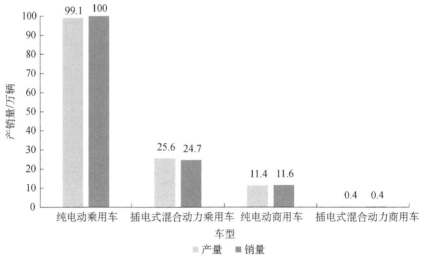

图 3-2　2020 年新能源汽车各类车型产销量

3.2.2　中国新能源汽车动力电池市场表现

动力电池产业是新能源汽车的上游产业，近年来随着新能源汽车推广进程的加快，动力电池需求也迎来了爆发式增长。动力电池产业包括电芯（正负极材料、电解液）、隔膜、电池包、电池管理系统、热管理等。动力电池的电芯是电动汽车的核心技术，直接决定电池的续航里程。2020 年，我国新能源汽车（包含乘用车和商用车）动力电池装机量为 63.6 吉瓦·时，宁德时代在我国新能源乘用车领域的动力电池装机量为 31.79 吉瓦·时，年度排名第一，但与国际其他电池企业相比还存在差距。随着新电芯材料的应用（如三元锂、石墨烯、固态锂等），锂离子电池电芯成本逐年下降（图 3-3），新能源汽车整车成本逐步降低，大规模发展新能源汽车成为未来趋势。

根据中国汽车工业协会统计数据及动力电池行业网站公开数据，整理绘制了近年来我国新能源汽车销量与动力电池装机量变化图，如图 3-4 所示。

随着电芯成本的降低，新能源汽车销量和动力电池装机量不断地被激发而呈现逐年递增态势。与 2017 年相比，新能源汽车销量和动力电池装机量于 2020 年分别增长了 75.9% 和 74.7%。与此同时，新能源汽车销量和动力电池装机量呈现出相似的增长趋势，这表明新能源汽车产业的发展与动力电池产业的需求高度相关。未来，随着新能源汽车普及程度的提高，动力电池的市场需求也将大幅提升。

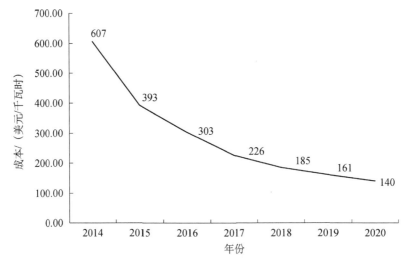

图 3-3　2014～2020 年动力锂离子电池电芯成本趋势

资料来源：2021 动力电池成本再创新低，但预计 2022 升高[EB/OL].
https://www.bilibili.com/read/cv15504102/[2022-07-17]

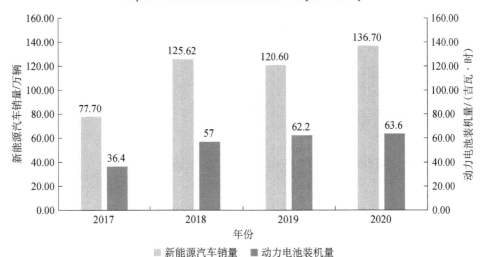

图 3-4　2017～2020 年新能源汽车销量与动力电池装机量

2020 年我国动力电池装机量为 63.85 吉瓦·时，同比仅微增 1%。图 3-5 为 2020 年全球动力电池装机量 TOP10 企业的市场份额。

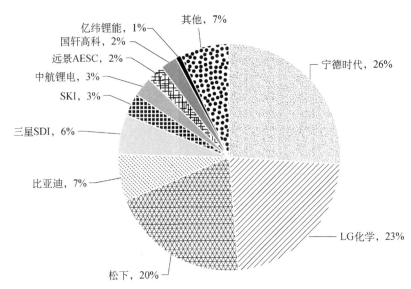

图 3-5　2020 年全球动力电池企业装机量 TOP10 企业的市场份额

资料来源：2020 全球动力电池装机量 TOP10 解析[EB/OL]. https://baijiahao.baidu.com/s?id=1693300087243544903[2022-07-17]

由图 3-5 可以看出，中国动力电池产业集中度较高。宁德时代装机量以 35.39 吉瓦高居榜首，占比为 26%；比亚迪装机量为 9.01 吉瓦·时位列第四，占比为 7%；中航锂电紧随其后，装机量为 3.82 吉瓦·时，占比为 3%。前三家电池企业装机量之和占总装机量的 69%，前十企业的总装机量为 126.47 吉瓦·时，占动力电池装机量的 93%。

企业之间实力相差较为悬殊。宁德时代行业地位优势明显，远超其他企业，成为行业发展的"领头羊"。

3.2.3　中国新能源汽车充电基础设施市场表现

国家先后出台了一系列政策鼓励与保障电动汽车充电桩的发展，各地政府也出台了一系列政策细则以促进电动汽车充电桩的发展。《电动汽车充电基础设施发展指南（2015—2020 年）》《关于加快居民区电动汽车充电基础设施建设的通知》《关于统筹加快推进停车场与充电基础设施一体化建设的通知》《关于加快单位内部电动汽车充电基础设施建设的通知》等主要政策文件的颁布，全面推进了充电基础设施建设。在中央部委多部门协同下，相继协调解决了充电基础设施规划、建设、财政奖补、电价、标准实施、互联互通等多个方面的产业难题，有力地支撑了充电基础设施产业发展。

　　部分地方政府还根据自身区域特点以及新能源汽车发展规模出台了充电基础设施运营管理办法,指导当地充电基础设施建设运营,规范市场行为,保障相关政策落地实施。例如,北京发布了《北京市电动汽车充电基础设施专项规划(2016—2020 年)》,根据各应用领域电动汽车对充电基础设施的需求,测算2016~2020 年需配建电动汽车充电桩约 43.5 万个;上海发布了《上海市鼓励电动汽车充换电设施发展扶持办法》,对专用、公用充换电设备,给予 30%的财政资金补贴,直流充换电设施(含交直流一体机)补贴 600 元/千瓦,交流充换电设施补贴 300 元/千瓦;广东发布了《中山市新能源汽车推广应用发展规划(征求意见稿)》,至 2020 年,中山建成充电站 110 座,建成充电桩 10 000 个;江苏发布了《南京市“十三五”电动汽车充电基础设施规划》,2017~2020 年,南京规划新增建设公共充电站 1229 座,充电桩 15 108 个,规划到“十三五”末,全市公共充电基础设施总规模将达到:充电站 1542 座,充电桩 20 457 个;山东出台了《山东省“十三五”电动汽车充电基础设施发展规划》,2020 年山东建成充电站 920座、充电桩 35 万个,基本形成一车相随、智能高效的充电基础设施体系,满足未来全省电动汽车充电需求。

　　在政策的鼓励下,我国公共充电桩建设规模呈现逐年稳定快速增长趋势,如图 3-6 所示。

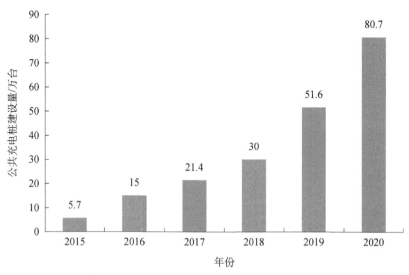

图 3-6　2015~2020 年全国公共充电桩建设量

资料来源:2021 年中国新能源汽车产销及公共充电桩数量现状分析[图][EB/OL].
https://www.chyxx.com/industry/202201/994122.html[2022-07-17]

　　中国电动汽车充电基础设施促进联盟数据显示，截至 2020 年 12 月，全国充电基础设施累计数量为 168.1 万台，同比增长 37.9%。2020 年，充电基础设施新增 46.2 万台，公共充电基础设施增量为 29.1 万台，同比增长 12.4%，增速较高[①]。

　　图 3-7 为 2020 年中国公共充电桩数量 TOP10 省份。分省份来看，广东、上海、北京、江苏、浙江等加速发展地区建设的公共充电基础设施占比达 50%。结合各省份的市场份额可以看出，一方面建设运营数量排名在前十的省份大部分是"十城千辆"工程中的示范城市所在省份，说明政策支持下新能源汽车的推广在一定程度上带动了充电基础设施的建设；另一方面 2020 年公共充电桩数量超过 1 万台的省份有 18 个，相较于 2019 年增加了一个省份，虽然涨幅不大，但仍然可以说明其他城市在充电基础设施建设和运营方面也在逐步提升，进一步说明政策的推动力度和惠及范围增加对市场推广的表现呈现积极影响。2020 年，我国公共充电设施运营集中度依然较高，其中前三大充电运营商占比高达 68.28%，前十大运营商占比达 91.69%[②]。

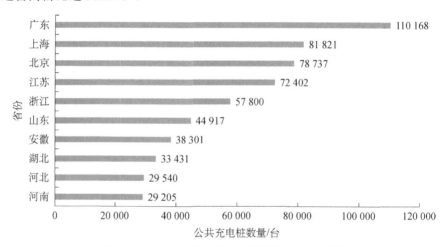

图 3-7　2020 年中国公共充电桩数量 TOP10 省份

资料来源：报告|2020—2021 年度中国充电基础设施发展报告（简报）[EB/OL].
https://mp.weixin.qq.com/s/8SxR-xLim70ra3ZOp_tMpQ[2022-07-17]

---

　　① 截止（到）2020 年 12 月，全国充电基础设施累计数量为 168.1 万台[EB/OL]. https://newenergy.in-en.com/html/newenergy-2399369.shtml[2021-11-18].

　　② 报告|2020—2021 年度中国充电基础设施发展报告（简报）[EB/OL]. https://mp.weixin.qq.com/s/8SxR-xLim70ra3ZOp_tMpQ[2022-07-17].

3.3　中国新能源汽车整车企业纵览

在新能源汽车产业快速发展的大趋势大背景下，大批中国汽车制造企业积极参与。2020 年中国乘用车企业平均燃料消耗量与新能源汽车积分核算情况显示，2020 年中国共有 137 家乘用车生产企业，其中 102 家乘用车企开拓了新能源汽车整车生产业务（新能源乘用车产量/进口量大于 0 的企业），占中国所有乘用车生产企业的 74.45%[①]。为了更好地研究新能源汽车企业的技术特点，本节将对中国新能源整车企业进行整体概述，并将新能源整车企业进行分类，详细分析每一类企业在新能源汽车业务发展中的特点并进行优劣势对比。

3.3.1　整体情况

在整车企业布局方面，传统汽车产业城市，如北京、武汉、重庆仍发挥着举足轻重的作用。浙江、江苏及广东等地也在新能源汽车方面加速产业布局。北京新能源汽车整车企业约 10 家（含相关子公司、生产基地等），包括北京汽车股份有限公司、北汽福田汽车股份有限公司、北京新能源汽车股份有限公司、北京汽车制造厂有限公司、北京现代汽车有限公司等。浙江、江苏等地的新能源汽车产业在政策鼓励下发展迅猛，浙江新能源汽车整车企业约 12 家（含相关子公司、生产基地等），包括浙江吉利汽车有限公司、杭州长江汽车有限公司、金华青年汽车制造有限公司、万向集团、浙江中车电车有限公司等。江苏新能源汽车整车企业（含相关子公司、生产基地等）约 34 家，包括江苏常隆客车有限公司、南京金龙客车制造有限公司、南京汽车集团有限公司、北汽新能源汽车常州有限公司、扬州亚星客车股份有限公司、江苏陆地方舟新能源电动汽车有限公司、一汽客车（无锡）有限公司、江苏悦达起亚汽车有限公司等。

整车企业在市场表现方面，比亚迪、北汽、众泰、上汽、东风、吉利的新能源乘用车销量抢眼。比亚迪新能源汽车的产品阵容涵盖纯电动力、插电式混合动力两大技术种类以及轿车、SUV、MPV 三大品类，拥有比亚迪秦、唐、E5、E6、

---

① 2020 年度中国乘用车企业平均燃料消耗量与新能源汽车积分情况公告[EB/OL]. https://www.cnii.com.cn/cyjj/202107/t20210727_296766.html[2022-07-17].

秦 EV 等多款明星产品，秦、唐双雄销量表现持久而强势。而在纯电动汽车领域，北汽新能源拥有良好积累，产品涵盖 A 级、A00 级和 SUV（小型），包括 EV、EU、EX 等车型。主打微型电动汽车的众泰汽车，推出了云 100S、E200 和芝麻 E30 的产品组合，在终端市场广受欢迎。

从整体分布来看，北京、深圳、浙江（城市群）的新能源汽车产业集聚，主流新能源汽车企业的总部都在中国新能源汽车应用推广的示范城市之列。这些新能源汽车企业受到示范城市不同程度政策的鼓励和引导，以及所在区域资源的获取或限制。从市场份额来看，已经实现量产并且占领市场的新能源汽车企业分布在北京、上海、深圳、杭州、重庆、合肥等城市，这几个正是"十城千辆"工程的首批应用推广城市。可以看出，"十城千辆"工程正在取得实质性成果。从企业的所有制类别来看，国有企业和私有企业占据主导地位。北京、深圳等地的新能源汽车企业类型较为多元化，浙江以私有企业为主，福建、江苏多为合资企业。

3.3.2　不同企业特点分析

新能源汽车企业作为产业技术创新的重要主体，根据其新能源汽车的业务开拓和技术创新方式，可将其分为三类。

第一类主要是在传统燃油车业务的基础上开拓新能源汽车业务。这类企业又可以进一步分为两种：一是基于当前传统燃油车的平台和资源等在母公司下开辟新能源汽车业务，通过成立事业部、研究院或推出新能源汽车新品牌等方式启动新能源汽车的研发与生产。例如，比亚迪成立第十四事业部负责电动汽车核心部件的研究和生产；长城推出新能源汽车品牌"欧拉"，这是国内车企中率先将新能源汽车业务作为品牌化管理的独立新能源品牌。二是这些传统车企将新能源业务从传统燃油车业务中剥离，成立独立子公司或合资公司。例如，北汽成立的北京新能源汽车股份有限公司、奇瑞成立的奇瑞新能源汽车股份有限公司等。

第二类是具有相关汽车设计、研发、生产配套等经验的初创企业，如知豆、蔚来、零跑等造车新势力。这类企业成立时间较短，部分生产环节仍然需要外包，但成长较快。这些初创企业按投资主体也可分为三种：第一种企业背后拥有母公司的投资，投资主体是传统企业等，如前途汽车是北京长城华冠汽车科技股份有限公司的子公司；零跑汽车的控股公司浙江零跑科技有限公司是浙江大华技术股份有限公司的参股公司。第二种企业背后就是以智能科技、新能源汽车起家的企业，如威马汽车的大股东是苏州威马智慧出行科技有限公司；拜腾汽车由南京知行新能源汽车技术开发有限公司出资。第三种企业以个人控股为主，依靠互联网巨头及投资类企业的融资支持，如蔚来由李斌个人控股，腾讯、红杉、百度成为企业的大股东；小鹏汽车的实际控股人为何小鹏，并获得了阿里巴巴、广州鹏行投资管理企业等的投资。

第三类是跨界进入新能源汽车制造的相关企业，有些是汽车产业链上的相关企业，如汽车零部件供应商，有些则是完全无关企业。这些企业通常以更为激进的态度切入市场，期待在新能源汽车市场中争得一席之地。其中以地产、投资类企业尤为积极，根据其计入方式可大致分为三类：①通过收购新能源汽车企业进入，如宝能以51%的股份接手观致汽车[①]；格力收购珠海银隆新能源有限公司进入新能源汽车制造业。②通过独立或合资成立新能源制造企业或产业基地等，如万向集团成立万向电动汽车有限公司，并在洛杉矶、底特律、慕尼黑、杭州等国内外范围内布局新能源汽车的研发中心和产业基地；华夏幸福联合上海瑞珑汽车科技股份有限公司打造新能源汽车产业基地；恒大计划在沈阳建设新能源汽车三大基地；碧桂园建设顺德新能源汽车小镇等。③主要通过入股或战略合作的方式进入新能源汽车行业，如雅居乐入股新能源科技企业力世纪新能源汽车（上海）有限公司，但不占控股地位；万科与比亚迪开展战略合作等。这些企业通常不只参与新能源汽车制造，而且同时布局产业链的上下游业务，包括零部件制造、销售租赁、无人驾驶技术研发和共享出行等业务。

表3-5对比了这三类新能源汽车企业的特点及优劣势。

表3-5 新能源汽车企业分类

类别	典型企业	特点	优势	劣势
传统车企	比亚迪、长城、江淮、上汽、北汽、江铃、吉利、大众、奔驰、宝马、丰田等	以传统燃油车及其零部件等的制造业务为主，传统燃油车和新能源汽车并行发展	多年的造车技术经验优势；现成的生产基地及成熟的生产线；建设好的渠道优势，包括建设好的供应商渠道和维修售后渠道；雄厚的资金支持且资金来源较稳定	受传统造车中一些僵化理念的影响较大；对市场和消费者需求变化的反应较慢

---

① 宝能拿下观致控股权66.3亿收购51%股份[EB/OL]. https://www.sohu.com/a/215702368_121861 [2021-11-18].

续表

类别	典型企业	特点	优势	劣势
造车新势力	威马、蔚来、小鹏、奇点、车和家、拜腾、云度、前途、国能、特斯拉等	以新能源汽车的研发、设计、生产、销售等业务为主;互联网类企业尤为活跃	经营理念和思维的创新,独特的活力,不受传统造车中一些僵化理念的限制;新技术的应用较快	不具备像传统燃油车企那样完备的产业链体系;渠道不完善,售后服务、维修保养的问题反映时间长;资金来源较不稳定,风险较大
跨界企业	万向、碧桂园、华夏幸福、宝能、万科、雅居乐等	产业链上相关企业或完全无关企业进入新能源汽车行业;地产类企业更为活跃	雄厚的资金支持	对新能源汽车业务不熟悉;不掌握核心的造车技术,竞争力低

第4章 新能源汽车产业商业模式发展现状

经过多年的研究开发与示范运行,我国新能源汽车产业已经有了很大的进步,具有完备的产业链,从供应原材料、电池、车辆控制器等关键零部件的研发与生产,到整车的设计制造,以及充电基础设施的配套建设等,都具备了产业化的基础。但是新能源汽车产业的核心技术等仍待突破,在此背景下,国内外新能源汽车厂商纷纷将目光投放在新能源汽车产业商业模式方面,以求弥补目前技术不成熟的短板。本章将重点分析国内外新能源汽车厂商的商业模式类型,为研究新能源汽车商业模式创新做好铺垫。

4.1 国外新能源汽车产业商业模式发展现状

随着全球新能源汽车产业的发展,新能源汽车的技术也在不断趋于成熟,由此在技术的驱动下出现了许多商业模式。不同国家和地区结合各自的特点、产业基础、交通运输体系特色进行了多种商业模式创新,本节重点对以下三种商业模式进行介绍。

4.1.1 全球第一家分时租赁商业模式——Autolib 项目

Autolib 项目是由法国巴黎市市长贝特朗·德拉诺埃(Bertrand Delanoe)发起的电动汽车租赁项目。该项目由巴黎市政府组织管理,由法国博洛雷集团(Bollore Group)负责运营。Autolib 项目于 2011 年 12 月正式面向公众服务,首批投放电动汽车 250 辆。随后，项目在里昂、波尔多及美国印第安纳波利斯得到推广。在巴黎，Autolib 项目已建成 500 个地面停车点和 200 个地下停车点。每个地面停车点可供 4 辆电动车停泊，每个地下停车点有 10 辆车，总计可供 4000 辆电动汽车进行充电，供 400 万市民使用（郝凤霞等，2017）。

用户量达到 60 000 多人，3000 多辆 Bluecar 电动汽车投入市场运行（郝凤霞等，2017）。同时，有一半的地面停车点还可为私人电动汽车或者电动助力车充电。充电点分布基本是围绕火车站和大的公交站点，最大限度地方便使用公共交通的市民。

巴黎市政府和博洛雷集团成立的政府-私人合作公司将电动汽车租赁给普通消费者。电动汽车的租金根据长租和短租形式的不同有所差异，主要分为包年（120 欧元）、包月（25 欧元）、一周（10 欧元）以及按天计算。政府为了推动 Autolib 项目的进行，规定企业须每年为每一辆车承担 3000 欧元的维修与保险费用开支。对使用者而言，Autolib 项目具有灵活自由的特点：租用者不需要将车送回原地，也可以只用单程，如出去时开车，回来时用其他方式，这一灵活自由的特点有助于说服使用者在市内出行时逐步放弃使用自己的个人车辆，进而促使减少街道停车、堵车和污染。

在充电基础设施建设上，Autolib 项目于 2016 年在法国建设超过 1.6 万个电动汽车充电桩，依托博洛雷集团的"汽车共享服务"技术，即相关系统、软件与充电点连接进行运营，充电桩的规格为 7 千瓦交流（单相），功率为 3 相 22 千瓦，并能够同时兼容雷诺 Zoe 和其他品牌电动汽车的快充服务，在站点间的距离上，每个站点相距 40 公里，此举将带动法国电动汽车行业的迅速发展。在收费方面，博洛雷集团对充电桩进行全国统一定价，根据用户使用时长计费。

博洛雷集团在巴黎市中心和郊区建立了电动汽车预定亭，为有意向租赁电动汽车的租客提供电子注册服务。预定亭自动对租客的驾驶执照、护照和信用卡进行扫描和记录。巴黎的每个"租赁站"对应 3～5 个 Autolib 项目专用停车位和充电点（郝凤霞等，2017）。同时，机器在自动确认租客的驾驶执照是否有效，是否受到酒精或药物影响之后，为其分配车辆。

在车载服务方面，提供完整的全球定位系统（global positioning system，GPS）、汽车剩余电量提醒以及对应能行驶的公里数范围，且可直接联通 Autolib 呼叫中心。车内的无线电系统会记录用户的触摸操作，为用户提供偏好设置和预置选项的相关历史记录。在用户服务方面，用户可通过 Autolib 官网、租赁站屏幕和两个智能手机 APP 提前预订电动汽车（最多只能提前 30 分钟预约），还可以预约目的地的停车空位（最多提前 90 分钟预约）。

4.1.2　整车企业主导的汽车租赁商业模式——Car2go 项目

Car2go 项目是由戴姆勒于 2009 年推出的一种"创新的城市绿色出行方案"。Car2go 打破按天计费和在门店租车还车的运营模式，开启了"汽车共享"新概念：即时自助、随性出行；单程随处还车，网点遍布全城；按分钟计费，支付简单透明。Car2go 试图活化车辆在交通之间的空白时间，通过共享机制，将车辆无意义的停泊时间缩至最短，使车辆能长时间运转，以最少的车辆满足最多人的交通需求，降低用车总数，改善交通环境，并减少资源的浪费。此外，Car2go 在德国、加拿大、奥地利、意大利、西班牙等国家成功运营。

Car2go 项目使用的车型为戴姆勒集团旗下的 smart fortwo ED，在电动车基础设施建设成熟的德国的斯图加特、荷兰的阿姆斯特丹以及美国的圣迭戈，已采用纯电动版的 smart fortwo ED 提供 Car2go 的汽车共享服务。前两代电动版 smart 的电池供应商是美国电动车公司特斯拉，第三代电动 fortwo 所用的电池来自戴姆勒和德国供应商 Evonic 的合资公司 Deutsche Accumotive。最新一代的 smart 电动版由容量为 17.6 千瓦时的锂离子电池提供电力，在满电情况下，续航里程可超过 140 公里。Car2go 有专属的维修团队，通过云端系统，随时监控车辆的状况和会员的回应，以提供最佳的服务品质。

Car2go 项目是一种自助式随时租赁、随处归还的汽车共享模式。Car2go 的参与者首先需要缴纳费用加入会员，获得晶片会员卡。通过此卡便能开启任何一辆停泊在市区内的 Car2go 车辆的车门，再输入密码从车辆的控制盒中取得钥匙，便可以即刻开始用车。当车用完之后，车辆无须交还特定服务中心，仅需随意停放在市区内合法的停车格位，将钥匙放回控制盒并退出后，便可以离开。而停放的车辆即刻开放其他会员刷卡使用，以提高车辆的使用率。

Car2go 以分钟为单位对会员的使用时间收费，用户可通过支付软件进行网上付款。Car2go 设计了一款便捷的 Car2go APP（图 4-1）。Car2go APP 的运行界面主要包括车况展示、定位与选择车辆及车辆预订功能。通过此 APP，会员可以利用定位与选择车辆功能锁定距离最近的车辆，最多提前 30 分钟进行车辆预订。在车辆运行期间，APP 将即时提供车辆位置、清洁程度、剩余流量等动态车况信息。同时，APP 亦可代替传统晶片会员卡，实现开关车门、电子支付等功能。

图 4-1 Car2go APP 运行界面

资料来源：根据 Car2go 官网信息及其他公开数据整理

4.1.3 换电服务商业模式——Better Place 项目

Better Place 是一家致力于开发电动汽车充（换）电相关技术及服务体系并投资电动汽车发展所需基础设施的跨国企业。Better Place 立足于全球市场推进电动汽车基础设施的发展，在电动汽车公共能源供给服务系统的开发与建设方面居世界领先地位。公司曾在北美、欧洲、以色列、日本和澳大利亚等地与电池制造商、电力公用事业公司和政府建立广泛的合作关系。在中国，Better Place 与中国的汽车制造商、公用事业公司、地方政府和科研机构等多方讨论发展合作关系，在继续保持与其他中国汽车制造商洽谈的同时，公司与多家中国汽车制造商合作共同开发可快换电池的电动汽车。

Better Place 是最早探索换电模式的公司，整体上属于"车电分离"模式，其愿景是由 Better Place 建设充电站，为各类汽车品牌提供换电服务。Better Place 希望与相关车企合作，为车厂和用户提供电池换电技术与服务。该模式由用户自行购买电动汽车裸车，从运营商处租赁电池，以服务费的方式交纳电池租金和换电服务费。这种方式剥离了电池成本，从而降低了车辆的销售价格。

图 4-2 为 Better Place 的电池更换站，其可以为电动车辆提供充满电的电池，因此与传统电动车不同的是司机无须花大量时间为电池充电，而是即换即用。当电池技术更新后，车主无须为新技术花费费用，而是在更换电池过程中直接受益。

图 4-2　Better Place 的电池更换站
资料来源：Better Place 官网，https://www.betterplace.co.in/

但是，这种商业模式需要与传统汽车厂商合作，以此推动电池的"标准化"，但许多传统汽车厂商并没有与之合作的意愿，只有雷诺公司答应愿意为 Better Place 提供汽车。由于车辆推广有限，建设充电站的不菲花费很难得到投资回报，经过六年时间，Better Place 并没有建立换电模式所需的车辆和电池更换站互相支撑的有效循环模式。当雷诺公司宣告退出换电领域时，Better Place 只能无奈走入破产保护程序。

4.2　中国新能源汽车产业商业模式发展现状

通过研究国外新能源汽车产业商业模式创新现状，本节结合国内新能源汽车商业模式发展，从商业模式创新方式出发，以结构视角，运用利益相关者分析图，总结出以下五种典型商业模式。

4.2.1　整车销售型商业模式——北汽新能源

　　整车销售型商业模式是在燃油汽车商业生态系统基础上形成的传统商业模式（图4-3）。整车销售型商业模式的商业化途径是整车企业通过经销商营销，供应给消费市场的过程。金融企业隶属于或者独立于整车企业/经销商，为经销商提供车辆贷款或融资服务。电力企业作为电动汽车产品的能源供应企业，为消费者提供能源供应。政府通过颁布政策法规的形式促进整车销售型商业模式发展，研发机构和产业联盟从技术研发的角度驱动商业模式的创新。在这种商业模式中，整车企业通过经销商为私人消费者和公共消费者提供整套的整车、动力电池以及充电桩产品，消费者拥有车辆、电池以及充电桩的所有权和使用权，但整体的购买成本较高。其创新之处在于经销商与消费者之间的渠道增加了线上的互动。

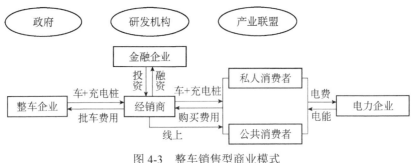

图 4-3　整车销售型商业模式

　　整车销售型商业模式仍然是目前新能源汽车商业化的主要方式。比亚迪作为新能源汽车行业引导者，认为传统商业模式仍然是新能源汽车消费主流渠道。与传统燃油车渠道不同的是，新能源汽车与客户的连接方式实现了线下体验和线上互动的双重功能。为聚焦产品品质与性价比，抢占大众的主流消费市场，比亚迪布局了线上渠道，推出全新的比亚迪 e 网，与天猫旗舰店一起，聚焦数据流量，赋能线下成交。比亚迪通过大数据增进线上线下联动，寻求新零售模式。

　　与比亚迪一样，北汽新能源也将线下的整车销售作为主要商业模式，其认为线上的电商是一种服务线下的商业模式，是展示给消费者的窗口，是消费者认识和了解产品的渠道。尽管坚持了传统的商业模式形态，但考虑到新能源汽车产品的特性，北汽新能源仍然坚持发展独立的新能源汽车品牌，将燃油汽车和新能源汽车分开运营。北汽新能源希望通过战略的差异化，不断创新传统商业模式，探索出符合自身发展的商业模式路径。

4.2.2　车电分离型商业模式——普天

车电分离型商业模式是为解决整车成本较高的痛点，通过销售整车、出租电池的模式获取价值。车电分离型商业模式中新增了电池企业和换电企业两类利益相关者（图 4-4）。电池企业与运营企业合作将电池出租给私人消费者和公共消费者。所有电池都将在电池更换站中享受统一的管理和定期维护，从而延长电池的使用寿命，进一步提高电池的可靠性。同时，运营企业与换电企业合作，为需要充电的用户提供充电服务，为选择换电的用户提供换电服务。换电企业与电池企业是稳定的长期合作关系。换电企业和电力企业可以从用户所用电费、电池租赁费用、旧电池回收费用和政府补贴中获得利润，同时需要为电池购买和电池更换站建设、维护、运营承担费用。此模式中的金融企业不仅承担整车销售融资业务，还为电池租赁业务提供服务。电池政策补贴、技术研发创新和电池产业联盟技术标准的统一构成了该商业模式的支撑层面，推动车电分离型商业模式的发展。第三方服务平台在这种商业模式中起着技术辅助作用，在各个利益相关者之间传递信息，并实现消费者与电池企业、消费者与换电企业之间资金流和物流的交换。该商业模式最重要的特点是消费者仅购买整车（不含电池），消费者拥有车辆的所有权和使用权以及电池的使用权，而电池所有权归电池企业所有。车电分离型商业模式使得各方的利益最大化，同时与上下游的相关制造企业积极参与到建设统一技术标准中。

由于行驶里程较为固定，裸车销售、电池租赁车的车电分离型商业模式首先在纯电动大巴上实现了应用，深圳普天模式是最早进行公共交通、车电分离的典型代表。安凯客车早在 2009 年就开始在合肥、大连、上海等地推行以租代买的纯电动车电池租赁模式，并在每一个城市运营的过程中与当地的电池企业进行合作。纯电动客车的成本较高，以售价 160 万元的客车为例，电池成本占 110 万元，在 2012 年获得 50 万元国家补贴，一辆新能源客车的售价是 60 万元，这与传统客车的价格已基本接近，满足了公共消费者的接受范围（郝凤霞等，2017）。因此，车电分离型商业模式在公共交通领域应用较广。

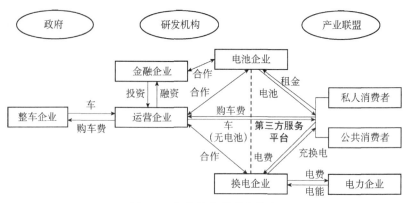

图 4-4　车电分离型商业模式

　　乘用汽车众泰在 2010 年就推出以租代买的电池租赁模式，众泰只销售电动车的裸车，消费者向普天海油新能源动力有限公司租赁电池，国家电网有限公司提供换电服务。江淮也在合肥试运行 500～1000 辆电动车，通过车电分离型商业模式进入市场。

4.2.3　汽车共享型商业模式——EVCARD

　　汽车共享起源于瑞士和德国，是介于私家车和公共交通之间的交通创新方式，在社区、市中心等人口相对集中的地方提供车辆共享服务。汽车共享服务本质上是为组织成员提供一种短时的汽车租赁服务。汽车共享型商业模式是运营企业从整车企业购得车辆后，将整车租赁给消费者，再为消费者提供电池充换电服务的一种商业化模式。与车电分离型商业模式不同的是，运营企业拥有整车包括电池的所有权，消费者拥有使用权。充电企业和换电企业与运营企业合作提供充换电服务。电池企业不与消费者直接接触，而是作为支撑企业，辅助换电企业完成换电业务。电池企业的性质比较多样化，可以是独立的个体，可能与整车企业相关，也可能与运营企业相关，通常和换电企业保持直接关联关系。金融企业为运营企业从整车厂购车提供融资服务。政府从市场推广政策、启动资金、研发机构、远程操控、支付技术、产业联盟和供应链合作等方面对汽车共享型商业模式提供前提保障。第三方服务平台在这种商业模式中起着技术辅助作用，在各个利益相关者之间传递信息。由于运营企业拥有整车的所有权，因此这种模式下的第三方服务平台是将运营企业和消费者、充电企业和消费者连接起来的重要技术平台。在这种商业模式中，通常按照行驶里程和使用时间进行收费，共享模式包括长期租赁、月租、周租和分时租等。其中，分时租赁成为中国新能源汽车商业市场的热点。汽车共享是一种能够显著提高经济效率的商业模式，利益相关者关联分析如图 4-5 所示。

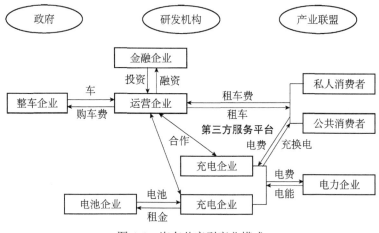

图 4-5　汽车共享型商业模式

自 2013 年 7 月在上海成立中国首个电动汽车分时租赁商业模式 EVCARD 以来，中国多个城市和地区的分时租赁商业模式呈现快速发展态势，具有分时租赁商业模式的城市数量增长迅速。截至 2017 年 6 月，分时租赁商业模式不仅能在北京、上海、广州、深圳这样的大城市看到，而且出现在杭州、成都、重庆、武汉、芜湖、青岛、临沂等中小城市。2017 年北京推出了 2000 台分时租赁汽车；在上海，上汽集团与 EVCARD 合资成立的"环球车享"投放运营 6500 辆；在深圳，比亚迪、中兴、车普智能、联程共享四家企业的 1000 多辆分时租赁汽车在运行。

伴随着分时租赁商业模式的发展，分时租赁模式呈现出同一城市的不同模式间竞争以及同一模式在不同城市间的跨区域发展，致使分时租赁商业模式得到演进和创新。例如，在北京市场上就有绿狗车纷享、一度用车、宝驾出行、GoFun 出行等多个分时租赁商业模式；杭州市场中的微公交、电蚂蚁、时空租赁等分时租赁企业和模式；深圳市场上的比亚迪、中兴、车普智能、金钱潮和联程共享；在广州有"有车"、EVCARD、驾呗等共享模式。各模式间具有地域特征，在充换电模式、盈利模式和取还车辆方式等方面都存在不同程度的差异。

4.2.4　融资租赁型商业模式——比亚迪

融资租赁型商业模式可有效缓解充电基础设施建设与车辆一次性购置的资

金压力，解决动力电池维护保养以及与整车寿命匹配的难题。融资租赁是指融资租赁公司根据承租人对汽车的要求和汽车厂家的选择，购买汽车，租给承租人使用，承租人分期支付租金。租期届满，租金支付完毕，车辆一般归承租人所有。融资租赁包括三种融资方式：①售后回租方式，融资租赁公司与客户以双方协议价格购买客户现有车辆，再以长期租赁方式回租给客户，并提供必要服务，这样能摆脱目标客户的管理负担，有效降低固定资产比例，并能有选择地分解有关费用。售后回租可以设计为融资性租赁，也可以设计为经营性租赁。②委托租赁方式，融资租赁公司接受厂商或经销商（委托人）委托，将车辆按融资租赁方式出租给用户（承租人），融资租赁公司作为受托人，代委托方收取租金，交纳有关税费，融资租赁公司只收取手续费。在委托租赁期间，车辆产权为委托人所有，融资租赁公司不承担风险。此方式可以为厂商或经销商节约税费。③直接租赁方式，融资租赁公司按照客户指定的车型及技术配置购进新车，并与客户签订融资租赁合同，在客户租用一定的期限后，将车辆的产权转让给客户。在签订租赁合同的同时，承租人应依次交清20%～30%的保证金和3%～5%的手续费，其余款项按租赁期分期支付。租金总额等于或超过车辆的价格（石斌和施佑生，2014）。期满以后，承租人以名义价格取得车辆的所有权，完成全部租赁过程。

融资租赁与传统租赁的区别在于，前者以承租人融资成本的时间计算租金，后者以租赁使用车辆的时间计算租金。此模式中，融资租赁商成为主要核心参与者，融资租赁商向整车企业支付购置款，向个人或单位出租车辆使用权，收取担保金及保证金，其他参与者的角色与汽车共享型商业模式相同（图4-6）。

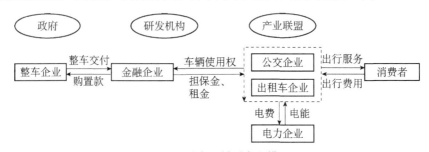

图4-6　融资租赁型商业模式

深圳的实际运营为新能源汽车商业化运营探索出一条可行的创新模式，比亚迪针对出租车及公交大巴市场推出"零元购车·零成本·零排放"解决方案，真正解决了出租车公司及公交公司一次性购买电动车的资金压力，真正实现使用者的"零风险"：零元购车、零成本。比亚迪融资租赁型商业模式流程包括七个步骤：①比亚迪与金融机构签订购买合同；②金融机构向比亚迪支付货款；③金融机构与出租车公司（公交公司）签订融资租赁合同；④比亚迪与出租车公司（公交公司）商定相应的产品配置和技术条款；⑤比亚迪直接向出租车公司（公交公司）发货；⑥出租车公司（公交公司）分期向金融机构支付租金，具体还款方式以双方约定为准；⑦车辆所有权在租赁期满后过户给出租车公司（公交公司）。灵活多样的融资租赁型商业模式为出租车公司（公交公司）的不同需求提供不同解决方案，不仅可实现新能源技术上的不断创新，更实现了纯电动车推广销售模式创新。

4.2.5　出行服务型商业模式——曹操出行

出行服务型商业模式的关键企业是提供移动出行服务的运营企业。运营企业不仅拥有整车、动力电池的所有权和使用权，同时拥有专职的运营人员，如出租车、网约车、顺风车等。消费者不能直接使用运营车辆，而是通过网约平台获取移动出行服务（图 4-7）。新能源汽车网约平台不仅出现了传统出行服务提供商滴滴，还加入了吉利主导的曹操专车、导航主导的高德地图叫车平台以及生活平台主导的美团叫车等。充换电企业是运营企业的重要合作伙伴，为出行服务车辆提供充电保障。向网约车运营车辆提供定向充电服务已经成为充电运营商的重要收入来源，电力企业与充换电服务商保持密切联系。出行服务型商业模式中的金融企业与其他模式中一样，发挥重要的融资作用。同时，政府不断出台相关政策，保障网约车的合法性，强调提升网约车的安全性。研发机构与产业联盟对网约车的试验和运营保持积极的态度。

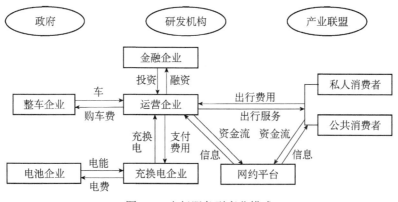

图 4-7　出行服务型商业模式

　　出行服务型商业模式是未来交通领域、移动出行领域的重要发展方向。吉利于 2015 年布局了新能源汽车共享生态——曹操专车，2019 年升级为曹操出行。曹操出行是互联网＋新能源出行服务深度结合的产物，曹操出行全部采用新能源汽车，让移动出行更加环保、低碳。最重要的是曹操出行重视客户的消费体验，对于投诉给予及时反馈，严格履行安全出行的承诺，运营车辆获得《网络预约出租汽车经营许可证》，所有司机均是持有网约车证的专职司机，为消费者出行提供了安全保障。新能源运营车辆为消费者提供移动出行服务的商业模式或将成为未来商业模式创新的重点领域。

　　随着新能源汽车产业的发展，消费者从拥有汽车到租赁汽车再到享受新能源汽车的服务，经历了不断的演进和创新。现有的几种商业模式是基于现有技术创新水平发展的结果，它们同时存在着，不断发生着演进，不断有新的参与者加入产业中，不断有新的技术改变产业格局。但归根结底，不同商业模式的差异性体现在消费者接受到的产品或服务发生变化，产品的所有权和使用权发生的更替。产业和服务在商业模式创新过程中发挥着极其重要的作用。

政　策　篇

国内外新能源汽车产业的蓬勃发展，离不开新能源汽车产业政策的支持和鼓励。国外典型国家新能源汽车产业的发展经验表明，政策对新能源汽车产业的快速发展起到了重要作用。

世界各国政府从战略规划及投资、补贴和税收减免、法规与标准、专门机构设立四个方面颁布各具特色的政策或法案，支持本国的新能源汽车产业快速发展。战略规划及投资是政府从宏观综合角度，颁布国家或地区的短中长期发展规划，制定阶段性目标的政策。补贴和税收减免包括两部分，补贴是各国支持新能源汽车产业最常用、最直接的手段；税收减免是指国家通过减免新能源汽车生产、销售、使用等过程的税收，达到鼓励产业发展的目的。法规与标准是指为提高新能源汽车技术水平和管理要求所颁发的一系列技术要求和规章制度、标准体系和生产准入政策等。专门机构是国家为了集中发展新能源汽车产业而设立的政府组织、产业联盟等，以保障产业政策的贯彻和实施。

本篇依然从整车、动力电池、充电基础设施三个关键产业层面入手，首先，选取美国、德国、法国、荷兰、英国、日本、韩国等新能源汽车产业发展较快、市场份额较大的国家，对各国的战略规划及投资、补贴和税收减免、法规与标准、专门机构设立四类政策进行详细分析。其次，就中国新能源汽车产业、中国动力电池产业和中国充电基础设施产业的政策，对战略规划及投资、补贴和税收减免、法规与标准、专门机构设立四类政策展开解读。通过对新能源汽车产业的政策分析，为构建技术创新驱动下的理论模型搭建制度基础。

第5章 国外新能源汽车产业政策

本研究从战略规划及投资、补贴和税收减免、法规与标准、专门机构设立四个方面,对七国的新能源汽车产业发展政策进行梳理和分析,以清晰地了解美国、德国、法国、荷兰、英国、日本和韩国七个国家新能源汽车产业发展政策的特点,并与中国新能源汽车产业政策形成对比。

5.1 国外新能源汽车政策

5.1.1 美国

2005 年之后,美国逐步加大对节能与新能源汽车的支持力度,先后通过《2005 能源政策法案》(Energy Policy Act of 2005)、《2007 能源独立与安全法案》(Energy Independence and Security Act of 2007)、《2008 紧急经济稳定法案》(Emergency Economic Stabilization Act of 2008)以及基于这些法案的相关规定,初步形成了美国节能与新能源汽车政策体系的主体框架,奥巴马政府出台的《2009 美国复苏与再投资法案》(American Recovery and Reinvestment Act of 2009)进一步加大了对新能源汽车的支持力度。

1)战略规划及投资

美国联邦政府对新能源汽车产业示范、投资等方面进行了规划和部署,并设立了诸多专项项目。其中,美国"清洁港口"(Clean Port)、"清洁城市"(Clean City)等项目将新能源汽车产业发展与城市建设紧密结合起来。此外,2015 年出台的《国家新能源汽车走廊》(National Alternative Fuels Corridors),对高速公路上的新能源汽车车道设计与充电站布局提出了明确要求。"先进技术车辆制造"(Advanced Technology Vehicle Manufacturing,ATVM)直接贷款计划则以提高美国节能汽车制造技术及普及清洁能源汽车为目标,为汽车或零部件制造商提供直接贷款,支持先进汽车技术研发。

而"缓解交通拥堵和空气质量改善"(Congestion Mitigation and Air Quality,CMAQ)等项目则从空气质量角度提出了对新能源汽车的具体目标与要求。值得一提的是,美国加利福尼亚州 2013 年提出的"零排放车辆(Zero-Emission Vehicle,ZEV)行动计划",使得零排放车得到较快的推广应用,同时空气质量得到了较大改善。

▌典型政策

美国加利福尼亚州"ZEV 行动计划"

2013 年 2 月,美国加利福尼亚州公布了"ZEV 行动计划"。这一计划是美国加利福尼亚州空气资源委员会(California Air Resources Board,CARB)为控制交通排放、提高空气质量而推出的一项举措,通过政策干预的手段促进低排放和零排放汽车的技术革新与推广应用的机制。该机制通过强制规定大型汽车生产企业零排放汽车销售比例(为了确保公平性,对不同规模的车企设定了不同的零排放汽车销售目标),用政策手段赋予其生产销售零排放汽车的责任,迫使企业推广零排放汽车;同时,引入积分并允许积分交易,构建市场机制,一方面使完不成目标的车企能够通过购买积分完成目标,另一方面使零排放车企可以通过积分交易获取部分资金,从而达到优化资源配置的目的;此外,该机制还制定了有力的罚则来保证计划能够顺利推行。"ZEV 行动计划"将政策约束和市场交易相结合,使得零排放车得到较快的推广应用,同时空气质量得到了较大改善。

其中,提出了四项具体目标:①完成所需基础设施建设和规划;②提高消费者认知度和需求;③改造车队;④提高(零排放汽车)私企的就业和投资。加利福尼亚州的激励措施都是为了满足"加利福尼亚州的驾驶者到处能找到零排放汽车的基础设施(充电站、加氢站等)"。

加利福尼亚州政府的目标是,到 2020 年使加利福尼亚州零排放汽车达到 100 万辆,到 2025 年提高到 150 万辆①。因此,加利福尼亚州政府规定,车企到 2025 年,除了满足 54.5 英里/加仑的平均燃油经济性要求外,在加利福尼亚州所售新

---

① 加州提出零排放汽车行动计划四项具体目标[EB/OL]. https://www.d1ev.com/news/shichang/17876 [2013-02-17].

车的 15.4% 须为零排放汽车①。丰田、本田、日产、通用、福特、克莱斯勒 6 家大型车企被纳入零排放阵营。由于纯电动汽车的普及速度没有人们想象得那么快，除了纯电动汽车和燃料电池电动汽车外，加利福尼亚州将插电式混合动力车也算作零排放汽车。不过，从 2018 款车型开始，插电式混合动力车就不再算是零排放汽车。

2）补贴和税收减免

美国联邦政府对新能源汽车产业的发展也提供了许多政策支持。2007 年 5 月美国联邦政府对消费者采取退坡式个税抵免，即以销量 6 万辆为界限，累计销量达 3 万辆后，消费者享受 50% 的减税优惠；累计销量超过 4.5 万辆，享受 25% 的减税优惠；累计销量超过 6 万辆后，不享受任何减税优惠。在《合格的插电式电动汽车的税收抵免》这一项政策中指出了税收减免的适用条件：符合功率在 5 千瓦时以上、外部能源供电、重量在 14 000 磅②以上并达到排放标准的新购买的插电式电动汽车，可以获得最少 2500 美元、最多 7500 美元的税收减免。但随着市场的逐渐成熟，对整车的补贴和税收抵免力度均逐渐降低，如补贴范围为燃料电池电动汽车、电动摩托车和安装电动汽车充电基础设施的消费者，2018 年以后购买上述车型的消费者无法获得税收抵免。

3）法规与标准

美国联邦政府层面的政策一方面规定了各类电动汽车补贴的标准和政策有效性的范围，另一方面主要是对政府和其他一些机构的车队中电动汽车的占比和补贴标准做出了规定。2018 年 4 月，美国环境保护署（Environmental Protection Agency，EPA）宣布 2022～2025 年在美国销售的轻型车辆的温室气体排放标准。这是在对 2012 年确定的 2017～2025 年温室气体排放标准进行中期评估之后做出的监管要求。

4）专门机构设立

美国能源部下属机构能源高级研究计划署（The Advanced Research Projects Agency-Energy，ARPA-E），旨在开发替代技术，减少能源进口的依赖度，降低温室气体排放，提高能源效率，保持美国在能源部署和开发领域的主导地位。ARPA-E 还关注车辆技术、生物质能源和能源存储等其他领域。而美国能源部车辆技术办公室则支持研究、开发和部署高效和可持续的交通技术，这些技术将提高能源效率

---

① 美国加州单独出台交通减排新计划[EB/OL]. https://wiki.antpedia.com/meiguojiazhoudanduchutaijiaotongjianpaixinjihua-203995-news[2012-03-20].

② 1 磅≈453.6 克。

和燃料经济性。技术包括先进的电池和电力驱动系统、轻质材料、先进的内燃机、替代燃料以及节能的移动系统等。

2009 年，由美国能源、电网、运输、汽车、通信等领域的十多家企业巨头共同发起并宣布成立了美国电动汽车联盟（The Electrification Coalition）。美国电动汽车联盟主要致力于从政策和行动上推动大规模实施电动汽车计划，最终改变美国经济、环境和对化石能源严重依赖的现状，实现美国电动汽车运输的革命性变化。

▌典型政策

美国：电动汽车联盟

2010 年 5 月，成立不到一年的美国电动汽车联盟代表美国联邦政府对美国电动汽车发展"路线图"进行了修订，公布了《发展电动汽车对美国宏观经济影响》研究报告，从国家战略安全利益高度阐释了发展电动汽车的重大意义。美国电动汽车联盟提出了电动汽车发展目标和行动计划：①到 2040 年美国将拥有 2.5 亿辆电动汽车，其中 3/4 的轻型汽车是电动汽车，届时美国轻型车燃油消耗量将减少 75%，使美国基本上摆脱对进口石油的依赖；②争取到 2020 年，美国拥有电动汽车 1400 万辆，近 1/4 的轻型汽车是纯电动汽车或插电式电动汽车；③呼吁联邦政府拨款 1300 亿美元，资助电动汽车用动力电池的开发生产和传统汽车厂商的转型；呼吁出台有吸引力的鼓励民众使用电动汽车和建设电动汽车基础设施的税收激励或财务补助政策措施，先行在美国 33 个重点城市展开，以期到 2013 年，美国有 75 万辆电动汽车上路，到 2018 年美国初步形成良好的电动汽车生态系统。

5）各州政策

在联邦政策的基础上，各州政府的相应政策措施力度也非常大，如 2013 年加利福尼亚州一项 SB359 法案为"清洁汽车退税项目"（The Clean Vehicle Rebate Project，CVRP）和"混合动力和零排放卡车、客车激励项目"（The Hybrid and Zero-Emission Truck and Bus Voucher Incentive Project，HVIP）提供 3000 万美元资金支持。2013 年，纽约启动了资助额度为 1900 万美元的"卡车券计划"的补贴和税收减免项目：一是提供 900 万美元额度给未达到联邦清洁空气标准的 30 个县市购买电动卡车；二是提供 1000 万美元额度给纽约，鼓励购买包括混合动力和压缩天然气在内的各类节能车。2015 年 7 月，各州政府对消费者购置新能源汽车给予交叉补贴，与联邦政府补贴同时使用，基本上采取先到先得、用完为止的原则，补贴金额最高的佐治亚州（Georgia）达到 2 万美元。加利福尼亚州从 2015

年 7 月开始，对年收入在 3.5 万美元以下的单收入家庭和 6 万美元以下的家庭，购置补贴金额翻倍至 3000 美元，纯电动汽车补贴由 2500 美元增至 4000 美元。

综上所述，美国联邦政府对新能源汽车产业发展政策在各个方面都提出了相关措施和规定，涉及面较广。各州政府的政策力度也非常大。

温室气体排放问题在欧盟受到了高度重视，并成为欧盟研究制定车用能源战略的重要考虑因素，同时也是欧盟先进汽车技术发展的主要推动力。2008 年通过《关于发展新能源汽车的立法建议》（Legislative Proposals on the Development of New Energy Vehicles），布局新能源汽车的发展道路，2009 年 10 月发布《欧盟交通道路电动化路线图》（European Roadmap-Electrification of Road Transport），将欧盟电动汽车的产业化分为 3 个阶段：2012 年发展基于现有车辆技术的插电式和纯电动汽车，保有量达到 10 万辆；2016 年发展下一代纯电驱动的电动汽车，保有量达到 100 万辆；到 2020 年之前纯电驱动的电动汽车总量达到 500 万辆，同时开展与发展电动汽车相关的动力电池、基础设施、智能车网交互、电池租赁等技术和商业化的研究。

2010 年 2 月，法国和德国在巴黎举行会谈，公布了今后 10 年内两国开展合作的 80 项具体目标，其中包括电动汽车共同研究项目，双方计划在法国斯特拉斯堡（Strasbourg）和德国斯图加特（Stuttgart）的周边地区实施电动汽车实证实验，包括充电器等基础设施在内，推进纯电动汽车的欧洲标准化。随后，27 个欧盟成员国在西班牙聚集，就在欧盟地区推进电动汽车普及计划达成了基本协议。

2017 年 11 月，欧盟委员会提议更新二氧化碳排放标准，目标是到 2025 年，新乘用车和轻型商用车每公里二氧化碳排放量减少 15%，到 2030 年减少 30%。为了便于从当前过渡到未来，提议还包括 2020 年和 2021 年乘用车二氧化碳排放达到 95 克/100 公里，轻型商用车二氧化碳排放到 147 克/100 公里的目标，这些目标都基于新欧洲驾驶循环（New European Driving Cycle，NEDC），但自 2021 年起，将根据 2017 年 9 月推出的全球统一轻型车辆测试程序（Worldwide harmonized Light vehicles Test Procedure，WLTP）[①]进行测量，以克服 NEDC 的一些缺点。目前，混合动力汽车欧洲平均排放标准接近 80 克/100 公里，到 2030 年，

① WLTP：WLTP 采用新的全球统一轻型车辆测试循环（Worldwide harmonized Light vehicles Test Cycle，WLTC）测量乘用车及轻型商用车的油耗、二氧化碳和污染物排放。最大车速从 120 公里/小时提高到 131.3 公里/小时，平均车速为 46.5 公里/小时，总循环时间为 30 分钟。2017 年 9 月 1 日，新的 WLTP 在欧洲正式实施，并将逐步替代 NEDC 协议。

零排放或者低排放标准的汽车成为必须。拟议的法规指出，低排放和零排放车辆的份额在 2025 年达到 15%，在 2030 年达到 30%或更多。

5.1.2 德国

德国作为汽车工业强国，为应对环境和气候问题，实现本国能源转型，保持其在全球汽车工业的领先地位，德国联邦政府持续推出相关政策措施以促进新能源汽车产业的发展。

1）战略规划及投资

早在 2007 年，德国联邦政府就宣布，在其综合能源和气候规划中，促进电力流动是气候保护的一个决定性组成部分。2009 年德国颁布的《国家电动汽车发展计划》提出到 2020 年使德国拥有 100 万辆电动汽车的发展目标。为了实现该目标并建立德国在市场上的领导地位，2010 年 5 月，德国成立国家电动汽车平台（National Electric Mobility Platform，NPE）。2011 年提出，德国对电动汽车产业的支持将分为市场准备阶段、市场扩张阶段和形成规模化市场阶段。德国联邦政府在市场准备阶段的资助主要集中在研发、标准以及教育和认证方面，有力地促进了电动汽车产业的发展。2011 年的"电动汽车政府计划"制定了今天仍然适用的战略和工具，其目标是将德国发展成为领先的电动汽车市场和供应商。2013 年，德国联邦政府确认了关于 100 万辆电动乘用车的推广目标，并建议国有银行启动针对电动汽车购买的低利率项目。

▍典型政策

德国：《国家电动汽车发展计划》

德国提出在 2020 年前生产至少 100 万辆电动汽车的计划。德国联邦政府规定，2015 年之前购买电动汽车的消费者，可享受 10 年免缴行驶税。预计 2030 年，德国新能源汽车产量达到 500 万辆，2050 年，德国所有乘用车实现零排放目标。但是考虑到德国目前的电动汽车市场发展动态，德国国家电动出行平台在"未来交通"新平台成立之时向外界表示，德国 100 万辆电动汽车的目标可能将推迟到 2022 年。

该计划为德国电动汽车技术研发确定了两大重点领域：一是电动汽车电池技术，二是电动汽车的能效、安全性和可靠性。混合动力和电池电动汽车是《国家电动汽车发展计划》的首选对象。在规划的第一阶段（2009～2011 年），计划投入 4 亿欧元研发资金（2009 年春季德国经济刺激计划组成部分），重点进行电能存储系统、车辆技术、汽车与电网互动及其示范和现场运行测试；第二阶段（2012～2016 年）和第三阶段（2017～2020 年），除开展研发外，还将进行市场启动和商务开发等方面的内容，以期使德国成为全球电动汽车技术及市场的引领者。

2017 年 11 月，德国联邦政府及相关联邦州和市政当局就城市空气质量改善计划达成一致。德国联邦政府发布了"清洁空气应急计划（2017～2020）"，旨在于 2017～2020 年通过资助城市电动交通、交通系统数字化、柴油公交车改造等措施改善城市空气质量。该计划支持城市商业运输的电气化、出租车，汽车租赁和汽车共享车辆的电气化、公共交通工具的公交车队电气化；支持与激励相关的充电基础设施、改善电网稳定性、建立低成本基础设施和移动计量充电点。2018 年底，除将 2017 年宣布的 10 亿欧元"清洁空气应急计划（2017～2020）"资金增加至 15 亿欧元外，德国联邦政府还计划支出约 4.3 亿欧元，用于推动地方层面实施汽车硬件升级。

2）补贴和税收减免

在德国原本的电动汽车发展规划中，联邦政府计划通过投入资金提高相关技术的研发、税收减免或其他方式降低用车成本以促进电动汽车的发展，而不会为购买电动汽车的消费者进行补贴。但由于德国的电动汽车发展进程与计划相差甚大，从 2016 年开始联邦政府开始大力度补贴，除了对工厂、充电桩进行政策补贴外，还直接对购买电动汽车的消费者进行补贴。例如，2016 年出台的电动汽车国家补贴政策设立了 12 亿欧元的补贴，规定从 2016 年 5 月 18 日起，每一位在德国购买电动汽车或插电式混合动力汽车的消费者可获得 4000 欧元或 3000 欧元的补贴，先到先得。同年，环境补贴"Umweltbonus"项目启动。联邦政府设定了一个目标，通过环境补贴促进新型电动汽车的销售。这将促使环境友好型电动汽车的需求增加至少 30 万辆。2019 年 1 月起，德国电动汽车司机所缴纳的税款将低于使用内燃机汽车的司机。

在购车及使用环节，对于购买电动汽车的消费者，自购买电动汽车注册之日起，5 年之内免交年度流通税，5 年之后，电动汽车适用税额为 11.25 欧元/200 千克（≤2000 千克）、12.02 欧元/200 千克（≤3000 千克）、12.78 欧元/200 千克（≤3500 千克）。同时，为电动汽车配备特殊牌照，设置大量专属停车位和行车道，同时，允许其使用公交车专用道。

3）法规与标准

德国通过出台一系列法律法规为电动汽车发展提供法律上的支撑。例如，2011年的《电动汽车政府方案》和 2015 年 3 月德国联邦议院通过的《电动汽车法》。

▌典型政策

德国：《电动汽车法》

2015 年 3 月，德国联邦议院通过《电动汽车法》。这部关于电动汽车的新法律规定：第一，德国联邦政府将给予电动汽车驾驶者一定的补贴，电动汽车驾驶者还将拥有进入限制区域的权利；第二，电动汽车充电站将为电动汽车预留一定的停车位，在其他停车区域电动汽车也可以免费停车；第三，为便于识别电动汽车，电动汽车的牌照将与普通汽车的牌照区别开来，电动汽车的车牌上将有特殊标识以便于交警进行识别；第四，德国地方政府（特别是空气与噪声污染敏感地区的政府）可以自主为电动汽车设置专门的电动汽车道，也可以在情况准许的情况下，准许有特殊标记的电动汽车使用公交车道。不过，这并非强制性条款，德国各地交通管理部门可结合当地交通状况自行决定。

适用该法律的车辆主要是电池动力车、燃料电池电动汽车，还包括部分可充电式混合动力汽车。

2015 年联邦内阁通过《电动汽车移动性法案》（EmoG），该法案是在德国联邦交通和数字基础设施部（BMVI）和德国联邦环境、自然保育及核能安全部（BMU）的支持下制定的，其目标是赋予电动汽车在道路交通方面的特权。这些措施包括：在公共空间的充电站分配专用停车位，减少或免除停车费，以及免除某些通行限制。这些车辆被特别标记，以便更好地被识别。

4）专门机构设立

为了使电动汽车能长效发展，德国在 2010 年 5 月成立了一个由工业界、科学界、政界、工会和社会领域的专家组成的国家电动汽车平台，并颁布和实施了一系列促进新能源汽车产业发展的激励措施。为实现 2020 年的目标，国家电动汽车平台提出了德国电动汽车市场的三个发展阶段：第一阶段是 2010～2014 年的市场准备期，在这一阶段，通过一系列研发项目对电动汽车进行推广与普及；第二阶段是 2015～2017 年的市场加速期，充电基础设施和电动汽车供应量在这一阶段得到明显扩充；第三阶段是 2018～2020 年的市场成熟期，德国电动汽车成为国际市场的主要供应商。国家电动汽车平台定期发布《电动汽车进展报告》，总结德国电动汽车当前发展状况并对后续发展提出建议。

负责电动汽车的德国联邦经济技术部（BMWi）、BMVI、BMU、德国联邦教育及研究部（BMBF）四个联邦政府部门也不断加大对电动汽车的支持力度，正在支持大量的示范项目和研究项目。

5.1.3　法国

与德国不同的是，法国在新能源汽车发展之初就十分重视政府补贴。1995 年，在新能源汽车还不受其他国家关注和重视的情况下，法国政府就开始制定了支持新能源汽车发展的优惠政策，对购买每辆电动汽车提供最高 1.5 万法郎的补贴。法国政府计划到 2025 年建成 100 个汽车充电站，到 2030 年电动汽车及混合动力汽车产量达到 200 万辆。20 年来，法国不断根据国情和世界形势的发展，及时调整新能源汽车政策，即便是在 2008 年金融危机，全球经济凋敝的时刻，法国仍不断加大对新能源汽车产业的投资力度，以期通过政府扶持新能源汽车产业的发展。为了推广清洁能源，2018 年法国政府上调燃油税，每升柴油上涨 7.6 欧分，每升汽油上涨 3.9 欧分。从 2019 年 1 月开始，法国政府还计划继续上调燃油税。

1）战略规划及投资

法国侧重于新能源汽车技术的研发。从 2012 年起，法国政府每年都不断加大对新能源汽车技术研发的投资力度，以期在技术上走在世界前列。例如，2013 年，法国启动了"未来车辆"等未来投资计划。该计划旨在对未来 20 年法国充电需求和消费者行为做出预测的基础上，加大技术发展和创新力度，加速电动汽车的推广和使用。2017 年，法国政府计划投资 200 亿欧元推进能源转型计划，其中 40 亿欧元的投资用于清洁汽车，继续推进新能源汽车普及，并且已经宣布到 2040 年禁止汽油车、燃油车销售。根据政府规划目标，法国将淘汰 1000 万辆老旧机动车，尤其是 1997 年以前生产的汽油车和 2001 年以前生产的柴油车。同时，政府还将改善道路、铁路交通网络，实现现代化升级，增加充电桩等基础设施建设，帮助低收入家庭更换更加清洁的机动车。

2018 年，法国公布《法国氢能计划》，从 2019 年起，法国环境与能源控制署（ADEME）将出资 1 亿欧元用于在工业、交通以及能源领域部署氢气。这一氢能计划的主要内容包括：进一步发展氢动力车辆以及加速加氢站建设。2023 年计划拥有 5000 辆轻型商用车，2028 年增加至 2 万~5 万辆；重型车辆（公共汽车、卡车、省际列车以及船舶等）由 2023 年的 200 辆扩展至 2028 年的 800~2000 辆；

2028 年加氢站规模建设增加至 400～1000 座。

2）补贴和税收减免

法国政府多年来推出了大量的政府补贴计划和税收优惠政策。例如，在补贴方面，为加速不环保汽车的淘汰，促进电动汽车的推广，政府规定销毁某些旧车辆可在某些情况下购买新车辆或旧车辆，并可获得转换保费。将 2016 年之前购买的柴油车换成纯电动汽车，会获得 6000 欧元的环境奖金和 4000 欧元的"感谢支持电动汽车"奖金，共计 10 000 欧元。如果换成插电式混合动力汽车，则获得 3500 欧元（1000 欧元+2500 欧元）的补助金。

▌典型政策

法国：转换保费

法国政府规定，销毁某些旧车辆可在某些情况下购买新车辆或旧车辆，并可获得转换保费：

（1）2500 欧元，用于购买新的纯电动汽车或插电式混合动力汽车，无收入条件；

（2）1000 欧元（非应税家庭 2500 欧元），用于购买电动汽车或插电式混合动力汽车二手车；

（3）1000 欧元（非应税家庭 2000 欧元），用于购买 Crit'Air 1 型热动力汽车或某些插电式混合动力汽车，其二氧化碳排放量低于 122 克/公里；

（4）购买一辆 Crit'Air 2 型热动力汽车，其二氧化碳排放量低于 122 克/公里，对于一个免税家庭来说是 2000 欧元；

（5）4000 欧元或 5000 欧元（保费翻倍），适用于工作地点离家 30 公里以上的非税人员，或因职业原因每年旅行超过 1.2 万公里的人员；

（6）100 欧元（免税家庭 1100 欧元），用于购买新的两轮车、电动三轮车或电动四轮车。

在税收优惠方面，从 2008 年的 Grenelle 项目开始，法国政策以二氧化碳排放量的降低为基准，代替了之前单纯的税收减免政策。Ecological malus 是对排放最多的二氧化碳车辆征收的首次登记税。Ecological malus 的注册税旨在鼓励消费者购买排放二氧化碳最少的新乘用车。罚款的规模是渐进的：车辆的二氧化碳排放量越高，罚款越高。Bonus-malus 汽车计划旨在平衡在奖金下支付的援助金额和转换奖金，以及对具有最高二氧化碳排放量的乘用车征收罚款。收取的罚款将完全用于为购买最为环保的车辆（包括混合动力汽车和电动汽车）提供资金。此外，该税收激励计划的标准不是一成不变的。

▎典型政策

法国：Bonus-malus 汽车计划的调整

法国于 2008 年设立了奖金制度，旨在通过长期购买或租赁融资（两年以上），奖励低二氧化碳排放的新车或货车购买者。每年进行检验，以配合低排放车辆的发展。奖励适用于客车、厢式货车和专用机动车辆类别的新车，以及两轮或三轮和四轮车辆。有资格获得奖金的车辆可以由个人或公司注册。二手车不适用，但长期租赁的车辆适用。援助金额为车辆购置成本的 27%，如有必要再加上租用电池的成本，援助金额上限为 6000 欧元。法国的税收激励系统随着市场和新能源汽车技术的不断进步而调整。

到 2015 年，二氧化碳排放超过 60 克/公里的车辆就不再有资格获得奖金。到 2017 年，二氧化碳排放量为 0～20 克/公里的车辆仅可获得 6000 欧元，旧车辆不适用，且插电式混合动力汽车不再有资格获得奖金。

整体而言，对新能源汽车的奖励标准不断提高，金额不断降低，而对高排放汽车的惩罚力度则不断加大。

此外，企业购买电动汽车第一年可以免税，电动汽车生产企业每生产一辆电动汽车，法国电力公司将提供 1500 欧元补助，以扩大电力的使用范围。纯电动汽车和插电式混合动力汽车可享受 50% 的折扣，或根据省份不同规定免征购置税。纯电动公务车辆免税，插电式混合动力公务车辆两年免税。

3）法规与标准及专门机构设立

2010 年 7 月开始实行的 Grenelle Ⅱ 规定了包含电动汽车充电在内的许多项环境条款。另外，2010 年，法国政府还成立了服务于插电式混合动力汽车和纯电动汽车的工作小组，以期建设标准化的国内充电网络，并发布了一系列有利于充电基础设施建设的规定。2014 年 7 月，法国议会通过了一项在法国全国范围内铺设电动汽车充电桩网络的法案，要求地方政府在充电基础设施不足的市镇增设充电桩，企业安装充电桩可以少缴纳一部分税款，并允许电动汽车运营商免费使用公共充电场地。

此外，法国还创新性地颁布了《空气质量证明书》（Air Quality Certificate）。《空气质量证明书》以下列方式推广污染最少的车辆：良好的停车安排；优越的交通条件；在低排放区域驾驶的可能性。空气质量合格证是贴在车辆上的自粘标签，根据车辆排放的大气污染物，标明车辆的环境等级，共有六类证书。地方政府可以使用空气质量证书，以确保污染最小的车辆能够享受优惠的停车条件，或者进入低排放区域。

综上，法国新能源汽车的发展战略及相关规定都与其开展的项目息息相关。

5.1.4　荷兰

荷兰是天然气生产大国，其天然气开发位列世界前五。2016年荷兰的电力有61%来自天然气发电，23%来自煤电，12%来自可持续能源及核能。而根据全球气候变化和环境污染现状，荷兰拟从2025年开始只允许新能源汽车销售，所有新车最迟在2030年前实现零排放，计划到2040年，全部汽车均由可持续能源来驱动，如风能、太阳能、生物质能等。为了促进新能源汽车的发展，荷兰政府颁布了一系列项目规划和激励措施。荷兰作为禁售燃油车时间的第一梯队国家，在战略规划方面较为重视。

1）战略规划及投资

截至2014年底，荷兰已提供1000万欧元实施推动电动交通的行动计划。该计划旨在重点区域和可行的市场范围内，通过与伙伴关系进行交流、研究和监测等一系列活动来增强国际协作，推进电动交通的发展。作为公共充电基础设施绿色协议的一部分，荷兰政府已承诺为市政当局安装公共充电站提供总计720万欧元的资金。2017年10月，Rutte Ⅲ新荷兰内阁提出了联盟协议。在汽车相关的章节中提出，所有新车最迟在2030年前实现零排放。内阁表示将确保充电基础设施到位以满足新电动汽车库存的需求，但市场各方将继续承担供应和操作充电设备的主要责任。通过市政当局引入低排放区域和减少零排放车辆的停车费等改善内城空气质量。一些城市已经有了环境区，但还没有零排放车辆。内阁的目标是到2030年将温室气体排放量减少49%。在一项行政协议中，32个城市与基础设施和水管理部已同意，到2025年，他们的专用社会支持运输将完全零排放。（社会支持运输是老年人、学童以及身体或精神状况不适合独立出行的人的交通工具。）

2018年底荷兰提交了一份《国家气候协议》草案。该草案在降低交通二氧化碳排放量方面做了详细的规划。

▍典型政策

荷兰：《国家气候协议》草案

设立了工业、农业和土地利用、建筑环境、电力和流动五个部门"表"；"表"的参加者是来自市场各方、非政府组织和研究机构的许多利害相关者。地方和国家政府也派代表出席。这些"表"必须起草部门计划，以便在 2030 年达到二氧化碳减排的"份额"。荷兰政府希望在 2030 年将温室气体排放量减少 49%。对于交通部门来说，这意味着到 2030 年必须再减少 730 万吨的二氧化碳排放。

有几个"子表"讨论了次主题（关于创新燃料的流动性、物流等）。Formula E-Team 充当了电动交通"子表"的功能。在《国家气候协议》草案的"移动"一章中，有关电子移动措施的提议有助于到 2030 年实现一半的二氧化碳减排。除了持续关注严格的二氧化碳标准（包括国家标准和与欧盟有关的标准）外，拟议的措施如下。

1）财政激励

（1）到 2025 年，免征零排放汽车的购置税和（国家）道路税；

（2）2025 年前，公司车辆的所得税附加费较传统车辆低；

（3）2021～2030 年为私人客户提供购买补贴。

2）充电基础设施国家议程

（1）由市、省、国家政府、社会组织和部门组织共同拟订；

（2）包含各方之间达成的协议，为越来越多的电动汽车提供（快速）充电基础设施；

（3）协议的重点包括：加速智能电网和充电基础设施建设，提高价格透明度。

3）来自私营部门和地方政府的配套措施

（1）降低转向电子驾驶门槛的活动；

（2）二手车、电子租赁、电动汽车共享、电动摩托车等领域的交流、电池检查和保障措施。

2019 年第一季度，荷兰环境评估署（PBL）计算所有措施的成本和效果。之后，国家政府将决定采取哪些措施并将其纳入国家政策。

2）补贴和税收减免

荷兰增加电动汽车的主要动力之一是财政刺激，重点是刺激零排放汽车，2024 年之前，纯电动汽车免征所有权税，插电式混合动力汽车所有权税减半。2024～2025 年，纯电动汽车减免 75% 的税，插电式混合动力汽车减免 25%

的税。

荷兰主要通过购置税和流通税的减免来刺激新能源汽车的消费。2008 年 2 月起，荷兰便设置了一种被称为乘用车和摩托车税（belasting van personenauto's en motorrijwielen，BPM）的汽车购置税。对于传统汽车，用户购买时要收取汽车净价 42.3% 的购置税；对于电动汽车，则免除该购置税；对于混合动力汽车，如果柴油混合动力汽车每公里二氧化碳的平均排放量低于 85 克也同样可以免除购置税。这些规定很大程度上降低了汽车的购买成本。

对于电动汽车，除了免除购置税，荷兰政府还提出了免除流通税的激励政策。荷兰政府将这种流通类税收称为机动车税（motor rijtuigen belasting，MRB）。这种税依据汽车的质量规格、汽车燃油类型以及客户所在的省份进行差别收取。荷兰政府还为企业提供"环境投资减税"，即每笔符合条件的投资可减免不高于 5 万欧元的税款或税款比例的 36%，该税费折扣也适用于二氧化碳排放低于 50 克/公里的新能源汽车。

补贴方面，荷兰基础设施与环境部为电动出租车和货车提供了每辆车 3000 欧元的补贴（部分城市达到 5000 欧元）；阿姆斯特丹等城市还在此基础上再提供每辆车 3000~5000 欧元的补贴。

3）专门机构设立

荷兰政府的目标是到 2030 年，荷兰将只销售零排放汽车。考虑到这一目标，企业、社会机构、知识机构和政府在荷兰公私合作平台 Formula E-Team 中携手合作，推动电动汽车的发展，加快传统汽车向电动汽车的转型。其目的是帮助实现气候目标，并利用相关的经济机会。

综上所述，荷兰国家层面的政策类型相对较少，主要涉及战略规划及投资、补贴和税收减免两个方面，特别是税收减免方面的政策对购置税和流通税做了详细的规定，如按汽车类型、汽车质量规格和销售区域等不同进行差别收取。

5.1.5 英国

英国一直非常注重降低汽车的碳排放量，出台了大量支持新能源汽车产业发展的政策。

1）战略规划及投资

英国政府从 2009 年开始投入大量资金资助新能源汽车的发展。2009 年 4 月，英国政府发布了为期五年的电动汽车资助计划，旨在推动低碳汽车市场的发展。该计划总预算 2.5 亿英镑，2011 年起实施。资助计划向电动汽车购买者提供最高达 5000 英镑的补贴，耗资 2000 万英镑改善和建设充电基础设施。资助计划主要针对电动汽车的购买、使用等环节，如免收牌照税、养路费、夜间充电只收 50%电费等；购买纯电动汽车免除年度流通税。2014 年英国政府宣布，2015～2020 年将继续投资 5 亿英镑，发展超低排放汽车（ultra-low emission vehicle，ULEV）市场，资金将被用于完善和优化基础设施，以及研发和创建超低排城市等方面。英国自 2040 年起新车只能为零排放汽车，禁止销售汽油车和柴油车。

2018 年 7 月，英国发布了《零排放之路战略》（Road to Zero Strategy）和《支撑交通能源模型》（Transport Energy Model）。《零排放之路战略》为零排放开辟了一条清晰的道路。

▌典型政策

英国：《零排放之路战略》和《支撑交通能源模型》

到 2030 年，英国政府希望销售的新车中至少有一半是超低排放，最高达到70%。英国政府表示，将在 2040 年前停止销售新的汽油和柴油汽车及货车。到2040 年，预计销售的新车将以 100%零排放为主，所有新车和面包车将具有显著的零排放能力。这意味着到 2050 年，英国几乎所有的汽车和货车都将实现零排放。预计这一转变将由工业和消费者主导，并在未来几年通过《零排放之路战略》中制定的措施予以支持。2025 年将审查进展情况，如果没有取得足够进展，英国政府将考虑采取哪些干预措施。

2）补贴和税收减免

英国交通部在 2010 年 3 月发布了关于私人购买纯电动汽车、插电式混合动力汽车和燃料电池电动汽车这三种新能源汽车的补贴细则。从 2010 年 4 月 1 日起，针对纯电动轿车，免除前 5 年的企业车辆税；针对纯电动货车，免除前 5 年的货车收益费。2010 年 6 月，英国交通部公布了《充电汽车消费鼓励方案》。2011～2014 年，英国政府投资 2.3 亿英镑的财政补贴，单辆车的补贴度大概为购买价的1/4，但不超过 5000 英镑。卡梅伦上台后，延续了这一政策，并承诺在其任期内拨 3 亿英镑用于发放电动汽车政府补贴。2014 年英国政府向被提案的"低碳汽车项目"投资 3 亿英镑，为了更好地降低碳排放量，英国政府修改了汽车保有税税制，按照排放量来征税，低公害的车税率为 0，高公害的车税率为 30%。

2018 年，英国对插电式汽车补贴进行了修订，第一类车辆的补贴从 4500 英镑降为 3500 英镑，第二类和第三类车辆将不再有资格获得补贴。英国政府已经提供了 5000 万英镑来支持插电式出租车补贴项目。这项补贴将使有执照的出租车司机在购买一辆新车时获得 7500 英镑的优惠。为插电式摩托车提供 20% 的补助，最高不超过 1500 英镑。

▌典型政策

英国：插电式汽车补贴

插电式汽车补贴：英国于 2011 年首次对插电式汽车发放补贴，目的是鼓励超低排放汽车的发展。以 2016 年 3 月为分界线，政府补贴将分为两个级别。零排放里程超 70 英里的车辆为 1 类车，可享受 4500 英镑的补贴；而零排放里程较短的车辆为 2、3 类汽车，可享受 2500 英镑的补贴。有关获发资助的类别见表 5-1。资助保持该水平直到 2019 年 4 月。

表 5-1　英国插电式汽车补贴的类别

拨款类别	1	2	3
CO_2 排放量	<50 克 CO_2/公里	<50 克 CO_2/公里	50～75 克 CO_2/公里
零排放的范围	70+英里（>112 公里）	10～69 英里（16～111 公里）	20+英里（>32 公里）
提供拨款	4 500 英镑	2 500 英镑	2 500 英镑
上限	—	60 000 英镑	60 000 英镑

插电式厢型车补贴为合格车辆提供了 20% 的价格优惠，最高可达 8000 英镑。2016 年英国政府宣布，资助范围将扩大到 N2 和 N3 车辆（即 3.5 吨以上的货车和重型货车），首批 200 辆车辆最高可获得 2 万英镑的资助。低排放车辆办公室已经发布了针对希望获得批准并被列入合格车辆名单的制造商的指南。

插电式出租车补贴：英国政府宣布了插电式出租车赠款（PITG）。已拨出 5000 万英镑支持插电式出租车资助计划。这项补贴将使有执照的出租车司机在购买一辆新车时，最多可享受 7500 英镑的优惠。此外，英国 2017 年投资 1400 万英镑，在 10 个市政区域为电动出租车提供新的专用充电站。

除此之外，英国政府还为新能源汽车制定了一些其他税收优惠政策，如免除公路税、燃油税；提高车辆折旧减免优惠额；如果公司购置新能源汽车作为公务车辆，则无须缴纳公务车辆使用税。另外，一些地方政府对新能源汽车也有特殊优惠政策。例如，伦敦市政府为新能源汽车免除了进城拥堵费；在一些地方，新能源汽车无须或少缴停车费，电动汽车可在公共充电点免费充电。

3）法规与标准

2010 年 7 月 27 日，英国能源与气候变化部（Department of Energy and Climate Change，DECC）公布了首份《年度能源报告》，出台了 32 项促进能源发展和应对气候变化的具体措施。2017 年 10 月，英国提出《自动和电动汽车法案》（Automated and Electric Vehicles Bill，AEV 法案）；2018 年 7 月 19 日，AEV 法案获得御准，正式成为法律。

▎典型政策

英国：《自动和电动汽车法案》

该法案赋予政府新的权力，以改善客户充电体验和增加电动汽车基础设施的供应。

法律权力包括：

（1）要求 ChargePoint 运营商提供一种通用的接入方式；

（2）要求 ChargePoint 运营商提供免费的关于他们的信息，这样定位和访问充电网络就会变得更简单；

（3）制定公共收费点的维护和可靠性标准。

该法案还授权确保在高速公路服务区和大型燃油零售商提供适当的收费点，以便在必要时提供长途旅行和减少里程焦虑。

4）专门机构设立

英国交通部低排放汽车办公室（Office for Low Emission Vehicles，OLEV）是一个跨政府的团队，致力于支持超低排放汽车的早期市场。提供超过 9 亿英镑的资金，用于降低新超低排放汽车的前期成本、通过技术战略委员会开展研究项目、为 Plugged-in Places 计划提供资金等，使英国在超低排放汽车的开发、制造和使用方面走在全球前列。

综上所述，与其他国家稍有不同，英国政府对于与气候变化相关的政策和法规较为重视，新能源汽车产业发展的相关政策主要集中于战略规划及投资、补贴和税收减免两个方面。

5.1.6　日本

日本资源匮乏，多年来一直致力于节能与替代燃料技术的研究与应用，近年来把发展电动汽车作为"低碳革命"的核心内容,以产业竞争为第一目标,全面发展纯电动、混合动力、插电式混合动力汽车,在汽车节能技术及新能源技术方面处于世界领先地位。为了加快发展新能源汽车,日本政府近些年来相继发布了多项国家计划,如低公害汽车普及计划、下一代汽车及燃料计划、氢利用国际清洁能源系统技术研究开发(WE-NET)计划等,基本形成了符合自身特点的车用能源发展战略。日本在新能源汽车的路径选择上更加偏爱燃料电池电动汽车和混合动力汽车,补贴和税收减免、战略规划及投资方面的政策特别重视这两类车型。以下节选了日本已经出台的新能源汽车产业发展相关政策。

1)战略规划及投资

2006年,日本在《新国家能源战略》中,明确提出了通过改善和提高汽车燃油经济性标准、推进生物质燃料应用、促进电动汽车和燃料电池电动汽车的应用等途径,到2030年使日本运输领域能源效率比现在提高30%,对石油的依赖程度从100%降至80%的目标。

2010年4月12日,日本经济产业省(部)公开了名为"新一代(次世代)机动车战略2010"的日本国内机动车产业指导规划,主要包括整体战略、电池战略、资源战略、基础设施战略、系统战略、国际标准化战略六大内容。规划中指出,到2020年,纯电动汽车和混合动力汽车在整体乘用车的销售比例中应占到50%,2030年将占到70%。规划中还指出,2020年日本将为纯电动车型建成5000个快速充电站,200万个家用普通充电设备。规划还要求在制定未来机动车蓄电池国际化标准时,日本企业必须起到主导作用。

2018年4月,日本经济产业省成立汽车新时代战略委员会,由经济产业省大臣世耕弘成主持。该委员会一直就日本汽车业应采取的战略进行讨论。在汽车产业面临的商业环境发生巨大变化之际,日本汽车业应采取这些战略,引领全球创新,积极为解决包括气候变化在内的全球问题做出贡献。8月,经济产业省根据汽车新时代战略委员会讨论结果发布了中期报告。该报告设定了日本到2050年应实现的长期目标及关键行动。

2)补贴和税收减免

日本在补贴和税收减免方面的政策支持力度非常大。自2009年4月起,日本实施了"绿色税制",购买"新一代"汽车可享受多种免税优惠。到2010年1月,日本政府通过第二次补充预算案,扩大了电动汽车补贴范围:凡进口到日本的电动汽车,只要达到日本政府规定的排放标准,都可以获得日本政府的补贴。

▍典型政策

日本：清洁能源汽车推广补贴及税收优惠政策

电动汽车、插电式混合动力汽车、清洁柴油汽车和燃料电池电动汽车可获得乘用车补贴。

（1）电动汽车和 SUV：最高 40 万日元；

（2）清洁柴油汽车：最高 15 万日元；

（3）燃料电池电动汽车：最高 2 080 000 日元。

税收优惠：电动车、越野车、清洁柴油汽车、燃料电池电动汽车免缴"购置税"（地税：登记车辆 3%；轻型汽车 2%）、"汽车吨位税"（一、二级国税）、"汽车税"（地方税：部分免征）。

除此之外，日本政府还有国税优惠政策、充电站设施的固定资产税优惠、特别土地保有税免除、国土交通省对电动汽车免征重量税和购置税、报废换购政策等其他与电动汽车产业发展紧密相关的补贴和税收减免政策。另外，日本的地方政府也有相应的新能源应用推广补贴。

3）法规与标准

2012 年，由丰田、日产、三菱、东京电力等汽车企业牵头的日本电动汽车充电协会正式成立，致力于使日本的电动汽车充电技术成为全球统一标准，进一步确立日本在电动汽车领域的优势。

除此之外，日本政府还在交通领域、技术评价等方面推出了一系列法规与标准，如《新一代低公害车的技术评价标准》《电动汽车区域共同利用系统》《超小型交通工具认证制度》。

▍典型政策

日本：日本电动汽车协会与电动汽车标准体系

日本政府和企业都致力于行业标准的制定与统一。1971～1976 年，日本通产省建立了日本电动汽车协会，专门负责电动汽车标准化研究与标准的制定。20 世纪 80 年代至今，日本电动汽车协会先后发布了有关新能源汽车的 60 多项标准，从电动车辆术语、整车的各类试验方法与要求，到各种蓄电池、电机等关键零部件和充电系统的技术要求与试验方法，分门别类制定了标准或技术导则达 61 项，形成了比较完整的纯电动汽车与混合动力汽车标准法规体系。日本电动汽车协会也在不断完善其标准体系，特别是电动汽车用锂离子蓄电池性能试验方法的制定。

4）专门机构设立

除了日本经济产业省、国土交通省等国家机关对电动汽车产业发展政策提供支持外，日本很早就成立了日本电动汽车协会、新能源产业技术综合开发机构（The New Energy and Industrial Technology Development Organization，NEDO），对电动汽车产业发展进行专业监管，还针对未来日本汽车产业发展战略成立了下一代汽车战略研究会。

综上所述，日本新能源汽车产业政策体系整体比较完善，在战略规划及投资、补贴和税收减免、法规与标准、专门机构设立这四个方面均有涉及，特别是在战略规划及投资方面提出了许多具有重要指导意义的战略规划与专项项目，在补贴和税收减免方面则为各类新能源汽车提供了丰富多样的资金支持。

5.1.7　韩国

韩国国内严重缺乏能源资源，基本没有已探明的原油储量，完全依赖进口满足国内需求。但韩国拥有世界上一些最大、最先进的炼油厂。交通运输业占韩国能源消费的 21%，年平均增长率为 6.3%，在提高汽车工业的效率和显著减少运输部门的排放方面可发挥重要作用。因此，韩国自 2008 年开始大力发展新能源汽车产业，在战略规划及投资、补贴和税收减免、法规与标准等方面形成了较为完整的政策支持体系。

1）战略规划及投资

2008 年 10 月，韩国知识经济部（Ministry of Knowledge Economy，MKE）宣布，在环境和全球竞争压力的推动下，韩国打算建造电动汽车。2019 年 10 月，韩国政府计划到 2015 年占领全球电动汽车市场的 10%，到 2020 年用电动汽车取代 10% 以上的小型车（发动机容量可达 1.6 升）。因此，韩国政府还宣布了初步步骤，建设充电基础设施，以支持电动汽车在 2011 年底进入韩国市场。2009 年 10 月，韩国政府将"低碳绿色增长"作为国家愿景。韩国政府计划到 2025 年和 2030 年，新能源汽车分别增至 283 万辆和 785 万辆，实现 2030 年汽车碳减排 24% 的目标；到 2025 年新建 50 万座充电桩和超高速充电桩，支撑过半电动汽车的充电需求；在首都圈地区集中建设 450 座加氢站。

2010 年 6 月，韩国政府推出了"绿色车辆综合推进路线图"计划，提出了"三步走"战略，即到 2015 年韩国成为世界绿色车辆四强；到 2020 年韩国绿色车辆自立；到 2030 年韩国进入世界绿色车辆三强。同年 12 月，韩国知识经济部、环境部、国土海洋部和绿色增长委员会联合发布了《绿色汽车产业发展战略及任务》，形成了发展绿色汽车的具体策略。

典型政策

韩国：《绿色汽车产业发展战略及任务》

2015 年，韩国计划生产绿色汽车（环保型汽车）120 万辆，出口 90 万辆，国内市场占有率达 21%。因此，韩国政府决定通过从 2012 年开始实施消费者购买电动汽车最多补助 310 万韩元的奖励措施，同时开展发动机和电池等八大零部件高端技术的自主开发，另外到 2015 年，为推广环保车型建设 2 万个电动汽车充电桩。韩国政府计划从 2012 年末开始在雷诺三星釜山工厂生产电动汽车，并逐渐扩大规模。此外，引导通用大宇以 Rasetti 等原型车为基础，设立电动汽车量产设施。韩国政府希望通过此项计划，使在 2006～2010 年仅为 1.3 万亿韩元电动汽车的投资规模，在 2011～2015 年增至 3.1 万亿韩元。

韩国政府计划在 2012～2022 年普及 100 万辆电动车和 220 万台电动汽车充电器，目标是到 2019 年，电动汽车将占国内小型车 10% 的市场份额；到 2019 年，成为全球第四大电动汽车市场，插电式混合动力汽车占据全球市场 10% 的份额；到 2025 年，电动汽车占韩国汽车市场的 30%。

2）补贴和税收减免

从 2016 年 7 月 8 日起，韩国政府将电动汽车补贴从 1200 万韩元提高到 1400 万韩元，即从 9600 欧元提高到 11 250 欧元。购买电动汽车的消费者可以获得国家补贴和减税补贴，以及 400 万韩元的快速充电桩安装费和高达 800 万韩元的当地补贴。

从 2018 年开始，消费者购买电动车时，可根据购买车辆的电池容量、最大续航里程以及对环境改善所产生的效果等，从政府获得 1017 万～1200 万韩元的补贴。韩国环境部在 2019 年将电动汽车补贴调整至 900 万韩元，而用户数量增加到 4.2 万人。与 2018 年补贴政策相比，补贴增长 58.3%，供给目标增长 110%（表 5-2）。这意味着，政府决定降低每辆车的电动汽车补贴，使更多的人可以获得电动汽车补贴，但供应车辆的数量将会增加。

表 5-2 韩国 2018 年和 2019 年电动汽车补贴

电动汽车	2018 年	2019 年	增长/%
供给目标/万人	—	4.2	110
政府补贴的预算/亿韩元	2400	3800	58.3

资料来源：IEA，2019

2018 年，韩国政府对混合动力汽车的补贴已从 100 万韩元降至 50 万韩元，补贴金额也从 2017 年的 5 万韩元增至 2018 年的 6 万韩元。混合动力汽车的政府补贴制度于 2019 年废除，但插电式混合动力汽车保持不变（每辆车 500 万韩元）。2019 年，各地方政府的补贴金额在基本保持不变的基础上部分有所下调，个别地区小幅上涨。

韩国工业部发布了《未来汽车产业发展战略》，该战略由相关部门联合制定，旨在为电动汽车和自动驾驶汽车等未来汽车市场提供新的增长突破。到 2017 年，电动汽车一直由政府补贴（1400 万韩元），无论其车型如何。从 2018 年起，韩国环境部宣布降低客车补贴价格，但扩大对货运和公交车的支持。2 万辆电动汽车获得政府补贴（以乘用车为基础）。根据汽车的性能，补贴为 1017 万～1200 万韩元。

除此之外，对于电动汽车，韩国政府还提供高速公路通行费降低 50%、公共停车场半价优惠、免除基本电费及 173.8 韩元的快速折扣率（降价 44%）等的优惠政策。

3）法规与标准

2011 年，韩国汽车技术研究院（Korea Automotive Technology Institute，KATECH）建立了国际电动汽车标准化中心。在《空气质量保护法》中公布了韩国的电动汽车废电池法规。它要求，当电动汽车报废时被拆下的电池必须归还给当地政府。但是对于回收的电池，没有详细的回收、拆卸和处理程序，因此有必要制定相关规定。2020 年 12 月 9 日，韩国《大气环境保护法》修正案正式通过。该法案规定，从 2021 年开始，在韩国登记的电动车取消返还电池的义务，从 2022 年开始范围扩大到以往登记的所有车辆的电池。也就是说，如果电动汽车报废，电池不用返还，还可以出售。

韩国的新能源汽车补贴政策体系较为完善，尤其是在补贴方面投入了大量资金。

5.2　国外动力电池政策

5.2.1　美国

2016 年 7 月，美国首次以白宫的名义发布了电动汽车产业发展一揽子计划，采用低息贷款和税收优惠的形式支持企业研发。通过政府与私营部门合作，推广电动汽车和加强充电基础设施建设。联邦可持续办公室还号召各级政府联合采购电动汽车和充电基础设施，美国能源部每年资助 1000 万美元，用于推进"Battery500"项目。这个为期五年、投资额 5000 万美元的"Battery500"项目，旨在将电动汽车电池的储存电量提升三倍；资金中的 20% 用以赞助电池技术领域的小型"种子"研发项目。

燃料电池被定为美国 27 项必须发展技术之一，因此美国联邦政府成立了氢、燃料电池和基础设施技术办公室。根据该办公室公布的数据，截至 2017 年，该办公室在氢能和燃料电池技术领域已累计获得超过 650 项美国专利。其中，大约 30 项技术已被工业界商业化，如电解槽和氢能燃料电池系零部件；另外大约 75 项技术在未来几年内很可能商业化。

各州政府也通过电费减免和驾驶便利等多种配套补贴政策降低新能源汽车的使用成本。例如，明尼苏达州给予消费者在非充电高峰时段的充电优惠，马里兰州则对安装充电桩的消费者给予直接财政补贴。

2018 年，联邦政府和州政府提供了几项不同的电动汽车研发资助项目，以电池研发技术为主，以下为部分项目支持：

美国能源部向 12 个成本共享的研究项目提供了 1900 万美元的资金，这些项目的重点是电池和汽车电气化技术，以实现极速充电（项目代码：DE-FOA-0001808）。还为先进车辆技术（项目代码：DE-FOA-0001919）的 42 个项目的早期研究提供了 8000 万美元资助，其中包括：

电动汽车充电研发（1500 万美元）项目，开发多种电动汽车高功率充电技术；为电动汽车及其充电基础设施提供物理和网络安全保护的软件、控制和硬件。

锂离子电池研究（1800 万美元）项目，为下一代电动汽车电池开发阴极材料，消除或显著减少钴的使用。

美国能源部还在国家实验室启动了几项新举措，包括：

实验室研究，为早日实现下一代"低钴"或"无钴"阴极（3 年投入 2400 万美元）。两个国家级实验室阿贡国家实验室（Argonne National Laboratory，ANL）和劳伦斯伯克利国家实验室（Lawrence Berkeley National Laboratory，LBNL）领导的团队投入研发消除或显著减少钴的使用的材料。

推出电池回收奖（550 万美元），开发并展示盈利的商业模式和技术策略，以实现美国锂离子电池 90% 的回收率（与铅酸电池 99% 的回收率不同，锂离子电池的回收率不到 5%）。对锂离子电池在收集、回收过程中的分离、分选技术及储存技术研究给予支持。

建立锂离子电池回收研发中心（3 年 1500 万美元），用于支持国家实验室、美国大学和美国工业界关注的电池回收技术研究。该中心包括阿贡国家实验室、国家可再生能源实验室（National Renewable Energy Laboratory，NREL）和橡树岭国家实验室（Oak Ridge National Laboratory，ORNL），并将开发和扩大新工艺，以便经济有效地回收锂离子电池的多种电池材料（阴极、阳极、电解质盐等），并将这些材料引入材料供应链，应用于未来的电池技术。它还将研究新的电极和电池设计技术，使电池在寿命终结时能实现更有效的材料回收。

5.2.2 德国

2008 年，在德国联邦政府高技术战略框架内起动了锂离子电池创新联盟，联邦政府为此提供 6000 万欧元资金，企业投入 3.6 亿欧元，锂离子电池创新联盟保证了对锂离子电池技术的持续支持，使高效能源储存器的研发能力得到加强。德国经济部 2009 年开始实施"蓄电池项目计划"，并为此提供 2500 万欧元资金；未来，还将以电能储存技术为研发核心，完善电动汽车的充电设备及电网并入等基础设施建设。

2018 年 11 月，德国经济部部长彼得·阿尔特迈尔（Peter Altmaier）承诺投资 10 亿欧元在德国和欧洲建立一家电池生产厂。宝马表示，目标是与其他欧洲国家共同打造一个生产最新一代电池的网络，到 2030 年，德国和欧洲生产基地的电池将占全球需求的 30% 左右。到 2019 年 6 月，已有 30 多家公司表达了兴趣，并提出申请，其中包括巴斯夫、大众、标致雪铁龙（PSA）、宝马和诺斯伏特（Northvolt）。

5.2.3 法国

2009 年 10 月 1 日，法国的生态、能源、可持续发展和海洋计划部门的部长让·路易·博尔洛（Jean-Louis Borloo）公布了一个 14-point 项目，该项目包含 14 个计划，致力于加速纯电动汽车和插电式混合动力汽车在法国的发展和后续商业化。2022 年，法国启动了一个投资额达 55 亿美元的动力电池制造项目，其目标是每年生产 100 万块动力电池，占欧洲市场总份额的 15%。

2019 年 2 月，法国总统埃马纽埃尔·马克龙（Emmanuel Macron）公布了其动力电池发展战略"空客电池战略"，寓意在于要让其动力电池企业像空客公司一样成为全球龙头和典范。法国计划在 2019~2024 年投资 7 亿欧元用于推动欧洲电动汽车电池项目，以减少欧洲汽车制造商对亚洲竞争对手的依赖，帮助法国汽车行业同亚洲和美国科技巨头的电动汽车和自动驾驶汽车技术展开竞争。按照马克龙提出的"空客电池战略"，其将会在法国和德国各建一座电池工厂，在法国，以勃艮第—弗朗什—孔泰地区作为首选区域进行规划。该战略也会成为欧洲电池联盟（European Battery Alliance，EBA）的一部分。

5.2.4 荷兰

荷兰早在 1995 年 1 月就有规定，手机电池生产商和进口商对收集和处理他们经营的产品负有全部责任。荷兰能源研究中心（Energy Research Centre of the Netherlands，ECN）开发出新的锂离子电池能量储存技术，据称可让充电电池增加 50%的储存容量。为了商用化这项新发明，荷兰能源研究中心还成立了一家新创公司——LeydenJar Technologies。2018 年，荷兰能源储存和电池公司 Lithium Werks BV 与中国浙江嘉善经济技术开发区实业有限公司签署了一项框架协议，旨在长江三角洲建设 60 万平方米的全新电池工厂[①]。

5.2.5 英国

2017 年，英国政府成立了 2.46 亿英镑的基金，用于促进电池的研发和制造。

---

① 荷兰电池制造商将与中国合作伙伴一起在华建厂 投资 18.5 亿美元[EB/OL]. https://baijiahao.baidu.com/s?id=1614565113438456613&wfr=spider&for=pc [2018-10-17].

这项计划允许商业和学术界人士向英国政府申请基金，为一系列电池开发计划提供拨款。第一笔基金包括 4500 万英镑的资金，目的是建立一个"电池研究所"，用于降低电池的成本。英国商业大臣格雷格·克拉克（Greg Clark）还计划建立一个"国家电池制造研究机构"，从而为汽车行业制造电池。

2019 年，英国政府计划以 2800 万英镑的资金支持在考文垂建造英国电池产业化中心（UK Battery Industry Center，UKBIC），用于研发电动汽车车载电池并建造业内领先的电池工厂，该中心将为新电池技术和专家培训提供测试设施。该项目旨在为英国打造一个超级工厂——大型电池工厂，迎合在英国建厂的各大车企的需求，如捷豹路虎和日产。随着新的投资，英国电池产业化中心的投资已经增长到 8000 万英镑，已于 2021 年在考文垂的惠特利开业。组织者希望它将进一步成为英国潜在的 Gigafactory 规模电池生产设施的前身。

英国电池产业化中心于 2017 年首次获得批准，作为英国政府"法拉第电池挑战赛"的一部分，将合作伙伴考文垂市议会、考文垂和沃里克郡本地企业合作伙伴关系以及华威大学纳入其中。2017 年，英国政府公布了名为"法拉第电池挑战赛"的计划，并为其投入 2.46 亿英镑。这将确保英国在电池的设计、开发和制造方面建立自己的优势，并引领世界。英国电池产业化中心位于英国的汽车制造中心地带。该中心将汇集工业界和学术界的力量，共同开发各种相关的制造技术——从电池化学和单一组件到构建整个动力组件，目标是弄清楚如何将发明商业化。该中心业务部长 Andrew Stephenson 称，额外的资金计划用于扩大其电池研究能力，并帮助"使英国成为零排放汽车的世界领导者"。该中心还有一个计划，在2022 年英联邦运动会上举办"首批全面运作的自动驾驶汽车"活动。

英国是欧盟中手机回收产业起步相对较晚的国家。英国在手机零售商处的回收箱上盖有防水箱，可以放在室内，也可以放在露天，很适合英国多雾多雨的气候。英国还要求消费者把旧手机电池用不透水的塑料包裹好再送到回收处，防止在中途发生有毒物质意外泄漏。

5.2.6　日本

为提高日本动力电池技术水平，推进新能源汽车产业发展，日本颁布了一系列政策及项目支持动力电池技术研发，如《"革新型蓄电池间断科学基础研究专项"新项目》《奖励燃料电池汽车基础应用技术平台（试行）》《支持（资助）高效率燃料电池系统实用化等研究开发》等。为配合新国家能源战略的实施，2007 年

5 月日本发布了《下一代汽车及燃料计划》。该计划将提高动力电池和燃料电池的性能及寿命、降低成本作为工作重点，力争在 2030 年左右使纯电动汽车和燃料电池电动汽车商业化。

规划到 2050 年，日本汽车厂商在全球销售的乘用车都将实现电动化，即不再销售新的纯内燃机车型，而是推动供应全球的日系车实现电动化，即只销售纯电动汽车、插电式混合动力汽车、混合动力汽车以及燃料电池电动汽车。日本经济产业省制定了到 2030 年普及燃料电池电动汽车的战略目标。在 2006 年预算内给予燃料电池及相关技术开发 199 亿日元的支持；给予燃料电池产业化实验 33 亿日元的支持；给予新能源汽车市场导入 88 亿日元的支持；2006~2009 年，对从事燃料电池电动汽车、燃料电池电动汽车用燃料供给设备、燃料电池设备开发的企业给予税收方面的支持。日本政府对大学和研究所从事燃料电池开发给予了较多的补贴。

2016 年，日本经济产业省已提供约 32.7 亿日元用于支持电池研发，目标如下：①提高汽车用锂离子电池的容量，降低成本；②开发新技术，创造超越锂离子电池的创新电池技术；③电池顶级分析技术的发展。

日本政府致力于在 2020 年东京奥运会之前打造"氢能源社会"，普及氢燃料电池，截至 2020 年底，日本国内已建成氢加气站 162 座，2030 年的目标是建成900 座，使氢燃料电池电动汽车从 2020 年的 3800 台增加到 80 万台，同时增加新能源公交车 1100 台。2030 年，家庭用氢发电机组将从 2020 年的 33 万台增加到530 万台。

除此之外，日本还采取了一些积极的回收政策，例如，日本绝大部分电池都有回收（按销售重量比），采取在商店内派发回收纸盒、回收袋等方式。

5.2.7　韩国

2013 年，陆海空交通运输部宣布启动"自动电池切换电动公交车"的试运行，这是一种环保的交通工具。不像现有的电动汽车是通过插入式充电，自动电池切换电动公交车有容易获得的电池，允许快速更换电池。环保部计划在浦项市设施管理公司的穿梭巴士线路上建立电池切换电动巴士系统，耗资 25 亿韩元（另外 13 亿韩元由当地政府提供），并提供技术和行政支持。这条路线大约 22 公里，有三个公交站，主要设备和设施包括两辆电动巴士、一个电池交换设施和六个电池。

2015 年，韩国推动电动汽车电池租赁业务，推广期为三年（2015～2017 年），项目总成本为 96 585 亿韩元。其中，政府支出 13 200 亿韩元，城市支出 13 200 亿韩元，私人资本 70 185 亿韩元。

此外，韩国还启动了电动汽车电池回收项目，推广期为四年（2016～2019年），总投资为 166 亿韩元，包括支持电动汽车电池回收行业中心建设，执行可回收电池诊断测试；剩余电池容量测评和估价，回收电池并执行环境应力筛选（environmental stress screening，ESS）应用性能测试；为安全认证、产品商业化经验提供合格的测试和测试报告。以此为废电池研发和技术商业化提供支持，推进电动汽车电池回收行业发展。

5.3 国外充电基础设施政策

充电基础设施的发展与当地的实际情况、国家政策框架等有紧密联系，包括明确的发展目标、规划布局、财政支持等。有效的政策可以促进充电基础设施建设，有利于提高电动汽车与充电基础设施的匹配度，因此大多数确定电动汽车发展目标的国家都会制定充电基础设施的支持政策。

其中，世界各国或地区对充电基础设施的财政投入逐渐加大，如图 5-1 所示。财政对充电桩的支持，包括财政激励、税收减免和直接投资等形式。近年来，随着行业的发展市场日渐成熟，大多国家对公共充电网点提供直接投资的力度有所下降，而财政奖励的国家数量大幅增加。总的来说，近年来政府在充电基础设施建设方面的支出大幅增加。

5.3.1 美国

美国为推动新能源汽车的发展，积极布局充电基础设施。从支持政策来看，美国十分重视充电点的布局和建设以及技术研究。

1）战略规划及投资

在整体规划方面，2016 年 7 月 21 日，白宫宣布了《促进电动汽车和充电基础设施发展的指导原则》（Guiding Principles to Promote Electric Vehicles and Charging Infrastructure），近 50 名行业成员共同签署了该指导原则，包括国家和社

图 5-1　世界各国或地区对电动汽车充电基础设施的财政投入

资料来源：国际能源署，2018

区、电动汽车和充电基础设施制造商与零售商、电力公司、国家实验室、大学和非政府组织等。这一承诺标志着政府与业界开始合作，增加电动汽车充电基础设施的部署。旨在推动电动汽车市场转型，让消费者更容易使用可靠的电网基础设施充电，并在可行的情况下与其他低碳交通方式互联；通过增加对充电基础设施的使用，支持开发便捷性与汽油动力汽车相同的插电式电动汽车，促进电动汽车的采用；吸引私人、州和联邦政府在电动汽车部署、基础设施、研发、教育和推广方面增加投资；逐步实现智能充电和车辆网格集成。

在充电点布局方面，主要的建设项目包括 Workplace Charging Challenge、EV Project 和 ChargePoint America。美国能源部在 2009～2013 年实施的电动汽车充电项目（EV Project，由汽车充电集团运营），是一个充电基础设施的部属和评估项目。在美国 20 个大都市区部署了 12 000 多个二级电动汽车和 100 多个直流快速充电器。2013 年发布了《工作场所充电计划》（Workplace Charging Challenge），提出在未来 5 年，要使工作场所的充电基础设施数量增长 10 倍。ChargePoint America 是 ChargePoint 和美国能源部之间的合作，在美国各地部署了 4600 个公共和家庭 ChargePoint 网络充电站。

在投资方面，六项智能电网投资基金计划（Smart Grid Investment Grant Program，SGIG）资助的电动汽车充电项目评估了 270 多个停车场和车库的公共充电站，以及客户家中 700 多个住宅充电单元。主要研究这些地区的充电行为、电网影响和技术问题。在技术研发投资方面，2017 年，美国能源部车辆技术办公室（Vehicle Technology Office，VTO）资助了极速快速充电的技术差距评估（即以

400 千瓦的速率充电,可在短短 10 分钟内提供 200 英里的续航里程)。

2)补贴和税收减免

美国联邦政府根据充电桩建设费用对充电桩建设采取了税收减免的鼓励政策。对于商业充电站,给予设备费用的 30%、最高 3 万美元的税收减免;对于家庭个人充电桩,给予设备费用的 30%、最高 1000 美元的税收减免。各州政府通过电费减免和驾驶便利等多种配套补贴政策降低新能源汽车的使用成本。例如,明尼苏达州给予消费者在非充电高峰时段的充电优惠,马里兰州则对安装充电桩的消费者给予直接财政补贴。除了给予补贴,各州政府还对新能源汽车提供一些驾驶及停车方面的便利。例如,加利福尼亚州的电动汽车可以享受走快速车道、拼车车道的特权,佛罗里达州则免除电动车辆保险的额外费用,纽约州通过"卡车券计划"提供价值 1000 万美元的替代燃料抵用券,还有个别州政府返还部分牌照注册费。

3)法规与标准

在美国,零售企业不允许经营充电桩建设,但许多州正在改变这一限制。加利福尼亚州正在积极寻求简化充电桩建设的许可程序。自 2017 年 9 月 30 日起,所有城市或县都需要采取改进的许可做法。伊利诺伊州、科罗拉多州和安大略省等十多个州也对电动汽车充电基础设施实行立法豁免。

典型政策

美国加利福尼亚州:多种政策提升插电式电动汽车充电便利性

美国加利福尼亚州针对插电式电动汽车出台一系列政策,以降低民用充电的费用成本,并规范充电信息和标准,主要包括:

(1)插电式电动汽车充电费地方优惠政策:萨克拉门托市政公用事业区(SMUD)、太平洋燃气及电力(PG&E)、南加利福尼亚州爱迪生公司(SCE)、洛杉矶水电局(LADWP)、圣迭戈天然气与电力公司(SDG&E)等都为居民的插电式电动汽车充电费提供不同程度的折扣、信贷或补贴。以洛杉矶水电局为例,其提供电动汽车充点优惠:2000 美元的住宅电动汽车充电设备安装返现、为独立单元住宅区的客户提供 7 天完工保证、专门的电动汽车客户服务团队等。

(2)插电式电动汽车基础设施信息资源建设政策:加利福尼亚州能源委员会和公用事业委员会协商开发一个网站,用作插电式电动汽车基础设施信息资源的维护和搜集,帮助消费者通过网站与电力公司等建立连接,了解住宅中的充电程序是否需要更新、基本充电电路要求、使用功率、负载管理技术等信息。

（3）插电式电动汽车充电标准规定：加利福尼亚州政府规定插电式电动汽车的充电电器等必须符合汽车工程师协会（SAE）标准 J1772。

（4）城市电力基础设施的升级：洛杉矶水电局对城市电力基础设施进行升级，以便满足电动汽车充电所需电力的增长需求，包括对配电变压器、电线杆的改造和更新。

这些政策的出台实施，一方面有助于插电式电动汽车用户能够按照标准充电，确保安全和技术规范，另一方面也有助于插电式电动汽车用户可以享受一定的优惠和便利。这些政策对于插电式电动汽车在加利福尼亚州各地区的推广具有重要意义。

5.3.2 德国

德国联邦政府认为，充电基础设施建设对推动插电式电动汽车的市场发展至关重要，因此十分重视本国充电基础设施的标准化工作。

1）战略规划及投资

《德国国家电动汽车规划》提出，电动汽车应加快市场化步伐，特别是在短途交通领域，德国联邦政府提出了具有挑战性的目标，即 2020 年在德国公路上行驶 100 万辆电动汽车，2030 年达到 500 万辆，2050 年城市交通基本不使用化石燃料。为了确保上述目标的顺利完成，德国国家电动汽车平台在 2020 年充电基础设施发展路线评估中，提出在私人领域、半公共领域、公共领域分别建设 102.2 万个、10.3 万个、7000 个交流充电桩的目标，同时在半公共领域建设 7100 个快速直流充电桩的目标。

在示范项目 Showcase Program 中，进一步部署充电基础设施，将其扩展到区域/走廊，并集成快速充电站。到 2015 年底，柏林的充电基础设施扩大到包括公共和半公共领域的 1600 个充电站。进一步的项目计划旨在发展示范城市环境中的快速充电系统，并在高速公路沿线建立快速充电站。

2016 年 5 月，德国内阁决定投资 3 亿欧元支持充电站安装，其中包括 2 亿欧元的快速充电站。2016 年 11 月，德国内阁采用了新的战略框架，扩大了替代燃料的基础设施，重点是（快速）公共充电基础设施。2017～2020 年，德国联邦政府投入 3 亿欧元用来新建充电基础设施，新建 15 000 个充电点等。德国联邦交通部部长 Andreas Scheuer 希望通过对私人充电站的支持计划来增加电动汽车的份额。到 2020 年的预算中，已经计划在推广充电站和私人安装充电站的基础上再增加 10 亿欧元。2018 年 11 月 22 日，Andreas Scheuer 向市政电动交通项目提交了约 5000 万欧元的额外补贴，这笔资金是根据"清洁空气应急计划（2017~2020）"提供的。2000 辆电动汽车和 1100 多个充电基础设施可以通过这种方式投入使用。根据德国联邦充电基础设施计划，已经批准了超过 15 000 个充电站的提议，因此现有充电站的数量已经增加了一倍多。

2）补贴和税收减免

2015 年 6 月，德国联邦运输和数字基础设施部发布了一项关于财政支持的指令：购买电动汽车和安装充电基础设施的补贴是根据额外的投资成本确定的，每项拨款申请通常最少需要 5 辆车，有权提出申请的各方亦可联合起来达到所需数目。德国多个城市获得财政支持，为电动车队安装相应的充电基础设施，并开发基于电动车辆的采购和运输业务。

2015 年 9 月，德国联邦参议院发布了一项有关电动汽车税收激励的法律草案。草案提出了以下措施：如果雇主为员工提供免费的充电基础设施，为电动汽车充电的经济利益应该是免税的。对电动汽车和充电基础设施的投资应通过特别折旧来推动。该草案还可能包括将高达 5000 欧元的买方保险费购买电动汽车的情况简化为准入安装充电基础设施。

3）法规与标准

德国电动汽车充电基础设施的标准化主要包括以下几个方面：车-电网连接的标准化、充电的接入、计费和支付标准化以及充电基础设施信息安全和数据保护问题。

车-电网连接的标准化。在交流充电方面，德国的主要汽车制造商和电力公司达成一致，主张采用 IEC 62196-2 中规定的 Type2 接口；在直流充电方面，德国联邦政府和主要汽车制造商积极推动联合充电系统（combined charging system，CCS）成为电动汽车交直流充电的国际标准体系，并通过欧盟指令《替代燃料基础设施部署》，推动其在欧盟范围的推广。

德国国家电动汽车平台提出为了高效使用公共充电基础设施，强调可互操作的接入和支付系统至关重要。在发展初期，德国出现了多种形式的充电授权和付费方式。为保证充电的安全性和便捷性，德国主要出现了两种形式的充电漫游平台实现跨平台、跨区域充电：所有连接的运营商签订统一的合同，实现平台内充电基础设施通用和收费系统统一；运营商通过双边或多边协议建立漫游平台。在支付方面，越来越多的平台开始支持移动支付（包括信用卡）或近场通信（near field communication，NFC）支付等直接支付方式。2016 年，德国联邦法规规定了公共充电站的安装和运行技术要求，即所谓的"Ladesäulenverordnung"（LSV）生效。它将欧盟法规转换为国家法律，并支持加速建设充电基础设施。该法规的核心要素是符合 IEC 62196 标准的插头和插座。根据充电功率，新充电站必须使用 2 型（>3.6 千瓦）或 Combo 2（>22 千瓦）连接。2017 年，通过修订"Ladesäulenverordnung"的收费点规则确定了最低支付标准，确保了对充电基础设施的无差别访问。

充电基础设施信息安全和用户数据保护问题。2014 年，德国电气电子和信息技术委员会成立了 DKE/STD1911.11.5 用来处理数据安全和隐私保护问题，涉及的主要领域包括数据所有权、个人隐私的数据、数据传输的粒度、数据接收人或使用限制、数据匿名、数据简化、防止篡改等。

5.3.3　法国

法国政府为支持充电基础设施建设出台了许多资助政策和投资计划。

1）战略规划及投资

2010 年 1 月，法国政府宣布实施"发展电动汽车全国计划"。为此，法国政府投资 15 亿欧元大力推广电动汽车，计划在 2020 年电动汽车总量达到 200 万辆，2015 年在法国建成 100 万个汽车充电站，2020 年之前，再将充电站总数增加到 400 万个，意味着 2020 年每辆电动汽车平均拥有两处充电站。此外，法国还规定从 2012 年开始，所有设有停车场的新建公寓街区均必须设置汽车充电站。该计划目标均已实现。

典型政策

法国：全国充电网络

作为"未来投资计划"项目的一部分，法国环境与能源控制署通过资助愿意建设插电式混合动力汽车充电基础设施的地方政府来支持电动汽车产业的发展。2014 年 7 月 17 日重申了这项政策，并将其延至 2015 年 12 月 31 日。

法国政府除了为地方政府提供资助外，还通过免除使用公共场所建设充电基础设施应缴纳税费鼓励私人建设和经营电动汽车基础设施。该项政策的目的在于在全国范围内而并非只是城市建设足够的充电基础设施。这项在 2014 年 7 月通过的政策为任何建设、运营、维护电动汽车公共充电基础设施的主体减免税费，该运营主体在至少两个区内建设充电基础设施。法国政府希望对充电基础设施的财政支持不会给当地政府带来负担。

2013 年，法国电动汽车产业的主要利益相关者成立了电动汽车 B2B 数字平台 GIREVE，目的在于提供最全面的充电服务，以推动纯电动汽车和混合动力汽车的使用。

2）补贴和税收减免

2015 年，法国进一步加大了对公共充电基础设施的建设，全年共建成 8165 个公共充电桩，大大提高了消费者使用新能源汽车的便利性。根据基础设施的类型和领导部署项目的实体，安装充电站还有不同的财政资助：

社区："未来投资计划"的几个版本为超过 20 000 个充电点的安装项目提供了 6100 万欧元，主要是得到了地方当局的支持。

中小企业和工匠：ADVENIR 计划鼓励在停车场（商店或企业）和集体住房中通过财政援助安装 12 000 个私人充电站。

私人充电站的安装：个人安装充电插头可以获得 30% 的能源转换税收抵免。

3）法规与标准

法国政府还通过立法促进基础设施网络的发展。2014 年 7 月，法国议会通过了新的法律，鼓励新建电动汽车充电基础设施。企业安装充电基础设施将会获得减少缴纳税款的回报。法国政府要求地方政府在充电基础设施不足的市镇增加充电桩，并允许电动汽车运营商免费使用公共充电场地。该法案将使法国政府能够在全国范围内组织充电桩布局。法国博洛雷集团和法国电力集团与雷诺集团的联营企业参与电动汽车充电站点建设项目。

5.3.4　荷兰

荷兰公共充电点和电动汽车的比例较高，在充电基础设施规划、推广建设等方面提供了众多政策支持，且荷兰的智能充电系统建设也走在国际前列。

1）战略规划及投资

2015 年，欧盟委员会计划向荷兰提供 3300 万欧元国家援助资金，用于安装电动汽车充电基础设施。该项目名为"荷兰绿色计划"，将帮助荷兰全面建设电动汽车充电基础设施，推动电动汽车成为可行的替代交通工具，有助于发展绿色交通、改善空气质量，同时不会大幅扭曲共同市场。2015 年，国家为每根充电杆补贴了 900 欧元。250 个城市要求出资建设 8847 个公共充电桩。较先进的地区，如布拉班特省和阿姆斯特丹都会区，以及阿姆斯特丹、鹿特丹、海牙和乌得勒支等大城市，组织了公共充电基础设施的安装和运营招标。由于大多数公共充电站在商业上仍然不可行，公共当局和商界已经使用共享资金来创建新的充电站。荷兰政府正以绿色协议的形式帮助消除财政障碍。

智能充电方面，荷兰正通过把自己变成一个智能充电电动汽车的巨大实验室迅速成为智能充电电动汽车的国际领跑者。已有 325 个城市（包括阿姆斯特丹、鹿特丹、乌得勒支和海牙）加入了荷兰生活实验室智能充电计划（Dutch Living Lab Smart Charging Scheme），占所有公共充电站的 80%。与此同时，荷兰正在积极推动无线充电系统的建设。鹿特丹首次使用感应板为电动客车无线充电系统。荷兰也是全世界充电基础设施最为完备的国家之一，到 2020 年已完成建设 20 个加氢站的目标。

2）补贴和税收减免

荷兰有一套促进清洁技术投资的制度，这些投资可以从企业所得税和个人所得税中部分扣除。零排放、充电式混合动力汽车（排放量<31 克 CO_2/公里）以及随附的充电点列入可扣除投资的名单。环境投资补贴（退税）和任意折旧环境投资（MIA-VAMIL）税收减免为企业在电动汽车和充电站方面减免的税收高达 19%。

3）法规与标准

2016 年，荷兰经济部发布了一份关于电动交通充电基础设施的愿景，并展望了 2020 年的政策议程。一项重要议题是，荷兰政府和企业共同呼吁在收费基础设施方面使用开放标准和开放协议，以刺激创新和全球接入。

荷兰已经就互操作性达成了符合欧洲标准的国家协议。2011 年初以来，荷兰使用的许多充电系统都是可互操作的。开放充电点接口（Open Charge Point Protocol, OCPI）协议是荷兰为充电基础设施和服务提供商设计的一种独立的漫游协议。它提供关于位置、实时可用性、价格、实时计费以及充电器的移动访问的信息。

5.3.5　英国

英国政府认为充电点至关重要，对工业和政府来说，最大的挑战之一就是确保全国有足够数量的充电站。英国有许多计划支持在英国安装充电点。

1）战略规划及投资

充电站基础设施建设方面，2021 年英国能源监管机构（The Office of Gas and Electricity Markets，Ofgem）宣布投资 3 亿英镑，在全国各地的城市和高速公路安装更多的电动汽车充电点，以促进基础设施建设。与此同时，在高速公路服务区和关键主干道位置安装 1800 个新的"超快速"充电点；在小镇和城市进一步增加 1750 个充电点，从而将整个充电桩网络扩大两倍。

英国政府在 2010 年提出"绿色复苏"计划。其核心是挑选 2～3 个城市作为仅适用电动汽车的纯绿色城市，重点推动普及电动汽车。在全国范围内建立一个充电网络，保证电动汽车能在路边充电站及时充电。

▌典型政策

英国："超低排放城市"计划

2014 年，英国政府宣布 2015～2020 年投资 5 亿英镑推动超低排放汽车行业发展，其中在推动充电基础设施建设方面将投入 3200 万英镑，2020 年在整个"M"和"A"高速公路网络安装快速充电站。方便驾驶者在需要时可以在短短 20 分钟内进行充电，从而缓解里程焦虑问题。

2016 年，英国政府通过"超低排放城市"计划向英国 8 个城市提供了 4000 万英镑的资金，以支持超低排放汽车的使用。

由于政府的领导、私营部门和地方政府的参与，截至 2020 年 1 月，英国有超过 24 000 个公共充电点，其中 2400 多个属于快速充电点，这是欧洲最大的网络之一。政府资助计划和公私合营充电基础设施投资基金将在英国各地新建数千个电动汽车充电站。英国政府设立了 4 亿英镑的充电基础设施投资基金，用于投资公共充电基础设施。政府将投资 2 亿英镑，由私人投资者配合，以加快公共充电基础设施的推广。该基金将由私营部门伙伴在商业基础上管理和投资。英国高速公路公司投资了 1500 万英镑，使得 2020 年，在英格兰的高速公路和主要 a 级公路上，每 20 英里就有一个快速充电点。

2）补贴和税收减免

英国政府的目标是鼓励和利用私营部门的投资，在正确的政策框架支持下，建立和运营一个自我维持的公共网络。在许多情况下，市场比政府处于更有利的位置，这也是为什么英国政府采取一系列措施来支持 ChargePoint 公司在英国建设充电桩。英国支持人们在家充电，通过"电动汽车家庭充电计划"在家里安装一个 ChargePoint 公司的充电桩，可以减免高达 500 英镑的费用。此外，"电动汽车家庭充电计划"还为进入街边停车场的司机安装充电点提供安装费用 75% 的补贴，最高可达 600 欧元。

3）法规与标准

《自动和电动汽车法案》中提议政府有权规范基础设施的技术标准，以确保与汽车的兼容性，确保充电站位置和数据的可用性，以及为高速公路服务区和大型燃油零售商提供服务。

继 2016 年 10 月 26 日开始就改善电动和氢动力汽车基础设施的立法措施进行磋商后，《汽车技术和航空法案》（Vehicle Technology and Aviation Bill）于 2017 年 2 月 22 日提交英国议会。《零排放之路》政策的内容旨在让驾驶者更容易地使用电动汽车的基础设施。这些措施还可确保为不断增长的电动汽车市场建立足够的基础设施。《自动与电动汽车法案》还通过在加油站和高速公路沿途安装充电桩来完善该国的充电基础设施状况。这些措施确保了充电站的位置和可用数据的公开性。

5.3.6　日本

日本充电基础设施的建设主体为私营公司，政府和整车企业为充电基础设施的建设提供支持。因此相较而言，日本政府对充电基础设施的支持政策较少。

1）战略规划及投资

日本经济产业省为支持充电基础设施建设推出"为下一代汽车发展充电基础设施的推广项目"。截至 2018 年底，日本已建成 3 万多个公共充电站，其中快速充电器 7600 多个。许多私营公司，如四家日本汽车制造商（丰田、日产、本田和三菱）的合资公司，积极安装快速充电器和普通充电器以响应政府。2014 年，日本丰田、日产、本田和三菱四家整车企业与日本发展银行建立了合资公司——Nippon 充电服务有限公司，为各地商业设施新建的充电基础设施提供建设补贴（国家补贴之外的费用）和 8 年的维护费用；为使用者提供会员制的全国通用充电会员卡，为充电桩建设者提供充电收费服务。

2）补贴和税收减免

日本从 2013 年起开始为充电基础设施建设提供财政补贴，预算超过 1050 亿日元。其补贴标准为：在政府规划范围内安装的高度公开的充电基础设施，提供相当于充电基础设施设备和安装费用 2/3 的费用；不在政府规划范围内安装的高度公开的充电基础设施，提供相当于充电基础设施设备和安装费用 1/2 的费用；其他情境下安装的充电基础设施，提供相当于购买充电基础设施设备 1/2 的费用。

3）法规与标准

日本对充电基础设施的规范管理，首先体现在推动建立了统一的充电基础设施标准体系以及充电基础设施相关的建设手册等规范性文件。例如，日本经济产业省和国土交通省联合发布了《纯电动和插电式混合动力汽车用充电设施建设指导手册》，大大促进了电动汽车建设的规范化发展。

为了保障标准得到贯彻实施，在日本经济产业省等部门的支持下，为确保充电基础设施的兼容性、安全性和可靠性，日本实施了自愿性的充电基础设施认证制度。其中，快速直流充电桩认证由日本电动汽车快速充电桩协会（CHAdeMO）组织实施，交流充电桩认证由日本汽车研究所（Japan Automobile Research Institute，JARI）组织实施，日本政府为了推进该项工作，在充电基础设施补贴政策中引用了该项认证制度，只有经过认证的充电基础设施，才能获得补贴，使得该项认证得到了广泛应用。

5.3.7 韩国

韩国对充电基础设施的支持主要体现在战略规划及投资方面。但整体而言，韩国对充电基础设施的支持力度较小，充电站等基础设施不足。

1）战略规划及投资

韩国政府和相关机构计划以大型超市等主要人流密集点为中心，每年设置1500 个快速充电站，到 2020 年，全国快速充电站数量接近加油站数量。

2009 年 10 月，韩国知识经济部公布了一系列帮助韩国进入电动汽车市场的措施，包括建设充电基础设施、支持电动汽车源技术的研究，以及为车队和个人客户提供购买奖励。首先，韩国逐步建立充电基础设施，以满足电动汽车和燃料电池电动汽车的需求。2011～2012 年，在公共事业部门普及电动车和充电设备，并加大力度发展充电基础设施。其次，在研究方面，2014 年投资约 4000 亿韩元开发高性能电池和其他相关技术。

2014 年，启动"绿色 RE-EV（范围延长电动汽车）汽车部件开发和基础设施研究"项目,目标是通过对基础设施核心零件的研发,强化技术,培养专注于范围延长电动汽车的汽车零部件制造公司,促进商业化的组建研发。为了推行该项目,2011 年 9 月至 2016 年 8 月,韩国政府投资了 9100 万欧元,地方政府投资了 1340 万欧元,私营部门投资了 1860 万欧元,共计 1.23 亿欧元。

韩国还建设了电动汽车充电基础设施系统(EVCIS),这是一个可以随时随地通过 Web 和智能手机向用户提供有关充电基础设施位置和状态的实时信息系统。在 EVCIS 实施前,1146 辆电动汽车车队共有 28 657 次充电,每辆车有 25 次充电,平均充电量为 5.44 千瓦时。EVCIS 实施后,车队规模、充电事件数量、平均充电量均有所增加。电动汽车从 1146 辆增加到 1186 辆,共有 50 166 次充电,每辆车大约有 42 次充电,增长了 68%。平均充电量为 6.11 千瓦时,增长了 12%。

2)补贴和税收减免

韩国政府仅收取慢速充电器电费,但自 2015 年 4 月韩国开始收取快速充电器电费。电动汽车快速充电器费用为 313.1 韩元/千瓦时,并通过让私营部门参与实现从政府主导向市场驱动过渡。韩国环境部还计划向车辆购买者提供个人充电器购置费用补助。其中,缓速充电器最多可补贴 300 万韩元,移动型充电器最多可补贴 60 万韩元。多个地方政府也推出了相应措施。例如,釜山市也在其发布的"2017 年电动汽车普及工作公告"中提出,对每座电动汽车充电站最高给予 400 万韩元的补贴。

5.4　小　　结

对美国、德国、法国、荷兰、英国、日本和韩国新能源汽车产业发展政策的研究表明,政策支持在各国新能源汽车发展中至关重要。本书主要从战略规划及投资、补贴和税收减免、法规与标准、专门机构设立四个方面对各国产业政策进行分析,发现各国对政策类型的选择具有不同的偏好,在整车、充电基础设施及动力电池的支持上也有不同的偏重。

(1)通过对七国新能源汽车的政策研究发现,美国、日本、英国和德国的政策体系较为完善,政策内容丰富。

美国对新能源汽车的战略规划较为全面、投资大,且对能源和环境方面关注度较高。法规与标准较为完善，补贴和税收减免的力度较小，但设立了较多的专门部门或机构负责新能源汽车的发展规划与投资，如能源高级研究计划署和车辆技术办公室等。

德国在战略规划及投资、法规与标准方面较为完善。但在补贴方面，德国经历了不对消费者提供补贴到为消费者提供补贴的过程，其中环境补贴"Umweltbonus"项目较有特色。同时，德国重视国家电动汽车平台的搭建。

与德国不同的是，法国在新能源汽车发展之初就十分重视政府补贴，且法国对新能源汽车提供政策支持的时间非常早。1995 年，在新能源汽车还不受其他国家关注和重视的情况下，法国政府就开始制定了支持新能源汽车发展的优惠政策。因此，法国的补贴和税收减免政策体系非常完善且力度很大，尤其是其税收激励系统 Bonus-malus，自 2008 年开始伴随产业的发展和市场日渐成熟不断调整完善。在法规与标准方面，法国创新性地颁布了《空气质量证明书》，但在战略规划及投资方面相对薄弱。

荷兰作为禁售燃油车时间的第一梯队国家，在战略规划方面较为重视。其增加电动汽车的主要动力之一是财政刺激，特别是在税收减免方面对购置税和流通税做了详细的规定，如按汽车类型、汽车质量规格和销售区域等不同进行差别收取，重点是刺激零排放汽车。补贴则相对较少，在法规与标准方面重视度较低。

英国的政策体系比较完善。战略方面与美国有相似之处，对于环境和气候相关的产业较为重视，在投资方面英国政府还十分重视汽车技术进步和研发。补贴方面比较重视对插电式电动汽车补贴。法规与标准相比于其在战略规划及投资、补贴和税收减免等方面重视度不够。

日本的政策体系非常完善，在各方面都出台了大量政策。但在新能源汽车的路径选择上更加偏爱燃料电池电动汽车和混合动力汽车，补贴和税收减免、战略规划及投资方面的政策特别重视这两类车型。在投资上尤其重视汽车技术的开发。日本政府和企业还致力于行业标准的制定与统一，在交通领域、技术评价等方面推出了一系列法规与标准。

韩国突出的特点在于其新能源汽车补贴政策体系较为完善，尤其是在补贴方面投入了大量资金。

（2）通过对七国动力电池的政策研究发现，各国对动力电池产业虽然在不同程度上都给予了支持，但相较于整车和充电基础设施而言，支持力度普遍不是很大。尤其是欧盟国家，在动力电池方面较美国、日本、韩国整体上起步较晚、较为落后。但近年来各国开始逐渐重视动力电池的投资和研发，如德国 2018 年承诺投资 10 亿欧元建造一家电池厂，法国 2019 年公布"空客电池战略"，英国 2019 年计划用 2800 万英镑建造英国电池产业化中心。

美国、日本、韩国在动力电池方面较为领先。美国十分重视电池技术的研发，燃料电池被定为美国 27 项必须发展的技术之一，并且专门成立了燃料电池技术办公室负责燃料电池项目的研发活动，还成立了多家国家实验室投入电池技术研发。在电池回收技术方面，成立了锂离子电池回收研发中心。日本由于其发展路径就偏爱燃料电池电动汽车和混合动力汽车，因此在燃料电池及相关技术开发方面给予了非常大的支持。韩国通过"自动电池切换电动公交车"项目、电动车电池回收项目、电动汽车电池租赁业务等支持动力电池的技术研发和推广。

（3）通过对七国充电基础设施的政策研究发现，各国都将充电基础设施建设作为推广新能源汽车的重要举措，表现在战略规划及投资、补贴和税收减免、法规与标准等方面都给予了大力支持。其中，美国在战略上十分重视充电点的布局和充电技术研究；德国政府则在本国充电基础设施的标准化工作方面给予了足够的关注；法国更加重视对基础设施的投资，出台了许多资助政策和投资计划以提供大量补贴和税收优惠；荷兰的智能充电系统建设走在国际前列；英国更加重视充电点的布局和建设。日本和韩国相较于美国和欧盟国家，在充电基础设施方面的支持政策较少。由于日本充电基础设施的建设主体为私营公司，政府和整车企业为充电基础设施的建设仅提供部分支持，因此日本政府对充电基础设施投资较少。而韩国对充电基础设施的支持主要体现在战略规划及投资方面，但其补贴等其他政策较少，存在充电站等基础设施不足、不均衡的问题。

第6章 中国新能源汽车产业政策

本章从战略规划及投资、补贴和税收减免及法规与标准三个方面,从整车、动力电池、充电基础设施三个角度对中国新能源汽车产业发展政策进行梳理和分析。

6.1 中国新能源汽车政策

中国新能源汽车产业取得如此多的成果离不开产业政策的强力支持。自"九五"末期开始,中国新能源汽车产业在国家战略、科技计划、示范运行消费补贴、税收减免和激励、公共采购、基础设施建设等一系列政策措施的有力支持下,取得了非常迅速的进步。2001年,科学技术部在"十五"国家科技计划中设立电动汽车重大专项,建立了国内新能源"三纵三横"的开发布局。之后的五年间,陆续颁布《当前优先发展的高技术产业化重点领域指南(2004年度)》《汽车产业发展政策》《国家中长期科学和技术发展规划纲要(2006—2020年)》《产业结构调整指导目录(2007年本)》等,均提出发展新能源汽车产业并提供支持。自2009年国务院发布《关于开展节能与新能源汽车示范推广工作试点工作的通知》,启动"十城千辆"工程以来,产业发展更为迅猛,政策出台数量与力度逐年增加。2009~2020年,中国新能源汽车产业伴随国家政策的不断演变迅速推进,已逐步形成了较为完善的政策体系,从宏观统筹、推广应用、行业管理、财税优惠、技术创新、基础设施等方面全面推动了我国新能源汽车产业快速发展。根据政策颁布的主要类型、目的及出台的速度和数量,大致可分为四个阶段,见表6-1。

表 6-1　我国新能源汽车产业政策阶段划分及特点

时间	阶段	政策阶段特点	典型政策
2001～2008 年	规划布局	新能源汽车产业在各类国家重点产业规划文件中开始出现，但作为独立文件出台的政策较少	"863 计划"电动汽车重大专项（2001 年）
			《汽车产业发展政策》（2004 年）
			《新能源汽车生产准入管理规则》（2007 年）
2009～2012 年	试点导入	对试点城市进行政策倾斜，通过财政政策等逐步在市场中导入新能源汽车。支持新能源汽车发展的政策开始大量出台，包括短期的示范推广政策和中长期规划	《"十城千辆"节能与新能源汽车示范推广应用工程》（2009 年）
			《关于开展节能与新能源汽车示范推广试点工作的通知》和《节能与新能源汽车示范推广财政补助资金管理暂行办法》（2009 年）
			《汽车产业调整和振兴规划》（2009 年）
			《关于加快培育和发展战略性新兴产业的决定》（2010 年）
			《"节能产品惠民工程"节能汽车（1.6 升及以下乘用车）推广实施细则》（2010 年）
			《关于调整节能汽车推广补贴政策的通知》（2011 年）
			《节能与新能源汽车产业发展规划（2012—2020 年）》（2012 年）
2013～2015 年	全国推广	全国推广新能源汽车，并且政策由产业发展延伸至能源战略、环境保护、电网等领域；从单纯地对汽车进行补贴扩展到对充电基础设施、电池等相关领域给予财政支持；政策出台速度加快，数量进一步增多	《关于继续开展新能源汽车推广应用工作的通知》（2013 年）
			《国务院关于加快发展节能环保产业的意见》（2013 年）
			《国务院关于印发大气污染防治行动计划的通知》（2013 年）
			《国务院办公厅关于加快新能源汽车推广应用的指导意见》（2014 年）
			《能源发展战略行动计划（2014—2020 年）》（2014 年）
			《关于进一步做好新能源汽车推广应用工作的通知》（2014 年）
			《关于 2016—2020 年新能源汽车推广应用财政支持政策的通知》（2015 年）
			《国务院办公厅关于加快电动汽车充电基础设施建设的指导意见》（2015 年）
2016～2020 年	退坡保驾	一方面，补贴逐渐退坡，政策补贴力度下降，促进市场化进程，市场机制逐步发挥主导作用；另一方面，进一步加大对充电基础设施、动力电池等的政策支持力度，鼓励技术创新；智能网联汽车发展提上国家日程；出台政策的速度和数量较上一阶段更快、更多	《关于调整新能源汽车推广应用财政补贴政策的通知》（2016 年）
			《国务院关于印发"十三五"国家战略性新兴产业发展规划的通知》（2016 年）
			《汽车产业中长期发展规划》（2017 年）
			《乘用车企业平均燃料消耗量与新能源汽车积分并行管理办法》（2017 年）
			《关于调整完善新能源汽车推广应用财政补贴政策的通知》（2018 年）
			《车联网（智能网联汽车）产业发展行动计划》（2018 年）
			《关于进一步完善新能源汽车推广应用财政补贴政策的通知》（2019 年）
			《关于支持新能源公交车推广应用的通知》（2019 年）
			《关于完善新能源汽车推广应用财政补贴政策的通知》（2020 年）

　　本章梳理了 2001～2020 年国家层面出台实施的新能源汽车产业发展紧密相关的政策文件（不包括技术标准文件）。图 6-1 描绘了 2001～2020 年我国发布新能源汽车政策数（国家层面）。

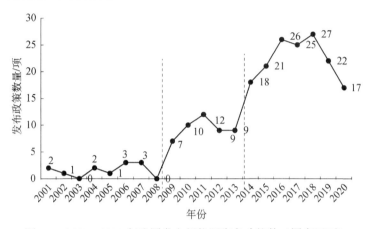

图 6-1　2001～2020 年我国发布新能源汽车政策数（国家层面）

资料来源：根据中国政府网、国家发展和改革委员会、财政部、国家能源局等官方网站发布的政策汇总

　　从图 6-1 中可以看出，从国家层面上看，发布的政策数整体呈增长趋势，2018年之后有下降趋势。2009 年可被视为新能源汽车产业发展的元年，2008 年及之前年度出台的相关政策数量很少，只是在各类国家重点产业规划文件中开始出现。自 2009 年开始实施"十城千辆"工程，政策出台的数量明显增多。这一年发布的重要政策主要包括《关于开展节能与新能源汽车示范推广试点工作的通知》《"十城千辆"节能与新能源汽车示范推广应用工程》《节能与新能源汽车示范推广财政补助资金管理暂行办法》《新能源汽车生产企业及产品准入管理规则》等，为后续的新能源汽车推广与应用政策、补贴政策、税收减免和激励政策打下了基础。2013 年之后，开始在全国范围内推广新能源汽车，政策出台的数量进一步增多，从战略规划、财政激励、推广应用等方面支持新能源汽车的发展及其配套设施的完善，如《关于继续开展新能源汽车推广应用工作的通知》《关于 2016—2020 年新能源汽车推广应用财政支持政策的通知》等。与此同时，政策类型由单纯支持产业发展延伸至能源战略、环境保护等领域，如《国务院关于加快发展节能环保产业的意见》《能源发展战略行动计划（2014—2020 年）》等。2015 年之后每年出台的政策均维持在 15 项以上，且从 2016 年开始，一方面新能源汽车的补贴逐渐退坡，政策补贴力度下降，市场机制逐步发挥主导作用。2017～2019 年每年的新能源汽车补贴均有一定比例的下降，尤其是 2019 年取消新能源汽车地补，中央补

贴减半，新能源汽车企业依赖政府补贴的发展路径将逐渐成为过去。另一方面进一步加大对充电基础设施、动力电池等的政策支持力度，鼓励技术创新，并将智能网联汽车发展提上国家日程。

从政策的持续性上分析，战略、规划、行动计划等政策文本一般持续年限较长；一些指导目录、产品目录等文件则有固定的周期，如《产业结构调整指导目录》则会定期修改；这些政策文本主要是通过长期规划，为产业发展提供方向和指南，从宏观层面把握新能源汽车产业的走向和路径。

而示范和推广应用等政策文本生效年限并不长，并辅以补贴、税收减免等政策文本作为支持。这些政策主要在短期内促进新能源汽车的推广和应用，并以政策的形式予以考核，如《关于开展新能源汽车推广应用城市考核工作的通知》考核各有关城市（区域）新能源汽车推广应用实施方案完成情况，并重点对新能源汽车推广应用数量、充电设施建设、市场开放程度、商业模式创新、地方扶持政策、组织领导及安全监管等情况进行督查。尽管这些政策文本的作用时间较短，但其政策后效不容忽视。一方面是这些政策结束后，还会有类似的相关政策持续出台，另一方面对于推广示范城市，在政策支持下逐渐形成的示范运营，会使得实际推广逐渐呈持续推广的良好趋势。

对于补贴、税收减免相关的政策文本，一部分与示范和推广应用等政策直接挂钩，还有一部分作为管理办法和文件持续存在。由于国家政策对补贴有退坡倾向，因此这类政策在现阶段也无法持续太长期限，以便针对实际情况做出应变。

前面对政策数量、政策持续性等做了简要分析，我们可以看到，2001～2020年，特别是 2009 年开始，我国出台并实施了大量有利于新能源汽车产业发展的政策。这些政策主要由国务院、国家发展和改革委员会、工业和信息化部、财政部、科学技术部、生态环境部等多个国家机关部委积极推广和实施，并从战略规划及投资、补贴、税收减免、法规与标准等诸多方面对新能源汽车产业发展予以实际政策支持，取得了良好的效果。

对 2001～2020 年出台的新能源汽车产业发展政策（国家层面）进行分类汇总，分析如下。

1. 战略规划及投资方面

与其他国家相同，中国政府在政府层面也提出了多项促进新能源汽车产业发展的相关政策，特别是将电动汽车产业的发展放到国家发展战略的高度。自 2001年启动"863 计划"电动汽车重大专项开始，我国先后发布了《国家中长期科学和技术发展规划纲要（2006—2020年）》《汽车产业调整和振兴规划》《电动汽车发展共同行动纲要》《节能与新能源汽车产业发展规划（2012—2020年）》等一系列国家层面的战略文件，并于2010年将新能源汽车产业确定为国家七大战略性新兴产业之一，从而确定了电动汽车的战略地位。

2009年，《"十城千辆"节能与新能源汽车示范推广应用工程》的推出对新能源汽车产业发展起到了至关重要的影响。2012年3月，科学技术部出台《电动汽车科技发展"十二五"专项规划》。该规划分为形势与需求、发展战略与目标、科技创新的重点任务、组织与保障四部分。建立"三纵三链"产业技术创新联盟，切实加强电动汽车产业所涉及的汽车企业、关键零部件企业、能源运营商以及高校和科研院所之间的合作，建立产业创新联盟，汇集优势资源，推动电动汽车走向产业化，从政策层面对技术研发予以支持和战略把握。

2009~2020年，我国新能源汽车特别是电动汽车的产销量增长快速，但仍然面临诸多问题，特别是基础设施建设和发展缓慢，严重制约了新能源汽车产业发展。从2014年开始，《电动汽车充电基础设施发展指南（2015—2020年）》《关于加快电动汽车充电基础设施建设的指导意见》《关于新能源汽车充电设施建设奖励的通知》《关于加强城市停车设施建设的指导意见》等基础设施建设相关政策文件持续出台，使得基础设施建设与发展受到了更多关注和政策支持，进一步推动了新能源汽车产业发展和推广应用。

此外，我国在电动汽车的研发方面投入了大量资金。从2001年起开始通过"863计划"组织力量研发包括电动汽车在内的各种新能源汽车，并累计投入20多亿元。2009年，国务院首次提出新能源汽车战略，并明确安排100亿元支持新能源汽车及关键零部件产业化。2012年，《关于组织开展新能源汽车产业技术创新工程的通知》中提出，为加快新能源汽车产业技术创新和产业化进程，财政部、工业和信息化部、科学技术部组织实施新能源汽车产业技术创新工程，中央财政从节能减排专项资金中安排部分资金，支持新能源汽车产业技术创新。此外，财政部等还通过购车补贴、购置税减免等途径对新能源汽车产业发展予以财政支持。

总的来说，战略规划及投资方面的政策主要集中在产业结构调整、节能与新能源产业、汽车与新能源产业等方面的规划与战略，还包括公共交通领域的规划文件等，而《电动汽车科技发展"十二五"专项规划》《"十二五"国家战略性新兴产业发展规划》《关于组织开展新能源汽车产业技术创新工程的通知》等还从技术研发和技术创新层面为新能源汽车产业发展提供了战略支持和导向。此外，值得关注的是，2014 年开始，相关部委出台了不少基础设施建设与规划方面的政策文件，使得基础设施建设与发展得到了更多的关注和支持。

2. 补贴方面

2009 年，科学技术部、财政部、国家发展和改革委员会、工业和信息化部联合启动了《"十城千辆"节能与新能源汽车示范推广应用工程》，并制定了《节能与新能源汽车示范推广财政补助资金管理暂行办法》，对新能源汽车产业发展起到了至关重要的影响。明确中央财政重点对试点城市购置混合动力汽车、纯电动汽车和燃料电池电动汽车等节能与新能源汽车给予一次性定额补助。补助标准主要依据节能与新能源汽车和同类传统汽车的基础差价，并适当考虑规模效应、技术进步等因素确定。参与示范推广试点的零排放纯电动汽车和燃料电池电动汽车将得到 6 万～60 万元的财政部补贴。此后，我国政府发布了一系列补贴政策，如《〈"节能产品惠民工程"节能汽车（1.6 升及以下乘用车）推广实施细则〉的通知》《私人购买新能源汽车试点财政补助资金管理暂行办法》《关于完善城市公交车成品油价格补助政策 加快新能源汽车推广应用的通知》等对新能源汽车的购买和使用实施补贴。

"十城千辆"工程政策期结束后，科学技术部、财政部、国家发展和改革委员会、工业和信息化部联合下发了《关于继续开展新能源汽车推广应用工作的通知》《关于进一步做好新能源汽车推广应用工作的通知》等政策文件，对新一轮新能源汽车的补贴政策进行了明确规定，并明确现行补贴推广政策执行到 2015 年 12 月 31 日，补贴推广政策到期后，中央财政将继续实施补贴政策。

2015 年 4 月，国家发展和改革委员会、财政部、科学技术部、工业和信息化部等联合出台《关于 2016—2020 年新能源汽车推广应用财政支持政策的通知》，规定 2017～2020 年除燃料电池电动汽车外其他车型补助标准适当退坡，其中：2017～2018 年补助标准在 2016 年基础上下降 20%，2019～2020 年补助标准在 2016 年基础上下降 40%。

表 6-2 为 2013～2020 年中国新能源汽车推广应用补贴标准（这里以乘用车为例，商用车补贴标准数额不同，但补贴标准的变化趋势相似）。尽管我国对新能源汽车推广应用补助额度逐年减少，特别是政策提出 2016 年开始至 2020 年，新能源汽车推广应用补贴实行适当退坡，但通过表中对比可以看出国家政策对于新能源汽车的引导方向。

其一，是对燃料电池电动汽车和纯电动汽车的支持力度并没有明显减弱，而插电式混合动力乘用车（含增程式）的补贴标准逐年降低。

其二，对于纯电动乘用车来说，国家对于纯电动续航里程的技术要求在提高。相比 2015 年的补贴额度，对于第一个层次的 80～150 公里开始实行补贴更改为 100～150 公里，续驶里程最低门槛提升了 20 公里；第二个层次是 150～250 公里，补贴额度仍为 4.5 万元没有变化；第三个层次是 250 公里以上，补贴额度从 5.4 万元增长到 5.5 万元，增长了 1.9%。

表 6-2　2013～2020 年中国新能源汽车推广应用补贴标准　　（单位：万元/辆）

续驶里程 R（工况法、公里）	纯电动乘用车							插电式混合动力乘用车
	80≤R<100	100≤R<150	150≤R<200	200≤R<250	250≤R<300	300≤R<400	R≥400	R≥50
2013 年之前	补贴标准根据动力电池能量组确定，按 3000 元/千瓦时给予补贴，每辆最高补贴 6 万元							最高补助 5 万元/辆
2013 年	3.5		5.0		6.0			3.5
2014 年	3.325		4.75		5.7			3.3
2015 年	3.15		4.5		5.4			3.2
2016 年	—	2.5	4.5		5.5			3.0
2017 年	—	2	3.6		4.4			2.4
2018 年缓冲期		1.4		2.52	3.08			2.4
2018 年	—		1.5	2.4	3.4	4.5	5.0	2.2
2019 年缓冲期	—		0.15	0.24	0.34	0.45	0.5	1.76
			0.9	1.44	2.04	2.7	3	
2019 年	—					1.8	2.5	1
2020 年	—					1.62	2.25	0.85

资料来源：根据历年新能源汽车补贴政策统计

补助退坡政策是国家从战略层面出发做出的调整。通过政策层面引导，希望能促进纯电动汽车续驶里程的提升和技术的改进，同时也重视燃料电池电动汽车的研发和推广。同时，通过退坡补贴能够逐步释放和提升新能源汽车市场本身的竞争能力。

除此之外，国家政策还通过价格杠杆和基础设施的补贴等促进充换电设施的建设和电动汽车的推广。例如，2014 年 7～10 月，国家发展和改革委员会和财政部相继下发的《关于电动汽车用电价格政策有关问题的通知》，财政部、科学技术部、工业和信息化部、国家发展和改革委员会联合发布的《关于新能源汽车充电设施建设奖励的通知》；2014 年 8 月，财政部、国家税务总局、工业和信息化部联合发布的《加强"车、油、路"统筹，加快推进机动车污染综合防治方案》，针对新能源汽车研究制定减免过路过桥费、免费停车等政策做出了规定和说明。

3. 税收减免方面

税收减免，特别是免征购置税的规定，能够降低消费者的购车成本，对新能源汽车推广与应用产生了积极影响。

早在 2006 年，财政部就针对实施新消费税政策时明确规定：对混合动力汽车等具有节能、环保特点的汽车将实行一定的税收优惠。2014 年 8 月，国务院办公厅正式发布《关于免征新能源汽车车辆购置税的公告》，自 2014 年 9 月 1 日至 2017 年 12 月 31 日，对购置的新能源汽车免征车辆购置税。截至 2015 年 9 月，工业和信息化部和国家税务总局已经发布了五批次免征车辆购置税的新能源汽车车型目录，共明确了 113 款纯电、插电乘用车、客车和货车等车型免征购置税。

通过对免征购置税政策及车型目录进行分析，结果表明：

（1）免征购置税主要针对纯电动和插电式混合动力汽车，对于燃料电池电动汽车暂时没有入选的车型。

（2）当前五个批次的免征购置税车型目录主要涉及比亚迪、北汽、奇瑞、康迪等诸多国产车型。而 2015 年 9 月发布的第五批免征购置税车型目录中，首次入选了进口车型——宝马 i3 电动版和插电式混合动力版，这标志着政策对于进口车型逐渐开放，地方保护主义逐渐削弱，这意味着国产车型将面临进口车型的挑战。

（3）免征购置税对于产业发展具有促进作用。消费者在购车时，需要缴纳的税种包括车船税和购置税，其中购置税所占比例较高。我国曾在 2009 年针对小排量汽车实施过购置税减半的政策，当时小排量汽车的产销量也因此有所提高，这说明通过税收减免激励对于产业发展是有效果的。此前的车船税减免已对新能源汽车推广应用产生了影响，而车辆购置税减免将进一步加强这一效果。

（4）免征购置税大幅降低购车成本，公交车以外的纯电动客车受益弹性最大。入围车型包括纯电、插电式乘用车、客车和货车等，车型覆盖范围广泛。对于新能源乘用车，免征购置税将为消费者普遍节约不到 2 万元的购车成本（原税率 10%），是继直接补贴、牌照优先等优惠后，对于个人用户的又一直接利好。对于新能源客车、公交以外同样能享受免征购置税优惠，有效降低购车成本，显著刺激新能源客车在商务、通勤等领域的需求。

（5）免征购置税政策的有效期至 2017 年底，此后阶梯式退出，这与补贴政策的策略一致，使激励政策的支持力度逐步降低，释放市场本身的竞争力。

4. 法规与标准方面

在法规与标准方面，我国 2007 年 11 月开始实施《新能源汽车生产准入管理规则》，对新能源汽车的定义、生产企业资质、生产准入条件以及申报等内容做了具体的规定，意味着新能源汽车有了自己规范的行业规则。2009 年 6 月 17 日，工业和信息化部首次发布了《新能源汽车生产企业及产品准入管理规则》，对新能源汽车产品的管理、产品转入条件、生产企业准入条件等进行了明确规定。此后，国家多次发布《产业结构调整指导目录》，对国家鼓励产业目录进行调整，将新能源汽车产业纳入国家鼓励范围。同时，工业和信息化部还多次下发了《节能与新能源汽车示范推广应用工程推荐车型目录》，对新能源汽车的补贴车型进行了明确规定。2014 年 7 月下发的《关于加快新能源汽车推广应用的指导意见》明确指出，各地区要执行全国统一的新能源汽车和充电设施国家标准和行业标准，执行全国统一的新能源汽车推广目录，进一步加强新能源汽车市场监管。2020 年 5 月 12 日，工业和信息化部组织制定的《电动汽车用动力蓄电池安全要求》（GB 18384—2020）、《电动汽车用动力蓄电池安全要求》（GB 30381—2020）和《电动客车安全要求》（GB 38032—2020）三项强制性国家标准（简称"三项强标"）由国家市场监督管理总局、国家标准化管理委员会批准发布，于 2021 年 1 月 1 日起开始实施。"三项强标"是我国电动汽车领域首批强制性国家标准，综合我国电动汽车产业的技术创新成果与经验总结，与国际标准法规进行了充分协调，对提升新能源汽车安全水平、保障产业健康持续发展具有重要意义。根据全国标准信息公共服务平台的检索数据，截至 2020 年，我国现行的电动汽车国家标准约有 82 项。

6.2 中国动力电池政策

我国关于动力电池单独的支持政策出台时间较晚。虽然 2001 年规划的"三纵三横"中就将动力蓄电池归入"三横"布局，2013 年国务院《关于加快发展节能环保产业的意见》中提出要加快实施节能与新能源汽车技术创新工程，大力加强动力电池技术创新，重点解决动力电池系统安全性、可靠性和轻量化问题。但直到 2014 年之前都没有单独的动力电池相关政策，而是与新能源汽车的产业政策等归于一起。2014 年 10 月，工业和信息化部发布了《汽车动力蓄电池行业规范条件》（征求意见稿），旨在加强汽车动力蓄电池产品监管。之后政府从动力电池的战略规划及投资、法规标准及行业规范和回收利用等方面多次出台政策以促进我国动力电池行业健康发展。与整车、充电基础设施中补贴政策占据重要地位不同，回收利用是我国动力电池政策中的重要一环。

6.2.1　战略规划及投资

在动力电池产业的战略规划及投资方面，独立的关于我国动力电池产业发展规划及布局的文件较少。其中，2017 年出台的《促进汽车动力电池产业发展行动方案》是唯一一份对动力电池行业发展进行具体规划布局的文件，明确行业发展方向是持续提升现有产品的性能质量和安全性，进一步降低成本，2018 年前保障高品质动力电池供应；大力推进新型锂离子动力电池研发和产业化，2020 年实现大规模应用；着力加强新体系动力电池基础研究，2025 年实现技术变革和开发测试。设立了产品性能大幅提升、产品安全性满足大规模使用需求、产业规模合理有序发展、关键材料及零部件取得重大突破、高端装备支撑产业发展五大发展目标。同时，明确了九大重点任务，即建设动力电池创新中心、实施动力电池提升工程、加强新体系动力电池研究、推进全产业链协同发展、提升产品质量安全水平、加快建设完善标准体系、加强测试分析和评价能力建设、建立完善安全监管体系、加快关键装备研发与产业化。这份文件是当前指导我国动力电池行业发展的基础性文件，决定了未来产业发展的方向和路径。2017 年之前，大多出现于新能源汽车政策或能源政策中，如在 2012 年《节能与新能源汽车产业发展规划（2012—2020 年）》中首次对动力电池产业发展提出明确的目标，即重点建设动力电池产业聚集区域，积极推进动力电池规模化生产，加快培育和发展一批具有持续创新能力的动力电池生产企业，力争形成 2～3 家产销规模超过百亿瓦时、具有关键材料研发生产能力的龙头企业，并在正负极、隔膜、电解质等关键材料领域分别形成 2～3 家骨干生产企业。2016 年发布的《能源技术革命创新行动计划（2016—2030 年）》，提出了 15 项重点创新任务，包括氢能与燃料电池技术创新、先进储能技术创新、能源互联网技术创新等，明确了氢能与燃料电池技术的重点任务、战略方向、创新目标及创新行动等具体内容。2019 年，国家发展和改革委员会等四部门制定了《贯彻落实〈关于促进储能技术与产业发展的指导意见〉2019—2020 年行动计划》，制定了加强先进储能技术研发和智能制造升级，推进储能项目示范和应用及新能源汽车动力电池储能化应用的行动计划。

6.2.2 法规标准及行业规范

从动力电池的政策统计可以看出，我国政府十分重视规范动力电池行业标准及市场，2014～2020 年先后出台 12 份关于动力电池行业标准及行业规范的重点文件，其中关于汽车动力电池行业规范条件的文件多次进行修订。第一份独立的动力电池政策就是与行业标准有关的《汽车动力蓄电池行业规范条件（征求意见稿）》，以加强汽车动力蓄电池产品监管，防止低水平重复建设，促进动力蓄电池生产企业的技术进步和规模化发展。2015 年发布的《锂离子电池行业规范条件》加强了锂离子电池行业管理；正式颁布《汽车动力蓄电池行业规范条件》，鼓励汽车动力蓄电池企业做优做强，建立产品生产规范和质量保证体系。2016 年出台的行业标准及行业规范文件最多，包括《新能源汽车废旧动力蓄电池综合利用行业规范条件》、《新能源汽车废旧动力蓄电池综合利用行业规范公告管理暂行办法》、《电动汽车用动力蓄电池产品规格尺寸》、《汽车用动力电池编码》（征求意见稿）、《锂离子电池综合标准化技术体系》、《汽车动力电池行业规范条件（征求意见稿）》等。2019 年出台了《锂离子电池行业规范条件（2018 年本）》和《锂离子电池行业规范公告管理暂行办法（2018 年本）》，对企业的生产规模和工艺技术、质量管理、审核监督等均做出了详尽的要求。2020 年出台了《电动汽车用动力蓄电池安全要求》。

6.2.3 回收利用

从政策统计看，我国对动力电池的回收利用高度重视，尤其是 2016 年以来，政府对于动力电池的回收利用关注度日益上升，其中 2018 年发布了 6 份文件规范回收利用管理，做好动力蓄电池回收利用试点工作。2012 年发布的《节能与新能源汽车产业发展规划（2012—2020 年）》首次对动力电池回收利用做了规划，提出要加强动力电池梯级利用和回收管理，制定动力电池回收利用管理办法，建立动力电池梯级利用和回收管理体系，明确各相关方的责任、权利和义务。引导动力电池生产企业加强对废旧电池的回收利用，鼓励发展专业化的电池回收利用企业。

我国 2016 年发布《新能源汽车动力蓄电池回收利用管理暂行办法》（征求意见稿），2018 年正式出台《新能源汽车动力蓄电池回收利用管理暂行办法》，并密集颁布关于回收利用试点和管理的相关政策，如《新能源汽车动力蓄电池回收利用试点实施方案》《关于做好新能源汽车动力蓄电池回收利用试点工作的通知》《新能源汽车动力蓄电池回收利用溯源管理暂行规定》等，指出到 2020 年，建立完善动力蓄电池回收利用体系，探索形成动力蓄电池回收利用创新商业合作模式，确定京津冀地区、山西省、上海市、江苏省、浙江省、安徽省、江西省、河南省、湖北省、湖南省、广东省、广西壮族自治区、四川省、甘肃省、青海省、宁波市、厦门市及中国铁塔股份有限公司为试点地区和企业。2019 年在《关于加快推进工业节能与绿色发展的通知》中再次提出重点支持开展退役动力电池梯级利用和再利用。

6.3　中国充电基础设施政策

6.3.1　中国电动汽车充电基础设施产业政策演进

2009 年，国务院办公厅发布了《汽车产业调整和振兴规划》，第一次提出"建立电动汽车快速充电网络，加快停车场等公共场所公用充电设施建设"的概念。2010 年在《关于加快培育和发展战略性新兴产业的决定》中关于新能源汽车产业中提出加强新能源汽车领域的市场配套基础设施建设。2011 年发布的《关于进一步做好节能与新能源汽车示范推广试点工作的通知》提出制定充电基础设施建设规划，为个人新能源汽车用户在其住宅小区停车位或工作场所停车位配套建设充电桩，该类充电桩与新能源车辆的配比不得低于 1∶1；对购买新能源汽车的用户提供充电基础设施建设的服务；此外，在政府机关和商场、医院等公共设施及社会公共停车场，适当设置专用停车位并配套充电桩；同时，城市要调配资源建设少而精且覆盖示范运行区域的快速充电网络。2015 年发布的《国务院办公厅关于加快电动汽车充电基础设施建设的指导意见》，提出坚持以纯电驱动为新能源汽车发展的主要战略取向，将充电基础设施建设放在更加重要的位置，加强统筹规划，统一标准规范，完善扶持政策，创新发展模式，培育良好的市场服务和应用环境，形成布局合理、科学高效的充电基础设施体系，增加公共产品有效投资，提高公共服务水平，促进电动汽车产业发展和电力消费，方便群众生活，更好惠及民生；还制定了支持关键技术研发、创新充电服务商业模式的总体发展规划，为以后国家政策的制定方向和充电基础设施的产业发展奠定了基础。充电基础设施建设作为电动汽车产业发展的重要环节，虽然细化的政策内容较少，但依旧形成了包括战略规划、法规与标准、补贴奖励等在内的较为完善的政策体系。

本章梳理了 2009～2020 年电动汽车充电基础设施方面的政策，所选择的电动汽车充电基础设施产业相关政策文本均来源于国家政府及相关监管部门出台的关于电动汽车充电基础设施产业发展的规划、法律法规、意见、办法、通知公告等能体现政府政策的文件，最终梳理出有效政策样本 49 份，包括战略规划、法规与标准、补贴奖励三个方面。

从内容上看，2014 年之前，产业政策多依托于电动汽车产业政策，而几乎没有专门针对充电基础设施发展的政策。例如，2012 年科学技术部发布的《电动汽车科技发展"十二五"专项规划》分析了电动汽车产业发展的必要性，并制定了电动汽车发展的详细规划目标、技术路线和发展路径，但在充电基础设施方面，仅对 2015 年的建设规模以及充电接口、充电通信协议、充电机技术标准、充电站设计规范等做了简单描述，把充电基础设施发展作为电动汽车发展的配套设施进行推行。2014 年、2015 年陆续出台了《关于新能源汽车充电设施建设奖励的通知》、《关于加快电动汽车充电基础设施建设的指导意见》、《电动汽车充电基础设施发展指南（2015—2020 年)》等指导性政策，对电动汽车充电基础设施建设和产业发展起到了极大的促进作用，也为后续出台更多相关产业政策奠定了基础。自此，充电基础设施的产业政策进入了新的发展阶段，政策数量逐渐增多，内容逐渐丰富。随后政府相继出台了《电动汽车充电基础设施接口 新国际的实施方案》《关于"十三五"新能源汽车充电基础设施奖励政策及加强新能源汽车推广应用的通知》《关于加快单位内部电动汽车充电基础设施建设的通知》《提升新能源汽车充电保障能力行动计划》等专门针对充电基础设施的一系列政策措施。

6.3.2　中国电动汽车充电基础设施产业政策分类分析

按照中国电动汽车充电基础设施产业政策的类别，可以将政策分为战略规划、法规与标准和补贴奖励三大类进行分析。据不完全统计，截至 2020 年底，电动汽车充电基础设施领域共有政策 49 项，其中战略规划类政策 38 项，法规与标准类政策 8 项，补贴奖励类政策 3 项。

2014 年及以前发布的政策大多以新能源汽车产业政策为依托，且以产业调整计划、战略性新兴产业发展规划、加快发展节能环保产业的意见等宏观战略为主。这一阶段较少有专门针对充电基础设施建设的详细计划和描述，新能源汽车产业政策也是将充电基础设施作为配套设施简单提及，但这类政策一般持续生效年限较长。例如，2012 年发布的《电动汽车科技发展"十二五"专项规划》明确提出，研究制定和完善电动汽车充电接口、充电通信协议、充电机技术标准、充电站设计规范，同时强调到 2015 年左右，在 20 个以上示范城市和周边区域建成由 40 万个充电桩、2000 个充换电站构成的网络化供电体系，满足电动汽车大规模商业化示范能源供给需求。

以 2014 年国家机关事务管理局等发布的《政府机关及公共机构购买新能源汽车实施方案》作为战略规划类政策的分水岭，政府第一次明确了电动汽车充电基础设施建设计划，强调按照"企业投资为主、政府鼓励引导、形成工作合力、积极稳妥推进"的原则，充分调动社会各方面积极性，加强新能源汽车充电设施建设，保障充电需求，建成与使用规模相适应、满足新能源汽车运行需要的充电设施及服务体系。同时，把新能源汽车充电设施作为城市公共基础设施，纳入城市建设发展总体规划中，为以后的产业发展和政策出台奠定了基础。2015 年《电动汽车充电基础设施发展指南（2015—2020 年）》的发布正式标志着国家对充电基础设施发展的重视。为推动电动汽车充电基础设施发展，国家随后也相继发布了考核等法规标准以及充电价格优惠等补贴奖励类政策，这类政策相对持续生效年限较短，主要便于根据实际建设情况、运营情况等及时做出调整，从而保证政策的推动效果。整体来看，我国对充电基础设施建设和运营较为重视，但多为战略规划等宏观政策，政策落地有待提高，从而进一步促进我国充电服务网络的建设。

1. 战略规划类政策

战略规划方面主要对国家充电基础设施发展制定了分阶段的建设格局和目标，并鼓励社会资本参与充电基础设施建设和运营，创新商业运营模式。例如，2015 年国务院办公厅发布的《关于加快电动汽车充电基础设施建设的指导意见》第一次明确提出充分发挥市场主导作用，通过推广政府和社会资本合作（PPP）模式、加大财政扶持力度、建立合理价格机制等方式，引导社会资本参与充电基础设施体系建设运营。鼓励企业结合"互联网+"，创新商业合作与服务模式，创造更多经济社会效益，实现可持续发展。《"十三五"国家战略性新兴产业发展规划》鼓励大力推动"互联网+充电基础设施"，提高充电服务智能化水平。这一类政策的出台，使我国充电基础设施产业的参与者迅速增多，一些互联网企业、科技公司、初创公司和社会资本的介入，有利于充电基础设施的产业格局由国有企业主导逐渐向国有企业和民营企业双主导转变，从而不仅有利于充电市场竞争力的增强，也有利于创新能力的持续提高，进而促进市场健康有序发展。

2015 年 9 月，国务院办公厅发布《关于加快电动汽车充电基础设施建设的指导意见》，第一次明确了充电桩行业的政策方向。2015 年，国家发展和改革委员会等出台了充电基础设施建设的指导性文件《电动汽车充电基础设施发展指南（2015—2020 年）》，在充电需求分析的基础上，制定了 2015～2020 年的充电基础设施规划目标：到 2020 年，新增集中式充换电站超过 1.2 万座，分散式充电桩超过 480 万个，以满足全国 500 万辆电动汽车充电需求。这一政策的出台正式标志着我国把充电基础设施发展上升为战略地位，明确的目标规划有利于加快产业的发展进程。2015 年 3 月，交通运输部发布《关于加快推进新能源汽车在交通运输行业推广应用的实施意见》，要考虑配建"慢充为主、快充为辅"的充电基础设施服务格局，进一步为充电基础设施建设指明了方向。2016 年和 2017 年先后出台的《关于加快居民区电动汽车充电基础设施建设的通知》《关于统筹加快推进停车场与充电基础设施一体化建设的通知》《加快单位内部电动汽车充电基础设施建设》，从各方面加快充电基础设施建设。2018 年 11 月，国家发展和改革委员会等印发的《提升新能源汽车充电保障能力行动计划》中表示，力争用 3 年时间大幅提升充电技术水平，提高充电设施产品质量，加快完善充电标准体系，全面优化充电设施布局，显著增强充电网络互联互通能力，快速升级充电运营服务品质，进一步优化充电基础设施发展环境和产业格局。

2. 法规与标准类政策

法规与标准方面主要对充电基础设施的用地利用、设施建设、电价费用、充电标准等进行了规定。

首先，2014 年 7 月，国务院办公厅发布《关于加快新能源汽车推广应用的指导意见》，强调完善用电价格政策，充电设施经营企业可向电动汽车用户收取电费和充电服务费。2020 年前，对电动汽车充电服务费实行政府指导价管理。同年，国家发展和改革委员会发布《关于电动汽车用电价格政策有关问题的通知》，规定对电动汽车充换电设施用电实行扶持性电价政策；对电动汽车充换电服务费实行政府指导价管理；将电动汽车充换电设施配套电网改造成本纳入电网企业输配电价。这些政策规范了充电市场的价格标准，从而避免运营商在市场上恶意收取充电费用，促进了充电市场健康有序发展。2015 年 12 月，住房和城乡建设部发布的《住房城乡建设部关于加强城市电动汽车充电设施规划建设工作的通知》要求必须严格执行新建停车场配建充电设施的比例要求，新建住宅配建停车位应100%预留充电设施建设安装条件，新建的大于 2 万米^2 的商场、宾馆、医院、办公楼等大型公共建筑配建停车场和社会公共停车场，具有充电设施的停车位应不少于总停车位的 10%。这类用地政策强调了不同场景要求建设充电基础设施的最低标准，意在为逐步完成国家的建设目标提供保障。

其次，2015 年国务院办公厅发布《关于加快电动汽车充电基础设施建设的指导意见》，鼓励建设占地少、成本低、见效快的机械式与立体式停车充电一体化设施，同时建设用户居住地充电设施、城市公共充电设施和城际快速充电网络，培育良好的市场服务和应用环境。2016 年，国家发展和改革委员会等四部委联合发布《关于加快居民区电动汽车充电基础设施建设的通知》，强调加强现有居民区设施改造，规范新建居住区设施建设，发挥物业服务企业积极作用。这些政策的出台，虽然是基本的战略和规划，但仍为不同场景的充电基础设施建设的场地需求提供了初步支持。2018 年，国家发展和改革委员会出台的《关于创新和完善促进绿色发展价格机制的意见》中表示，2025 年底前，对实行两部制电价的污水处理企业用电、电动汽车集中式充换电设施用电、港口岸电运营商用电、海水淡化用电，免收需量（容量）电费。

最后，为建立统一的充电基础设施标准体系，促进互联互通，改善新旧标准不兼容问题，2015 年多部委联合发布《电动汽车充电接口及通信协议 5 项国家标准》，对充电接口进行了标准统一。同年，国家能源局发布《配电网建设改造行动计划（2015—2020 年）》，要求推广电动汽车有序充电、V2G 及充放储一体化运营技术，实现城市及城际间充电设施的互联互通。2016 年发布的《电动汽车充电基础设施接口新国标实施方案》要求加强新国标宣贯培训、健全产品认证与准入管理体系，2017 年 1 月 1 日起，新安装的充电基础设施、新生产的电动汽车必须符合新国标。这一类政策的出台，有利于促进电动汽车充电基础设施等多元化负荷与配电网协调有序发展，同时有利于降低因不兼容而造成的社会资源浪费，对促进电动汽车产业政策落地，增强购买使用电动汽车消费信心将起到积极的促进作用。根据全国标准信息公共服务平台的检索数据，截至 2020 年我国现行的充电基础设施国家标准约有 62 项。

3. 补贴奖励类政策

2013 年 9 月,财政部、科学技术部、工业和信息化部、国家发展和改革委员会联合发布了《关于继续开展新能源汽车推广应用工作的通知》,第一次表明中央财政将安排资金对示范城市给予综合奖励,奖励资金将主要用于充电基础设施建设等方面。2016 年发布的《关于"十三五"新能源汽车充电基础设施奖励政策及加强新能源汽车推广应用的通知》明确 2016～2020 年中央财政将继续安排资金对充电基础设施建设、运营给予奖补。获得中央财政充电基础设施建设运营奖补资金的各省(区、市)应满足以下条件:①新能源汽车推广规模较大,各省(区、市)新能源汽车推广要具备一定数量规模并切实得到应用;②配套政策科学合理;③市场公平开放。要严格执行国家统一的新能源汽车推广目录,不得设置或变相设置障碍限制采购外地品牌车辆。补贴奖励类政策的出台,有利于激励充电基础设施建设规模的扩大和发展进程的加快,进而满足全国电动汽车的充电需求。

中国对充电基础设施建设和运营较为重视,已经出台了数十项产业政策,同时各地政府积极配合,以国家政策为依托,结合本地区电动汽车产业的发展情况,相继发布并实施产业政策,全面推动充电基础设施及电动汽车产业发展,对全面鼓励社会资本加入进而促进充电基础设施发展起到至关重要的作用。

6.4 小 结

本节通过对中国新能源汽车、动力电池和充电基础设施在国家层面的政策梳理,对中国新能源汽车产业发展政策进行多个方面的解读和分析,研究发现中国新能源汽车产业政策具有以下特点。

1) 中国新能源汽车政策分析

(1) 政策数量与支持力度与日俱增。从 2001～2020 年相关政策的发布数量看,我国新能源汽车产业发展政策数量与力度与日俱增。特别是从 2009 年起,每年发布的政策数大幅度增长,推动着中国新能源汽车产业发展,且新能源汽车销量随政策数量和支持力度一同快速增长。2009 年"十城千辆"工程的启动,标志着中国新能源汽车产业发展元年的到来，与政策数量和支持力度剧增相对应，2009～2019 年新能源汽车销量也高速发展，一定程度上反映出政策对新能源汽车推广与应用的重要影响。

（2）战略规划及投资导向明朗，新能源汽车产业立于国家产业发展战略地位。新能源汽车产业发展政策显示，国家相关部委高度重视产业发展，从产业结构调整、能源产业、低碳减排、节能与新能源产业、汽车与新能源汽车产业等多个领域都对新能源汽车产业发展予以战略支持。

（3）补贴和税收减免激励明显，促进新能源汽车的实际推广与应用。新能源汽车产业发展过程中，国家相关部委通过购车补贴、电价调整、购置税减免、过路费和停车费减免、充电基础设施建设补助和奖励等一系列激励措施，推动新能源汽车在公共交通领域和私人购买领域的推广和应用。同时，通过补贴政策退坡释放技术改进与市场信号。尽管从 2016 年开始至 2020 年实行退坡补贴制度，但实际上是政策对新能源汽车产业发展的战略引导，意在提升续航里程等技术水平，并通过退坡补贴逐步释放和提升新能源汽车市场本身的竞争能力。

（4）法规与标准逐步完善，引导健全新能源汽车产业规范发展，对新能源汽车企业和产品准入制度、充电技术标准等做出了规定和限制。总的来说，我国新能源汽车产业发展政策数量、质量均处于较高水平，涵盖了战略规划及投资、补贴和税收减免、法规与标准等多个方面，逐步形成较为完善的政策体系。

2）中国动力电池政策分析

（1）关于动力电池单独的支持政策出台时间较晚，虽然从 2001 年规划的"三纵三横"中就已将动力蓄电池归入"三横"布局，但在 2014 年之前有关动力电池的政策多与能源类、汽车类产业政策共同出现，重视程度相对较低。而伴随我国新能源汽车的发展，中国对动力电池的关注度从 2014 年开始日益提升，在战略规划及投资、法规标准及行业规范、回收利用等方面已形成较完善的政策体系。

（2）从战略规划类政策看，独立的政策并不多，涉及具体规划布局及行动方案的仅有 2017 年出台的《促进汽车动力电池产业发展行动方案》，但从 2016 年开始正式将氢能与燃料电池技术创新作为能源技术领域的重点创新任务之一。

（3）中国十分重视动力电池行业标准及市场规范管理，从产品生产规范、质量保证体系、工艺技术及标准、动力电池企业全生命周期的规范要求（包括选址、生产、售后等）、政府的监督管理等方面出台了详细的政策以引导行业健康发展。

（4）回收利用是中国动力电池政策体系中重要的一环。从 2016 年开始，我国开始加强对动力电池的回收利用管理，重视动力电池的梯级利用和再利用，对新能源汽车动力电池生产、销售、使用、报废、回收、利用等全过程的综合利用提出要求，并对各环节主体履行回收利用责任情况实施监测。从 2018 年开始通过试点示范，逐步建立完善动力蓄电池回收利用体系，探索形成动力蓄电池回收利用创新商业合作模式，推动产业化发展。

3）中国充电基础设施政策分析

（1）中国电动汽车充电基础设施产业相关政策的年度发布数量及年度生效数量整体呈现上升趋势。对充电基础设施建设和运营较为重视，但多为战略规划等宏观政策。前期产业政策多依托于电动汽车产业政策，而几乎没有专门针对充电基础设施发展的政策。直到 2014 年《关于新能源汽车充电设施建设奖励的通知》的颁布才出现第一项专门针对充电基础设施的政策。

（2）战略规划方面主要对国家充电基础设施发展制定了分阶段的建设格局和目标，并鼓励社会资本参与充电基础设施运营和建设，创新商业运营模式。

（3）法规与标准方面主要对充电基础设施的用地利用、设施建设、电价费用、充电标准等进行了规定，强调了不同场景下的充电基础设施建设比例及标准。

（4）补贴奖励类政策明确政府将安排专项资金对充电基础设施的建设和运营给予相应奖补。在中央文件的指导下，各省（区、市）结合当地建设运营情况，制定的奖励标准有所不同。从生效期限上看，法规与标准或补贴奖励类政策相对持续生效年限较短，主要便于根据实际建设情况和运营情况等及时做出调整，从而保证政策的推动效果。

理　论　篇

随着新能源汽车市场的蓬勃发展，实践领域的大量应用促使国内外研究者对新能源汽车领域进行了理论的探索。新能源汽车领域的理论研究主要包括以下几个方面：产业发展初期对新能源汽车存在的问题和对策建议的整体研究；随着各国各地区产业政策落地，对新能源汽车产业政策的梳理和产业政策对新能源汽车市场的影响等研究；对新能源汽车产业商业模式创新的研究。这些研究为新能源汽车产业发展提供了坚实的理论基础，促进了新能源汽车产业的制度创新、技术创新、商业模式创新。

　　本篇将依据新能源汽车产业基础理论，充分解析影响新能源汽车产业商业模式创新的四大关键要素：技术创新、制度条件、产业结构、资源基础，通过分析确定以技术创新为核心驱动的商业模式创新模型。在此基础上，本篇将分析新能源汽车产业商业模式创新指标体系及算法模型，得出不同产业发展阶段商业模式创新指标的权重，再运用系统动力学的原理和方法构建新能源汽车产业商业模式的创新动力系统，通过因果回路关系和传导路径来展示不同子系统驱动下的商业模式创新机制。本篇将为技术创新驱动下的新能源汽车产业商业模式创新研究提供理论研究支撑。

第 7 章 国内外研究现状

随着新能源汽车的发展,国内外学者和研究机构都展开了对新能源汽车产业的研究。目前,学者的研究聚焦于以下方面:对新能源汽车产业的整体研究;对新能源汽车产业的政策研究;对新能源汽车技术创新和商业模式的研究。

7.1 新能源汽车产业研究

7.1.1 新能源汽车产业总体研究

自发展新能源汽车产业以来,学术界对新能源汽车领域的关注越来越多。产业发展初期,新能源汽车产业的现状问题和对策建议成为学者的关注焦点。罗少文(2008)对比了混合动力汽车、纯电动汽车、燃料电池电动汽车、氢动力汽车、天然气汽车以及醇、醚和生物燃料汽车的技术特点,并在研究国外发达国家新能源汽车政策和经验的基础上,提出我国新能源汽车的发展战略。李大元(2011)较早地提出了低碳经济背景下我国新能源汽车产业发展的问题和对策建议。罗艳托等(2014)从车用燃料的角度出发,研究了国内外电动汽车的发展现状、趋势以及对车用燃料的影响。

2009 年开始的“十城千辆”工程使得新能源汽车产业进入了新的发展阶段,对于新能源汽车产业的商业化应用研究越来越多。张晓宇等(2011)研究了第一次示范运营期的新能源汽车产业发展现状,并且收集整理了大量的企业实证,对于我国新能源汽车产业存在的发展问题给出了相应的对策建议。唐葆君和刘江鹏(2015)分类统计了 2011 年全国示范推广城市的数量,对新能源汽车的节能效应和减排效应,提出了产业未来的发展趋势。

还有学者围绕新能源汽车产业链,对新能源汽车的产业链条进行了解析,提出新能源汽车的产业化发展产生了问题。比照传统汽车行业产业链构建了新能源汽车的产业链(李文辉,2012)。深入分析了当今新能源汽车产业化的困境:战略不明确、技术投入不足、电池技术不成熟、产品产能不足、标准不一、充电基础设施缺乏、商业模式存在争议,并提出了对策建议(王秀杰等,2012)。对比国内和国外的新能源汽车产业发展,得出技术创新和产业政策灵活两个方面的启示(高铭泽,2013)。

新产业背景下,新能源汽车产业受到来自政策、技术、市场多方面要素的影响。学者更加重视宏观层面产业与产业影响要素的关系研究。陈瑞青和白辰(2015)就新能源汽车的市场现状、政策环境和商业模式现状进行了分析,提出政策、技术、基础设施和产业链的问题,并给出相应的对策建议,特别要找准市场化发展的突破口,综合考虑地域因素和技术水平,发展不同的车型,创新商业模式,逐渐提高新能源汽车的市场应用程度。王小峰和于志民(2016)阐述了中国新能源汽车的发展现状、技术创新现状、充电基础设施现状和商业模式现状,分别就纯电动汽车、混合动力电池汽车和燃料电池电动汽车的发展趋势进行了展望。

关于新能源汽车产业的研究,从现状分析、对策建议逐步发展到对商业化、产业化的研究。同时在新产业背景下,从政策、市场、技术和商业模式多个角度,重点分析外部要素对新能源汽车产业的影响作用。本章将从这一角度切入,研究产业要素的关联性。

7.1.2 新能源汽车产业政策研究

发展新能源汽车受到世界各国的重视,许多国家及其主要城市都将发展新能源汽车纳入国家和地方层面的发展战略。毋庸置疑的是,新能源汽车相关法律、规划、政策文件的出台,与新能源汽车产业发展、技术以及商业模式的研究息息相关。因此,新能源汽车产业发展政策的相关研究与分析,有助于新能源汽车产业其他相关研究。

国际能源署在《能源技术展望 2010》报告中提供了相关的技术路线和政策方案以实现能源政策目标,并在《能源技术展望 2014》中对到 2050 年超过 500种能源技术方案的应用前景进行了分析,还探讨了通向可持续能源未来的发展路径。

同时，国际学术界的研究也层出不穷，国外学者对产业政策的演变趋势、特点、作用等进行了研究，包括政策的对比、借鉴、评价等，具体如下：

（1）侧重于对新能源汽车产业发展政策演变、趋势、特点的描述分析。例如，对产业政策如何影响电动汽车产业发展从过去、现在到未来的整个演变过程（Situ，2009）；对美国、日本和欧洲新能源汽车政策演变路径与发展趋势做了总结，并给出了相关启示（孙俊秀等，2012）；对国外新能源汽车产业政策的主要措施与特点进行了分析（程广宇，2010）；还有对具体某类政策进行分析与对比，如对财税政策的分析、技术创新政策的梳理与评价等（刘兰剑和陈双波，2013；何鹏等，2014）。

（2）对新能源汽车产业发展政策的整体梳理或地区政策的分析。国外学者对各个国家新能源汽车产业政策和作用进行了深入研究，如 Åhman（2006）研究了新能源汽车的研发与发展中日本政府的作用和支持计划中技术灵活性的重要性等，Amble 等（2011）研究了美国新能源汽车的发展趋势和政府提供的政策法律体系。国内学者对我国新能源汽车产业发展政策的研究也较为丰富，如 Kokko 和 Liu（2012）讨论了纯电动汽车在中国的发展现状和相关政策；曾志伟（2012）梳理了我国新能源汽车产业政策体系，并将技术研发、产业发展、应用推广三个层面相结合分析了各个阶段新能源汽车产业政策的特点与成效；对新能源汽车产业发展政策的国际对比与国内借鉴研究也受到关注，如许鹏飞（2013）运用对比分析法对世界各国新能源汽车发展进行比较，从中得出各国新能源汽车产业的发展路径演变和适合我国新能源汽车发展的经验总结、路径选择；此外，还有针对区域或城市政策分析的研究，如北京市新能源汽车充电基础设施供给的政策工具选择（葛建平，2013a）、关于吉林省新能源汽车产业发展的政策分析（郭琨焜，2011）、安徽省新能源汽车产业技术发展举措及对策研究（方太升和潘勇，2010）等。

（3）对示范推广、财税政策、技术创新政策等典型政策的分析评价。例如，王静宇等（2012）从新能源汽车运营数量、充电基础设施数量、节能减排效果等方面对"十城千辆"工程的政策效果进行了分析。

（4）对新能源汽车产业的政策工具研究。例如，Bergek 等（2014）以新能源汽车产业为例研究了环境政策工具对产业创新的重要影响；Gass 等（2014）研究了促进奥地利新能源汽车产业发展的政策工具的选择；葛建平（2013a）对北京市新能源汽车充电基础设施供给的政策工具选择进行了研究；陈军和张韵君

（2013）、魏淑艳和郭随磊（2014）分别都基于政策工具视角对新能源汽车发展政策提出了对策和建议。

目前，有关新能源汽车产业发展政策的研究成果较为丰富，对国内外产业政策的体系、发展过程、趋势特点、评价分析等都有了全面覆盖。但从商业模式创新的角度来看，针对商业模式创新与产业政策的关联还不多，特别是针对商业模式创新的政策影响研究较少。

7.2 技术创新理论

7.2.1 技术创新研究

1. 技术创新定义

1921 年，美国经济学家熊彼特将"创新"的概念引入经济学中，创立了创新理论。自熊彼特提出"创新"概念并把创新分为产品创新、技术创新、市场创新、资源配置创新、组织创新五种创新以来，技术创新学者一直把注意力聚焦于产品创新和技术创新管理等研究领域（Schumpeter，1934）。

创新被认为是非线性的、多元层的复杂过程（Gopalakrishnan and Damanpour，1997）。熊彼特提出创新是各种生产要素的重新组合（熊彼特，2009），企业要想长期保持竞争优势，必须依靠不断创新，包括技术创新、组织创新、文化创新、商业模式创新等。其中，技术创新是人类财富之源，是经济发展的巨大动力，一个企业竞争力的强弱很大程度上取决于其技术创新能力的强弱（李志强和赵卫军，2012）。事实上，在战略三角理论中，技术创新要素也被包括在产业结构、资源能力等内容中，如产业技术发展水平、技术创新能力等。但是，本章考虑到技术创新对于新能源汽车产业的重要性，将技术创新驱动要素单独列出并加以区别。

2. 技术创新分类

我国学者自 20 世纪末开始对技术创新模式展开研究，从不同的视角对技术创新模式进行划分。傅家骥（1998）依据技术的不同来源把技术创新划分为自主创新、模仿创新与合作创新三种创新模式；吴贵生等（2000）在对我国企业经营及不断变化的国内外市场环境进行深入研究的基础上，把技术创新分为引进消化吸收创新、模仿创新等模式；谷兴荣（2006）从地方高新技术企业的视角，提出企业创新模式发展可以分为自主开发、技术嫁接、院企联盟、院所改制四种模式，分别对应新生型、提升型、联合型和转换型企业；吴晓波（1995）认为技术创新分为使企业在行业中获取绝对优势的一次创新模式和通过仿制等途径提升技术并进行改进的二次创新模式，其中一次创新以研究与发展为主，二次创新以引进消化吸收先进技术为主。针对所提出的二次创新模型，吴晓波等（2004）对我国制造业在全球化过程中存在的问题进行深入研究，进一步提出"全球市场拉动型"是全球经济环境下适合我国的二次创新模型，这一模型包括"模仿创新—创造性模仿—改进型模仿—后二次创新"四个重要阶段。

肖海晶（2006）在国家层面，对美国、日本等技术创新型国家发展技术的创新模式进行研究，结论是美国为"科学—技术—生产"创新模式、日本为"技术引进—消化—再改良—创新"模式等，为我国的技术创新发展提供借鉴；曹静等（2010）分析了产学研结合技术创新模式的影响因素，从不同角度对产学研结合技术创新模式进行分类，以目标为导向将产学研创新分为人才培养型、研究开发型、生产经营型和主体综合型四种模式，为产学研合作的分类提供借鉴；罗炜和唐元虎（2001）根据组织的集成度和相互依赖性将合作创新模式分为产权合作协议和非产权合作协议两类，并比较了不同模式的优劣，认为非产权协议适合应用于高技术领域的创新，进行研究密集型的合作创新活动，而产权合作适合相对成熟的产业部门，通过合作学习经验性知识和技术专利的企业。

3. 技术创新模式

技术创新模式是企业在开展技术创新的过程中，不断解决企业技术发展和产品市场需求间矛盾所体现出来的共性特征。企业将自身拥有的资金、人才、技术等资源进行组合和配置，不同的结果和方案便形成了不同的技术创新模式。目前，学术界已有大量针对企业技术创新模式的研究，但由于创新的复杂性，并没有对其形成统一的结论。

技术创新模式根据不同的划分标准具有不同的分类。典型的划分模式有：Porter（1980）依据企业技术创新对象的差异，将技术创新分为产品创新和工艺创新两种；Jensen 等（2007）在根据知识形式将创新分为科学技术与创新模式和基于干中学的经验交互模式的基础上，将创新模式分为进攻型、防御型、依附型、守成型、模仿型和机会型六种。

7.2.2　新能源汽车产业的技术创新

新能源汽车的发展受到了各个国家和地区的广泛关注，而促进新能源汽车的技术研发成为各个国家和地区关注的焦点，其中德国出台的《国家电动汽车行动计划》（National Electric Vehicle Action Plan）、美国的《可再生燃料标准（RFS）计划》[Renewable Fuel Standard（RFS）Program]、日本的《新国家能源战略》（New National Energy Strategy）、欧盟的《欧盟氢能发展路线图》（EU Hydrogen Energy Development Roadmap）等都对新能源汽车的技术路线和研发领域进行了规划。我国于 2011 年发布了《中华人民共和国国民经济和社会发展第十二个五年规划纲要》，将新能源汽车确定为国家战略性新兴产业，并确定了"三纵三横"的发展布局。在这一背景下，许多学者开展了新能源汽车技术创新领域的研究。本章暂不讨论基础研发、关键技术突破等集中在电气工程、机械制造、电子信息等专业领域内的研究。

在技术创新领域的研究主要涉及三个方面：

（1）对新能源汽车产业技术创新与政策关联的研究。例如，黄鲁成等（2012）以专利数据为基础分析了北京市新能源汽车的发展现状；Yang 等（2013）以电动汽车专利数据为基础对中国电动汽车相关政策和技术发展进行了关联分析。

（2）对新能源汽车产业技术创新路径的研究。学者分别从不同视角对技术创新的路径进行了研究，包括从专利数据的视角研究技术创新趋势、从突破性创新视角研究技术轨道、从具体案例入手研究技术集成路径（王静宇等，2016；王海啸和缪小明，2013）；此外，也有学者尝试绘制了电动汽车产业技术路线图（杨忠敏等，2011；莫愁等，2013）。

（3）对新能源汽车产业技术转移、技术合作模式的研究。技术合作研究方面成果较多，如王静和朱桂龙（2012）以产学研联名专利数据为基础对高校、科研院所和企业在新能源汽车产业技术创新中的合作情况进行了研究；黄健柏和白冰（2011）对电动汽车企业之间的技术合作创新模式进行了研究，并给出了投资决策建议；苏素和肖阿妮（2012）研究了政府主导型产业共性技术 R&D 合作组织研究。技术转移方面，尹秋菊等（2013）对电动汽车技术转移网络结构进行了分析，并将其与社会资本相关联展开了进一步研究；孙冰等（2013）则从技术生态位的视角对东北三省新能源汽车产业技术创新网络的技术转移和技术协作展开了对比研究。

现有研究表明，国内外新能源汽车产业技术创新能力和水平不断提升的同时，技术创新的相关研究也成为热点。然而，技术创新的最终目的在于技术商业化和市场化。因此，从商业模式创新的角度来看，目前研究中技术创新与商业模式创新的关联研究还有所欠缺。

7.3　商业模式理论

在我国新能源汽车产业政策和技术创新持续推进的同时，商业模式变革与创新同样被视为重要的抓手。我国出台的许多政策也鼓励新能源汽车产业商业模式的探索与创新，如 2009 年开始的"十城千辆"工程对新能源汽车产业发展和推广示范应用做出了巨大贡献；2014 年国务院办公厅发布的《国务院办公厅关于加快新能源汽车推广应用的指导意见》，提出要积极引导企业创新商业模式、推动公共服务领域率先推广应用，等等。

尽管如此，新能源汽车产业的市场推广并不是一帆风顺。在公共交通领域已经取得了比较好的成绩，但在私人领域还存在很大的提升空间。由于新能源汽车产业作为战略性新兴产业，其产品和技术有其特殊性，因此按照传统燃油汽车的商业推广思路未必是最佳方式，而且现有的商业推广思路并不能满足公众对新能源汽车产品和技术的期待与信心。因此，商业模式创新与设计成为市场推广的一种重要方式。

鉴于此，理论界对商业模式创新给予了关注。目前，商业模式创新方面的研究主要包括两个方面：一是从商业模式典型案例分析和对比研究出发，为商业模式创新提供思路；二是设计和构建商业模式创新分析框架或创新模型。

7.3.1　商业模式研究

1. 商业模式概念

Bellaman 等（1957）首次于 20 世纪 50 年代末提出"商业模式"的概念，Konczal（1975）将商业模型视为管理工具，将它当作系统建模过程中的操作活动。

随着先进电子商务技术的发展，商业模式逐步得到了更多人的重视。商业模式不再是被当作执行计划，而是发展到了一个新的阶段。商业模式是整合并呈现公司组织形式，以支持组织的管理决策。随后的研究逐步向战略方向转移，通过商业模式来分析企业的竞争结构成为一大热点，但是直到 20 世纪 90 年代才被已发表的文献使用，而且是伴随着互联网领域的快速发展和电子商务的兴起才得以发展（Eden and Ackermann，2000）。自此以后，学者对商业模式从不同角度进行了研究。

商业模式概念近年来备受关注，但对其定义和相关的研究领域还未形成统一的看法，究其根本原因是学者研究商业模式的理论角度、研究目的和使用目的的不同。从以上几个研究点来看，商业模式通常被描述为四类：战略选择、资源积累、创新和价值创造。

战略视角的文献表明，公司绩效与符合战略的商业模式相关（Zott and Amit，2008）。从 2000 年开始，战略视角的商业模式研究逐渐增多。首先，商业模式在一定程度上强调了公司的战略竞争，并将战略从网络中反映出来。Hamel（2000）使用商业模式维度搭建了更好的竞争结构。其次，商业模式概念中包含了交易结构的含义。Zott 等（2011）把商业模式描述为"内容、结构和交易治理"的统一机制。

除了战略导向的研究之外，物质和资源也经常被视为商业模式重要的组成部分（Afuah，2004；Demil，2005）。在新经济环境中，识别和利用组织资源是构建成功商业模式最重要的要素。不管在什么行业内，公司资产的独特组合比例构成了商业模式，并最终提高企业的经济价值，推动企业的成功（Hasoneh，2013）。充分考虑公司内部和外部的资源和能力，资产集合是商业模式重要的投入要素。除了特定的核心资源和核心资产外，组织导向的概念还定义了资源之间的相关交互关系，Mangematin 等（2003）假定公司的商业模式有一套基于资源的发展逻辑。Teece（2010）基于资源理论，认为每一种商业模式都有自身的一套发展逻辑，这套逻辑与所需要的资源保持一致，这些资源包括消费及供应关系、企业内部的竞争能力、收益模型和一定的股东结构。

从创新角度对商业模式进行的研究中，Andries 和 Debackere（2007）提供了一个连贯的框架，将技术特征和潜力作为输入端，并通过客户和市场将其转化为经济产出。商业模式创新与公司的技术创新或生命周期演进并行（Wirtz et al.，2016）。这种商业模式逐渐从产品层面向业务单元层面发展，并且渐渐成为表征企业特点的关键概念（Augier and Teece，2009）。

Wirtz 等(2016)认为价值领域的商业模式是价值创造的通用结构及价值创造伙伴之间的拓扑关系。商业模式的本质是定义企业为客户提供价值的方式(Arend, 2013)。商业模式回答了什么是潜在的经济逻辑, 解释我们如何以适当的成本为客户创造价值。很多文章也都强调了商业模式的价值创造观点(Keen and Williams, 2013)。Eriksson 和 Penker(2000)更专注于描述个人价值创造过程或公司的激励体系。价值创造角度的概念是基于价值链的, Magretta(2002)认为所有商业模式都是通用价值链的变体。只不过价值链以活动为中心, 而商业模式以结构为中心(如利益相关者关系)。Mahadevan(2000)认为商业模式是以利益相关者之间的物流和收入流为中心的。

结合战略类、资源类、价值创造类对商业模式的定义, 战略维度的概念描述了如何通过商业模式实现目标, 解释了价值主张(要做什么)通过价值链(怎么做)向客户(谁)传递价值, 从而实现盈利(为什么要做)的过程。随着产业多元化发展以及产业间、企业间的合作加深, 价值创造已经不单单来自企业层面, 同时可以通过企业间非正式合作和相关正式联盟产生。为了充分考虑利益相关者之间的联系, 商业模式可被看作是产业层面的分析单元(Beattie and Smith, 2013)。因此, 本章从产业角度出发, 认为商业模式是战略选择的结果, 受到战略选择条件的影响。

2. 商业模式构成要素研究

商业模式要素构成如表 7-1 所示。

表 7-1　商业模式要素构成表

序号	作者	研究	名称	价值创造	价值主张	价值获取	战略	外部要素
1	Afuah 和 Tucci (2001)	商业模式	要素	能力	顾客价值	价格		可持续性
				实施	范围	收入		
				关联活动				
2	Linder 和 Cantrell (2001)	商业模式	要素	渠道模式	价值主张	定价模式		
				组织形式	商业关系	收入模式		
				商业流程模式				
3	Voelpel 等(2004)	商业模式	关键要素	内外部结构和过程	客户基础		核心战略	技术
				领导能力			远景目标	经济
								合法性

续表

序号	作者	研究	名称	价值创造	价值主张	价值获取	战略	外部要素
4	Osterwalder 等（2005）	商业模式	组成模块	价值结构	价值主张	成本结构		
				核心竞争力	目标客户	收益模型		
				伙伴网络	分布渠道			
					客户关系			
5	Shafer 等（2005）	商业模式	组成要素	价值网络		战略选择		
				供应商	客户关系	收入	竞争者	
				消费信息	产品/服务流		战略	
				信息流			差异化	
				创造价值	战略选择		任务	
				资源资产	目标客户（市场、范围）			
				过程活动	价值主张			
					价值产出			
					品牌化			
6	Chesbrough（2010）；Chesbrough 和 Rosenbloom（2002）	商业模式	功能函数	定义价值链去分配和创造价值		细化收益机制	制定竞争战略	
					建构价值主张	评估成本结构		
					定义细分市场	评估利润潜力		
7	Johnson（2010）；Johnson 等（2008）	商业模式	典型要素	关键资源	客户价值主张	利润公式		
				人力资源	目标客户	收益模型		
				技术	未完成工作	成本结构		
				装备	供给	边际模型		
				信息		资源速度		
				渠道				
				合作伙伴、联盟				
				品牌				
				关键过程				
				过程				
				规则指标				
				标准				

续表

序号	作者	研究	名称	价值创造	价值主张	价值获取	战略	外部要素
8	Demil 和 Lecocq（2010）	商业模式	组成要素	资源和竞争力	价值主张	收入的数量和结构		
				内外部组织		成本边际的数量和结构		
9	Osterwalder 和 Pigneur（2010）	商业模式	构建模块	关键活动	客户关系	成本结构		
				关键合作者	客户细分	收入流		
				关键资源	价值主张			
				渠道通路				
10	Teece（2010）	商业模式创新	要素	嵌入产品和服务的（新）技术	（新）顾客收益	（新）收入流		
					（新）目标市场	获取价值的（新）方式		
11	Zott 和 Amit（2010）	商业模式创新	设计要素	活动系统结构	活动系统内容			
				活动系统治理				
12	Koen 等（2011）	商业模式创新	维度	价值提供				

企业的价值创造和价值获取之间不是直接的过程，而是需要价值实现来完成的，数量上的价值实现和价值创造是不对等的。本研究的商业模式由三大关键要素构成：价值创造、价值主张、价值获取。价值创造是商业模式的核心，通过获取新的商业机会和新的市场从而获取商业价值（Beltramello et al.，2013）。价值主张指供给的产品或服务。价值获取指如何从提供给用户和消费者的商品服务与信息中获取收益。

3. 商业模式演进研究

关于商业模式演进的研究，部分学者按照产业的发展阶段，对商业模式要素、结构、创新方式等进行了演进；另外一部分学者根据不同的情景、限定条件，归纳了不同路径的商业模式演进及创新发展。

王生金和徐明（2014）按照产业发展顺序，研究了网络平台企业的商业模式演进。按照网络平台企业的发展创业期、成长期和成熟期三个阶段，分别分析了商业模式演化的动因、特征和演化类型。动因来自技术、用户、竞争、资源、市场等外部因素；特征表现在前瞻性、独特性和竞争性三个方面；演化经历了重构、调整和优化完善三个阶段。李飞（2010）以保险公司、三大石油公司、IBM 和通用电气为例，按照单一业务成长创业阶段、成长阶段和成熟阶段，基于不同成长路径的商业模式进行了动态演进研究。李芊（2012）构建了电视娱乐业商业模式创新演进路径理论模型，对不同阶段中国电视娱乐业商业模式创新面临的制度环境、瓶颈问题和创新策略进行了具体分析，并揭示了中国电视娱乐业商业模式创新与自身核心能力、制度环境之间存在共演的关系。

曾涛（2006）认为商业模式演进是从建构到解构再到新的结构的"超循环"演变过程。商业模式的超循环是企业进化的路径依赖。在演进研究中，引入黏度等级来衡量关系演变的不同阶段。通过重新定义商业模式关键要素，提出五条商业模式创新路径：重新定义顾客需求、重新定义产品服务、重新定义顾客接触方式、重新定义供应链组织方式、以顾客价值为中心的创新路径。周敏和黄福华（2013）研究了技术快速变迁驱动下，共同物流商业模式要素发生的变化。共同物流服务内容创新路径是供应链一体化服务，共同物流合作方式创新路径是形成链式网络合作方式和搭建基于云技术的合作平台，共同物流客户需求管理创新路径是以高效率、低成本的方式来满足客户的基本物流需求。龚岩（2014）以苏宁云商为例，研究了商业模式演进中的财务困境。

7.3.2　商业模式创新研究

1. 商业模式创新

学者描述了商业模式是为企业及其客户创造价值的活动组合（Wirtz et al.，2016）。商业模式创新被定义为重组了现有商业模式的活动组合，这些组合是新出现的、在公司中具有竞争力的新产品或者新服务市场（Santos et al.，2009）。

商业模式创新是商业模式动态研究的重要领域（Voelpel et al.，2004），作为一种新的创新形态，商业模式创新研究日益受到关注。商业模式提供了一个连贯的框架，将生产和消费方面的多个参与者联系在一起，并将新技术引入市场（Gambardella and Mcgahan，2010）。主要存在活动系统创新、价值重构和要素创新三大研究视角。

Zott 和 Amit（2013）从活动系统观的角度出发，提出战略网络中那些试图进入新市场的组织需要通过一系列的活动改变其商业模式的结构就是商业模式创新。但是 Suarez 等（2013）并不赞同商业模式创新是企业单一的业务活动，而是整个交易网络的重新构建，是价值链上多个企业主体间的联动，他们把企业实施商业模式创新的过程视为对自身价值模型进行解构和重构的过程。Gordijn 等（2000）把企业实施商业模式创新的过程视为对自身价值模型进行解构和重构的过程，商业模式创新既可以由供应链驱动，如通过运用新科技或者新方法来创造新价值，也可以由需求链驱动，如新的顾客需求。商业模式的所有元素都有可能成为商业模式创新的触发点（Osterwalder and Pigneur，2010），Mitchell 和 Coles（2004）从要素角度提出，商业模式创新是由一项或几项关键要素的改变所引发的，对商业模式的各个方面产生影响，从而使商业模式作为一个整体发生改变。吴晓波和赵子溢（2017）提出一个新的价值主张，进而对商业模式元素进行创新设计的过程即商业模式创新。综合以上学者的研究，商业模式创新通过价值模型的重构从而实现新的价值创造，商业模式如何创新地连接生产和消费值得进一步讨论。

2. 商业模式创新方式

对商业模式创新方式的研究，学者从对商业模式的不同类型和不同含义入手进行了研究。按照创新的目的划分，商业模式创新划分为新颖创新和效率创新，指明了商业模式创新的对象和目的。

按照创新方式划分，商业模式创新可以分为整合式创新和关系型创新，从结构组合上直观明确了商业模式的创新类型。整合式创新使企业获得了产业内具有垄断性的稀缺资源，整合了互补性资源，配合原有的产品服务，这种创新使得企业的整体运营效率提升。纵向整合的商业模式从创新主体来看，为客户提供了产品和服务一体化的价值主张；从创新目的来看，属于效率型的商业模式创新。关系型创新是企业作为产业链的其中一环，与其他利益相关者合作，包括引入新的技术、新的产品、新的服务，在节约成本和资源的情况下，对商业模式的价值主张、价值创造关系、价值获取方式进行了创新，其价值实现过程是全面的，是对产业层面的商业模式的完全创新；从创新目的来看，既实现了新颖创新，也实现了效率创新。

一些学者从企业角度出发，用改变价值链环节提出商业模式创新的概念。Timmers（1998）认为通过在商业生态系统的背景下调整价值链，不同合作伙伴之间新的互动模式，价值链中新的信息整合方式，新的市场确定，可以实现商业模式创新。Mustafa（2014）认为商业模式创新是在商业生态系统背景下调整价值链上合作伙伴的位置，整合价值链资源，从而实现创新的过程。高闯和关鑫（2006）提出了一个基于商业模式创新的实现方式和演进机理，并基于价值链创新理论提出了商业模式五种基本类型：价值链延展型、价值链分拆型、价值创新型、价值链延展与分拆结合型、混合创新型。

另外一些学者提出了商业模式转变和商业模式变革的概念，其实质是通过创新程度和创新角度的不同，对商业模式创新进行归类。Linder 和 Cantrell（2001）提出转变模式来协调和引导公司商业模式的改变，并将转变模式分为四种类型：挖掘型、调整型、扩展型和全新型。挖掘型即在不改变商业模式本质的前提下挖掘企业现有商业模式的潜力；调整型即通过改变产品/服务平台、品牌、成本结构和技术基础来调整企业的核心技能，提升企业在价格/价值曲线上的位置；扩展型即把企业的现有商业逻辑扩展到新的领域；全新型即为企业引入全新的商业逻辑。

更多的研究是基于商业模式要素创新的方式进行创新。Matzler 等从要素角度提出了商业模式创新的五要素：独特创新的定位、一致的产品和服务逻辑、适当的价值创造结构、有效的销售和营销逻辑、有效的利润公式（Matzler et al.，2013；Martijn and Raymond，2019）。曾涛（2006）也从要素角度重新定义了商业模式的创新途径和方法：重新定义顾客需求的模式创新、重新定义产品/服务的模式创新、重新定义顾客的接触方式模式创新、重新定义供应链组织的模式创新、以顾客为中心的网络协同模式创新。田志龙等（2006）提出了六种商业模式创新的一般途径，分别是重新定义顾客、提供特别的产品和服务、改变提供产品和服务的途径、改变收入模式、改变对顾客的支持体系、发展独特的网络价值。

还有一些研究是从外部影响因素的角度划分商业模式创新方式。Lee 等（2012）认为市场范围和技术突破是商业模式创新的两个重要划分维度。

大部分学者从商业模式内部要素出发，研究企业层面商业模式创新方式，但对于受到外部因素影响较大的产业层面商业模式创新研究甚少，成功的商业模式通过改变内部要素实现创新，但受到来自环境、政策、技术、管理、组织等多重外部因素的影响。

7.3.3 新能源汽车产业商业模式创新

由于新能源汽车对环境和能源领域的重要影响作用，以及新能源汽车在全球范围内的广泛推广，新能源汽车产业得到了国内外研究学者的重视。

国外学者对新能源汽车产业商业模式的研究起步较早。他们对国外新能源汽车产业商业模式的研究多是从分析方法着手，构建新能源汽车领域商业模式分析的理论框架，并基于典型案例（如 Better Place 等）进行分析和验证。Kley 等（2011）试图通过系统化的方法构建新能源汽车的商业模式框架，利用形态学框架，从价值主张、价值链结构和盈利模式出发，构建新能源汽车整车与电池、基础设施和系统服务的形态学矩阵，以此作为分析国外新能源汽车产业商业模式的基础，并以 Better Place 商业模式为例对其进行检验。

新能源汽车产业作为我国战略性新兴产业，也是学术界近年来的重点研究领域。

初期对新能源汽车产业商业模式创新的研究主要集中在对产业商业模式定义、类型和构成要素这些基本概念上。在构成要素的基础上，构建了新能源汽车产业的商业模式评价指标体系。汪沁和张露嘉（2013）从企业角度分析了新能源汽车的商业生态系统，将商业模式作为生态系统的重要组成部分。此外，还有一部分研究者进行了实证研究，探讨了新能源汽车发展过程中遇到的主要障碍及其解决方案，尤其是从不同角度分析了消费者对新能源汽车的购买意愿和影响因素。

此外，对商业模式创新类型进行了大量研究，对当前市场上出现的商业模式创新进行了剖析。张亚萍等（2013）总结并简要介绍了我国在推广示范中形成的新能源汽车几种较为典型的商业模式，包括电动公交车领域的深圳普天融资租赁模式、针对特定消费群体的合肥江淮定向购买模式和杭州出租车领域的换电模式。才艺欣等（2013）分析了电动出租车领域的两种商业模式——"杭州快换"模式和"深圳快充"模式，并以价值链的相关理论为基础，采用净现值等方法，评估了这两种模式的盈利能力，得出的结论为：即便是在政府基于补贴支持的情况下，二者的盈利能力均较差，并提出了提高盈利水平的方法，即进行规模的扩展和业务的转型。薛奕曦等（2014）基于价值网络理论，从消费者效用、出租车司机收入、电动出租车公司的赢利性、充电站运营商的赢利性四个角度深入剖析和评级"深圳模式"各参与主体的经济性。张洁晶（2011）以车辆的出售方式和能源补充方式为标准，将我国现有纯新能源汽车的商业模式分为"整车销售+自充电"模式和"裸车销售+换电"模式，并定性分析了其优缺点，认为"裸车销售+换电"模式可以有效地解决充电时间长、购车成本高等问题，是一种快速推进新能源汽车商业化发展的模式。

还有一些学者研究了其他产业发展要素与商业模式创新的关系。李苏秀等（2016）从政策的角度分析了中国典型城市的新能源汽车产业商业模式形式上快速发展的原因，认为新能源汽车产业商业模式在公共交通、私人租赁、充电基础设施等领域的发展与国家政策的关注和支持密不可分。

7.4 研究评述

在对现有新能源汽车产业及商业模式创新研究总结与分析的基础上，可以看出新能源汽车产业商业模式创新研究的未来趋势和特点主要如下：

（1）新能源汽车产业商业模式创新的产业视角研究。已有研究大多探讨的是企业层面的商业模式创新，这些研究大多都针对某个企业或焦点企业来探讨其商业模式及创新，尽管也有考虑产业链上下游企业、合作伙伴企业等利益相关者的分析，但对商业模式创新过程中相关企业的关联分析并不深入，特别是企业与外部各类创新参与者及创新要素的互动没有系统的体现，从产业全局的视角进行深入研究的并不多。而从产业发展和产业竞争力提升的角度来考虑商业模式创新，对于新能源汽车产业研究来说尤为重要。

（2）新能源汽车产业商业模式创新的动力机制研究。新能源汽车产业的快速发展是产业政策、技术创新、商业模式创新共同推动的结果。在产业发展过程中，商业模式的推动力量来自政策鼓励、技术创新、市场竞争等多个因素的影响。深入理解和分析新能源汽车产业商业模式创新的动力来源，特别是产业阶段影响下商业模式创新的动力机制如何变化，是值得研究的课题。

（3）新能源汽车产业商业模式创新的演变过程与创新路径研究。商业模式的演变是商业模式创新的表现，也是商业模式一次或多次变革及创新的过程。从商业模式的演变来研究商业模式创新，更能反映出商业模式创新的连续性和动态性。已有研究已经考虑了外部环境因素等，对商业模式创新的动态性进行了研究，并提出商业模式创新是逐步递进的过程。如何系统地研究商业模式创新的演变过程，从而反映创新的途径和方式，值得关注和研究。

第 8 章　构建技术创新驱动下的新能源汽车产业商业模式创新的演变模型

由第 7 章的理论研究可知，随着技术创新的日趋进步，产业政策的逐步完善、产业链的逐步建立、资源条件的提升，新能源汽车产业商业模式也变得日趋多样和复杂。由于静态商业模式创新受到战略的触发是战略的选择结果，因此本章从动态视角分析新能源汽车产业商业模式的理论框架，借鉴战略分析框架和战略三角模型，构建包含技术创新为驱动核心，制度条件、资源基础和产业结构三联动要素在内的创新驱动因素，分析动力系统的演变机制并分别从不同产业阶段和城市发展层面分析商业模式创新的演变结果。

8.1　新能源汽车产业商业模式创新模型理论基础

Casadesus-Masanell 和 Zhu（2010）在研究战略、战术、商业模式关系时，提出一个分析框架，即通过辨析战略、战术与商业模式概念，提出战略决定了企业的整体发展方向和顶层设计，而战术是具体运营的执行层面，商业模式是战略选择的结果，在战略决策到战术执行过程中发挥重要作用。他们认为，商业模式作为战略选择的结果，受到企业战略所面对条件的影响。另外，Peng 等（2009）研究发现，企业战略与企业绩效之间的关系受到战略所处条件的影响。Peng 等开发了一个战略模型，包括制度条件、产业结构与竞争、资源与能力三个方面，将看似互斥的三个战略观点组合在一起，他们认为这三个方面涵盖了企业战略抉择所面临的所有条件，它们是互补关系。产业结构与竞争视角源于 20 世纪 80 年代波特对战略的研究。基于行业的研究，战略强调行业参与者之间的竞争。资源与能力视角源于 90 年代产生的资源基础理论，认为公司的资产和能力是其战略空间的主要决定因素。随着 21 世纪初组织观点的诞生，社会科学领域普遍出现了新的制度主义，组织制度视角应运而生，它对基于行业和基于资源的战略研究中缺乏的环境背景的研究做了补充。Peng 等认为企业的战略选择不仅受其自身能力和行业结构的驱动，而且还反映企业运营所处体制环境的正式和非正式约束性。

结合 Peng 等的研究发现，商业模式是战略选择的结果，受到三个条件的影响。本章根据 Ricart 的分析框架和 Peng 等的战略模型，搭建起战略选择条件和战略选择结果商业模式的基础模型，以解释商业模式格局的变化，如图 8-1 所示。

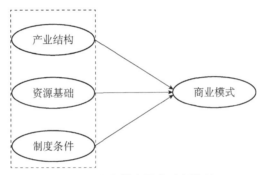

图 8-1　商业模式影响要素模型

本章以新能源汽车产业为研究对象，从新能源汽车产业实际来看，商业模式及其创新活动在实际生活中受到三大要素的影响。例如，新能源汽车、风电、光伏等新能源产业，政策对这些产业的示范项目的鼓励和支持，促进了其商业模式的探索与产生；不同城市内公众意识的不同、城市特性的不同、消费观念的不同，使得企业选择不同的商业模式及路径；产业结构和产业竞争方面的变化，如新兴技术、跨界合作、新进入的竞争者、企业间的合作与联盟等，都为商业模式带来了新的可能，促进商业模式创新变革的机遇和挑战，也可能是面临淘汰的危机和困境；企业的资源基础更是体现了企业在产品与服务供应渠道和销售渠道、客户关系、盈利能力等方面的实力，而这些都是商业模式的关键要素。因此，基于战略选择三条件与商业模式的关联模型，可以看到商业模式作为战略选择的结果，制度条件、产业结构、资源基础等战略条件均会引发商业模式的创新与变革。

8.2　技术创新驱动下的新能源汽车产业商业模式创新分析框架

本章在构建商业模式影响要素模型的基础上，结合新能源汽车产业商业模式创新特点，进一步对商业模式的影响要素进行理论创新。三大影响条件作为分析单个公司战略选择的工具，从理论上可以达到研究目的，但该模型涵盖的许多因素可能会影响同一地点或同一时间点的许多公司，导致多时间、多地点、多企业的产业层面研究更具有实际意义。尽管企业的资源基础可能以协调的方式发展，从而响应机构、教育制度、劳动力、资本市场和其他市场的变化，但产业和经济的技术复杂程度的总体变化相比于企业研究显得更为重要，因此在战略三角模型中添加了一个驱动因素：技术。

商业模式的大量文献已经证明技术创新（如互联网、数字化等）是商业模式创新的驱动力。事实上，战略性新兴产业的形成与发展实际上是新的技术经济范式的形成过程，商业模式创新将弥补技术成熟度低带来的不足，并通过多种途径促进创新和进步（Chesbrough，2007；洪志生等，2015；阳双梅和孙锐，2013）。在这种特定情况下，"技术"类别不是指单个公司的特定功能，而是整个行业的技术水平。纵观总体商业模式的变化，最显著的特点很可能是技术创新导致的市场进入和浪潮退出，从而引发所有行业参与者的改变。无论他们是否有能力采用最新技术，如电力、内燃机、半导体、互联网，数字化和大数据等终将会促使许多行业发生根本性的变革。

静态的战略选择形成了静态的商业模式，但本章将这一关联体系置于动态环境中，分析商业模式在不同阶段和情境下是如何设计、产生和变化的，也就是商业模式是如何创新、演变的。因此，本章从动态视角出发，基于 Ricart 的分析框架和 Peng 等的战略模型，引入驱动商业模式创新因素——技术创新，搭建技术创新驱动下的新能源汽车产业商业模式创新分析框架；以影响商业模式创新的驱动因素分析为动态演变研究的基础，构建驱动要素指标体系；分析创新动力机制，对不同阶段、不同城市的商业模式创新路径进行演变结果剖析。研究框架分为三部分，如图 8-2 所示。

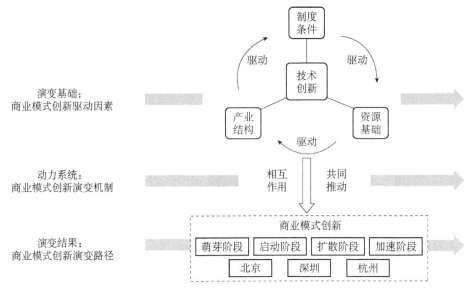

图 8-2 技术创新驱动下的新能源汽车产业商业模式创新分析框架

（1）演变基础：商业模式创新驱动因素。在 8.1 节中提到了战略理论对商业模式创新的研究视角，商业模式创新作为企业战略选择的结果，深受企业战略条件的影响和驱动，其中的"战略三角理论"提出制度条件、产业结构、资源基础作为战略条件的三大基石决定了企业战略的选择。本章将技术创新作为第四个重要条件单独列出，并且作为引领三大要素的前提驱动条件，驱动三大要素产生联动效应，共同影响商业模式创新。

（2）动力系统：商业模式创新演变机制。构建动态的商业模式创新指标体系，在商业模式创新四大影响要素分析的基础上，试图找出更加细化的商业模式创新动力，分析商业模式创新的动力机制。对此，本部分将首先基于系统动力学的理论思想，分析商业模式创新动力系统的组成，总结创新动力在产业-区域两个层次的关键指标要素；然后按照产业-区域两个层次构建商业模式创新动力的层次结构模型，以便确定商业模式创新的动力构成模型；从而分产业-区域两个层次分析商业模式创新动力的指标要素构成；进而对商业模式创新的动力机制进行演变分析和类型对比。

（3）演变结果：商业模式创新演变路径。在结合商业模式创新的驱动因素及其动力分析的基础上，本节将分析商业模式受驱动而进行的创新演变过程，展现驱动因素影响推动下，不同阶段、不同类型的商业模式创新的动态演变过程。为了便于展现研究的丰富性和层次性，这部分将分为两个层次展开：

一是基于不同产业阶段对中国新能源汽车产业商业模式创新进行整体图景的描绘和分析，特别是对比与评价不同类型商业模式在不同阶段的创新路径。

二是针对新能源汽车推广的示范城市策略，分析对比不同城市（区域）视角下多个商业模式共同组成的商业模式价值网络，探索影响因素是如何影响企业商业模式创新路径的，核心企业又呈现出何种特点，从而构成包含产业-区域两个层次的商业模式创新路径和特点的研究框架。

8.2.1　演变基础：商业模式创新驱动因素

从 Ricart 的分析框架、Peng 等的战略模型和技术创新观点等理论中不难看出，商业模式是企业的战略选择，其中以技术创新为核心，制度条件、产业结构、资源基础三要素为联动的驱动模型影响了战略选择，从而促成了商业模式的产生和创新。因此，本研究认为：商业模式是战略选择的结果，受到以技术创新为核心，制度条件、产业结构、资源基础三大创新驱动要素组成的驱动因素的影响（图 8-3）。

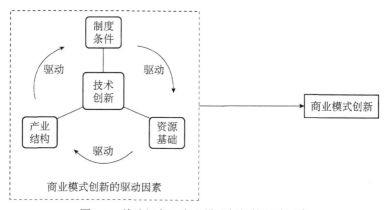

图 8-3　战略视角下商业模式创新的驱动因素

1. 技术创新

在"产业结构"中，涉及技术相关要素的内容主要是分析技术联盟及核心参与者、技术发展的核心驱动成员；在"资源基础"中，强调企业自身整合技术、构建价值链所具有的资源与能力表现。然而，对于战略性新兴产业而言，新技术、技术进步、技术创新等技术驱动要素对商业模式创新有着更为直接的影响。例如，由于电动汽车电池成本高，杭州电动出租车推广之初，众泰汽车采取了车电分离的模式，目的就是解决当时电池技术成熟度低的问题（张亚萍等，2013）；再如，Car2go、Better Place 等通过汽车共享和分享模式推广电动汽车作为城市交通体系和短途出行的补充，以便克服电动汽车充电难、续航里程不足的问题，并提高电动汽车使用的公众意识。虽然 Better Place 最终以破产告终，但是以其为借鉴而开展的诸多电动汽车分时租赁商业模式，如杭州微公交、北京绿狗车纷享等中国新能源汽车产业商业模式创新的活动，不仅在一定程度上解决了电动汽车充电难、续航里程短等技术难题，而且克服了国外"Better Place 模式"的缺陷，从而加快了产业市场化进程。

本研究主要从新能源汽车三个关键方面来选取技术指标：整车产品、动力电池、充电基础设施，分别对应了新能源汽车的产品、电池技术与充换电技术。同时，技术变化日新月异，变革与创新速度之快超出了预期。一些突破性的、颠覆性的技术创新，如智能网联技术、固态电池、5G 等将会为产业带来根本性的变革，也使得产品与服务在市场中的推广面临新的模式和路径，即商业模式的创新与再设计。

2. 制度条件

从制度条件的视角来看，政治、法律和社会等方方面面不再是单纯的外部环境。学者曾经着重于市场需求、技术转变等经济学相关变量，而将制度因素作为外部环境或者控制变量。事实上，近年来许多研究都开始将制度条件与一般变量同样重要地对待，也提出制度条件与组织、战略选择等的交互影响和作用不容忽视与低估的观点（Narayanan and Fahey，2005；Teegen et al.，2004）。其中，产业政策对战略性新兴产业的驱动已不言而喻，而公众意识培育、社会习惯、城市创新氛围等也是值得考虑的内容。例如，新能源汽车、风电、光伏等新能源产业政策对这些产业示范项目的鼓励和支持，促进了其商业模式的探索与产生，也就是产业政策驱动了商业模式的产生；不同城市公众意识的不同、城市特性的不同、消费观念的不同，也使得企业选择不同的商业模式及路径；又如，新能源汽车产业发展采取了推广应用示范城市的策略，使得城市的特点、本地政策、本土厂商等都发挥了很大的作用，对企业战略的决策和商业模式的选择都有着重要的影响。

3. 产业结构

从产业结构的角度来看，其相应的变量与要素解释了一个产业内所有的相关条件，而这些条件对企业战略与绩效是至关重要的（Porter，1980）。产业结构与竞争包括产业参与者、市场参与者等，这些是一般战略研究中都会涉及的重要因素。产业结构和产业竞争方面的变化，如技术的进步与变化、新兴技术的产生、跨界合作、新进入的竞争者等，都为商业模式带来了新的可能，可能是促进商业模式创新变革的机遇和挑战，也可能是面临淘汰的危机和困境。

4. 资源基础

资源基础观点认为，企业的核心竞争力中资源是有价值的、稀缺的、难以复制和替代的（Barney，1991）。换言之，资源基础使得企业有别于其他竞争对手，并促使企业能够在市场中生存发展。一般而言，企业的资源基础体现了企业在产品与服务供应渠道和销售渠道、客户关系、盈利能力等方面的实力，而这些都是商业模式的关键要素。本研究更加关注的是企业与其合作伙伴之间的网络结构所带来的影响，这些合作伙伴体现了企业获取各类资源（包括技术合作、商业合作等）的途径、搭建商业模式和进入市场的能力等。

技术创新、制度条件、产业结构、资源基础这四个创新驱动因素，包括商业模式创新所面临的所有重要因素，它们共同组成了战略视角下商业模式创新的影响因素，影响着企业战略的选择，进而驱动了商业模式的产生、创新、改变甚至淘汰。

8.2.2　动力系统：商业模式创新演变机制

根据系统论的原理，中国新能源汽车产业商业模式创新动力系统的问题可以基于其几个子系统进行动力因果分析。根据本研究对中国新能源汽车产业商业模式创新驱动因素的分析，将中国新能源汽车产业商业模式创新动力系统划分为四大子系统：技术创新子系统、制度条件子系统、产业结构子系统、资源基础子系统，其中技术创新子系统占据核心驱动地位，如图 8-4 所示。

从图 8-4 可以看出，技术创新子系统中，产品、技术、服务和基础设施的投入和创新，从技术层面上为商业模式带来了创新变革；制度条件子系统中，通过产业政策引导、示范城市效应、公众意识培育等制度层面的投入，推动了商业模式的形成与创新；产业结构子系统中，通过产业链的构建与创新、市场竞争机制的形成，推动商业模式的形成和创新；资源基础子系统中，企业通过联盟参与、价值网络构建获取资源和能力，从而从企业资源与能力层面上推动商业模式创

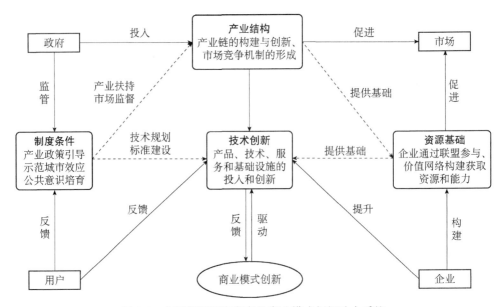

图 8-4　中国新能源汽车产业商业模式创新动力系统

新。与此同时，四个子系统都收到了商业模式创新的反馈，意味着商业模式创新所形成的创新效果反作用于这些子系统，形成回路，进一步促进了各个子系统对商业模式创新的推动作用。

另外，四个子系统之间也存在一定的关系。例如，制度条件子系统为产业结构子系统提供产业扶持、市场监督的功能，政府在其中发挥了监管等重要作用；制度条件子系统还为技术创新子系统提供技术规划、标准建设等方面的支持，并通过用户带来政策、公众意识、技术提升等多个方面的反馈；而产业结构子系统的完善也为资源基础子系统提供了基础，两者促进了新能源汽车市场的建立和形成；资源基础子系统也为技术创新子系统的发展提供了基础，企业获取和构建了资源与能力体系，并推动了技术的创新和进步。

商业模式创新的驱动因素并不是静态的，而是动态变化的。随着产业的发展和进步，在不同产业阶段中，商业模式创新的驱动因素也随之变化；与此同时，由于商业模式本身特点和性质的不同，触发和推动其的力量也会产生变化。因此，在分析商业模式创新驱动要素的基础上，还需要了解其动力系统的组成，并进一步细化这些驱动要素的配比权重，特别是在不同阶段它们所起推动作用的区别与联系；同时，对不同类型商业模式的创新驱动力量进行对比，也是理解和分析商业模式创新动力演变的重要内容。

　　基于此，本研究首先应用系统动力学的基本思路，分析新能源汽车产业商业模式创新动力系统的组成，并从其四大子系统中分析因果回路与传导路径，总结商业模式创新的主要动力指标；然后，细化商业模式创新的驱动因素，将新能源汽车产业商业模式创新的动力转化为两级指标组成的层次结构，构建层次结构模型；最后，分析不同产业阶段商业模式创新驱动要素的不同和变化，进而对不同类型的商业模式创新动力进行对比和分析。

8.2.3　演变结果：商业模式创新演变路径

　　根据动力系统的分析结果，明确了不同类型的商业模式创新的动力机制以及驱动不同产业发展阶段的商业模式创新的影响要素，针对中国新能源汽车产业商业模式创新的发展，从不同产业阶段和不同城市两个层次分析商业模式在驱动要素影响下的演变结果，如图 8-5 所示。

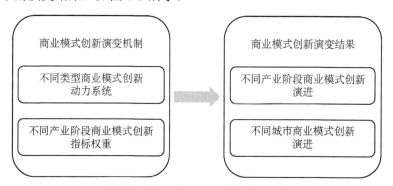

图 8-5　商业模式创新演变研究思路

　　图 8-5 展现了从商业模式创新演变机制到演进结果的研究思路。首先，搭建不同类型商业模式创新的动力系统，根据系统动力学模型及算法确定不同产业阶段商业模式创新指标权重，明晰不同类型商业模式创新的演变机制。其次，从不同产业阶段和不同城市两个层次分析商业模式在驱动要素影响下的演变结果，揭示中国新能源汽车产业商业模式创新路径。由此完成了中国新能源汽车产业从驱动要素、演变机制到创新路径全过程的分析和研究，形成了基于技术创新驱动的中国新能源汽车产业商业模式创新体系。

第 9 章 新能源汽车产业商业模式创新的指标体系及算法模型

本研究将应用层次分析法,自上而下构建多层结构的商业模式创新动力模型。层次分析法适用于多准则、多目标或无结构特征的复杂问题的决策分析,所以可以有效探索商业模式创新的原因。制度条件、产业结构、资源基础与技术创新对商业模式有重要影响,各个子系统不仅对新能源汽车产业的发展起到了推动作用,还对商业模式的产生、变革甚至淘汰都起到了关键作用,深刻影响着新能源汽车产业商业模式。

9.1 新能源汽车产业商业模式创新的指标构成要素

本研究分四个维度进一步细化指标要素,以便选择有代表性的二级指标作为中间要素层。最终,选取 10 个二级指标,作为新能源汽车产业商业模式创新动力的中间要素(表 9-1)。

表 9-1 新能源汽车产业商业模式创新动力的指标体系

一级指标:准则层	二级指标:中间要素层	要素解释
制度条件 A	a1 产业政策	产业政策对商业模式的推动
	a2 示范城市	示范城市(群)对商业模式的影响程度
	a3 公众意识	公众意识对商业模式的认可
产业结构 B	b1 产业链	产业参与者及参与程度
	b2 市场竞争	市场化程度、竞争程度
资源基础 C	c1 联盟参与	企业参与联盟对商业模式创新的影响
	c2 价值网络	企业价值网络对商业模式创新的影响

续表

一级指标：准则层	二级指标：中间要素层	要素解释
技术创新 D	d_1 产品表现	新能源汽车车型质量、续航里程等技术
	d_2 充电基础设施	充电基础设施的支持状况、充换电速度等
	d_3 系统服务	系统化、智能化的服务能力

（1）制度条件中，产业政策对产业发展与商业模式的意义最具代表性，特别是对不同交通领域中新能源汽车产品的应用，促进了其商业模式的产生和创新；示范城市是新能源汽车产业市场推广的重要手段之一，使得城市（群）成为商业模式创新的又一重要推动因素；公众意识作为用户和消费者的反应，代表公众对产品质量、环境价值、政策实施的直接表现。

（2）产业结构中，主要选择产业链和市场竞争两个要素。其中，产业链反映了新能源汽车产业参与者的变化，以及其中直接和间接影响商业模式创新的既得利益者、新进入者等；市场竞争主要反映的是商业模式在市场中是否有竞争对手，既有市场中市场化程度和竞争程度是否影响了商业模式创新的选择，如对分时租赁市场的争夺迫使企业变革已有同质化的商业模式等。

（3）资源基础中，主要选择联盟参与和价值网络两个要素。资源基础主要强调的是企业获取资源和整合资源的能力，主要通过核心企业在联盟和自身构建的价值网络来表现。

（4）技术创新中，主要从新能源汽车三个关键部分来选取指标。产品表现、充电基础设施、系统服务分别对应新能源汽车的产品、能源供给与相关支持性服务。产品表现主要体现的是车型质量、续航里程等实际产品使用过程中的关键技术指标；充电基础设施主要体现的是充电基础设施的支持状况，包括站点布局和充换电便捷性等综合表现对商业模式创新的影响；系统服务是指企业对产品、能源供给、服务等一系列服务的系统整合能力，以及智能化技术应用等方面的表现，这些技术水平的提升也促使商业模式向更加系统化的方向发展和创新。

9.2　新能源汽车产业商业模式创新的层次结构模型

考虑到不同类型商业模式的创新动力有所不同，本研究依据第 8 章对商业模式的分类，将产品导向型、使用导向型、结果导向型三种商业模式作为方案层备选，以期定量分析不同商业模式类型的不同创新动力。图 9-1 为本研究构建的新能源汽车产业商业模式创新动力的层次结构模型。

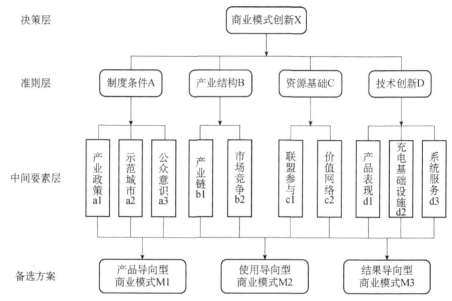

图 9-1　新能源汽车产业商业模式创新动力的层次结构模型

在建立层次结构模型之后，上下层元素之间的隶属关系就被确定了。以决策目标商业模式创新 X 为准则，所支配的下一层准则为：制度条件 A、产业结构 B、资源基础 C、技术创新 D。因此，针对决策目标定量分析不同准则相对决策目标的指标权重，就能体现出不同要素对商业模式创新 X 这个决策目标的相对重要性。

如果是以准则层元素制度条件 A 为准则，所支配的下一层次的要素为：a1 产业政策、a2 示范城市、a3 公众意识。那么，就可以计算不同中间要素在准则 A 中所占的权重，也就是要计算对于准则 A 来说下一层三个要素的相对重要性。

如果以中间要素层的某一个要素为准则，则可以通过计算某个中间要素对三个备选方案的权重。例如，选择 a1 产业政策为准则，可以计算出产业政策对三种不同商业模式的重要程度，从而体现出产业政策对何种模式更有效。

为了计算以上指标权重，本研究通过两两比较的方法，构造比较判断矩阵，对比各个层次关系中的指标权重。以决策目标与准则层为例，当决策目标作为比较准则时，可以用一个比较标度 x_{ij} 来表达下一层次中第 i 个元素与第 j 个元素的相对重要性。x_{ij}' 的取值范围一般选择正整数 1～9 及其倒数为标度，由 x_{ij} 构成的矩阵称为比较判断矩阵 $X=(x_{ij})$。x_{ij} 的取值规则如表 9-2 所示。

表 9-2　比较判断矩阵元素 x_{ij} 的取值规则

元素	标度	以上一层次某因素为准则，下一层次因素 i 与 j 重要性对比
x_{ij}	1	i 相比 j 同等重要
	3	i 相比 j 稍微重要
	5	i 相比 j 明显重要
	7	i 相比 j 特别重要
	9	i 相比 j 极端重要
	2，4，6，8	介于各个标度之间的中值
	1，1/2，1/3，…，1/9	各个标度的倒数，j 与 i 相比的标度，$x_{ji}=1/x_{ij}$

由此可以得到比较判断矩阵 X：

$$X = \begin{bmatrix} 1 & x_{12} & \cdots & x_{1n} \\ 1/x_{12} & 1 & \cdots & x_{2n} \\ \cdots & \cdots & & \cdots \\ 1/x_{1n} & 1/x_{2n} & \cdots & 1 \end{bmatrix} \tag{9-1}$$

其中，$x_{ij}>0, x_{ij}>1/x_{ji}, x_{ii}=1 (i,j=1,2,3,\cdots,n)$。

根据矩阵的特性，通过矩阵 X，可以求得其最大特征根及其特征向量。最大特征值记为 $\lambda_{\max}$，对应的特征向量记为 $W_m=(W_1, W_2, \cdots, W_n)^{\mathrm{T}}$，对特征向量进行归一化处理可得 $W=(W_1, W_2, \cdots, W_n)^{\mathrm{T}}$，即为所要求的权重向量。

与此同时，还需要对矩阵进行一致性检验。一般通过一致性指标 CI 来衡量不一致程度：

$$CI = \frac{\lambda_{\max} - n}{n-1} \tag{9-2}$$

当最大特征值稍大于 n 时，则认为矩阵 X 具有较高的一致性。

此外，可以引入一致性指标 RI，进行进一步的一致性检验。其中，当 n 取值（1，2，…，9）时，RI 的取值对应为（0，0，0.58，0.9，1.12，1.24，1.32，1.41，1.45）。当 n 不小于 2 时，令 CR=CI/RI，则 CR 为一致性比例。当 CR<0.1 时，认为矩阵的一致性可以接受。

由于数据样本多、计算复杂，因此本研究采用 MATLAB 软件计算特征值和权重向量，并进行一致性检验，其主要软件编程代码如下（数据以下面第一组数据为例）：

```
clear;
clc;
X=[1, 1, 4, 3; 1, 1, 4, 3; 1/4, 1/4, 1, 1/2; 1/3, 1/3, 2, 1]; %输入比
较矩阵
n=length（X）; %说明矩阵大小
[b, lam]=eig（X）; %求特征方程，特征根
max_lam=max（abs（eig（A））); %找出最大特征根
CI=（max_lam-n）/（n-1）; %一致性指标
RI=[0, 0, 0.58, 0.9, 1.12, 1.24, 1.32, 1.41, 1.45, 1.49, 1.51]; %一
致性随机指标的取值
RI（n）
CR=CI/RI（n）%一致性比例
```

通过计算，可以求得各阶段相应的数据，并进行一致性检验，从而定量分析商业模式。

通过向本领域内专家进行咨询和访谈，根据层次分析法的对比判断需求，针对不同的产业阶段和情景，利用专家打分法构造 1～9 标度的判断矩阵，从而分析不同产业阶段的商业模式创新动力。

1. 专家的选取和构成

由于本研究聚焦于产业视角的研究并与产业实际紧密相关，因此需要权衡知识结构和产业经验上的差异，故选取相关领域的研究学者、相关企业战略管理人员、相关机构政策制定或决策者各 5 名，共计 15 名专家。

2. 数据的获取方式

采用群体决策的专家打分法获取相关数据。具体流程如下：

（1）提供背景资料。将本研究前期研究成果的部分材料作为基本背景资料，以便专家参考阅读，作为打分的依据。其中，背景资料主要包括：新能源汽车产业发展现状与商业模式创新现状、产业阶段划分与商业模式类型等基本信息。

（2）说明需要解决的问题。提出需要解决的问题"商业模式创新动力的层次分析与动力构成"，并用对比判断矩阵作为打分表，体现阶段划分和层次划分。

（3）数据的收集和修正。打分表的发放分两部分进行：①商业模式创新动力的一级指标与二级指标的权重打分。考虑到全部专家面对面座谈存在时间和地点上的难度，因此打分表主要以问卷的形式发放，并回收全部 15 份问卷；然后处理 15 份问卷的数据，算术平均求得初步的打分结果；以此打分结果为基础，邀请其

中 5 名专家开展座谈会，并通过群体决策的方式，针对打分结果进行讨论，并修正给出最后打分结果。②商业模式创新动力的类型对比的权重打分。考虑到这一打分表的数据量过大，故在一级指标与二级指标权重确定后，由参与座谈的专家通过群体决策直接讨论打分确定。

通过数据收集进行相应的对比判断矩阵分析和一致性检验，从而进行后续的计算和分析。按照所构建的层次结构模型，结合对比判断矩阵的计算方法计算中国新能源汽车产业商业模式决策模型，并对这些商业模式创新动力进行分析。

本研究对中国新能源汽车产业的发展阶段进行了分析，分别是市场萌芽阶段（2001～2009 年）、市场启动阶段（2009～2013 年）、市场扩散阶段（2013～2015 年）和市场加速阶段（2015 年至今）。由于在市场萌芽阶段，产业发展仍在探索中，以产业技术研发和投入、战略设计为主要活动内容，新能源汽车产品和技术仅被用于奥运会等小规模示范应用场景，并没有形成完整意义的商业模式，因此本部分的定量研究仅针对后三个阶段。

第 10 章　不同市场阶段的商业模式创新的指标权重

本章在指标体系和模型算法的基础上，对新能源汽车产业不同发展阶段的商业模式创新动力进行了分析，根据制度条件、产业结构、资源基础、技术创新对商业模式创新的推动程度，通过专家打分法构造 1～9 标度的判断矩阵，计算商业模式四个主要影响因素的权重配比。由对比判断矩阵及其计算得出了各个阶段驱动商业模式创新的主要动力，对比各个产业阶段中不同类型商业模式创新动力的区别，从而确定不同要素驱动下商业模式创新动力机制的权重系数。

10.1　市场启动阶段的商业模式创新的指标权重

10.1.1　分层目标对决策目标的权重

计算分层目标对决策目标的权重，也就是计算商业模式四个主要影响因素的权重配比。根据制度条件、产业结构、资源基础、技术创新对商业模式创新的推动程度，通过专家打分法构造 1～9 标度的判断矩阵，根据对比判断矩阵及其计算可得最大特征值是 4.056，一致性比例为 0.021<0.1，认为矩阵一致性可以接受。

如表 10-1 所示，四大要素对商业模式创新的总权重是 1，最大特征值对应的归一化后的权向量即为四个要素对商业模式创新的权重。其中，制度条件和产业结构均占 38.5%，资源基础占 9.5%，技术创新占 13.5%。

表 10-1　四大要素对商业模式影响的判断矩阵（市场启动阶段）

商业模式创新 X	A	B	C	D	权重
制度条件 A	1	1	4	3	0.385
产业结构 B	1	1	4	3	0.385
资源基础 C	1/4	1/4	1	1/2	0.095
技术创新 D	1/3	1/3	2	1	0.135

一致性比例：0.021*；对商业模式创新 X 的权重为：1.0；最大特征值：4.056

*表示矩阵一致性可以接受，下同

由此可以得知，在市场启动阶段，商业模式创新的主要动力来自制度条件和产业结构，技术创新和资源基础的驱动力次之。

事实上，在市场启动阶段，以示范工程、私人购买补贴城市试点、购车补贴等为代表的产业政策作为制度条件的主要力量之一，为商业模式的推广贡献了巨大的推动作用，出现了合肥定向购买模式、深圳普天模式、杭州出租车换电模式等一批具有借鉴性和适用性的模式。

与此同时，这些模式的诞生不仅仅是产业政策推动的产物，也得益于这些模式的主要参与者。其中，深圳普天模式主要有汽车厂商（比亚迪）、交通运营商（深圳巴士集团股份有限公司）、服务运营商［中国普天信息产业集团有限公司（简称中国普天）］的参与，杭州出租车换电模式则有汽车厂商（海马和众泰）、电池厂商（上海万象汽车制造有限公司）、交通运营商（杭州西湖出租车公司）、换电服务运营商（杭州市电力局）等。这些商业模式的参与者中，不仅有传统的整车厂商、公交运营企业，还包括新能源汽车厂商及电池厂商，甚至还有电力企业与能源服务商等。众多参与者的加入，使得商业模式能够初步形成规模并拥有资金、产品与技术上的支持。

另外，尽管新能源汽车产业作为战略性新兴产业，技术创新是其关键性的特点和发展要求，但是在这一阶段，技术创新力量明显有限。一方面，是因为整车产品与技术的表现不够成熟，充电速率、续航里程等技术表现和充电基础设施配置均不尽如人意，无法对商业模式形成产品和设施方面的有效支持，特别是商业模式整体的系统整合能力较弱、智能化水平较低，无法推动更多商业模式的配置和改变；另一方面，数据虽然表明了专利代表的技术创新水平的大幅度提高，但许多专利技术尚不能转化为有效的、可进入市场的产品，因而也不能给商业模式带来更多的推动作用。

10.1.2 中间要素的权重

在确定分层目标的权重之后，需要进一步细化各个分层目标下一层中间要素的权重，以便更加清晰地获得影响商业模式创新的细化要素。

从实际意义上来说，尽管已经看到了制度条件、产业结构、资源基础和技术创新这四个分层目标作用商业模式的权重大小。但是这些要素可以进一步细化成多个不同的中间要素，而这些要素对商业模式的影响程度是不同的。例如，制度条件中包括产业政策、公众意识、示范城市三个要素，它们的影响也不是等价的。

因此，仍然通过专家打分法构造1～9标度的判断矩阵，根据对比判断矩阵计算各个二层目标的指标权重及一致性检验。计算结果如表 10-2～表 10-5 所示。

表 10-2 制度条件 A 的判断矩阵（市场启动阶段）

制度条件 A	a1	a2	a3	对 A 的权重
产业政策 a1	1	4	7	0.688
示范城市 a2	1/4	1	4	0.234
公众意识 a3	1/7	1/4	1	0.078

一致性比例：0.067*；对商业模式创新 X 的总权重为：0.385；最大特征值：3.077

表 10-3 产业结构 B 的判断矩阵（市场启动阶段）

产业结构 B	b1	b2	对 B 的权重
产业链 b1	1	7	0.875
市场竞争 b2	1/7	1	0.125

对商业模式创新 X 的总权重为：0.385；最大特征值：2

表 10-4 资源基础 C 的判断矩阵（市场启动阶段）

资源基础 C	c1	c2	对 C 的权重
联盟参与 c1	1	1/5	0.167
价值网络 c2	5	1	0.833

对商业模式创新 X 的总权重为：0.095；最大特征值：2

表 10-5　技术创新 D 的判断矩阵（市场启动阶段）

技术创新 D	d1	d2	d3	对 D 的权重
产品表现 d1	1	2	8	0.594
充电基础设施 d2	1/2	1	6	0.341
系统服务 d3	1/8	1/6	1	0.065

一致性比例：0.016*；对商业模式创新 X 的总权重为：0.135；最大特征值：3.018

制度条件 A 的判断矩阵中，最大特征值为 3.077，一致性比例为 0.067<0.1，因此判断矩阵的一致性可以接受。最大特征值对应的归一化后的权向量即为三个要素对商业模式的影响权重。其中，产业政策、示范城市、公众意识所占权重分别为 68.8%、23.4%、7.8%。

产业结构 B 的判断矩阵中，最大特征值为 2，由于要素个数 n=2<3，因此判断矩阵的一致性不需要检验。最大特征值对应的归一化后的权向量即为两个要素对商业模式创新的权重。其中，产业链、市场竞争所占权重分别为 87.5%、12.5%。

资源基础 C 的判断矩阵中，最大特征值为 2，由于要素个数 n=2<3，因此判断矩阵的一致性不需要检验。最大特征值对应的归一化后的权向量即为两个要素对商业模式创新的权重。其中，联盟参与、价值网络所占权重分别为 16.7%、83.3%。

技术创新 D 的判断矩阵中，最大特征值为 3.018，一致性比例为 0.016<0.1，因此判断矩阵的一致性可以接受。最大特征值对应的归一化后的权向量即为三个要素对商业模式创新的权重。其中，产品表现、充电基础设施、系统服务所占权重分别为 59.4%、34.1%、6.5%。

由于制度条件 A、产业结构 B、资源基础 C、技术创新 D 对商业模式影响的总权重分别为 0.385、0.385、0.095、0.135，因此可以计算出各个分层目标要素对商业模式的权重。最终结果如图 10-1 所示。

从图 10-1 可以看出，在市场启动阶段，产业政策 a1、产业链 b1 对商业模式的推动和影响较大，权重分别为 26.5% 和 33.7%，它们分别也是制度条件 A 和产业结构 B 推动商业模式创新的主要力量部分；此外，示范城市 a2、价值网络 c2、产品表现 d1 等也对商业模式造成了一定的影响，而公众意识 a3、联盟参与 c1、系统服务 d3 等要素的作用则非常有限。

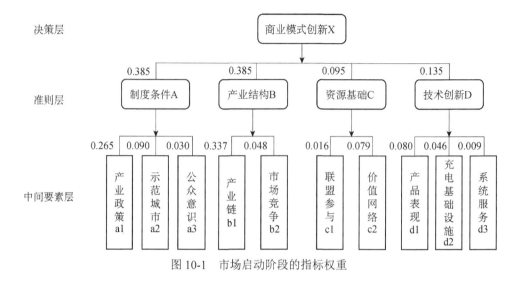

图 10-1 市场启动阶段的指标权重

10.1.3 方案层的权重

上述已经计算得出了商业模式影响的权重配比,也计算得出了两个层次的创新动力来源及其权重。但在产业发展实际过程中,不同的商业模式有不同的特点。因此,本研究引入第 9 章对商业模式基本类型的分类——产品导向型 M1、使用导向型 M2、结果导向型 M3,将它们作为备选方案,计算不同方案对决策目标的影响权重。

分别计算方案层 M1、M2、M3 对中间要素层各个指标的对比判断矩阵,并进行一致性检验,结果如表 10-6 所示。

表 10-6 方案层对中间要素层的对比判断矩阵(市场启动阶段)

(1)方案层对产业政策 a1 的判断矩阵			
	M1	M2	M3	权重
M1	1	2	1/5	0.168
M2	1/5	1	1/7	0.094
M3	5	7	1	0.738

一致性比例:0.012*;对商业模式创新 X 的总权重为:0.265;最大特征值:3.014

续表

（2）方案层对示范城市 a2 的判断矩阵

	M1	M2	M3	权重
M1	1	5	1	0.455
M2	1/5	1	1/5	0.090
M3	1	5	1	0.455

一致性比例：0.00*；对商业模式创新 X 的总权重为：0.090；最大特征值：3

（3）方案层对公众意识 a3 的判断矩阵

	M1	M2	M3	权重
M1	1	1/3	1/7	0.688
M2	3	1	1/3	0.234
M3	7	3	1	0.078

一致性比例：0.006*；对商业模式创新 X 的总权重为：0.030；最大特征值：3.007

（4）方案层对产业链 b1 的判断矩阵

	M1	M2	M3	权重
M1	1	7	1	0.467
M2	1/7	1	1/7	0.066
M3	1	7	1	0.467

一致性比例：0.00*；对商业模式创新 X 的总权重为：0.337；最大特征值：3

（5）方案层对市场竞争 b2 的判断矩阵

	M1	M2	M3	权重
M1	1	1	1/2	0.25
M2	1	1	1/2	0.25
M3	2	2	1	0.50

一致性比例：0.00*；对商业模式创新 X 的总权重为：0.048；最大特征值：3

（6）方案层对联盟参与 c1 的判断矩阵

	M1	M2	M3	权重
M1	1	2	1/4	0.211
M2	1/2	1	1/4	0.133
M3	4	4	1	0.656

一致性比例：0.047*；对商业模式创新 X 的总权重为：0.016；最大特征值：3.054

续表

（7）方案层对价值网络 c2 的判断矩阵

	M1	M2	M3	权重
M1	1	1/3	1/2	0.164
M2	3	1	2	0.539
M3	2	1/2	1	0.297

一致性比例：0.007*；对商业模式创新 X 的总权重为：0.079；最大特征值：3.009

（8）方案层对产品表现 d1 的判断矩阵

	M1	M2	M3	权重
M1	1	1	3	0.429
M2	1	1	3	0.429
M3	1/3	1/3	1	0.142

一致性比例：0.00*；对商业模式创新 X 的总权重为：0.080；最大特征值：3

（9）方案层对充电基础设施 d2 的判断矩阵

	M1	M2	M3	权重
M1	1	1/3	1/5	0.110
M2	3	1	1/2	0.309
M3	5	2	1	0.581

一致性比例：0.032*；对商业模式创新 X 的总权重为：0.046；最大特征值：3.004

（10）方案层对系统服务 d3 的判断矩阵

	M1	M2	M3	权重
M1	1	1	1/3	0.142
M2	3	1	1/3	0.429
M3	3	1	1	0.429

一致性比例：0.00*；对商业模式创新 X 的总权重为：0.009；最大特征值：3

解读表 10-6 中各项指标权重可以发现：

（1）对产品导向型商业模式来说，整体上受到各类指标的影响较弱。虽然公众意识 a3、产业链 b1、产品表现 d1 对这一类型商业模式的影响作用相对较大，但是这几项指标在这个阶段内对商业模式的影响整体相对较弱（公众意识 a3 0.030、产业链 b1 0.337、产品表现 d1 0.080），因而产品导向型商业模式也不如其他模式那么强大。

公众意识强弱的主要结果之一就体现在消费者对产品的信心和购买意愿，因此公众意识本身对产品导向型商业模式就有着重要的影响。在市场启动阶段，公众对新能源汽车产品的了解相对比较少，但其在产业初期的提高对产品导向型商业模式有着极大的促进作用，因而其对产品导向型商业模式的影响相对较大。

产业链所占的权重并不小，完备的产业链更有利于企业具备为消费者提供产品的基础。在市场启动阶段，产业链尚处于形成阶段，整车企业和电池企业等产业链关键企业逐步增加、实力增强，为产品导向型商业模式的形成和应用提供更坚实的基础。一个典型的案例是合肥定向购买模式，江淮汽车应用本地逐渐形成的新能源汽车产业链，将产业链企业纳入到商业模式中，将产品推广给这些相关企业用户的同时，还能获取更为精准的技术和产品质量反馈。

产品导向型商业模式与使用导向型商业模式对产品的技术和市场表现本身就有着较高的需求，而在市场启动阶段产品表现尚未成熟的情况下，产品质量的提升，特别是产品技术的突破和创新，能够为产品导向型商业模式带来新的机会，也会提升使用导向型商业模式的用户体验。而更注重服务结果的结果导向型商业模式，产品表现在这一阶段的影响就相对小很多。

（2）对使用导向型商业模式来说，价值网络 c_2、产品表现 d_1、系统服务 d_3 等指标的影响较大。

企业对价值网络的构建，能够促进使用导向型商业模式拓宽服务的内容和范围。在市场启动阶段，企业价值网络的构建能够轻易地为使用导向型商业模式提供更多功能上的延展，从而实现创新。

产品表现对使用导向型商业模式的影响与对产品导向型商业模式相类似。这一阶段，在产品表现不够好的情况下，对各类商业模式创新的影响整体有限，但其仍能够通过有限的产品和技术为使用导向型商业模式的受众提供产品的使用。

系统服务这一指标的意义主要在于企业对商业模式所涉及的各项产品、技术和服务的整合能力。对于使用导向型商业模式，各类服务和功能的整合对其商业模式创新有着至关重要的作用。相比产品导向型商业模式注重产品的购买，结果导向型商业模式注重交通出行结果，使用导向型商业模式更加注重产品的使用功能和其他辅助服务与功能。

（3）对结果导向型商业模式而言，整体上相对其他类型的商业模式，更容易受到各项指标的影响，尤其是产业政策 a_1、市场竞争 b_2、联盟参与 c_1、产品表现 d_1、充电基础设施 d_2 对结果导向型商业模式及其创新有着至关重要的作用。

这是由于结果导向型商业模式大多被应用到公共交通领域，而这一领域在市场启动阶段的发展深受产业政策的支持，如"十城千辆"工程使得新能源汽车最早被推广应用到公共交通领域。其中，深圳普天模式作为典型的结果导向型商业模式，在公共交通领域的应用颇具典型，深受国家和地方政策的影响和推动。

与此同时，这一阶段内产品表现、充电基础设施和市场表现并不完善，因而催生并整合了充电服务的普天模式、快速换电的出租车换电模式等结果导向型商业模式。

在市场竞争方面，本研究更多地强调市场中同类企业、同类商业模式的竞争和模仿。在市场启动阶段，更多的新能源汽车产品被推广到示范项目和公共交通领域，使得各大企业纷纷与本地交通运营商等合作，从而促进了结果导向型商业模式的产生与创新。

在市场启动阶段，各地新能源汽车产业联盟纷纷建立，这对技术创新有着深刻的影响和推动，但对商业模式和市场推广作用有限。尽管如此，各个联盟中加入了各类公交公司，使得公共交通作为重点领域在这一阶段得以顺利地推广应用。

以上对三种不同类型商业模式创新动力进行了原因分析。由方案层（三种类型商业模式）对中间要素层各个指标的对比判断矩阵求得权重，结合各个指标对决策层（商业模式创新）的权重，可以计算得到方案层对决策层的权重配比分别为：产品导向型 M1 0.314、使用导向型 M2 0.172、结果导向型 M3 0.514。

因此，从整体上可以看到，在市场启动阶段，在既有的各项条件下，产业政策 a1、产业链 b1、示范城市 a2、价值网络 c2、产品表现 d1 这五个指标对新能源汽车产业商业模式影响重大（对 X 的权重：0.265、0.337、0.090、0.079、0.080）。其中，对结果导向型商业模式创新影响较大的是产业政策 a1、产业链 b1 和示范城市 a2，对产品导向型商业模式影响较大的是产业链 b1、示范城市 a2 和产品表现 d1，对使用导向型商业模式影响较大的是价值网络 c2 和产品表现 d1。

10.2　市场扩散阶段的商业模式创新的指标权重

10.2.1　分层目标对决策目标的权重

与市场启动阶段的定量分析过程相同，计算分层目标对决策目标的权重。根据制度条件、产业结构、资源基础、技术创新对商业模式创新的推动程度，通过专家打分法构造 1~9 标度的判断矩阵，根据对比判断矩阵及其计算方式可得最大特征值是 4，一致性比例为 0.00<0.1，认为矩阵一致性可以接受。

如表 10-7 所示，四大要素对商业模式创新的总权重是 1，最大特征值对应的归一化后的权向量即为四个要素对商业模式影响的权重。其中，产业结构和资源基础均占 33.3%，制度条件和技术创新各占 16.7%。

表 10-7　四大要素对商业模式的影响判断矩阵（市场扩散阶段）

商业模式创新 X	A	B	C	D	权重
制度条件 A	1	0.5	0.5	1	0.167
产业结构 B	2	1	1	2	0.333
资源基础 C	2	1	1	2	0.333
技术创新 D	1	0.5	0.5	1	0.167

一致性比例：0.00*；对商业模式创新 X 的权重为：1.0；最大特征值：4

由此可以得知，在市场扩散阶段，产业结构对商业模式的影响巨大。事实上，产业结构的逐渐完善、企业资源获取的途径和能力提升成为这个阶段的主题。

在市场扩散阶段，越来越多的企业组织加入了新能源汽车产业发展的过程，完善了产业链的构成，加剧了商业模式的创新和竞争。产业参与者的增加意味着更多整车厂商、交通运营企业的加入，也意味着不同资本力量的介入，丰富了产业的竞争合作基础。在产业链参与者增加的同时，随着前一阶段部分商业模式的成功运营，也促使更多同类企业复制和模仿相类似的商业模式。

在资源基础方面，随着联盟的发展及功能完善，企业对自身价值网络的扩展与提升，也为企业开展商业模式评价提供了更多的合作网络和渠道。在市场启动阶段，企业对于商业模式的参与更加主动，特别是联盟的主导企业，更加希望在技术合作与创新的同时获取市场推广的力量。例如，北汽通过其主导的北京新能源汽车产业联盟，与各类交通运营商、分时租赁运营商等进行合作，在北京出租车、公交车等领域开展了各类商业模式的运行。

在制度条件方面，尽管产业政策的投入和支持力度仍在增加，但是其支持范围更偏向于对技术、标准和示范项目的支持，产业政策对商业模式的影响更多体现在购买补贴、税收减免和费用减免等方面；经过市场启动阶段的发展和推广，公众对新能源汽车产品和技术已经有所改观，但是主动选择新能源汽车产品的消费者仍有限，公众意识和产品信心仍然不足。

在技术创新方面，随着新能源汽车产品的车型丰富和技术提升、充电基础设施的布局增多及充电便捷，技术为商业模式带来了更大的发挥空间。然而新能源汽车整车与充电技术的匹配仍然不够强，特别是充电桩质量参差不齐、标准不统一、车桩配比严重不匹配等问题制约着产业的发展；与此同时，车、桩、路、人之间的协调发展，整车产品、充电服务、智能化水平应用等功能和服务的系统整合仍然有待提高。这些技术的制约限制了新能源汽车产业商业模式的发展。

10.2.2 中间要素的权重

接下来，细化各个分层目标下一层中间要素的权重，计算结果如表 10-8～表 10-11 所示。

表 10-8 制度条件 A 的判断矩阵（市场扩散阶段）

制度条件 A	a1	a2	a3	对 A 的权重
产业政策 a1	1	4	3	0.623
示范城市 a2	1/4	1	1/2	0.138
公众意识 a3	1/3	2	1	0.239

一致性比例：0.015*；对商业模式创新 X 的总权重为：0.167；最大特征值：3.019

表 10-9 产业结构 B 的判断矩阵（市场扩散阶段）

产业结构 B	b1	b2	对 B 的权重
产业链 b1	1	1	0.50
市场竞争 b2	1	1	0.50

对商业模式创新 X 的总权重为：0.333；最大特征值：2

表 10-10 资源基础 C 的判断矩阵（市场扩散阶段）

资源基础 C	c1	c2	对 C 的权重
联盟参与 c1	1	1/2	0.333
价值网络 c2	2	1	0.667

对商业模式创新 X 的总权重为：0.333；最大特征值：2

表 10-11 技术创新 D 的判断矩阵（市场扩散阶段）

技术创新 D	d1	d2	d3	对 D 的权重
产品表现 d1	1	1	5	0.455
充电基础设施 d2	1	1	5	0.455
系统服务 d3	1/5	1/5	1	0.090

一致性比例：0.00*；对商业模式创新 X 的总权重为：0.167；最大特征值：3

制度条件 A 的判断矩阵中，最大特征值为 3.019，一致性比例为 0.015<0.1，因此判断矩阵的一致性可以接受。最大特征值对应的归一化后的权向量即为三个要素对商业模式创新的影响权重。其中，产业政策、示范城市、公众意识所占权重分别为 62.3%、13.8%、23.9%。

产业结构 B 的判断矩阵中，最大特征值为 2，由于要素个数 $n=2<3$，因此判断矩阵的一致性不需要检验。最大特征值对应的归一化后的权向量即为两个要素对商业模式创新的权重。其中，产业链、市场竞争的权重各占 50%。

资源基础 C 的判断矩阵中，最大特征值为 2，由于要素个数 $n=2<3$，因此判断矩阵的一致性不需要检验。最大特征值对应的归一化后的权向量即为两个要素对商业模式创新的权重。其中，联盟参与、价值网络所占权重分别为 33.3%、66.7%。

技术创新 D 的判断矩阵中，最大特征值为 3，一致性比例为 0.00<0.1，因此判断矩阵的一致性可以接受。最大特征值对应的归一化后的权向量即为三个要素对商业模式创新的权重。其中，产品表现、充电基础设施、系统服务所占权重分别为 45.5%、45.5%、9.0%。

由于制度条件 A、产业结构 B、资源基础 C、技术创新 D 对商业模式影响的总权重分别为 0.167、0.333、0.333、0.167，因此可以计算出各个分层目标要素对商业模式影响的权重。最终结果如图 10-2 所示。

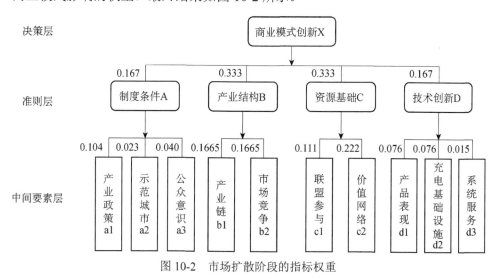

图 10-2　市场扩散阶段的指标权重

从图 10-2 可以看出，在市场扩散阶段，价值网络 c2（0.222）、产业链 b1（0.1665）、市场竞争 b2（0.1665）、联盟参与 c1（0.111）、产业政策 a1（0.104）对商业模式的影响作用较大；而产品表现 d1、充电基础设施 d2 提供的动力也不容忽视。

10.2.3　方案层的权重

接下来是计算不同类型商业模式的影响，以便进一步分析指标要素对特定类型商业模式的影响程度。通过分别计算方案层三种商业模式 M1、M2、M3 对中间要素层各个指标的对比判断矩阵，并进行一致性检验，结果如表 10-12 所示。

表 10-12　方案层对中间要素层的对比判断矩阵（市场扩散阶段）

（1）方案层对产业政策 a1 的判断矩阵			
	M1	M2	M3	权重
M1	1	3	2	0.539
M2	1/3	1	1/2	0.164
M3	1/2	2	1	0.297

一致性比例：0.008*；对商业模式创新 X 的总权重为：0.104；最大特征值：3.009

（2）方案层对示范城市 a2 的判断矩阵			
	M1	M2	M3	权重
M1	1	2	1/2	0.297
M2	1/2	1	1/3	0.164
M3	2	3	1	0.539

一致性比例：0.008*；对商业模式创新 X 的总权重为：0.023；最大特征值：3.009

（3）方案层对公众意识 a3 的判断矩阵			
	M1	M2	M3	权重
M1	1	1/2	1/5	0.129
M2	2	1	1/2	0.276
M3	5	2	1	0.595

一致性比例：0.005*；对商业模式创新 X 的总权重为：0.040；最大特征值：3.005

（4）方案层对产业链 b1 的判断矩阵

	M1	M2	M3	权重
M1	1	3	5	0.648
M2	1/3	1	2	0.230
M3	1/5	1/2	1	0.122

一致性比例：0.003*；对商业模式创新 X 的总权重为：0.1665；最大特征值：3.004

（5）方案层对市场竞争 b2 的判断矩阵

	M1	M2	M3	权重
M1	1	1/3	2	0.240
M2	3	1	4	0.623
M3	1/2	1/3	1	0.137

一致性比例：0.016*；对商业模式创新 X 的总权重为：0.1665；最大特征值：3.018

（6）方案层对联盟参与 c1 的判断矩阵

	M1	M2	M3	权重
M1	1	3	1	0.429
M2	1/3	1	1/3	0.142
M3	1	3	1	0.429

一致性比例：0.00*；对商业模式创新 X 的总权重为：0.111；最大特征值：3.00

（7）方案层对价值网络 c2 的判断矩阵

	M1	M2	M3	权重
M1	1	1/6	1/2	0.118
M2	6	1	2	0.613
M3	2	1/2	1	0.269

一致性比例：0.016*；对商业模式创新 X 的总权重为：0.222；最大特征值：3.018

（8）方案层对产品表现 d1 的判断矩阵

	M1	M2	M3	权重
M1	1	2	3	0.539
M2	1/2	1	2	0.297
M3	1/3	1/2	1	0.164

一致性比例：0.009*；对商业模式创新 X 的总权重为：0.076；最大特征值：3.008

续表

（9）方案层对充电基础设施 d2 的判断矩阵				
	M1	M2	M3	权重
M1	1	1/3	1/2	0.164
M2	3	1	2	0.539
M3	2	1/2	1	0.297
一致性比例：0.008*；对商业模式创新 X 的总权重为：0.076；最大特征值：3.009				
（10）方案层对系统服务 d3 的判断矩阵				
	M1	M2	M3	权重
M1	1	1/5	1/2	0.128
M2	5	1	2	0.595
M3	2	1/2	1	0.277
一致性比例：0.005*；对商业模式创新 X 的总权重为：0.015；最大特征值：3.006				

解读表 10-12 中各项指标权重可以发现，在市场扩散阶段，三种商业模式类型受各类要素的影响程度各不相同。比较而言可以发现：

（1）对产品导向型商业模式来说，相比其他商业模式，产业政策 a1、产业链 b1、产品表现 d1 对其更具推动力。这几项指标对商业模式的影响也相对较大，意味着在这个阶段产品导向型商业模式逐渐受到重视和关注。

产业政策对产品导向型商业模式的影响主要在于产业政策关注了购买补贴、税收减免以及其他一些费用优惠减免措施，在一定程度上推动了私人购买消费市场。

产业链的逐步完善、产业链参与者的丰富和增加，促使产品导向型商业模式有更多的产品选择。

产品表现对于产品导向型商业模式的重要性已在 10.1 节提到，而在这个阶段中其重要性进一步提升。在市场扩散阶段，产品表现大幅度提升，使得产品导向型商业模式能够有更多的开展空间。

（2）影响使用导向型商业模式创新的重要指标主要是市场竞争 b2、价值网络 c2、充电基础设施 d2 和系统服务 d3。

在上一个阶段中，使用导向型商业模式处于初步探索阶段。到市场扩散阶段，更多不同类型的企业在更多城市区域开展了使用导向型商业模式创新，包括各种分时租赁和汽车共享模式。越来越多的企业加入这一领域的推广和竞争，促使企业有意识地创新商业模式以便获取区别于其他模式的优势。

由于更多企业的加入、更多模式的推广，使用导向型商业模式更加强烈地要求构建起具有丰富和巨大优势的价值网络以延展商业模式创新的机会。一个重要的现象就是各类分时租赁模式加入互联网、快捷支付等功能。

　　充电基础设施的技术与市场表现之所以对使用导向型商业模式有着重要的推动作用，其原因之一就是充电基础设施布局及充电便捷性和可靠性成为用户对使用导向型商业模式的评价标准。与此同时，一些企业也尝试开展充电基础设施领域的商业模式，如星星充电开展的充电服务模式、各大充电信息平台的加入等。

　　（3）结果导向型商业模式的重要影响指标有示范城市 a2、公众意识 a3 和联盟参与 c1。

　　示范城市的范围扩大，使得新能源汽车在公共交通领域的推广应用获得了较好的成绩，结果导向型商业模式大多发生在这一领域，因而受示范城市影响较大。

　　经过上一阶段的发展，新能源汽车产业的发展重要性、产品的推广意义已逐渐被公众所接受。虽然公众意识并没有达到直接转化成购买力的程度，也无法对产品导向型商业模式形成较大的影响，但是公众对新能源汽车在交通领域的应用和推广逐渐得以接受和支持，促使结果导向型商业模式得以发展。

　　新能源汽车产业联盟进一步在市场扩散阶段得以推广，包括对公共交通领域的支持，从而对结果导向型商业模式产生影响。

　　以上分析了三种不同类型商业模式的创新动力构成。由方案层（三种类型商业模式）对中间要素层各个指标的对比判断矩阵求得权重，结合各个指标对决策层（商业模式创新）的权重，可以计算得到方案层对决策层的权重配比分别为：产品导向型 M1 0.345、使用导向型 M2 0.398、结果导向型 M3 0.257。

　　因此，从整体上可以看到，在市场扩散阶段，在既有的各项条件下，商业模式创新的整体主要动力来源中，价值网络 c2、产业链 b1、市场竞争 b2、联盟参与 c1、产业政策 a1 这五个指标占据了非常重要的位置（对 X 的权重：0.222、0.1665、0.1665、0.111、0.104）。其中，对产品导向型商业模式创新影响较大的是产业政策 a1 和产业链 b1，对产品导向型商业模式影响较大的是市场竞争 b2 和价值网络 c2，对使用导向型商业模式影响较大的是联盟参与 c1。

10.3　市场加速阶段的商业模式创新的指标权重

10.3.1　分层目标对决策目标的权重

　　同样地，在市场加速阶段也从计算分层目标对决策目标的权重开始。根据制度条件、产业结构、资源基础、技术创新对商业模式创新的推动程度，通过专家打分法构造 1~9 标度的判断矩阵，根据对比判断矩阵及其计算可得最大特征值是 4.010，一致性比例为 0.004<0.1，认为矩阵一致性可以接受。

如表 10-13 所示，四大要素对商业模式创新的总权重是 1，最大特征值对应的归一化后的权向量即为四个要素对商业模式创新的权重。其中，资源基础和技术创新均占 35.1%，制度条件占 18.9%，产业结构占 10.9%。

表 10-13　四大要素对商业模式创新动力的判断矩阵（市场加速阶段）

商业模式创新 X	A	B	C	D	权重
制度条件 A	1	2	1/2	1/2	0.189
产业结构 B	1/2	1	1/3	1/3	0.109
资源基础 C	2	3	1	1	0.351
技术创新 D	2	3	1	1	0.351

一致性比例：0.004*；对商业模式创新 X 的总权重为：1.0；最大特征值：4.010

由此可以得知，在市场加速阶段，资源基础和技术创新对商业模式的影响巨大。事实上，进入市场加速阶段，产业政策等制度条件日趋完善，产业结构逐渐成体系，新能源汽车也被认为进入市场化（我国新能源汽车销量占汽车销量比例已超过 1%，被认为是进入市场化的一个重要拐点）。新能源汽车产业发展面临着企业之间的竞争与合作、新技术的融合与发展、已有技术的突破与创新等。因此，企业通过自身的价值体系提升资源获取的途径和能力，通过联盟参与、价值网络构建等途径加强产业合作，同时完善和创新新能源汽车的整体技术水平，对这个阶段的商业模式有强烈影响。

在市场加速阶段，产业政策不仅在国家层面形成了较为系统的体系，在许多发展快速的示范城市也形成了较为完备的政策支撑体系，使得新能源汽车产业发展与市场推动有了更加规范和有序的政策环境；与此同时，随着人们对环境保护、能源消耗、低碳减排等问题认识的理解和竞争加深，新能源汽车产业的公众意识也得以在一定程度上提升。逐步完备的制度环境更加关注的是为产业发展和市场推广提供标准、规范的支撑体系，因而对商业模式创新的推动更多是鼓励创新、支持示范试点等政策支持，以及通过补贴退坡、双积分体系等政策给予产业更多市场化发展的空间。

同样地，对于产业结构来说，在前一个阶段中新能源汽车产业已逐步形成了完善的产业链体系，众多整车生产企业、零部件企业等的加入，也使得新能源汽车市场竞争环境逐步建立和加深，一些商业模式甚至因为激烈的竞争环境而被迫退出市场。在这个阶段，商业模式创新将更关注可持续的生存与发展，以及企业如何通过提升自身的核心竞争优势为商业模式创新提供持续动力。因此，在市场加速阶段，产业结构对商业模式创新的推动力相比其他条件而言相对有限。

资源基础对商业模式创新的重要性日益加深。为了推广和促进新能源汽车市场发展，更多的商业联盟被以推广和促进新能源汽车市场发展为宗旨而纷纷建立起来，企业通过商业联盟促进商业模式推广上的合作与运营，分享技术、产品、服务和数据信息，甚至构建起商业模式的运营平台等。

对于技术创新来说，进入市场加速阶段的新能源汽车产业，其产品及技术表现大幅度提升，续航里程和用车体验大大改善，充电基础设施的布局、充电标准的统一、充电信息平台的建立等也为商业模式创新打下了坚实的基础；更重要的是，智能驾驶技术、智能网联技术的突破与创新也为新能源汽车产业商业模式创新带来了新的空间。

10.3.2　中间要素的权重

在四大要素定量分析的基础上，细化各个分层目标下一层中间要素的权重，计算结果如表 10-14～表 10-17 所示。

表 10-14　制度条件 A 的判断矩阵（市场加速阶段）

制度条件 A	a1	a2	a3	对 A 的权重
产业政策 a1	1	4	2	0.557
示范城市 a2	1/4	1	1/3	0.123
公众意识 a3	1/2	3	1	0.320

一致性比例：0.016°；对商业模式创新 X 的总权重为：0.189；最大特征值：3.018

表 10-15　产业结构 B 的判断矩阵（市场加速阶段）

产业结构 B	b1	b2	对 B 的权重
产业链 b1	1	4	0.200
市场竞争 b2	1/4	1	0.800

对商业模式创新 X 的总权重为：0.109；最大特征值：2

表 10-16 资源基础 C 的判断矩阵（市场加速阶段）

资源基础 C	c1	c2	对 C 的权重
联盟参与 c1	1	1/2	0.333
价值网络 c2	2	1	0.667

对商业模式创新 X 的总权重为：0.351；最大特征值：2

表 10-17 技术创新 D 的判断矩阵（市场加速阶段）

技术创新 D	d1	d2	d3	对 D 的权重
产品表现 d1	1	3	1/2	0.309
充电基础设施 d2	1/3	1	1/4	0.110
系统服务 d3	2	5	1	0.581

一致性比例：0.003*；对商业模式创新 X 的总权重为：0.351；最大特征值：3.004

制度条件 A 的判断矩阵中，最大特征值为 3.018，一致性比例为 0.016<0.1，因此判断矩阵的一致性可以接受。最大特征值对应的归一化后的权向量即为三个要素对商业模式创新的影响权重。其中，产业政策、示范城市、公众意识所占权重分别为 55.7%、12.3%、32.0%。

产业结构 B 的判断矩阵中，最大特征值为 2，由于要素个数 $n=2<3$，因此判断矩阵的一致性不需要检验。最大特征值对应的归一化后的权向量即为两个要素对商业模式创新的权重。其中，产业链、市场竞争的权重分别为 20% 和 80%。

资源基础 C 的判断矩阵中，最大特征值为 2，由于要素个数 $n=2<3$，因此判断矩阵的一致性不需要检验。最大特征值对应的归一化后的权向量即为两个要素对商业模式创新的权重。其中，联盟参与、价值网络所占权重分别为 33.3%、66.7%。

技术创新 D 的判断矩阵中，最大特征值为 3.004，一致性比例为 0.003<0.1，因此判断矩阵的一致性可以接受。最大特征值对应的归一化后的权向量即为三个要素对商业模式创新的权重。其中，产品表现、充电基础设施、系统服务所占权重分别为 30.9%、11.0%、58.1%。

由于制度条件 A、产业结构 B、资源基础 C、技术创新 D 对商业模式影响的总权重分别为 0.189、0.109、0.351、0.351，因此可以计算出各个分层目标要素对商业模式影响的权重。最终结果如图 10-3 所示。

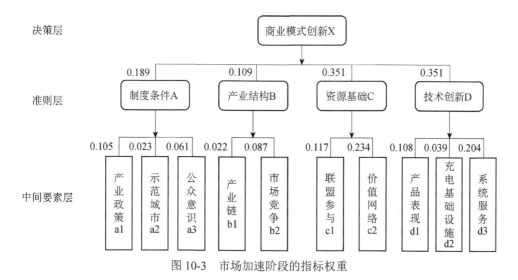

图 10-3　市场加速阶段的指标权重

从图 10-3 可以看出，在市场加速阶段，商业模式创新的动力来源分布整体较为均匀。其中，价值网络 c2（0.234）、系统服务 d3（0.204）、联盟参与 c1（0.117）、产品表现 d1（0.108）、产业政策 a1（0.105）对商业模式创新的影响和推动作用较大。

10.3.3　方案层的权重

接下来是计算不同类型商业模式的创新动力倾向，以便进一步分析指标要素对特定类型商业模式创新的影响程度。通过分别计算方案层三种商业模式 M1、M2、M3 对中间要素层各个指标的对比判断矩阵，并进行一致性检验，结果如表 10-18 所示。

表 10-18　方案层对中间要素层的对比判断矩阵（市场加速阶段）

（1）方案层对产业政策 a1 的判断矩阵			
	M1	M2	M3	权重
M1	1	2	5	0.581
M2	1/2	1	3	0.309
M3	1/5	1/3	1	0.110

一致性比例：0.003*；对商业模式创新 X 的总权重为：0.105；最大特征值：3.004

（2）方案层对示范城市 a2 的判断矩阵

	M1	M2	M3	权重
M1	1	2	3	0.539
M2	1/2	1	2	0.297
M3	1/3	1/2	1	0.164

一致性比例：0.008*；对商业模式创新 X 的总权重为：0.023；最大特征值：3.009

（3）方案层对公众意识 a3 的判断矩阵

	M1	M2	M3	权重
M1	1	2	3	0.539
M2	1/2	1	2	0.297
M3	1/3	1/2	1	0.164

一致性比例：0.008*；对商业模式创新 X 的总权重为：0.061；最大特征值：3.009

（4）方案层对产业链 b1 的判断矩阵

	M1	M2	M3	权重
M1	1	2	4	0.557
M2	1/2	1	3	0.320
M3	1/4	1/3	1	0.123

一致性比例：0.016*；对商业模式创新 X 的总权重为：0.022；最大特征值：3.019

（5）方案层对市场竞争 b2 的判断矩阵

	M1	M2	M3	权重
M1	1	2	5	0.568
M2	1/2	1	4	0.334
M3	1/5	1/4	1	0.098

一致性比例：0.021*；对商业模式创新 X 的总权重为：0.087；最大特征值：3.002

（6）方案层对联盟参与 c1 的判断矩阵

	M1	M2	M3	权重
M1	1	1/2	4	0.334
M2	2	1	5	0.568
M3	1/4	1/5	1	0.098

一致性比例：0.021*；对商业模式创新 X 的总权重为：0.117；最大特征值：3.025

续表

（7）方案层对价值网络 c2 的判断矩阵

	M1	M2	M3	权重
M1	1	1/2	5	0.343
M2	2	1	6	0.575
M3	1/5	1/6	1	0.082

一致性比例：0.025*；对商业模式创新 X 的总权重为：0.234；最大特征值：3.029

（8）方案层对产品表现 d1 的判断矩阵

	M1	M2	M3	权重
M1	1	4	7	0.688
M2	1/4	1	4	0.234
M3	1/7	1/4	1	0.078

一致性比例：0.067*；对商业模式创新 X 的总权重为：0.108；最大特征值：3.077

（9）方案层对充电基础设施 d2 的判断矩阵

	M1	M2	M3	权重
M1	1	2	5	0.568
M2	1/2	1	4	0.334
M3	1/5	1/4	1	0.098

一致性比例：0.021*；对商业模式创新 X 的总权重为：0.039；最大特征值：3.025

（10）方案层对系统服务 d3 的判断矩阵

	M1	M2	M3	权重
M1	1	3	7	0.681
M2	1/3	1	2	0.216
M3	1/7	1/2	1	0.103

一致性比例：0.003*；对商业模式创新 X 的总权重为：0.204；最大特征值：3.003

　　解读表 10-18 中各项指标权重可以发现，在市场加速阶段，三种类型商业模式受各类要素的影响程度各不相同。比较而言可以发现：联盟参与 c1 和价值网络 c2 这两个指标对使用导向型商业模式的创新更具推动力，其他各项指标对产品导向型商业模式的影响更大，而结果导向型商业模式受各个指标的影响力度均小于其他两种商业模式。

　　在市场加速阶段，使用导向型商业模式的竞争加剧，越来越多的分时租赁、汽车共享商业模式出现在各大城市和区域。许多使用导向型商业模式均是复制或借鉴最初发展而来的微公交、车纷享等模式，造成了现阶段同质化趋势。企业越来越关注提供更加智能的用户体验、多样化的功能选择，以提升使用导向型商业模式的竞争力。因此，许多企业选择通过联盟的方式，加固商业模式的合作和创新。与此同时，核心企业还通过自身优势，构建更加完整和强大的价值网络体系，形成更加高效的价值创造能力。因此，联盟参与 c_1 和价值网络 c_2 对使用导向型商业模式的影响有着越来越重要的作用。

对于结果导向型商业模式来说，整体上趋向于提供固定的交通出行服务，因而模式本身不容易实现大的改革和创新。特别是随着产业发展逐渐成熟，整车产品和技术日趋丰富完善，充电基础设施布局日趋合理，结果导向型商业模式更加倾向提供稳定、可靠的"结果导向"服务。因此，整体受到的创新推动力相对较小。

对于产品导向型商业模式来说，产业链体系已经基本构建，产业也逐渐建立了市场化的竞争体系，产品技术表现也达到了相关专家较为认可的水平。当这些指标中加入新的要素，如新的跨产业要素进入产业链、新的竞争对手加入市场竞争、新的产品与技术的开发等，都会推动产品导向型商业模式向更加创新的方向转变；值得注意的是，系统服务 d_3 对产品导向型商业模式的推动作用非常大，这是由于智能网联技术、智能驾驶技术的发展与新能源汽车产业发展的相互融合，使得产品导向型商业模式迎来了更大的创新发展空间；此外，联盟参与 c_1 和价值网络 c_2 两项指标对产品导向型商业模式的创新驱动力不如使用导向型商业模式的创新，表明企业对资源获取的能力和途径有待进一步加强。

10.4　不同阶段各类型商业模式创新的驱动因素

本节将结合三个阶段的分析，对商业模式创新动力的阶段变化进行进一步分析和总结。

图 10-4 为商业模式创新在不同阶段受四大要素（一级指标）驱动和影响程度的对比。整体上看，商业模式创新动力的变化，从市场启动阶段的制度条件与产业结构为主要动力，到市场扩散阶段的产业结构与资源基础推动，再到现阶段（市场加速阶段）的资源基础与技术创新驱动。每个阶段中主导的驱动因素与其他要素之间的差距并没有悬殊，只是主导的驱动因素具有较大的影响。其中，一

个原因在于每一个要素都由不同类型的中间要素构成，这些中间要素的影响也各不相同；另一个原因是不同阶段中，不同类型商业模式的创新动力不同，且它们对整个商业模式创新带来的贡献也各不相同。

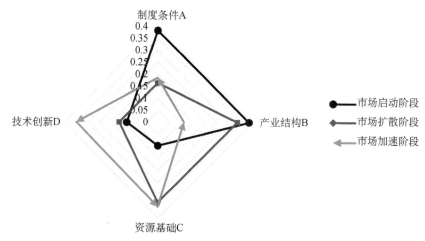

图 10-4　商业模式创新动力（一级指标）的变化

图 10-5 为商业模式创新在不同阶段受中间要素（二级指标）驱动和影响程度的对比。相对于图 10-4 显示的结果，图 10-5 进一步细化了商业模式创新的动力来源。

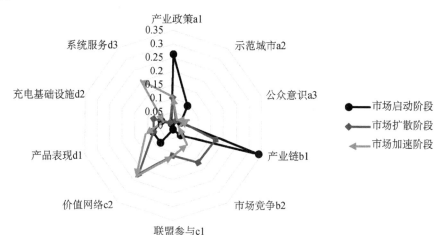

图 10-5　商业模式创新动力（二级指标）的变化

其中，在市场启动阶段，产业政策与产业链极大地推动了新能源汽车产业商业模式创新，这也解释了制度条件和产业结构在这个阶段对商业模式创新推动的主导地位。同时,与其他要素的推动力量相比,产业政策和产业链这两个要素的推动力量非常大,可以说政策支持与产业链搭建为市场启动阶段商业模式创新提供了有利的条件。

到市场扩散阶段,各个指标要素对商业模式创新的推动力量整体比较均衡,其中,价值网络、产业链、市场竞争、联盟参与、产业政策五个要素相对占据了比较重要的地位,它们主要覆盖产业结构与资源基础这两个一级指标,而产业政策作为制度条件的主要力量仍然发挥着较大的作用。因此,产业结构的完善、企业资源获取能力的提升是市场扩散阶段商业模式创新的重要推动力量。

再到市场加速阶段,价值网络、联盟参与、产业政策仍然对推动商业模式创新具有重要力量,而系统服务、产品表现等技术要素的迅速崛起使得技术创新成为市场加速阶段商业模式创新的另一些重要驱动因素。因此,在产业政策持续发挥作用的基础上,企业对资源的争夺与能力的培养、技术的变革与创新为市场加速阶段商业模式创新提供了重要支持。

图 10-6 为不同类型商业模式创新的阶段变化,表 10-19 为不同阶段各类型商业模式创新的主要驱动要素。

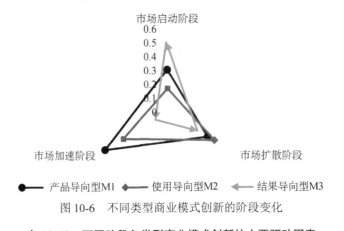

图 10-6 不同类型商业模式创新的阶段变化

表 10-19 不同阶段各类型商业模式创新的主要驱动因素

阶段	整体	产品导向型 M1	使用导向型 M2	结果导向型 M3
市场启动阶段	产业政策 a1 产业链 b1	产业链 b1 产品表现 d1 公众意识 a3	价值网络 c2 产品表现 d1 系统服务 d3	产业政策 a1 联盟参与 c1 充电基础设施 d2
市场扩散阶段	价值网络 c2 产业链 b1 市场竞争 b2 联盟参与 c1 产业政策 a1	产业政策 a1 产业链 b1 产品表现 d1	价值网络 c2 充电基础设施 d2 系统服务 d3	示范城市 a2 公众意识 a3 联盟参与 c1

续表

阶段	整体	产品导向型 M1	使用导向型 M2	结果导向型 M3
市场加速阶段	价值网络 c2 联盟参与 c1 产业政策 a1 系统服务 d3 产品表现 d1	产业政策 a1 市场竞争 b2 系统服务 d3	联盟参与 c1 价值网络 c2 市场竞争 b2	产业政策 a1 示范城市 a2 系统服务 d3

从图 10-6 可以看出，市场启动阶段以结果导向型商业模式的创新为主，市场扩散阶段三种类型商业模式都有着创新表现，市场加速阶段中则是产品导向型商业模式和使用导向型商业模式的创新更多。

可以看出，不同阶段主导创新的商业模式类型与不同阶段主导的商业模式创新动力基本一致。在市场启动阶段，产业政策与产业链推动了商业模式的创新，尤其是对结果导向型商业模式有着相对较大的推动力；在市场扩散阶段，随着产业结构与资源基础两个创新动力作用的提升，产品导向型商业模式和使用导向型商业模式的创新也得以推动；在市场加速阶段，资源基础与技术创新作为主要推动力量，使得产品导向型商业模式的创新表现进一步提升。

第 11 章　创建新能源汽车产业商业模式创新动力系统

在构建商业模式创新模型，以及探讨中国新能源汽车技术创新的基础上，本章将围绕模型中的驱动要素分析新能源汽车产业商业模式创新动力系统以及以技术为主要的驱动系统，研究中国新能源汽车产业层面和城市层面的商业模式创新演进与创新路径。

利用系统动力学的原理和方法，构建新能源汽车产业商业模式创新动力系统，并通过因果回路关系和传导路径分析不同子系统驱动下的商业模式创新动力系统的机制，从而总结各个子系统中推动商业模式创新的关键动力因素。

在动力系统分析的基础上，以中国新能源汽车产业为研究对象，从产业层面和城市层面分析中国新能源汽车产业商业模式路径演变，对于理解商业模式创新的动态演变过程具有重要的现实意义。产业层面的研究，按照不同产业阶段将中国汽车产业分成四个发展阶段：市场萌芽阶段、市场启动阶段、市场扩散阶段和市场加速阶段，按照纵向的时间序列对中国新能源汽车产业商业模式创新发展进行梳理。而城市层面的商业模式创新路径研究，通过对比城市之间关键新能源汽车企业的网络变化和网络特点，从横截面上探索中国新能源汽车产业商业模式创新的路径差异性。

通过对新能源汽车产业商业模式创新模型的研究，本章相应地将中国新能源汽车产业商业模式创新动力系统划分为四大子系统：制度条件子系统、产业结构子系统、资源基础子系统、技术创新子系统。在此基础上，本章将基于系统动力学的原理和方法，进一步对其四大子系统进行因果回路分析。采用 AnyLogic（Personal Learning Edition）软件绘制四大子系统的因果回路图，并对其中的主要回路和传导路径进行分析，总结各个子系统的关键动力因素。

11.1 新能源汽车产业商业模式创新的动力机制

11.1.1 技术创新子系统中商业模式创新的动力机制

如图 11-1 所示,在技术创新子系统中,技术创新与投入主要表现在整车产品的研发与创新、充电基础设施产业的技术投入、系统服务方面的技术创新。这三个方面分别通过与市场推广、实际应用紧密相关的指标来实现产品与技术表现、充电基础设施表现、车桩协调与匹配、智能化发展水平等的提升。这几个方面表现的提升又与商业模式紧密相关,因而促进了商业模式的创新和变革。与此同时,商业模式创新又反过来推动了技术的创新和进步,以实现新的循环和推动。

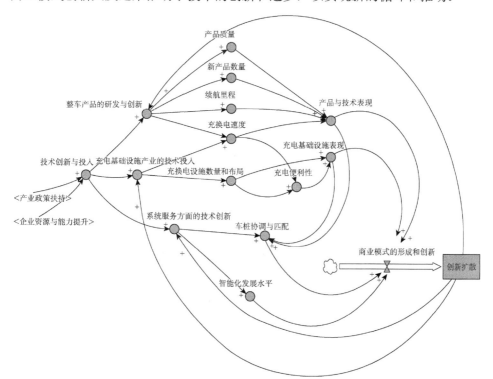

图 11-1 商业模式创新动力系统的技术创新子系统

流量用箭头表示并附以加号或减号标识,表示正向影响或负向影响,下同

在图 11-1 中，主要有以下三条因果回路：

（1）整车产品的研发与创新→产品质量/新产品数量/续航里程/充换电速度→产品与技术表现→商业模式的形成和创新→创新扩散→整车产品的研发与创新。

（2）充电基础设施产业的技术投入→充换电设施数量和布局/充换电速度→充电便利性→充电基础设施表现→商业模式的形成和创新→创新扩散→充电基础设施产业的技术投入。

（3）系统服务方面的技术创新→车桩协调与匹配/智能化发展水平→商业模式的形成和创新→创新扩散→系统服务方面的技术创新。

这三条回路分别表示整车产品与技术、充电基础设施、系统服务作为新能源汽车最为关键的三个部分，其技术表现的提升对商业模式创新具有推动作用。同时，它们也因为商业模式创新带来的扩散效应实现进一步的技术创新和提升，形成一个正向的反馈。

总结四个子系统可以看出，产业政策、示范城市、公众意识是制度条件子系统中的关键动力因素，产业链、市场竞争是产业结构子系统中的关键动力因素，联盟参与和价值网络则是资源基础子系统中的关键动力要素，产品表现、充电基础设施、系统服务则是技术创新子系统中的关键动力要素。这些关键动力要素决定了各个子系统对商业模式创新的动力机制。

11.1.2 制度条件子系统中商业模式创新的动力机制

如图 11-2 所示，在制度条件子系统中，政府支持产业的发展通过产业政策和地方政府响应两个层次形成了制度推动力，公众意识也通过消费者对新产品新技术的采纳、公众对政策支持和诉求等方式促进了公众这个层次对商业模式创新的推动作用。在产业、城市、公众三个层面的共同推动下促进了市场的健全和完善，并通过公共交通运行、示范项目、私人消费和租赁市场等推动了商业模式的形成和创新；商业模式的形成和创新，逐步积累形成了创新扩散效应，反过来作用于产业政策的完善、示范城市效应的提升、公众意识的培育，从而形成了回路。

具体来说，图 11-2 中可以看到的因果回路非常多，但是其中最为关键的因果回路主要有以下三个：

（1）产业政策→政府监管与规划/产业扶持与投入→市场健全完善→商业模式的形成与创新→创新扩散→产业政策。这条因果回路表明产业政策对商业模式创新推动的传导路径。产业政策通过标准设立、资金投入、技术路线确立等具体形

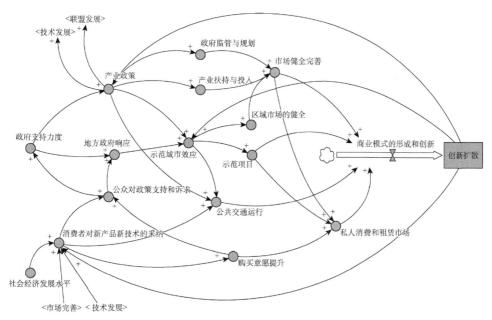

图 11-2　商业模式创新动力系统的制度条件子系统

式，对产业发展和市场机制的形成进行监管和规划，并赋以产业扶持与投入等功能，从而促进市场健全完善发展，为商业模式创新提供良好的市场环境。

（2）示范城市效应→示范项目/公共交通运行→商业模式的形成与创新→创新扩散→示范城市效应。这一因果回路表明示范城市效应对商业模式创新的动力机制。示范城市作为新能源汽车产业发展和市场推广的一大创新方式，使得市场推广充分考虑区域性的特点和城市之间的差异，并将示范项目和公共交通运行作为导入方式，推动商业模式创新在这些领域率先形成，促进商业模式在示范城市的产生和创新。

（3）消费者对新产品新技术的采纳→私人消费和租赁市场/公共交通运行/购买意愿提升→商业模式的形成与创新→创新扩散→消费者对新产品新技术的采纳。这一因果回路表明公众意识的动力机制。公众意识的提升能够促进私人消费市场和租赁市场的增长，促进公众参与新能源汽车在公共交通领域的应用，从而促进商业模式的形成与创新并进一步反馈提升公众意识，形成上升的回路。

这三条因果回路基本覆盖了制度条件子系统中商业模式创新的动力机制，表明产业政策、示范城市、公众意识作为主要的动力因素，提升制度条件对商业模式创新的动力效果。

11.1.3　产业结构子系统中商业模式创新的动力机制

如图 11-3 所示，在产业结构子系统中，产业发展水平的提升为新能源汽车提供了广阔的产业发展前景以及市场空间和机遇。在产业发展前景日益明朗和看好的情况下，众多产业及产业参与者的加入逐步构建和完善了产业链，推动了产业链上的合作与竞争，从而使得商业模式在产业链的完善和推动下逐渐形成；市场空间和机遇不仅使新能源汽车在汽车产业中占据越来越重要的地位，也为其本身提供了更加广阔的区域市场、细分市场和目标用户。这些都刺激着新能源汽车产业中企业、产品与技术、交通运行与服务等多个层面的竞争加剧，促进了商业模式的创新，以适应竞争日益激烈的市场格局。

与此同时，商业模式的形成与创新所逐步积累的创新扩散效益促使产业发展前景以及市场空间和机遇进一步增加，产业合作与竞争、市场竞争格局进一步加剧，形成了有利于商业模式创新的循环体系。

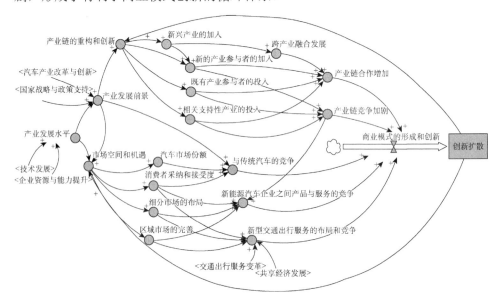

图 11-3　商业模式创新动力系统的产业结构子系统

在图 11-3 中，可以看到主要的因果回路有以下三条：

（1）产业链的重构和创新→新兴产业的加入/新的产业参与者的加入和既有产业参与者的投入→跨产业融合发展→产业链合作增加/产业链竞争加剧→商业模

式的形成和创新→创新扩散→产业链的重构和创新。这一因果回路表明产业链的重构和创新对商业模式创新的推动作用。既有产业参与者的投入与相关支持性产业的投入，使得新能源汽车产业在原有汽车产业链条上进行重构和整合；同时，新兴产业的加入和新的产业参与者的加入，使得新能源汽车产业链条能够进行创新和衍生。这两个方面都促进了产业链条上合作与竞争的增加，使得商业模式能够基于此开展创新和变革。

（2）市场空间和机遇→汽车市场份额/消费者采纳和接受度→与传统汽车的竞争→商业模式的形成和创新→创新扩散→市场空间和机遇。这条因果回路表明新能源汽车产业在汽车产业中竞争所推动的商业模式创新。随着新能源汽车在汽车产业中市场地位和消费者接受度逐步提升，其越来越需要商业模式创新来显示出有别于传统汽车的市场竞争优势，以便进一步推动其在汽车市场中的地位。

（3）市场空间和机遇→消费者采纳和接受度/细分市场的布局/区域市场的完善→新能源汽车企业之间产品与服务的竞争/新型交通出行服务的布局和竞争→商业模式的形成和创新→创新扩散→市场空间和机遇。这一因果回路表明新能源汽车市场中的竞争所带来的商业模式创新动力。企业之间的竞争、交通出行的竞争等带动了整车企业、交通出行商在商业模式上的创新和竞争，并进一步推动了市场的竞争格局，提升了新能源汽车在汽车市场中的竞争能力。

这三条因果回路表明产业链、市场竞争两项指标对商业模式创新的推动作用。随着产业链的重构和创新、市场竞争的加剧，商业模式创新变得日益重要，使得企业不得不通过商业模式创新来提升其在产业与市场中的竞争水平和地位。

11.1.4　资源基础子系统中商业模式创新的动力机制

如图 11-4 所示，在资源基础子系统中，企业对资源与能力的诉求使得企业通过参与产业联盟、价值网络构建或重构等方式，提升其在产品、服务、市场、价值链合作等方面的资源与能力优势，促进商业模式的创新；并进一步通过商业模式创新来提出新的资源与能力上的诉求，形成正向的反馈回路。

在图 11-4 中，主要的因果回路是：企业对资源与能力的诉求→寻找新的合作伙伴/建立创新平台/企业自身竞争能力构建→企业参与产业联盟/企业价值网络构建或重构→新产品与新服务/新兴或细分市场占领/新的价值链与合作体系→商业模式的形成和创新→创新扩散→企业对资源与能力的诉求。这一因果回路中，企业参与产业联盟、企业价值网络的构建或重构是关键的动力因素，它们使得企业能够获取新的资源与能力上的竞争优势，从而对新能源汽车产业商业模式创新起推动作用。

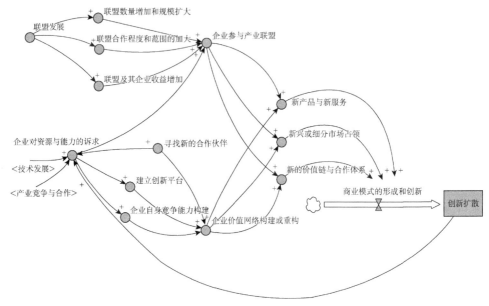

图 11-4　商业模式创新动力系统的资源基础子系统

11.2　创新动力系统对商业模式的影响

11.2.1　技术创新是商业模式创新的主要驱动力

在产业发展初期，商业模式创新一定程度上弥补了当时新能源汽车的技术不足，商业模式创新的核心是价值创造。随着产业政策逐步完善，产业联盟平台搭建，产业链利益相关者的加入，新能源汽车产业技术得到了极大提升。技术创新成为新能源汽车产业商业模式创新的主要驱动力，从价值创造、价值主张、价值获取到价值实现，都受技术创新的直接影响。整车企业、充电企业、上下游关键配套企业以及互联网支持平台等主要运营企业通过跨界融合为新能源汽车产业引入新技术。新技术在新能源汽车市场创新应用以及商业模式创新中改变生产资料等商业模式组成要素以获得价值新创新、新主张、新途径和新实现等方面起到重要作用。因此，技术创新驱动商业模式创新是新能源汽车产业最重要的特点之一。

尽管政策制度仍将至关重要，但技术创新的作用可能会增强。特别是以电池技术为重点的技术创新决定了电动汽车能否在 2020 年取消补贴后与传统汽车和其他潜在替代品竞争，产业结构和竞争的相关因素也可能对发展产生影响。

11.2.2　产业政策制度引导商业模式创新方向

政府在新能源汽车产业化初期的作用不可替代。这种作用体现在它的支持、示范、引领和规范等方面，一是通过财政补贴、税收优惠等手段支持新能源汽车的技术研发、示范运行、市场销售等行为；二是通过建立健全相关的行业标准体系、检测检验体系、专利体系、法律法规体系，规范生产、销售、服务、运行等各个环节；三是通过组织实施技术研发和示范推广攻关项目、发展规划、实施方案等，示范引领新能源汽车发展方向。

商业模式解释了产业层面的价值主张，如何通过价值链向各利益相关者传递价值，从而实现盈利的过程，它是价值创造主体将价值传递给利益相关者的方式。政策对新能源汽车产业发展的促进是直接的，但对产业层面价值传递方式的影响是间接的。对于新能源汽车进行什么创新、怎么进行创新以及为了获得某种利益创新，产业政策只能起到提供补贴、规范、引导和提供示范平台的作用，并不能直接决定商业模式的实际要素与构成。因此，新能源汽车产业商业模式创新的第一个特点是产业政策间接影响商业模式创新，但不直接决定商业模式创新。

11.2.3　产业链上的利益相关者促进商业模式结构创新

在政策的鼓励下，新能源汽车的产业化进程加速。汽车制造企业的生产能力和技术水平不断提升，电池生产企业、电力供给企业、售后服务和维保企业等产业链各环节的产品质量和服务水平也在不断提高。深圳普天模式、沃特玛模式等都是整合各利益相关者资源进行创新的典型案例，其共同特点都是很好地解决了汽车生产企业、核心零部件企业、运营企业、维保企业之间的角色定位和收益分配等问题。

商业模式以产业链上的利益相关者为研究主体,商业模式创新本质上探讨产业链上各利益相关者的生产资料和生产关系的组合问题。利益相关者之间互补了生产资料,生产关系得到了重新排列。因此,中国新能源汽车产业商业模式的第二个特点是在提供什么价值主张、传递给谁、如何传递以及利益分配方面,利益相关者的创新无疑是对商业模式系统结构的再创新。

11.2.4 产业联盟为商业模式创新提供实验平台

在建构起非正式利益相关者为主体的产业链的同时,正式的产业联盟随着产业的发展应运而生。产业联盟以独特的性质为政府和企业架起一道桥梁,在产业中形成了有形的连接。中国新能源汽车的产业联盟在汽车从研发到商用阶段发挥了重要作用,政策的落地、产业链中利益相关者的连接都发生在以产业联盟为基础的平台上。

产业联盟在技术创新的基础上逐步发展出商业联盟。以商业合作为主导的产业联盟为各种商业模式创新提供了实验平台和合作机会。因此,中国新能源汽车产业商业模式的第三个特点是产业联盟优势明显,商业模式创新机会窗口增多。

商业模式创新篇

随着新能源汽车向电动化、网联化、智能化、共享化发展，技术创新驱动下的商业模式得到创新，电动技术为更多电气、电子设备提供开发平台；互联网技术的融入促使智慧出行等商业模式成为可能；智能化技术加速了智能网联汽车领域的商业应用，出现了自动驾驶物流运输、自动驾驶出租车等商业模式；共享化技术已经实现了实际场景的应用，分时租赁、短期、长期共享汽车等商业模式已经获得消费者的认可，越来越多的个性化出行服务依托技术创新获得新的发展机遇。

本篇根据基础理论模型，以中国新能源汽车产业为例，对中国情景的技术创新及制度条件、产业结构、资源基础三要素联动的商业模式创新进行全面分析。首先，从整车、动力电池和充电基础设施三大领域入手，对中国新能源汽车产业层面关键技术、专利分布、企业技术能力进行详细分析和阐述，验证新能源汽车技术创新对商业模式创新的关键作用。其次，本篇将进一步从产业阶段和不同城市发展的视角，就中国新能源汽车产业商业模式在技术创新驱动影响下的创新演进过程进行分析，对中国新能源汽车产业的商业模式创新和演进特点进行归纳总结。

第 12 章　驱动商业模式创新的技术分析

　　本篇分别从新能源汽车产业层面和企业层面分析可能会对新能源汽车产业商业模式产生重要影响的技术现状。

　　首先，对新能源汽车产业链中的三个重要领域（整车、动力电池和充电基础设施）的关键技术进行介绍。当前，整车领域的研究重点集中在轻量化、智能化、网络化和自动化四个方面。动力电池作为新能源汽车的核心，一方面需要不断提高动力电池新型材料和电池管理系统等本身的关键技术，另一方面要从动力电池回收利用技术、梯次利用、安全性问题等方面不断改善动力电池的安全性能和商业化应用，这两方面也是动力电池产业发展的关键技术问题。在充电基础设施领域，充电的智能化、便捷化将是未来一段时间的技术研究重点。

　　其次，分别从国内外的专利视角对上述三个产业的关键技术进行详细解读。专利是体现技术创新的重要指标，因此运用德温特创新索引数据库，利用专利分析方法，从历年专利数、专利申请人排行、专利申请人国家分布、专利申请人领域分布、技术领域分布五个方面对全球电动汽车、动力电池、充电基础设施的专利发展进行详细分析，并且在全球新能源汽车产业技术创新分析的基础上，深入研究中国新能源汽车的技术创新水平。对中国新能源汽车、动力电池和充电基础设施的关键技术、产业链发展、厂商情况和中国专利申请情况进行细致阐述。识别目前中国新能源汽车、动力电池、充电基础设施的技术特点和技术优势，归纳中国新能源汽车产业链上的企业竞争和产业格局，充分反映中国新能源汽车相关产业的技术创新趋势及技术创新水平，为进一步研究技术创新驱动下的商业模式创新提供基础。

　　最后，从企业的视角分析车企在新能源汽车方面的技术贡献及创新路径。本研究对比了三类新能源车企在技术领域的发展现状。之后再选择国内外典型企业的重要技术指标进行对比分析，反映新能源汽车的技术发展现状，总结企业的技术创新对商业模式创新的驱动作用。

12.1 关键技术：产业层面

12.1.1 整车关键技术

目前，新能源汽车技术创新主要体现在四化，即轻量化、智能化、网络化和自动化四个方面。汽车轻量化就是在保证汽车的强度、刚度、模态和安全性能的前提下，尽可能地降低汽车的整备质量，从而提高汽车的动力性和操控性，减少燃料消耗和电池损耗，降低排气污染，提高续航里程，其是实现汽车产品节能减排的有效措施。智能汽车是在普通车辆的基础上增加先进的传感器识别技术（如雷达、摄像等）、自动驾驶技术、人工智能技术、高级驾驶辅助系统（advanced driving assistance system，ADAS）及执行器等技术，通过车载传感系统和信息终端实现与人—车—路—云等的信息交换，使车辆具备智能的环境感知能力，使之能够自动分析车辆行驶的安全和及时处理突发状况，通过人工智能替代人为操作，实现车辆按照人的意愿到达目的地并获得良好的交互体验。网络化主要指车联网技术，即车与车、车与路、车与人、车与传感设备等交互，实现车辆与公众网络通信的动态移动通信系统。车联网能够实现智能化交通管理、智能动态信息服务和车辆控制的一体化网络，是物联网技术在交通系统领域的典型应用，是实现自动驾驶的前提。本研究进一步就新能源汽车的技术创新和发展进行深入分析。

1. 轻量化

从轻量化材料看，碳纤维复合材料、铝镁合金、先进高强度钢是目前车企探索的三大方向（表 12-1），这三种材料替代当前的主流材料低碳钢，可分别减重60%、40%、25%。碳纤维复合材料由于密度低、强度高、耐腐蚀、耐高温等优秀特性，被认为是未来汽车材料的主要发展方向。但是，目前国内车用碳纤维复合材料刚刚起步，还处于技术探索和积累阶段，原材料成本高及加工效率低，依然阻碍着碳纤维复合材料的推广应用（图 12-1）。

表 12-1　新能源汽车材料分析

材料	示例	密度/（克/厘米^3）	用途	优点
高强度钢/超高强度钢	双相钢、相变诱发塑性钢	7.8	汽车车身、悬架、转向等零部件	减薄车身用板的厚度和重量、增加安全性
铝合金	—	2.7	—	—
镁合金	高韧性镁合金 高强度镁合金 高耐腐蚀性镁合金	1.74	发动机部件、传动系统、零件外壳等	导热性、减震、易回收
钛合金	20MnTiB 20CrMnTi Ti-6A1-4V	4.51	刹车原件、排气管、轮毂、强制活塞	强度高、韧性与钢铁相当、抗蚀性优于钢铁
复合材料（碳纤维）	碳纤维复合材料	1.5～2.0	汽车车身、底盘、轮毂、刹车片	轻量化、强度高、刚度高
塑料	聚丙烯/聚酰胺/长玻纤/聚苯醚/聚碳酸酯/ABS塑料等	1.09～1.57	门板、保险杠、汽车尾门、内外饰	密度轻、易回收、性价比高

资料来源：《节能与新能源汽车技术路线图》

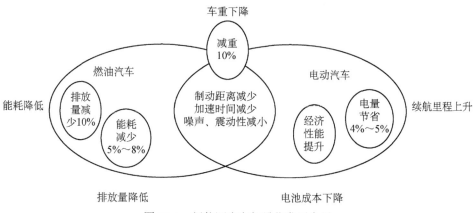

图 12-1　新能源汽车轻量化发展全景

2. 智能化

近年来，智能车辆已经成为世界车辆工程领域研究的热点和汽车工业增长的新动力，很多发达国家都将其纳入重点发展的智能交通系统中。随着绿色生活的进一步走来，汽车智能化是未来新能源汽车行业的发展方向，也是我国的国家战略。未来，新能源汽车将是一个集环境感知、规划决策、多等级辅助驾驶等功能于一体的综合系统。

智能汽车是在普通车辆的基础上增加先进的传感器（如雷达、摄像等）、控制器及执行器等装置，通过车载传感系统和信息终端实现与人、车、路等的智能信息交换，使车辆具备智能的环境感知能力，能够自动分析车辆行驶的安全及危险状态，并使车辆按照人的意愿到达目的地，最终实现替代人来操作的目的。

智能汽车有一套导航信息资料库，存有全国高速公路、普通公路、城市道路和各种服务设施（餐饮、旅馆、加油站、景点、停车场）的信息资料；全球定位系统（global positioning system，GPS），利用该系统精确定位车辆所在位置，与道路资料库中的数据相比较，确定以后的行驶方向；道路状况信息系统，由交通管理中心提供实时的前方道路状况信息，如堵车、事故等，必要时及时改变行驶路线；车辆防碰系统，包括探测雷达、信息处理系统、驾驶控制系统，控制与其他车辆的距离，在探测到障碍物时及时减速或刹车，并把信息传给指挥中心和其他车辆；紧急报警系统，如果出了事故，自动报告指挥中心进行救援；无线通信系统，用于汽车与指挥中心的联络；自动驾驶系统，用于控制汽车的点火、改变速度和转向等。

对车辆智能化技术的研究和开发可以提高车辆的控制与驾驶水平，保障车辆行驶的安全畅通、高效。对智能化车辆控制系统的不断研究完善相当于延伸扩展了驾驶员的控制、视觉和感官功能，能极大地提高道路交通的安全性。

我国新能源汽车智能化发展全景图如图 12-2 所示。

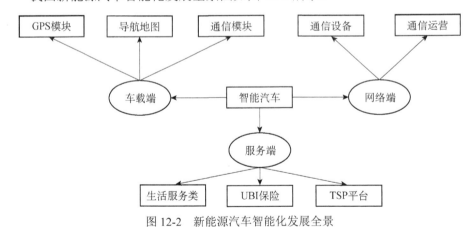

图 12-2　新能源汽车智能化发展全景

UBI：基于使用量而定保费的保险；TSP：汽车远程服务提供商

3. 网络化

车联网系统主要包含的利益相关方有内容提供商、设备提供商、网络提供商、电信运营商、方案解决商、整车厂和用户。我国在网络通信、互联网、信息通信等领域涌现了一批世界级领军企业，移动通信和互联网运营服务能力位居世界前列，也为车联网的发展积蓄了重要力量。新能源汽车网络化发展全景如图 12-3 所示。

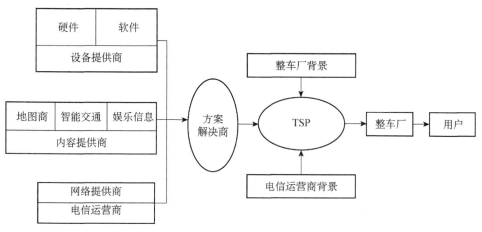

图 12-3　新能源汽车网络化发展全景

艾媒咨询（iiMedia Research）数据显示，近年来中国车联网市场规模稳步上升，从 2016 年的 1840 亿元增长至 2019 年的 3306 亿元。2020 年虽受新冠疫情影响略有下降，但预计 2023 年中国车联网市场规模将达 599 亿美元。《灼鼎咨询：汽车行业知识报告系列——车联网（2022）》显示，2018～2021 年中国车联网用户规模由 5976 万辆增长至 16 625 万辆，渗透率由 24.9%增长至 53.3%；预计到 2022 年车联网用户规模增长至 20 090 万辆。未来，随着中国车联网行业渗透率不断增加，预计到 2025 年中国车联网用户规模约 38 257 万辆，渗透率为 75.9%。同时，通过车载系统实现联网功能的汽车占新售汽车的总比例也在不断上升，汽车智能化已经成为汽车生产与销售的标配。

4. 自动化

在自动化驾驶方面，无人驾驶技术已经成为整个汽车产业的最新发展方向之一，科研院校、汽车制造厂商、科技公司、无人驾驶汽车创业公司和汽车零部件供应商在无人驾驶技术领域不断地进行探索。工业和信息化部、国家发展和改革委员会、科学技术部 2017 年联合发布的《汽车产业中长期发展规划》中提出，到 2020 年，我国汽车驾驶辅助（DA）、部分自动驾驶（PA）、有条件自动驾驶（CA）系统新车装配率超过 50%，网联式驾驶辅助系统装配率达 10%，满足智慧交通城市建设需求。到 2025 年，汽车 DA、PA、CA 系统新车装配率达 80%，其中 PA、CA 级新车装配率达 25%，高度和完全自动驾驶汽车开始进入市场。我国新能源汽车自动驾驶技术主要分为 6 个技术等级，如表 12-2 所示。

表 12-2　我国新能源汽车自动驾驶技术等级

等级	名称	转向、加减速控制	对环境的观察	激烈驾驶的应对	应对工况
L0	人工驾驶	驾驶员	驾驶员	驾驶员	—
L1	辅助驾驶	驾驶员+系统	驾驶员	驾驶员	部分
L2	半自动驾驶	系统	驾驶员	驾驶员	部分
L3	高度自动驾驶	系统	系统	驾驶员	部分
L4	超高度自动驾驶	系统	系统	系统	部分
L5	全自动驾驶	系统	系统	系统	全部

资料来源：《节能与新能源汽车技术路线图》

12.1.2　动力电池关键技术

动力电池是新能源汽车的核心，是新能源汽车产业发展的关键。首先，完善新能源汽车电池技术不仅可以解决新能源汽车行驶里程的问题，而且还能有效降低汽车行驶中的噪声问题，大大提高了新能源汽车的舒适度，满足了消费者的要求。其次，电池技术发展也是降低电池成本的重要举措。根据中国动力电池产业的 10 年回望数据，电池技术的关键是隔膜，而我国生产的隔膜虽然在价格上比日本等国家要低，但是其性能还存在一定的差距，因此加强电池技术的发展，尤其是加强电池隔膜技术的发展可以大大降低我国电池成本，提高新能源汽车企业的经济效益。最后，发展电池技术也是促进电池多元化发展，适应新能源汽车产业节约化、规模化发展的必然举措。

近年来，在一系列支持政策的推动下，我国新能源汽车产业发展迅速，产销量快速增长，这也直接带动了我国动力电池产业的快速发展。随着产业整合和中低端产能被淘汰，市场集中度会进一步提高，动力电池龙头有望受益。从中期角度看，新能源汽车行业集中度明显低于动力电池，动力电池优质产能相对紧缺，议价能力相对较强。2020 年补贴退出后，外资企业进入可能会导致动力电池集中度降低，竞争更加激烈，间接影响动力电池议价能力。

目前，国外动力电池技术创新主要包括两个方面：一是进一步提高动力电池的关键技术，如动力电池新型材料、隔膜技术、充电均衡、电池管理系统等关键技术；二是改善动力电池的安全性能和商业化应用，包括动力电池回收利用技术、电池的梯次利用、安全性问题等方面，并且对新型锂离子电池、固态电池、镁离子电池、金属-空气电池和锂硫电池的技术现状及未来应用前景进行了对比分析。

同时，这两方面也是动力电池产业发展目前面临的焦点问题，其技术进步对产业未来的发展进程影响巨大，而且技术创新在美国、日本、韩国等发达国家产业发展过程中发挥了支撑和驱动作用，并在这些国家的产业变革和经济繁荣中都发挥了重要作用。

动力电池很早就被认为是最有发展潜力的电源技术之一，世界各国都投入了大量的资金进行实用电池的开发。我国早在 20 世纪 70 年代对燃料电池的研究就出现了第一次高峰，主要的研究项目为国家投资的航天用碱性燃料电池（alkaline fuel cell，AFC）等；1987 年的 "863 计划" 中把研究开发锂离子电池列为关键项目，"九五" 期间又将锂离子电池列入国家重点科技攻关项目，将其作为电子产业新的重大经济增长点，以带动整个产业的技术进步和经济发展。

目前，我国新能源汽车电池技术所存在的问题主要表现如下：

（1）电池容量密度问题没有得到很好的解决。电池的密度不高是造成新能源汽车不被人们认可的重要因素，从而导致电池续航里程相对较差。例如，单质硫的电子导电性和离子导电性差，硫材料在室温下的电导率极低（5.0×10^{-30} 西门子/厘米），反应的最终产物 Li_2S_2 和 Li_2S 也是电子绝缘体，不利于电池的高倍率性能。

（2）电池装配技术不高，导致在制造的过程中存在尺寸偏差。由于新能源汽车电池散热风扇的整体式外转子叶片的数量比较大（一般为 41 片），因此在具体的制造安装过程中容易因为安装尺寸要求不规范而导致外转子偏离出现风扇振动。

（3）电池检测技术有待提升，检测人员质量意识不强。造成电池散热风扇轴向振动的重要因素就是电池的检测技术不高和检测人员质量控制意识淡薄。例如，在电池风扇检测中仍然采取较为传统的检测技术而忽视了仿真环境的检测，结果导致新能源汽车在实际应用中容易因外界环境等因素影响而产生振动。

归根到底，电动汽车存在的续驶里程短、寿命短、初期成本高、安全性差等问题，主要来自车用动力电池系统在性能、耐久性、成本、安全性上的局限，车用动力电池系统技术已成为电动汽车走向普及的瓶颈。要攻克这一瓶颈，需要从材料开发、电池设计、生产制造、系统集成、商业模式多方面进行探索和突破。

为了进一步分析车用动力电池系统的技术特点,表 12-3 对比了美国、日本等市场上进入量产阶段的 6 款代表性的电动汽车电池系统。

表 12-3 代表性电动汽车的电池组参数

国别	车辆型号	电池供货商	电池组能量	单体容量/安时	单体结构	电池材料
美国	GM Volt	LG Chem	总能量 16 千瓦时,标称电压 355 伏,总容量 45 安时	约 15	叠片式(铝塑膜软包型)	锰酸锂正极材料
		A123		20	—	磷酸铁锂正极材料
	Enerl Th!nk City	Enerdel	总能量 22 千瓦时或 28 千瓦时,以 28 千瓦时为例,标称电压约 400 伏,总容量 70.4 安时	17.5	叠片式(铝塑膜软包型)	三元锂离子正极材料,硬碳负极材料
	Tesla Roadster	Sanyo(Panasonic)	总能量 53 千瓦时,标称电压 355 伏,总容量 150 安时(也记为 56 千瓦时,375 伏)	约 2.2	圆柱形卷绕式(金属外壳)	镍酸锂正极材料
日本	Toyota Prius,PHV	Sanyo(Panasonic)	总能量:Toyota Prius 1~2 千瓦时,PHV 4~6 千瓦时	6.5	圆柱形卷绕式,后改为方形(金属外壳)	三元锂离子正极材料
		PEVE(Primearth)		6.5	—	镍氢电池
	Nissan Leaf	NEC(AESC)	总能量 24 千瓦时,标称电压 360 伏	约 33	叠片式(铝塑膜软包型)	锰系及其他混合物锂离子正极材料
	Mitsubishi iMiEV,Minicap	GSYUASA	总能量 16 千瓦时	50	方形卷绕式(厚度为 43.8 毫米)	三元锂离子正极材料
		TOSHIBA	总能量 10.5 千瓦时	—	—	钛酸锂负极材料

从表 12-3 可以看出,车用动力电池系统技术呈现以下趋势和特点:

(1)锂离子电池成为车用动力电池的主流,纯电动汽车和插电式电动汽车均采用锂离子电池,混合动力汽车的动力电池也从镍氢电池向锂离子电池过渡。

(2)与电子产品(数码产品或电动工具)用电池相比,车用动力电池系统呈现大型化、成组化、模块化、使用条件更加苛刻等特点。

(3)先进的量产型电动汽车采用热电一体化(通用的 Volt)、电池系统与电动汽车一体化(日产的 LEAF)设计,技术集成度与成熟度较高。

(4)在量产型电动汽车电池的正极材料体系上,锰酸锂及锰基三元锂离子正极材料为多数,磷酸铁锂正极材料为少数;在电池负极材料体系上,石墨仍为主流材料，但硬碳和钛酸锂等新型负极材料也得到了应用。

（5）电池单体结构上，采用圆柱形卷绕式传统设计的厂家较少，更多厂家采用方形卷绕式或叠片式铝塑膜软包型的电池结构。

（6）美国汽车公司多从电池厂家选购电池，自己进行电池系统的设计；日本汽车公司则多与电池厂家进行合资，深度介入动力电池的研发与生产，试图全面掌握电动汽车的核心技术。

相较于美国、德国、日本等国际知名新能源汽车公司，我国动力电池产业的发展依旧存在诸多问题：上游过度依赖国外原材料供应商，受制于核心原材料的供应；中游的技术投入产出比较低，高性能的动力电池技术仍需开发，锂离子电池的热稳定性问题，以及磷酸锂铁电池续航里程问题，限制了新能源汽车的进一步发展；下游未形成完善的销售、售后维修、回收再利用体系，且动力电池销售市场主要集中在国内，在国际主流新能源汽车电池市场需求中未占领高地，高购买成本也阻碍了消费者的购买热情。

因此，加大技术研究和趋势分析，对中国在新能源汽车电池领域的全球竞争中保持领先地位，引领未来经济发展趋势具有重要作用。

12.1.3　充电基础设施关键技术

随着中国电动汽车产业的快速兴起和繁荣，充电基础设施的发展也取得了突破，为新能源汽车发展提供了重要支撑。综合国务院发布的《电动汽车充电基础设施发展指南（2015—2020 年）》和《关于加快电动汽车充电基础设施建设的指导意见》中对充电基础设施的定义，充电基础设施是指为电动汽车提供电能补给的各类充换电设施，主要包括各类集中式充换电站和分散式充电桩，是新型的城市基础设施。

随着 2015 年国家鼓励社会资本进入充电市场，在市场前景和政策驱动下，充电基础设施已经形成国有、民营、混合所有制并存的产业格局，主要运营商间呈现既竞争又合作的发展势头。我国充电基础设施产业呈现出以下几个特点：一是中央企业持续履行社会责任，积极发挥带头作用，在行业持续亏损的情况下，大力投资充电基础设施服务网络，是产业发展的主力军；二是社会资本发挥巨大作用，通过众筹、自建+托管等模式促进做大充电运营规模；三是主要汽车企业积极参与充电基础设施运营服务，根据《中国充电基础设施发展年度报告》，北汽、上汽、比亚迪等销量排名靠前的汽车企业大力投资充电基础设施建设，占整个市场的比例达到 5.4%；四是部分民营资本通过灵活的运营模式，实现了产业盈利，成为产业可持续运营模式开拓的先锋；五是设备制造企业也加入充电运营，依托其产品优势在一定区域内迅速取得优势，成为产业的重要组成部分。

目前，我国在充电智能化、便捷化方面有所突破。

首先，根据充电功率的不同，可以将充电桩分为直流快充和交流慢充两类：交流充电桩本身并不具备充电功能，主要是依靠车电充电机接入电网，为电动汽车车载充电机提供可控的单向交流电源或三相交流电源的供电装置，交流充电桩由于受到车载充电机功率的限制，只能实现慢速充电。而直流充电桩一般采用三相四线制或三相三线制供电，输出的电压和电流可调范围大，因此可以实现电动汽车快速充电。此外，由于车载电池的限制，锂离子电池只能由锂离子电池充电，而直流充电技术恰好完成了这一技术过渡，不用车载充电机的转换，从而加快了充电速度。

其次，无线充电技术。无线充电技术由于其具有建设成本低、降低空间占有率、依托现有电网覆盖率等特点受到研究者的青睐。电动汽车非接触充电方式研究主要集中在感应充电形式，即不需要充电接口便可实现充电。我国静态无线充电产业链企业正蓄势待发，中兴通讯股份有限公司（简称中兴通讯）、深圳顺络电子股份有限公司、惠州硕贝德无线科技股份有限公司、浙江万安科技股份有限公司等软硬件供应商展开布局，并与比亚迪、长城、长安等车企合作共同推动产业的发展。奥迪、宝马、奔驰、特斯拉、沃尔沃、丰田、日产、铃木、现代起亚等国外车企也在大力开展研发工作。无线充电装置的最高输出功率可达 50 千瓦，一般的小型电动汽车可在 7～8 小时内完成充电。

再次，换电技术。与插充模式相比，换电模式具有充电速度快和可优化电池寿命等显著特点。根据换电时接触和导向的方式，可将换电实现形式分为对插式和端面式。其中，对插式换电即在换电时，由车身和电池上的插件导向孔和导向轴对插进行导向和定位，完成电池和车辆的连接。根据换电时车身运行方向和电池行进方向的关系，将对插换电的形式分为垂直对插式和平行对插式。端面换电的实现过程与对插式换电基本类似，电池仍安装在底盘，但换电时由插件接触面定位，而非通过导向的轴孔。

最后，电动汽车给电网送电（vehicle to grid，V2G）技术作为车电互联的新模式将成为必然趋势。V2G 的核心思想在于电动汽车和电网的互动，利用 V2G 技术可以实现电动汽车和电网之间的双向通信和双向能量流，能够有效管理电动汽车的充放电过程，最小化电动汽车负荷对电网的冲击，同时充分利用电动汽车电池资源增加、电网能量管理灵活性和稳定性。V2G 技术是融合了电力电子技术、通信技术、调度和计量技术、需求侧管理等的高端综合应用，V2G 技术的实现将使电网技术向更加智能化的方向发展。我国已经在北京等城市开展了 V2G 的试点研究，并在 V2G 放电负荷预测、放电控制策略等方面取得了一定的研究成果。

12.2　专利分析：产业视角

本研究将对与技术关联紧密的新能源汽车三大核心产业：整车、动力电池和充电基础设施进行专利分析。根据世界知识产权组织报告，全球 90% 的研发成果都包含在专利信息中，而企业的自主知识产权恰恰是其研发实力和核心竞争力的重要体现。为了探索新能源汽车的全球产业格局和各大企业的技术研发实力，研究将通过专利数据库检索出国内外与新能源汽车有关的专利，基于这些专利数据分析新能源汽车技术的整体发展情况和引领前沿技术的各大企业的技术发展趋势及发展内容。

12.2.1　全球新能源汽车专利分析

1. 全球整车专利分析

德温特创新索引数据库由德温特世界专利索引与专利引文索引两部分组成，收录了来自世界 40 多个专利机构的 1000 多万个基本发明专利、3000 多万个专利，数据可回溯至 1963 年，可以用其确认当前世界前沿技术领域的核心技术。因为本研究更关注新能源汽车中的电动汽车技术，因此重点研究了电动汽车的技术专利。本研究以德温特创新索引数据库为依托，以 Topic＝（Electric Vehicle）or（Electric Car）or（Battery Electric Vehicle）or（Battery Electric Car）or（Pure Electric Vehicle）or（Pure Electric Car）or（Plug-in Hybrid Electric Vehicle）or（Plug-in Hybrid Electric Car）为检索式，时间跨度为 1963～2018 年，检索时间为 2018 年 12 月，排除不相关的数据，共检索到 116 426 件电动汽车技术专利。

按照专利的发布年度划分，2000～2018 年全球电动汽车专利分布如图 12-4

所示。

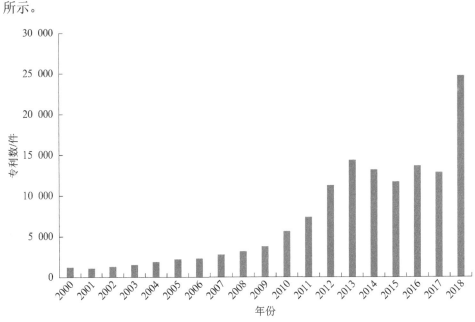

图 12-4　2000～2018 年全球电动汽车专利数

资料来源：德温特创新索引数据库

　　2000 年开始，电动汽车专利数逐年提升，2000～2008 年保持着较为稳定的态势。2009 年开始，全球电动汽车专利数明显提升，这与中国 2009 年开始大力发展电动汽车产业的时刻点不谋而合。2009～2013 年，全球电动汽车专利数保持快速增长态势，并于 2013 年开始保持较为稳定的状态。这说明，电动汽车技术在 2009～2013 年经历了迅猛的发展，汽车产品实现商业化应用。2013 年开始，全球汽车企业将重心转向市场化运营，电动汽车技术稳步提升。

　　在统计历年专利数的基础上，本研究统计了 2001～2009 年排名前 50 位的专利申请人。在图 12-5 中展示了前 10 位，前 10 位占比约 51%。

　　由图 12-5 可知，在电动汽车领域，排名前 10 位的专利申请人多为日韩企业。日本企业丰田、日产、本田、日本电装、松下、住友共 6 家。韩国企业现代和 LG 共 2 家。美国整车企业福特和德国企业博世专利申请人占比均为 3%。在其他类别中包含了剩余 40 家企业的专利占比，其中国家电网有限公司（简称国家电网）、比亚迪及北汽新能源在全球专利库的排名分别为第 31 位、第 47 位、第 49 位，这说明中国的电动汽车技术专利在全球排名中优势并不明显。

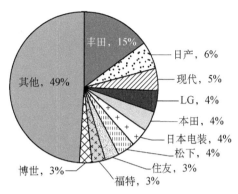

图 12-5　2001～2009 年排名前 10 位的专利申请人分布占比图

资料来源：德温特创新索引数据库

　　本研究进一步就专利申请人所属国家进行了分析。图 12-6 展示了全球电动汽车技术专利国家分布。该图统计了 2000～2018 年排名前 50 位的专利申请人的国家占比。

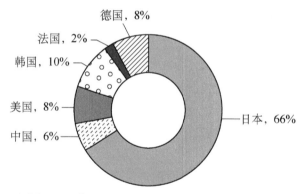

图 12-6　全球电动汽车技术专利国家分布占比图

资料来源：德温特创新索引数据库

　　排名前 50 位的专利申请人中，处于世界汽车产业领先地位的、拥有整车企业较多的日本、韩国、美国、德国、中国、法国等具有传统汽车产业优势的国家引领着全球电动汽车技术的发展趋势。由图 12-6 可知，日本在电动汽车技术专利方面的优势明显。日本企业申请专利占比约为 66%，是排在其后的韩国专利数的 6 倍之多。本研究又进一步对专利申请人类别进行了深入分析，如图 12-7 所示。

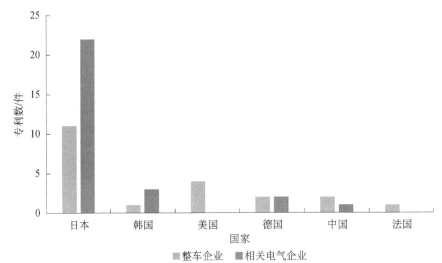

图 12-7　全球电动汽车专利申请人类别分析

资料来源：德温特创新索引数据库

　　从类别上来看，专利申请人由整车企业和相关电气企业构成。首先，日本电气研究机构的专利数超过整车企业的专利数，这里整车企业包含汽车集团旗下的多个研究中心，如丰田自动车株式会社、丰田汽车公司、丰田自动化有限公司等。其次，美国、法国的专利申请人是以整车企业为主的研发主体。韩国、德国和中国的专利申请既有整车企业，又有相关电气企业的参与。韩国的领头电气企业是LG 化学和三星，德国的西门子和博世的专利申请量靠前，中国仅有国家电网排在了前 50 名。

　　通过统计全球电动汽车专利的国际专利分类代码（International Patent Classification，IPC）分类，得到了 2000~2018 年专利发展趋势，如图 12-8 所示。

　　由图 12-8 可知，排名前 5 的电动汽车技术是 B60L-011/18（使用初级电池、二次电池或燃料电池供电）、H02J-007/00（用于电池组的充电或去极化或用于由电池组向负载供电的装置）、H01M-002/10（安装架；悬挂装置；减震器；搬运或输送装置）、B60L-003/00（电动车辆上安全用电装置；运转变量，如速度、减速、功率消耗的监测）、H01M-010/44（充电或放电的方法）。可见，电池技术、电池装置、安全监控和充放电技术是全球电动汽车最关注的核心技术。

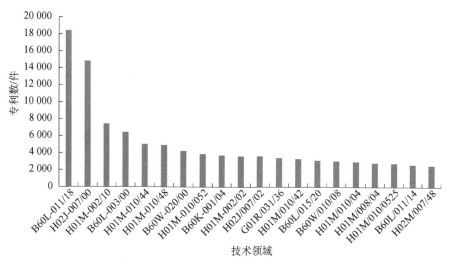

图 12-8 全球电动汽车技术领域专利分布

资料来源：德温特创新索引数据库

2. 全球动力电池专利分析

本研究关注新能源汽车中的动力电池技术，因此重点研究了动力电池技术专利。本研究以德温特创新索引数据库为依托，以 Topic＝"Lithium Battery"or "Lithium Ion Battery" or "Li Ion Battery" 为检索式，时间跨度为 1963～2018 年，检索时间为 2018 年 12 月，排除不相关的数据，共检索到 91 132 件动力电池技术专利。

按照专利的发布年度划分，2000～2018 年全球动力电池专利分布如图 12-9 所示。

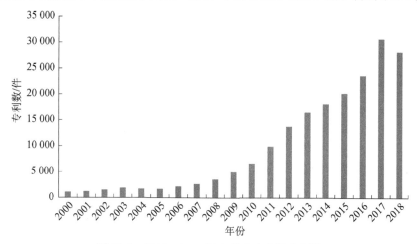

图 12-9 2000～2018 年全球动力电池专利数

资料来源：德温特创新索引数据库

　　2000 年开始，动力电池专利数逐年提升。2000～2008 年保持着较为稳定的态势。2009 年开始，全球动力电池技术专利明显提升，这与中国 2009 年开始大力发展电动汽车产业的时刻点不谋而合。2009～2017 年，动力电池技术专利保持快速增长态势，这说明动力电池技术在 2009～2013 年经历了迅猛发展，汽车动力电池实现商业化应用。

　　在统计历年专利数的基础上，本研究统计了 2001～2009 年排名前 50 位的专利申请人。在图 12-10 中展示了前 7 位。

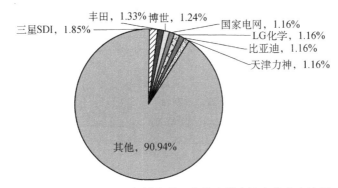

图 12-10　2001～2009 年排名前 7 位的专利申请人分布占比图

资料来源：德温特创新索引数据库

　　由图 12-10 可知，在动力电池领域，排名前 7 位的专利申请人有 3 家为中国企业，包括国家电网、比亚迪与天津力神。其他 4 家企业分别为韩国三星 SDI 与 LG 化学、日本丰田与德国博世。三星 SDI、丰田与博世的专利申请数位列前 3。从专利申请数来讲，中国的动力电池技术已在全球竞争格局下占有一席之地。

　　本研究下一步就专利申请人所属国家进行了分析。图 12-11 展示了动力电池技术专利国家分布。该图统计了 2000～2018 年排名前 50 位的专利申请人的国家占比。

　　排名前 50 位的专利申请人中，处于世界汽车产业领先地位的、拥有电池企业较多的中国、日本、韩国、美国等传统具有汽车产业优势的国家引领着全球动力电池技术发展趋势。由图 12-11 可知，中国在动力电池技术专利方面的优势明显。中国、日本、韩国三国的专利申请数与其他国家差距很大，说明动力电池的研发还是以中国、日本、韩国三国为主导。

　　通过统计全球电动汽车专利的国际专利分类代码分类，得到了 2000～2018 年专利发展趋势，如图 12-12 所示。

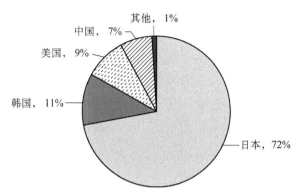

图 12-11 全球动力电池技术专利国家分布占比图

资料来源：德温特创新索引数据库

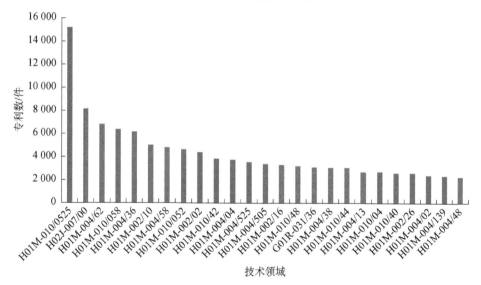

图 12-12 全球动力电池技术领域专利分布

资料来源：德温特创新索引数据库

由图 12-12 可知，排名前 5 位的动力电池技术是 H01M-010/0525（摇椅式电池、锂离子电池）、H02J-007/00（用于电池组的充电或去极化或用于由电池组向负载供电的装置）、H01M-004/62（在活性物质中非活性材料成分的选择，如胶合剂、填料）、H01M-010/058（构造或制造）、H01M-004/36（作为活性物质、活性体、活性液体材料的选择）。由此可见，在动力电池技术中电解质、电解液和电池制造技术是全球动力电池最关注的核心技术。

3. 全球充电基础设施专利分析

本研究以［"charging pile" or "charging station" or "charging infrastructure"］为标题检索，时间跨度为 1971～2019 年，收录充电基础设施专利信息 16 759 条。通过对充电基础设施专利的计量分析，可以揭示授权专利按时间的变化情况。由于 2019 年数据不完整，图 12-13 仅展示 1971～2018 年的专利统计数据。

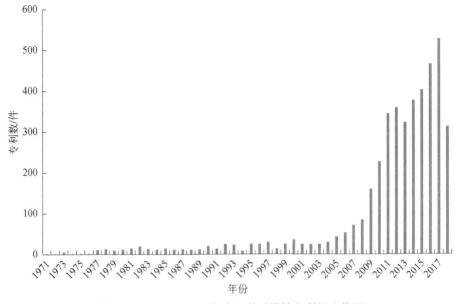

图 12-13　1971～2018 年充电基础设施专利统计数据

资料来源：德温特创新索引数据库

从图 12-13 可以看出，1971～2018 年专利数总体呈增长态势，2017 年专利数达到顶峰 526 件。1971～2008 年，充电基础设施专利数呈缓慢增长的态势。而在2009 年开始呈现较大幅度的增长，分别由 2008 年的 90 件增加到 2017 年的 526件，再到 2018 年的 315 件，这表示这 10 年来企业和科研机构对充电基础设施技术的研发十分重视。

由专利权人分布情况发现，充电基础设施专利分布在各个整车企业、电力企业及科技企业之间，并没有出现头部企业。本次共检索有 9104 件专利权人与16 759 条专利信息，反映出专利权人分布广泛，技术门槛低的现象。

由表 12-4 可知，国家电网总公司拥有最多的充电基础设施专利，国家电网集团以国家电网总公司为核心作为专利权人共拥有 857 件专利（其中国网北京市电力公司 93 件、国网四川省电力公司 87 件、山东鲁能智能技术有限公司 57 件、许继电气股份有限公司 44 件)。大众集团排名第二,拥有 144 件专利(保时捷集团 54 件、奥迪股份公司 46 件、大众集团 44 件),占比为 0.85%。福特集团通过单独的两家全球技术有限责任公司进行专利管理,共拥有 100 件专利。

表 12-4　充电基础设施的前 20 位专利权人

排名	专利权人名称	国家	专利数/件	占总数比例/%
1	国家电网总公司	中国	496	2.96
2	西门子股份公司	德国	123	0.73
3	戴姆勒股份公司	德国	101	0.60
4	宁波轩悦行电动汽车服务有限公司	中国	96	0.57
5	国网北京市电力公司	中国	93	0.56
6	国网四川省电力公司	中国	87	0.52
7	安徽易威斯新能源科技股份有限公司	中国	85	0.51
8	无锡同春新能源科技有限公司	中国	81	0.48
9	宝马集团	德国	77	0.46
10	博世集团	德国	69	0.41
11	福特全球技术有限责任公司	美国	57	0.34
12	山东鲁能智能技术有限公司	中国	57	0.34
13	保时捷集团	德国	54	0.32
14	现代汽车公司	韩国	52	0.31
15	通用电气公司	美国	48	0.29
16	奥迪股份公司	德国	46	0.27
17	成都信息工程大学	中国	46	0.27
18	大众集团	德国	44	0.26
19	许继电气股份有限公司	中国	44	0.26
20	福特全球科技有限公司	美国	43	0.26

资料来源:德温特创新索引数据库

从国家的角度分析(图 12-14),排名前 20 位的专利权人,中国有 9 位(国家电网有 5 位),专利 1085 件,占总专利数的 6.4%。德国有 7 位(大众集团有 3 位),专利 514 件,占总专利数的 3.06%。美国有 3 位(福特集团有 2 位),专利 148 件,占总专利数的 0.88%。除了中国、德国与美国的企业外,韩国的现代汽车公司也进入前 20 位专利权人的名单,拥有 52 件充电基础设施专利。

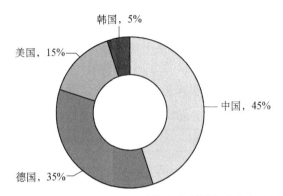

图 12-14　全球充电基础设施技术专利国家分布占比图

资料来源：德温特创新索引数据库

　　国际专利分类代码是各国工业产权局统一的专利分类依据，以应用分类和功能分类相结合，侧重于功能分类，根据专利统计，全球充电基础设施技术的前 20 项国际专利代码分类如图 12-15 所示。

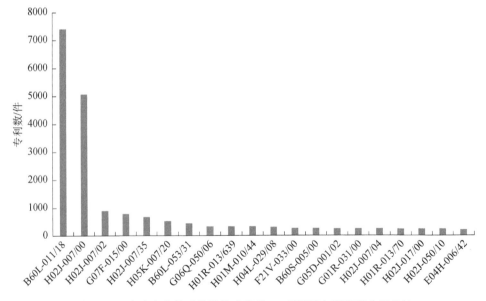

图 12-15　全球充电基础设施技术的前 20 项国际专利代码分类统计

资料来源：德温特创新索引数据库

　　充电基础设施研究覆盖了国际专利分类代码中运输、物理、固定建筑物、机械工程、电学五个大类。B60L-011/18（使用初级电池、二次电池或燃料电池供电的一般车辆），专利数为 7387 件，占总数的 44.08%。H02J-007/00（用于电池组负载供电的装置）专利数为 5036 件，占总数的 30.05%。接下来是 H02J-007/02（用变换器从交流干线为电池组充电）、G07F-015/00（有仪表控制的分配液体、气体或电的投币式设备）等专利，而 H02J-017/00（用电磁波供电或配电的系统）代表了无线充电技术在充电基础设施方面的发展。

结合国际专利分类代码与德温特手工代码两种方法可以看出，充电基础设施技术设计立足于电动汽车的作用，功能上通过直交流、再生能源、无线充电的各个组成部分分别展开设计。在充电桩研发方面，充电器的研究位列第一，充电安排、车辆微处理器系统的研究仅次于充电器的研究，然后是分离式充电设备研究。研究显示，充电的通信互联、利用太阳能与风能的路灯充电桩、插电式混合动力汽车充电也是研究的重点。

12.2.2　中国新能源汽车专利分析

1. 中国整车专利分析

在我国大力发展生态绿色经济的大形势下，新能源汽车的研发投入也获得了相应的积极推动，而专利能非常直观地反映出全球的技术发展情况。从图 12-16 可以看出，我国新能源汽车专利数 1986～2018 年整体呈现逐年上升趋势，尤其自 2009 年在国家"十城千辆"工程实施之后，新能源汽车专利数大幅上涨，新能源汽车行业迎来了快速发展期。

IPC 分析可以反映中国新能源汽车的技术分布状况（图 12-17），我们将检索得到的专利进行 IPC 分类整理，得到排名前 10 位的 IPC 占比（各 IPC 分类号的含义见表 12-5），由此可见中国新能源汽车专利主要集中在以下几个领域：一是电动车辆动力装置——B60L，二是车辆动力装置或传动装置的布置或安装——B60K，三是不同类型或不同功能的车辆子系统的联合控制——B60W，四是用于直接转变化学能为电能的方法或装置——H01M，五是供电或配电的电路装置或系统——H02J。综合来看，能够发现 61.69% 的专利申请中都涉及对新能源汽车的动力装置和控制系统的研究，21.06% 的专利申请涉及对电池技术的研究，说明汽车动力控制系统和电池技术是新能源汽车的关键技术点。此外，还有一些专利申请的技术分布在对发动机、电动机和汽车配件的研究。

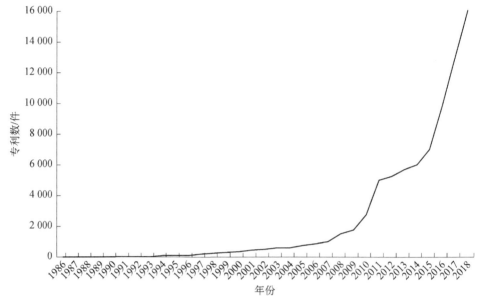

图 12-16   1986～2018 年中国新能源汽车专利申请趋势分析

资料来源：根据国家专利局数据整理

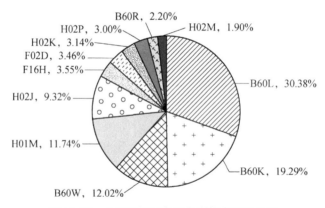

图 12-17   中国新能源汽车专利技术领域分析

资料来源：根据国家专利局数据整理

表 12-5   发动机/电动机和汽车配件的专利研究

IPC 分类号	分类号含义
B60L	电动车辆动力装置
B60K	车辆动力装置或传动装置的布置或安装
B60W	不同类型或不同功能的车辆子系统的联合控制
H01M	用于直接转变化学能为电能的方法或装置

续表

IPC 分类号	分类号含义
H02J	供电或配电的电路装置或系统
F16H	使用挠性元件的传动装置
F02D	用于单一子系统的燃烧发动机的控制
H02K	电机
H02P	电动机、发电机或机电变换器的控制或调节
B60R	车辆、车辆配件或车辆部件
H02M	用于交流和交流之间、交流和直流之间、直流和直流之间转换的设备

资料来源：根据 incopat 全球专利数据库整理，网址为 http://ipc.incopat.com/index

由图 12-18 可以看出，整车企业仍然是我国新能源汽车技术创新的主力，我国新能源汽车专利申请人排名前 20 位的机构中，企业申请人有 14 位。其中，比亚迪专利数最多，具有绝对的技术领先地位，北汽新能源位列第二；此外，高校也是新能源汽车技术专利申请的重要领域，有 6 位申请人，分别是吉林大学、北京理工大学、江苏大学、清华大学、同济大学、山东理工大学。总体来看，在新能源汽车技术方面，各企业及高校之间实力相差不大，并未出现一家独大、完全垄断的局面。

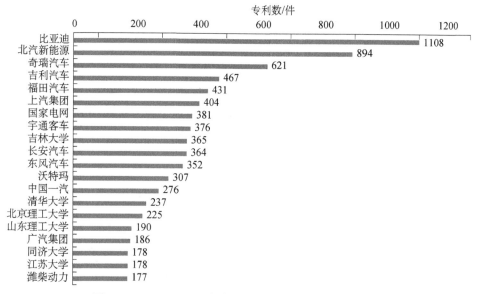

图 12-18　1986～2018 年中国新能源汽车专利申请人排名

资料来源：根据国家专利局数据整理

2. 中国动力电池专利分析

为了更好地研判我国动力电池产业的创新能力和发展前景，本研究对动力电池的专利发展情况进行了总结分析，以期基于技术视角对我国动力电池产业技术创新发展有更加深入的了解。

本研究选取中国专利局数据库进行动力电池专利的搜索与分析工作；在检索方法上，学者通常使用的方法有 IPC 分类检索法和关键词检索法。IPC 分类检索法虽然能够更清晰地反映专利技术，但是分类号的确定存在争议，容易造成遗漏。因此，本研究选择关键词检索法对专利进行检索。

在检索关键词方面，本研究根据动力电池文献分析，提取两个关键词"动力电池"和"新能源汽车电池"进行检索分析，专利类型限定为"发明专利"，检索时间为 2008 年 1 月 1 日至 2018 年 12 月 31 日，共检索专利 13 557 条，有效专利5707 条。

分析可知，中国动力电池产业的技术研发重点主要集中于 20 个细分领域，其中专利数最多的前四个技术领域达到申请比例的 90%，分别是 H01（基本电气元件）、B60（一般车辆）、G01（测量；测试）及 H02（发电、变电或配电）。

细分领域 H01M10（二次电池及其制造）的专利申请量约占申请总量的 44%，是行业侧重度最高的研究方向。相比较来说，这一方向的基础研究已经丰富而细化，成为技术演变历程中可以参考和深入的坚实后盾，这一趋势表明近年来研究内容主要围绕电池单体本身及电池的生产工艺展开。此外，H01M2（非活性部件的结构零件或制造方法）的科研收获达到申请总量的 22%，但是与 H01M10 相比仍旧显得有些不足。其余申请量较多的领域依次是 B60L11（用车辆内部电源的电力牵引）、G01R31（电性能的测试装置）及 B60K1（电动力装置的布置或安装）等。

通过对上述研究领域的分析得知，2010~2017 年，动力电池相关热门方向的研究成果持续增补，申请量基本处于逐年攀升，如图 12-19 所示。其中，H01M10（二次电池及其制造）是近年最为火爆的领域，专利数于 2015 年开始大幅增长，并于 2016 年达到 1583 件。其次，H01M2（非活性部件的结构零件或制造方法）的革新也受到了重视，2015~2016 年成果产出量较高，研究得到了极大的丰富。B60L11（用车辆内部电源的电力牵引）在创新方面有了一定进步，与之比较来看，G01R31（电性能的测试装置）及 B60K1（电动力装置的布置或安装）的专利数虽有上升，但是增长幅度比较有限，而 H02J7（用于电池组的充电或去极化或用于由电池组向负载供电的装置）的专利在经历了波动后趋于稳定。

　　本研究选取了行业内专利数排名前 10 位的企业及其普遍涉及的研发领域进行分析。从专利数来看，截止到 2017 年 12 月 31 日，北汽新能源方面的相关研究交付突出，专利成果产出丰富，其专利数排名第一，其次是比亚迪和重庆长安。从专利申请人技术领域来看，如图 12-20 所示，北汽新能源在 B60L（电动车辆动力装置）、G01R（测量电变量；测量磁变量）及 B60K（车辆动力装置或传动装置的布置或安装）相关技术研究上投入较大，完备的研发体系和人员培育机制保证了其成果的优越度，数量处在全国首位；虽然 H01M（用于直接转变化学能为电能的方法或装置）领域专利收获近 90 件，但仍比比亚迪和天津力神稍逊一筹，位列全国第三。

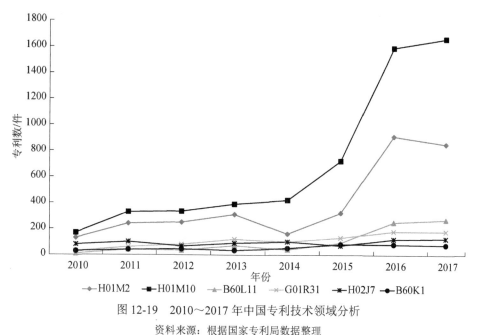

图 12-19　2010～2017 年中国专利技术领域分析

资料来源：根据国家专利局数据整理

　　从图 12-20 可以看出，研究成果较为丰富的方向是 H01M（用于直接转变化学能为电能的方法或装置）、B60L（电动车辆动力装置）和 G01R（测量电变量；测量磁变量），这三方面成果的汇聚丰富和完善了动力电池领域的基础理论和技术，奠定了行业向高精尖迈进的基础。

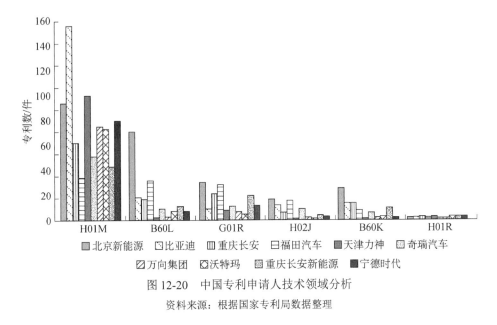

图 12-20　中国专利申请人技术领域分析

资料来源：根据国家专利局数据整理

在新能源汽车实现普及化的时代背景下，动力电池相关的材料配置及高精尖加工手段的寻求受到了教育研究行业的重视。各高校及科研机构动力电池相关专利数最多的是华南理工大学，其次是北京理工大学和清华大学。

如图 12-21 所示，专利总量排名前 10 位的高校及科研机构将研究领域主要集中于 H01M（用于直接转变化学能为电能的方法或装置），且研究成果显著。除此之外，北京理工大学投入较多实验资源和人才配备于 G01R（测量电变量；测量磁变量）及 B60K（车辆动力装置或传动装置的布置或安装），所收获的学术成就和成果进展远超其他单位。山东大学对 H02J（供电或配电的电路装置或系统）领域的研究较为重视，其从事各个方向的技术转化水平发展程度均衡。相比于其他高校，清华大学和中国汽车技术研究中心有限公司在 G06F（电数字数据处理）方向取得显著成绩。

3. 中国充电基础设施专利分析

本研究的分析数据以中国专利检索系统文摘数据库（CPRSABS）为数据源，以申请日截止到 2019 年 5 月充电基础设施领域相关中国专利申请为研究对象进行统计分析，通过分析专利申请量变化趋势、主要申请人来源国及申请量变化趋势、重要申请人，列出典型专利技术，以梳理充电基础设施领域相关技术的发展态势。

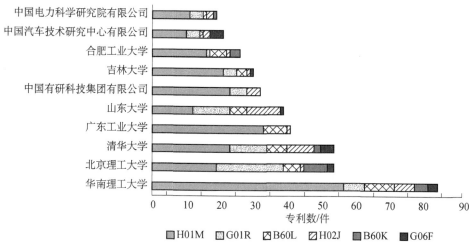

图 12-21　中国各高校及科研机构专利技术领域分析

资料来源：根据国家专利局数据整理

1）充电基础设施领域中国专利申请量年度变化趋势

图 12-22 给出了 2000～2019 年充电基础设施领域中国专利申请变化趋势情况。

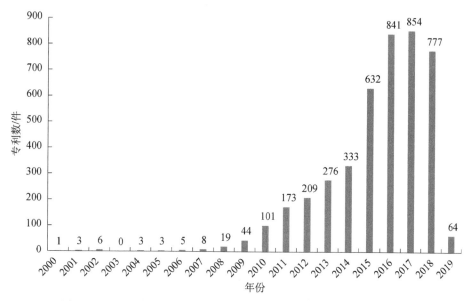

图 12-22　2000～2019 年充电基础设施领域中国专利申请量变化趋势

资料来源：中国专利检索系统文摘数据库

　　从图 12-22 中可以看出，2006 年开始，充电基础设施领域中国专利申请量的总体变化趋势是上扬的，申请量从 2006 年的 5 件猛增至 2016 年的 841 件；自 2014 年起，随着新能源汽车市场的爆发，充电基础设施领域中国专利申请重现上升态势；2016 年，国内新能源汽车市场增速放缓。总体而言，充电基础设施领域中国专利申请量变化趋势与国内新能源汽车市场近年来的发展趋势高度一致，伴随着新能源汽车的跨越式发展，国内充电基础设施市场规模不断扩大，各类申请人就充电基础设施相关技术在中国的专利布局意识和意愿不断加强，从而能够更快地在充电基础设施市场的竞争中占得先机。

　　2）充电基础设施领域中国专利申请的申请人来源区域分析

　　图 12-23 给出了充电基础设施领域中国专利申请的申请人来源区域分布，可以看出在 4225 个专利中，来自中国申请人的专利申请量占比高达 91.3%，位居第一且申请量优势明显。这表明，源自中国对新能源汽车发展的支持以及对充电基础设施的扶持政策，中国申请人对充电基础设施的研发激情较为高涨，已初步具有市场竞争优势。电动汽车技术领先的美国、德国等国家的申请人也就相关充电基础设施技术在中国积极申请专利，在该领域扮演了重要的角色。

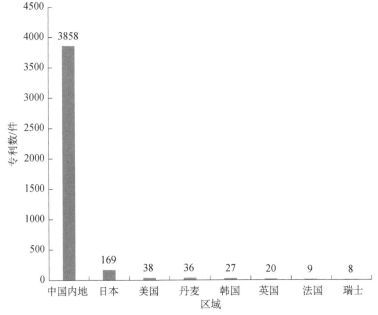

图 12-23　充电基础设施领域中国专利申请的申请人来源区域分布

资料来源：中国专利检索系统文摘数据库

3）充电基础设施领域中国专利申请重要申请人

从图 12-24 可以看出，国家电网公司在充电基础设施领域中国专利申请重要申请人中排名第一，共计 419 件，其专利申请涉及充电控制、充电结构、安全数据交换与通信、充电影响配电网的控制、充电计费、无线充电技术等。

国网北京市电力公司涉及充电基础设施的中国专利申请共计 72 件，主要涉及充电计费、充电控制等技术；山东鲁能智能技术有限公司涉及充电基础设施的中国专利申请共计 67 件，主要涉及充电站（桩）结构、无线充电等技术；福特环球技术公司涉及充电基础设施的中国专利申请共计 57 件，主要涉及充电站、无线充电技术等。

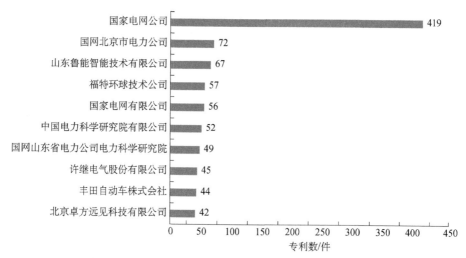

图 12-24　充电基础设施领域中国专利申请重要申请人分布[①]

资料来源：中国专利检索系统文摘数据库

4）基于专利数据的新能源汽车充电基础设施技术创新领域分析

新能源汽车充电基础设施建设涉及的技术领域非常广泛，分析新能源汽车充电基础设施专利的主要技术领域有助于我们更加深入地了解中国新能源汽车充电基础设施产业技术创新现状，本研究以 IPC 分类号为基础，查询截止到 2019 年 5 月的专利排名前 10 位的专利技术，如图 12-25 所示。

从充电基础设施专利技术领域分布可以看出，中国充电基础设施领域的技术专利主要集中在 B60L（电动车辆动力装置）、H02J（供电或配电的电路装置或系统）、G06Q（数据处理系统）、G07F（电池智能管理系统）四大领域。其中，电

---

① 2017 年公司改制，国家电网公司更名为国家电网有限公司。

控领域 B60L 的专利数达 1350 件，居于首位，说明该领域是充电基础设施的主要领域；H02J7/00 领域的专利数达 1163 件，仅次于电控领域的 B60L；而 G06Q 领域的专利数虽然位居第四位，但是相较于上述两个领域发展较为缓慢。

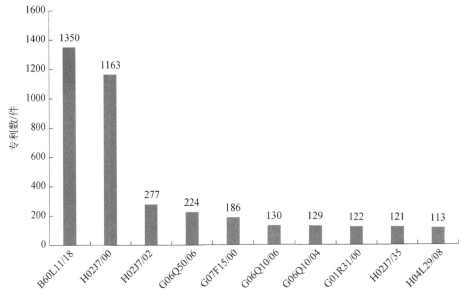

图 12-25　中国充电基础设施 IPC 分类号排名

资料来源：中国专利检索系统文摘数据库

12.3　技术和产品创新：企业视角

生产新能源汽车的车企成为新能源汽车产业技术创新的重要主体之一。因此，本研究主要从新能源车企的视角详细分析车企在行业内技术发展情况以及对产业和行业商业模式的推动作用等。这些企业在新能源汽车产业相关领域的技术创新根据其业务开拓方式的不同呈现出不同的特点。本研究将新能源车企分为三类，详细分析每一类企业在新能源汽车业务发展中的特点、技术贡献、对商业模式的影响及优劣势的对比等，并通过对国内外典型企业重要技术指标的对比分析，反映新能源汽车的技术发展历程及现状，总结企业的技术创新路线及对商业模式的驱动作用。

12.3.1　新能源汽车整车企业和产品

从技术端看，近年来我国新能源汽车技术水平取得了较大进步。《中国新能源汽车发展报告：2020》显示：

（1）整车：续航里程增加、电耗降低。2017 年第 1 批推广目录纯电动乘用车型平均续航里程仅 202.0 公里，到 2019 年第 7 批推广目录时增加到 361.9 公里，两年半时间续航里程提升 79.2%。

（2）电池：能量密度提升，处于全球第一阵营。纯电动乘用车配套电池系统能量密度平均值从 2017 年第 1 批推广目录的 100.1 瓦·时/千克攀升到 2019 年第 7 批推广目录的 150.7 瓦·时/千克，同比提升 50.5%。

（3）电机：基本实现国产替代。2018 年，我国驱动电机自主配套比例达到 95% 以上，新能源公交、纯电动卡车、纯电动物流车等领域全部实现国产化。

（4）电控：部分核心零件取得国产突破，但对外依存度仍高。新能源汽车电控系统中整车控制器和电池管理系统相对成熟，电机控制器相对落后，核心零部件绝缘栅双极型晶体管（insulated gate bipolar transistor，IGBT）90% 以上仍依赖进口。

（5）智能网联：取得一定进展，但部分领域技术较为薄弱。毫米波雷达、激光雷达、数据平台计算芯片等领域仍依赖国外，而这些技术的进步离不开各类企业的技术创新。在 1.2.3 节中我们将新能源汽车企业分为传统车企、造车新势力、跨界企业三类，它们也是新能源汽车技术创新的主体。在以上三大新能源汽车企业中，传统车企和造车新势力一直是主流且长期以来都被作为比较的对象。从技术研发的路径看，二者也有明显的区别，传统车企倾向在自有内燃机技术基础上做研发改进，先推过渡型新能源汽车如插电式混合动力汽车，而造车新势力则更专注于纯电动汽车领域的技术研发和创新。从图 12-26 的产品对比可以略窥一二。

具体来看：

（1）传统车企：汽车制造业是一个资金密集型和技术密集型产业，传统车企通常都有多年的技术沉淀和雄厚的资金背景。一方面，传统车企有传统燃油车市场做盈利基础，资金层面更富裕，基本不存在像造车新势力因融资困难而导致的资金问题。例如，上汽大众斥资 170 亿元在上海建立了新能源工厂，还专为新能源汽车开发了电动车模块化（modular electrification toolkit，MEB）平台。另一方

图 12-26　传统车企和造车新势力的部分产品
资料来源：根据各车企官网公开信息整理

面，传统车企拥有成熟的上下游供应链，并拥有更为雄厚的技术储备，产品品质可靠性更高。仅从专利上看，造车新势力就难以达到其高度。例如，在 2019 年 4 月，丰田汽车公司宣布将无偿提供丰田在车辆电动化领域的专利使用权（包含申请中的项目），仅关于电机、电控、系统控制等方面的专利总数就达到了约 23 740 件。而造车新势力中走在前列的蔚来，各家子公司加起来的所有专利才 2000 余件，其中还有 1/5 是外观专利。这意味着，虽然传统车企受传统业务中一些僵化理念影响较大，但是当它们反应过来开始转战新能源汽车，依托其极其深厚的技术积累可以快速推出大量车型，驱动它们快速成长。例如，大众、丰田、奔驰、福特、通用、本田等一系列车企，在宣布其新能源汽车战略规划时，基本都是计划在短短几年内就推出数十款新车型。而造车新势力则大多数都保持着每年 1 款的速度在推出新产品。

从智能网联、自动驾驶等新技术的布局看，传统车企也毫不示弱。广汽新能源 Aion LX、上汽荣威 MARVEL X Pro 版均已搭载 L3 级别的自动驾驶系统。本田也在 2021 年对外宣布，搭载了 L3 级自动驾驶功能的新车型 Legend 于 3 月开始销售，这也成为世界范围内首款 L3 级量产开售的车型。此外，传统车企还率先在 5G 汽车方面进行布局，如上汽荣威 Vision-i Concept 就将基于 5G 技术，打造全球首款 5G 主动交互智能概念座舱。届时，自动驾驶技术的发展将更快人一步。

（2）造车新势力：造车新势力相比传统车企的优势在于，一是造车新势力大多在产业跨界融合中诞生，大多数造车新势力都是由互联网巨头转型创造的，在新能源、智能网联、信息技术应用等多领域技术跨界融合方面有着先天的优势，这使它们在智能网联、自动驾驶的布局上与传统车企可一争高下。二是造车新势力的互联网思维易于把握用户体验，策略调整快、经营模式思路灵活，具备更强的创新意识，敢于突破传统造车思维的桎梏，实践创新的束缚更少。在市场调研与产品应用场景需求方面，具备互联网基因的企业充分发挥创新优势，专注用户体验研究，企业内部多元化背景团队直接参与到消费者体验生态场景，以消费场景需求为导向进行定制化设计和正向开发，相比传统车企以燃油车平台进行改造更能满足客户需求，更加个性的配置选择和酷炫的设计与装备成为造车新势力的优势之一。同时，这些需求的满足体现在外观内饰设计和科技化装备上，如大屏、自动驾驶辅助装置等，这些设计和科技化装备大都是由造车新势力推动整体发展的，这也是它们对新能源汽车产业的技术贡献。三是造车新势力企业在汽车增值方面有更多的尝试空间，在新型技术应用、新型产业生态和新兴商业模式的建构上优势更大，汽车驱动动力形式、出行服务创新和共享出行商业模式成为该类企业在汽车市场的差异化竞争力。

事实上，从造车新势力的发展现状来看，它们主要将精力放在两方面：对智能技术的大力研发和对用户导向的高度重视。在汽车智能化方面，强大的云端和平台带来的技术和算力支撑是奠定未来自动驾驶技术的核心要素之一。未来，智能网联汽车的发力关键点就在于广泛应用于智能网联汽车操作系统中的自动驾驶技术，而自动驾驶技术离不开背后的云端以及平台的强大技术支持和算力，这也是造车新势力尤其是由互联网等高科技类企业转型的车企独特的优势。以特斯拉为例，特斯拉现产所有车型（包括 Model 3）均配备实现全自动驾驶功能的所有硬件。蔚来在 2017 年发布首款量产车 ES8，已经搭载了自动辅助驾驶系统 NIO Pilot，全球首装 Mobileye EyeQ4 自动驾驶芯片，搭载人工智能系统 NOMI，集成语音交互系统和智能情感引擎。NOMI 是全球首个车载人工智能系统，它不仅可以自主处理车辆本身的使用需求，还可持续学习用车人的习惯与兴趣，根据驾驶和生活场景来满足每个人的需求。NOMI 基于强大的车载计算能力和云端计算平台，集成了语音交互系统和智能情感引擎，创造了一种全新的人车交互方式，让汽车从机器变成有生命、有情感的伙伴。

但是造车新势力的劣势也比较明显，这些新兴企业大都基础技术薄弱，往往会依赖供应商，不具备传统行业成熟的上下游供应链体系优势。目前来看，造车新势力经营尚处于起步期,发展前景仍然曲折,实现企业的愿景仍需时日。但造车新势力与汽车产业技术各个领域形成融合创新,注重基于用户需求的商业模式生态构建,在用户生活服务、智能互联服务、整车与电池金融服务、能源服务和品牌关怀服务等创新业态方面有望实现突破。

(3)跨界企业:受大环境影响,大量地产企业通过跨界选择造车,这是一个投资和技术双密集型的行业,房企的融资能力和资金实力都较强,这使它们在资金方面有足够的支撑。但是,伴随着越来越多的传统汽车厂商向新能源发力、造成新势力的加入,市场竞争愈演愈烈,且它们相比跨界企业而言在汽车研发、生产、销售等方面经验更丰富,基础更好,跨界造车的劣势更加明显。产业链上相关企业,如汽车零部件供应商等,对于新能源汽车行业的了解可能相对更多,通过投资、参股、战略合作等方式进入的风险相对较小。例如,成立于2002年的万向电动汽车有限公司,依靠万向集团在汽车零部件制造和销售方面多年的积累,拥有其他整车厂不具备的供应链优势(如稳定性高、性价比高等)。而如娃哈哈、五粮液等与车无关的企业尝试自主造车时面临的风险相对更大。这些完全没有汽车制造业基础的企业,可以采购电池、电机等,但是基础的东西(如底盘、车身等),还是要依靠传统企业。目前有资质的知名企业,如比亚迪、北汽新能源等传统车企,以及进入较早的蔚来等造车新势力,凭借积累的实力和经验早已在新能源汽车上占有大片江山。跨界进入这一领域的企业若想从它们那里分一杯羹,需要的不仅仅是资金,更多的是时间。

综合而言,在技术经验积累层面,传统车企的优势更大,无论是技术的成熟度、产品的成熟度还是新车型的推出等,造车新势力在短时间内都无法超越。而在新技术的创新及应用等层面,造车新势力的灵活性更高。在商业模式层面,汽车产业正由单纯的产品生产、销售模式转向产品销售与周边服务相结合的新型商业模式。造车新势力在产品企划阶段即以场景需求、用户服务平台为市场定位,将汽车打造成为综合出行场景的服务平台,在平台基础上延伸出不同类型的增值业务,包括定制出行、通信社交、互动娱乐、生活消费等多个商业模式。造车新势力在加快商业模式生态重构、促进汽车行业管理模式创新等方面的优势相对明显。但就新能源汽车"四化"方面的技术创新及由此带来的商业模式变化而言,尤其在自动驾驶、智能网联等方面,双方都在积极布局,博弈的结果还有待观望,这不仅取决于双方的技术水平,尤其还有资金上的较量,而在资金层面,造车新势力显然处于劣势,但是造车新势力若能争取到愿意"跨界"的企业支持,双方合作共赢,或许又是另一种境况。

12.3.2 新能源汽车整车企业技术创新表现

为了进一步体现新能源汽车企业的技术创新水平，本研究选取国内外 6 个整车企业，分析对比相关战略、新能源汽车销量、研发投入、产品类型、车型数量、车辆技术、电池技术、充电基础设施技术等技术指标，并对本研究所选取的不同新能源汽车企业的技术创新路线进行分析，以期更好地从企业视角对新能源汽车产业技术创新有更加深入的了解。

本研究选取了 6 家 2018 年前 9 月全球电动汽车销量排名前 20 位的车企品牌，其中特斯拉和宝马代表国外电动汽车品牌，分别位列第 1 位和第 4 位，《中国新能源汽车发展报告》数据显示，特斯拉前 9 月累计销售 154 125 辆电动汽车，市场占比为 12%，宝马市场占比为 7%。比亚迪、北汽和吉利代表国内电动汽车品牌，分别位列第 2、第 3 和第 13 位，三家车企市场总占比为 21%。同时，绘制了代表企业的技术创新路线图，对战略、产品类型、车型数量、收入及销量、研发、电池技术和充电时间进行了展现，如图 12-27 所示。

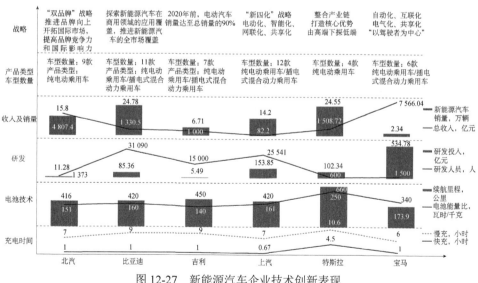

图 12-27 新能源汽车企业技术创新表现

资料来源：根据《中国新能源汽车发展报告》整理

从战略角度看，2017 年全球电动汽车销量首次突破 100 万辆，2018 年超越 200 万辆大关，其间从欧盟汽车碳排放控制目标的明确，到中国"双积分"政策的执行，电动汽车市场正处于快速成长的阶段，各大车企也开始全力加速电动汽车布局，纷纷制定了相应的发展战略目标。作为 2018 年销量前 20 位的电动汽车品牌，上述六大车企都在产品数量、车型、产业竞争力、创新性等方面提出了新的发展要求。

早在 2015 年第七届中国汽车蓝皮书论坛上，"汽车四化"的概念就被提出，那时的"四化"被定义为"电动化、智能化、电商化、共享化"，但随着互联网、大数据、人工智能，以及新能源、新材料等重大技术的不断突破，以上汽和宝马为代表的车企对"四化"进行了优化，并提出了"电动化、智能化、网联化、共享化"的"新四化"战略，这一战略目标俨然演变成整个汽车界对未来汽车发展的期待与共识，从不同维度上引领着整个汽车行业的发展与变化。"新四化"战略的提出实现了产品和服务的融合发展，让服务丰富产品的属性，让产品提升服务的黏性，能够更有效地构建起一个产品与服务紧密融合的新生态。

对于国内车企如比亚迪、北汽、上汽、吉利等品牌而言，开拓国际市场、实现国际化是现阶段的战略目标。我国一直鼓励车企开拓海外市场，努力向国际水平看齐。在"一带一路"倡议下，中国汽车厂商开始以本国为支点，辐射沿线国家，走向世界。在 2018 年的博鳌论坛上，出台了我国大幅降低汽车出口关税的新举措，这为我国车企自主走出国门提供了一个良好的契机，也在向中国车企昭示进军海外市场的时机到了，国内车企应该抓住机遇，致力于实现"全球布局、跨国经营，具有核心竞争能力和品牌影响力的世界著名汽车公司"的目标。

而以宝马、吉利为首的车企品牌还在产品数量、车型等具体方面提出了要求，如宝马在 2019 年"宝马集团 NEXTGen 未来峰会"上宣布将加快电动产品扩张计划，即到 2023 年将向市场提供 25 款电动车型，比原计划提前两年，其中近一半是纯电动车型。2020 年，宝马全球销量达到 19 万辆；2022 年，宝马已拥有 5 款全电动车型：宝马 i3、MINI 电动汽车、宝马 iX3、宝马 i4 和宝马 iNEXT。到 2025 年，宝马全电动车型将增长到至少 12 款。吉利也提出了两项"蓝色吉利行动计划"，其一将主攻节能与新能源汽车，其中 90% 是新能源混合动力汽车；其二将主攻纯电动智能汽车，并组建全新的纯电动汽车公司。具体的战略目标是能够推动车企在电动汽车的制造技术上不断升级进步，以期达到下一个里程碑目标。

从车型数量来看，上汽和比亚迪的车型数量最多，分别为 12 款和 11 款，其中包含纯电动乘用车和插电式混合动力乘用车，不同的车型在性能、续航里程、价格等方面有所不同，满足了不同层次消费者的需求。而北汽和特斯拉目前仅拥有纯电动乘用车，因此车型数量相对较少。作为两款国外的电动汽车品牌，宝马和特斯拉分别有 6 款和 4 款车型，是上述 6 家车企中车型数量最少的，但这两家车企均走中高端路线以满足相对富裕消费者的需求。

从收入及销量来看，根据 EV Sales 公布的全球电动汽车销量数据，国产品牌比亚迪的电动汽车销量在 6 家车企中居于首位，为 24.78 万辆，紧随其后的是特斯拉，销量为 24.55 万辆，宝马销量最低，仅有 2.34 万辆。但就车企在电动汽车上的收入来看，特斯拉和比亚迪的销量虽然较多，总收入分别为 1508.72 亿元和 1330.5 亿元，主要原因是特斯拉虽然订单数量多，但由于企业自身问题不能按时交货，企业不但没有收入反而还有了损失；而比亚迪则是因为电动汽车的价格便宜，只能以量取胜，因此在高销量的情况下仍没有很高的收入。吉利电动汽车销售量虽然只有 6.71 万辆，总收入却有 1000 亿元，反映出吉利的绝大部分收入并不来自电动汽车。同样地，宝马电动汽车销量为 2.34 万辆，但总收入达 7566.04 亿元，说明宝马的收入源于其品牌下的燃油车，电动汽车的收入占比非常小。

在研发投入上，宝马的研发投入是 6 家车企中最多的，为 534.78 亿元，这一数字远高于其他品牌，研发投入的增加源于宝马加快电动产品扩张计划，加大了在新一代技术上的投入。北汽和吉利两家车企由于电动汽车价格较低，对技术、续航里程等方面没有太高的要求，因此在研发投入上也相对较低。在研发人员数量上，排名前 3 位的均为国产品牌，分别是比亚迪、上汽和吉利，其数量依次是 31 090 人、25 541 人和 15 000 人，说明国产品牌在国家政策、市场环境等方面的影响下，在电动汽车的研发上投入了大量人力资源，但仍以劳动密集型产业为主。而国外品牌宝马和特斯拉，企业研发人员数量仅有 1500 人和 600 人，反映出国外电动汽车研发人员主要为高素质人才，为技术密集型产业。

在电池技术上，有 5 家车企都选用了三元锂离子电池，锂离子电池是目前应用最为广泛、最受汽车厂商青睐的车用电池，具有自放电率低、比能量高等特点。就续航里程来看，特斯拉的最高续航里程最长，达到 660 公里，四款国产品牌的最高续航里程也都在 416～450 公里，宝马的最高续航里程相对最低，为 340 公里。就最高电池能量比而言，6 家车企相差不大，除特斯拉达到 250 瓦·时/千克外，其余 5 家车企的最高电池能量比均在 140～173.9 瓦·时/千克。

对于充电类型，6 家车企都拥有快充和慢充两种充电方式，其中 4 家国产品牌北汽、上汽、比亚迪和吉利在快充方式下，需要 30～40 分钟将电量从 30%充至 80%，这一速度能够达到大多数消费者的预期要求；而在慢充方式下，一般需要

6~10 小时才能将电充满。对于国外两家车企特斯拉和宝马,宝马的充电时间相对较短,在快充情况下,仅需 1 小时就能将电量从 0 充至 80%,慢充也只需 6 小时就能充满电;而特斯拉与宝马相比,充电时长明显增加,快充需要 4.5 小时才能将电量充至 80%,用慢充充满电则需要 10.6 小时。

第13章 技术创新驱动下商业模式创新演进

新能源汽车产业加速与其他产业之间的跨界融合，产业形态已由初期以汽车销售为主要内容转向移动出行服务生态构建，主要的整车企业和相关领域具有电动汽车发展优势的企业或平台，向前延伸至与同行业竞争者或合作者打造新颖的新能源汽车产品，向后延展至基于新能源汽车提供移动出行服务，积极探索不同场景下的技术创新应用、平台开放、车辆共享、产品服务定制、停车场资源利用及利益共享等多种商业模式。

根据对新能源汽车产业动力系统的分析，商业模式受到不同子系统的驱动和影响。商业模式的创新动力也会随着产业发展而变化，促使不同的商业模式及其创新方式呈现出动态演变的过程。在诸多驱动因素的共同影响下，一些商业模式在特定的产业阶段产生、变革甚至消失，形成了商业模式创新路径。本节对新能源汽车技术创新的商业模式创新路径演化进行分析，总结其演变趋势。

在对新能源汽车产业驱动因素、动力机制及演化的分析基础上，本研究将分析商业模式创新的动态演变结果，即商业模式创新路径。本研究基于两个视角分析新能源汽车产业商业模式创新的特点。从产业阶段的视角来看，商业模式从示范项目发展到公交车队，再发展到私人购买模式；从不同城市的视角来看，北京、杭州、深圳等典型城市形成了相异的商业模式创新网络，具有不同的模式特点，各个城市核心企业也发挥着不同的作用。

13.1 基于不同产业阶段的中国新能源汽车产业商业模式创新演进

新能源汽车的市场表现、利益相关者的关系随着政策的实施和技术的变迁，发生了显著变化，导致中国新能源汽车行业的商业模式格局发生了巨大变化。本节将对中国新能源汽车产业商业模式现状进行分析。我们按照时间发展的顺序将商业模式划分为示范项目、公共交通和私人购买三类，并将 2001～2018 年的时期划分为四个商业模式阶段（Liu and Kokko，2013），如图 13-1 所示。

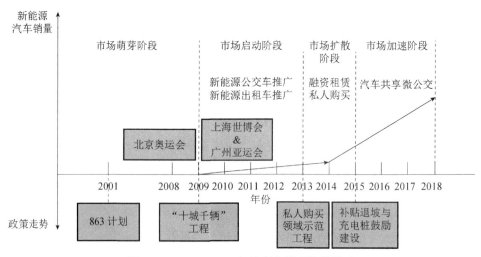

图 13-1　2001～2018 年的商业模式阶段展示

资料来源：根据中国汽车工业协会和中国政府网公开资料整理

本节将对每个发展阶段的商业模式现状进行描述。在第一个发展阶段，电动汽车的生产和销售数据很少，主要是因为大多数产品用于示范目的而非商业销售。例如，中国生产的第一辆混合动力电动汽车，2007 年推出的长安杰勋车型，在 2010 年停产前总销量仅达到 100 台。因此，销售和生产数据从 2009 年开始统计。

新能源汽车企业形成的不同市场阶段产生了适应其产业发展阶段的典型商业模式，并相应地进行市场扩大、调整与转型甚至再创新。在市场启动阶段，公共交通领域的示范推广过程中,比亚迪等企业逐渐形成了深圳普天模式等典型商业模式,而江淮等企业在私人购买领域探索形成了合肥定向购买模式;在市场加速阶段,可以发现私人租赁领域商业模式越来越多,特别是杭州微公交模式、北京绿狗车纷享模式等,不仅最早进入各自本地市场,还进行了商业模式的业务范围或市场范围的扩大或创新;随着市场的进一步深化,这些创新的商业模式继续推广至其他城市,开展再创新活动。

根据对商业模式创新动力因素的分析,商业模式受到了制度条件、产业结构、资源基础、技术创新四个要素的影响和推动,并不仅仅是单一要素驱动其产生和演变,技术要素发挥着至关重要的驱动作用。新能源汽车产业的四个发展阶段在这些因素的影响和驱动下,形成了许多具有代表性的、创新的商业模式。这些商业模式或是特定阶段的产物,或是一定因素影响下的衍生和变革,形成了动态的演变过程,这样的动态演变过程,其背后的规律就是商业模式的创新路径。表13-1 展示了四个产业阶段的主要创新驱动因素和各个阶段产生的商业模式创新类型。

表 13-1　商业模式创新主要驱动因素和典型项目

阶段	商业模式创新主要驱动因素	(1) 产品导向型商业模式创新	(2) 使用导向型商业模式创新	(3) 结果导向型商业模式创新
市场萌芽阶段	—	一般购买模式(4S 店代理销售)	—	—
市场启动阶段	产业政策产业链	合肥定向购买模式	杭州车纷享模式	深圳普天模式杭州出租车换电模式
市场扩散阶段	价值网络产业链市场竞争联盟参与产业政策	特斯拉销售模式	北京绿狗车纷享模式杭州微公交模式宝马之诺项目	北京出租车区域运营模式
市场加速阶段	价值网络联盟参与产业政策系统服务产品表现	北汽换电模式	盼达换电模式时空租赁项目零派乐享项目友友用车项目	北京出租车换电模式

13.1.1　市场萌芽阶段（2001～2009 年）

国家发布"863 计划"用于资助特定行业的重大战略性技术,"863"是指于

1986 年 3 月发布的重要时间点。2001 年，新能源汽车被列入重点研发产业，国家提供研发资金，并制定了相应的技术战略，鼓励几家汽车制造商和大学开展广泛的研究计划。2007 年，长安推出杰勋混合动力汽车标志着第一代中国电动汽车的诞生。紧随其后的由一汽、东风和其他几家领先的国有企业生产的混合动力汽车与纯电动汽车，上汽集团在 2008 年生产了我国第一辆氢燃料客车。同年，比亚迪推出了 F3DM 车型，这是世界上第一款批量生产的插电式混合动力汽车；同年，比亚迪还推出了纯电动比亚迪 E6，几年后投入量产。

由于生产成本高、技术性能弱，第一阶段电动汽车的市场需求较小，再加上产量很低，基本用于示范或者测试。为促进新能源汽车发展，中央政府从 2008 年北京奥运会开始实行一系列的大型示范项目。这直接刺激了科技创新、扩大了生产规模，并为未来用户提供了体验新技术的机会。此外，这些项目为电动汽车生产商提供了与潜在客户接触互动并获得真实路测数据的机会。

示范项目构成第一代商业模式的基础。企业没有获得收入，并且投入了很多资金用于研发。中央政府为企业提供技术研发资金，为新能源汽车推广和基础设施建设提供补贴。汽车制造商负责生产、维护车辆的运营。此商业模式的其他重要参与者是国家电网，它为充电基础设施以及负责车辆运营的公共汽车和出租车公司提供电力。

在市场萌芽阶段，新能源汽车产业主要还停留在研发投入和示范阶段。特别是在市场萌芽阶段初期，还没有开始出现市场化运营的商业模式，只有奥运会和世博会等大型活动的示范项目。到市场萌芽阶段后期，部分新能源汽车开始进入市场，并采取了与一般燃油汽车相似的购买模式，即通过 4S 店代理销售的方式。

北京奥运会期间共有近 600 辆混合动力汽车和电动汽车用于公共交通，这些车辆来自一汽、东风、长安、北汽、奇瑞等国有企业[①]。虽然北京奥运会期间来自中国几个省份的生产商正在开发电动汽车和示范车辆，但主要的"市场"是奥运会示范项目。来自几家国有企业的新能源汽车车队也在 2010 年上海世博会和 2010 年广州亚运会上展示。

---

① 节能与新能源汽车奥运示范运行工作总结会在北京召开[EB/OL]. https://m.chinabuses.com/news/7/article_3087.html[2022-06-18].

13.1.2 市场启动阶段（2009～2013年）

2009 年，中央政府开启"十城千辆"工程，新能源汽车产业进入一个全新的发展阶段，新能源汽车在全国各地落地推广，多种创新的商业模式涌现出来。"十城千辆"工程对示范城市的新能源汽车实施补贴计划，对电动客车补贴最高可达6 万元，电动公交车最高可达 50 万元，用于鼓励公共交通部门购买 1000 辆新能源汽车。受制于电动汽车的续航里程和充电基础设施薄弱的问题，国家开始重点扶持公共交通车队。正因为公共汽车、出租车、垃圾车、物流车和邮政卡车等公共专用车辆通常具有可预测的驾驶模式，因此可以较好地规划何时何地为车辆充电，建立充换电设施。第一轮"十城千辆"工程引起全国各城市的关注，特别是拥有整车企业的城市更渴望被选中。2009 年，全国共有 13 个城市被指定为特殊示范城市，包括北京、上海、重庆、长春、深圳、杭州和合肥等。2010 年，该工程增加了 7 个城市，总数达到 20 个。同年，中央政府指定上海、长春、深圳、杭州和合肥 5 个城市作为私人购买推广的前导市场，北京稍后被列入名单，并出台相关政策鼓励私人购买市场发展。除了免征购置税和车辆税以及开发充电基础设施的措施外，中央政府还为私人购买者提供与公共部门实体相同的补贴：根据电池类型，纯电动汽车每辆车的补贴高达 6 万元，插电式混合动力汽车每辆车最高可达 5 万元。地方政府增加了当地补贴，如深圳（比亚迪所在地）为纯电动汽车每辆车提供额外的 6 万元，为插电式混合动力汽车每辆车提供 2 万元。

1. 市场启动阶段商业模式格局

与第一阶段的示范项目相比，"十城千辆"工程涉及的参与人数更多。虽然中央政府已将早期的示范项目作为国有企业技术平台进行管理，但本阶段的利益相关者不仅包括政府，还包括私有汽车企业和其他服务提供商。当地政府可以决定如何将电动汽车引入本地的运输系统，如在中央补贴的基础上制定本地补贴标准。此外，第二阶段的目标是将电动汽车永久性地整合到城市交通系统中，长期服务公共交通。此阶段出现的几种新商业模式，在一定程度上缓解了阻碍产业进一步发展的技术弱点。

在此期间出现的两种新商业模式比较有代表性，即杭州出租车换电模式和深圳普天模式。杭州出租车换电模式由众泰和杭州市电力局运营，通过换电模式提高了出租车的利用率。深圳普天模式由普天和比亚迪解决了汽车租赁市场购买电动汽车的高成本问题。该模式的最大特点是车电分离，比亚迪将汽车裸车出售给租赁公司，电池出售给普天，最终客户单独支付租车费和电池租赁费。从客户的角度来看，电池的固定成本转化为可变成本。普天还负责投资充电基础设施，这提供了额外的收入来源。该模式在 2011 年的大运会普遍应用，建立了 57 个充电站。

虽然这一时期商业模式更多地受制度条件的影响，但同时也受到其他影响因素的作用。缓慢稳定增长的市场吸引了包括私有企业在内的新的生产者，增加了市场份额的竞争，新的参与者为更复杂的商业模式和充电基础设施的扩展做出了贡献，技术要素也有助于减少电池充电时间并且增加电动汽车的行驶里程，对商业模式产生影响。

2. 市场启动阶段商业模式创新特征

在市场启动阶段，商业模式创新的主要动力来源是产业政策与产业链。产业政策在市场启动阶段发挥了重要作用，不仅包括国家示范项目等，还包括地方政策的激励和扶持；产业链方面，更多产业参与者的加入，完善了产业链的构建，支撑起了商业模式在资金、产品和技术上的需求；此外，地方产业联盟的初步建立、部分企业开展合作建立价值网络等，也促进了商业模式的开展和创新。

尽管如此，由于新能源汽车产业发展和市场运行尚处于启动和探索阶段，基础设施配套不完善、公众意识较为薄弱、技术和产品表现也较弱，因而大多数城市选择在公共交通领域推广电动汽车，这促了结果导向型商业模式的产生和创新；与此同时，也有企业对产品导向型商业模式和使用导向型商业模式进行尝试和推广。因此，在市场启动阶段，商业模式的产生和创新，对于这一阶段来说具有非常强的实用性和匹配度。例如，定向购买模式、出租车换电模式、普天模式，都是本地车企、政府、电力运营商之间构建产业链过程的结果，也是地方政府及相关政策支持的结果。其中，还体现了企业构建自身价值网络、占据市场前沿的特点，也反映了产业初期技术不够成熟的情况下商业模式创新促进市场推广和产业发展的特点。具体来说，市场启动阶段商业模式创新的特点如下。

1）产业政策推动企业对商业模式的探索和创新

在市场启动阶段，新能源汽车尚属于新鲜事物，公众接受度低，产品和市场表现弱，无法通过市场的力量推动其发展。因此，产业政策发挥了最为关键的作用。其中，以 2009 年"十城千辆"工程的实施最为典型。由于"十城千辆"工程的推广目标要求、补贴投入，地方政府也积极加入了对新能源汽车产业的扶持和推动，使得新能源汽车开始在一些主要城市推广。一方面，是产业政策对于新能源汽车产业未来规划、产业发展前景、企业前期的研发投入，促使企业加入市场推广；另一方面，作为推广考核的部分要求，推广数量是各大城市最为主要的推广任务。因此，许多企业与政府合作开展了商业模式创新活动，以便在完成推广任务的同时，推动新能源汽车市场的发展。

一个典型的例子是定向购买模式。2011 年，合肥在私人领域采用定向购买模式推广新能源汽车，以探索新能源汽车的推广与应用模式。该模式是由江淮汽车与合肥市政府等合作主导的，车企员工、合作企业、政府等进行定向采购，通过国家、地方和企业补贴降低车辆购置成本，国网安徽省电力有限公司配套建设充电基础设施并提供电力供给和充电服务，同时，江淮汽车也会为个人用户建设充电桩。这一模式在示范运营初期取得了很好的效果和示范效应。通过这种模式，新能源汽车在小范围内开展了推广试验，以便进一步改进技术、获取用户体验等。

在市场启动阶段，这一模式依托于定向合作和政府扶持，能够实现较好的示范运营。但是随着新能源汽车产业的发展和商业模式的不断创新，合肥定向购买模式面临着"内部消化、难以对外推广"的尴尬局面。特别是进入市场扩散阶段后，定向购买模式的推广渠道已经到了一定的瓶颈，难以继续发挥作用。尽管如此，通过这一模式的采用，江淮能够在产业初期收集宝贵的市场数据和用户反馈，为后续的市场扩散阶段打下基础。总的来说，这一模式产生于市场启动阶段，同样也非常适合这种以示范为主要目的的初期目标，同时针对公务用车和大型企业单位用车等细分市场，它也具有很好的参考和借鉴意义。

2）产业链的构建和参与者的加入，促进商业模式创新的企业间合作

在市场萌芽阶段，许多科研机构、企业加入了新能源汽车及相关技术的研发和生产，并通过奥运会、世博会等示范项目试验新产品和技术。到市场启动阶段，产业链逐渐从研发为主向生产、消费等环节延伸。除了整车生产企业，能源供应企业、交通服务企业、公交运营商等也加入了产业链，促进产业链逐步完善，使商业模式具备了一定的基础。随着产业链的构建、产业参与者的增加，企业更加有利于整合产品和技术、提供系统化的服务，从而完善商业模式的创新体系。

一个典型的例子是深圳普天模式。普天模式是新能源汽车产业商业模式的一大创新，2009 年开始，其采取"裸车销售、电池租赁、充换兼容、智能管理、刷卡消费"的模式尝试推行新能源汽车产业商业模式。这一模式以新能源电动汽车动力系统运营服务为核心，打造了从上游材料、动力电池、电池成组、充换电终端配套设施、联网管理、运营服务的完整产业链，建立了产业链可持续发展的支

撑体系。

此外，普天模式不仅在市场启动阶段就进入了出租车、公交车领域，还通过与深圳金钱潮电动汽车租赁有限公司合作，在市场扩散阶段，向私人领域形成新的商业模式。其中不难看出，在市场启动阶段，无论是整合利益相关者，还是采取以充电基础设施建设和运营为重要手段的推广策略，都为后续市场扩散阶段布局打下了基础。

总的来说，普天模式依赖于强大的利益相关者实力，使得其在各个领域都取得了不俗的推广成绩，并已推广至杭州、上海等其他城市。其中，普天力能和比亚迪这两个基础设施供应商和生产商的强强联合，使得这一模式得以生存和壮大；与此同时，在其他城市中，比亚迪也复制了这一模式并加以推广。

3）商业模式创新弥补技术的不足

虽然新能源汽车产品和技术表现在市场启动阶段并不突出，车型和品牌数量、续航里程、充电速度等均处于起步阶段，公众认可和接受度也非常低。特别是续航里程不足和充电速度太慢等成为以电动汽车为代表的新能源汽车发展缓慢的最大问题之一。可以说，技术瓶颈制约了新能源汽车的发展。本研究已经提到了战略性新兴产业的发展过程其实是新的经济技术范式形成的过程，商业模式创新可以弥补技术成熟度低带来的不足，从而在一定程度上解决短期内的市场推广问题。

一个典型的例子是杭州出租车对换电模式的应用和示范。早在2010年末，众泰、海马、万向等与杭州市电力局联合推出了众泰朗悦和海马普力马两款换电式电动出租车。其中，众泰和海马提供车体，万向提供电池，杭州市电力局负责电池的充电、换电、维修等服务。在换电模式下，仅仅需要3~5分钟就可以完成电池更换，远比2小时的快充高效很多。通过快速换电的运营模式，解决了当时续航里程不足、充电速度慢的产业现状。而充换兼容使得电动出租车能够规避充电时间长、电池成本高等问题，在降低出租车能源成本的同时，提高了电动出租车的运营能力。经过多年的持续运营，杭州已经形成了围绕西湖风景区、西湖商圈、武林商圈等地带的城区快速换电圈。尽管频繁换电导致电池寿命衰减，从而带来了电池配额不足、换电等待时间过长等问题，但是换电模式在市场启动阶段的应用为新能源汽车产业发展和市场推广探索出了很好的路径，极具参考和借鉴意义。

此外，出租车换电模式的应用，其背后也有产业政策及当地政府的大力支持、国有企业的积极参与、产业链的整合完善等，使得换电模式在特定阶段下产生了很好的示范和创新效果。

13.1.3　市场扩散阶段（2013～2015 年）

2013 年开启了新一轮的"十城千辆"工程，试点城市总数达到 88 个。2016 年开始，政策进一步扩大，以便中央政府的电动汽车补贴和税收优惠惠及全国。政策重点也从应用示范转向市场化和大规模生产。随着持续的权力下放和越来越多的参与者加入，新能源汽车在数量增加的同时加剧了产业竞争，不仅在公共交通领域深入发展，更在私人购买领域得到了拓展。

1. 市场扩散阶段商业模式格局

公共交通领域的创新主要集中在利基市场和替代充电技术。例如，时空电动汽车股份有限公司（简称时空电动）是一家杭州的私有企业，其为电动汽车提供电池，很快实现了电动公交车和卡车的制造，以及租赁物流和客运电动车。在公共汽车领域，新进入者提供替代电池和充电技术。虽然成熟的电动公交车生产商，如比亚迪和北汽主要使用可快充和慢充的锂离子电池，但创新者银隆公交向北京公交公司提供能够快速充电的钛电池。一些在早期试验失败的商业模式也获得了新的生命，如由于快速充电技术的发展，普天新能源开创的换电模式在被放弃后，又由于电池技术的创新，其竞争力再次提升，北汽从 2016 年开始又在北京布局换电充电模式。

公共交通领域最显著的发展还是在全国范围内的扩展和复制创新。2016 年，中国城市公交车销售量的 85% 以上是电动汽车，其中纯电动汽车占比为 70%，插电式混合动力汽车占比为 16%，柴油公交车在新收购中的比例已降至 7%。在一些首批示范城市，进展甚至更快。2018 年，深圳的整个城市公交车队（超过 16 000 辆车）都是纯电动汽车，全市所有 22 000 辆出租都在年底前转为电动汽车。中国其他 30 多个城市，包括"十城千辆"工程城市，宣布计划到 2020 年实现 100% 电气化公共交通系统（Keegan，2018）。

在私营交通领域，发展的关键是私家车销售的突破。2010 年起，中央政府已经在 6 个试点城市为电动汽车的私人购买者提供补贴，随后这些补贴逐渐扩展到整个国家。此外，许多城市政府和省级政府提供了自己的地方补贴，大部分是 1∶1 补贴。北京、上海、深圳等城市也通过减少或取消道路收费和停车费，减少等待时间和降低车牌费用，以及免除拥堵法规和其他交通限制来支持私人购买市场。2013 年宣布补贴退坡机制，2014 年最高补贴金额减少 10%，2015 年减少 20%。

2015 年宣布进一步减少，2017~2018 年补贴标准在 2016 年基础上下降 20%，2019~2020 年补贴标准在 2016 年基础上下降 40%，并宣布消费者补贴从 2021 年开始全部取消。补贴退坡计划的前提假设是随着技术进步和规模经济，电动汽车生产成本下降，因此产品价格不会显著提高。迄今的证据支持这一假设。2013 年之前，电动汽车累计销售量达到几百辆。

导致电动汽车在私人市场中传播迅速的一个因素是共享商业模式的出现。第一辆共享汽车是杭州的微公交，该车型于 2013 年由吉利和康迪推出。微公交提供了大量固定租赁地点的短期租赁（电动汽车停放在带有充电基础设施的停车塔），并允许用户在电池耗尽时更换汽车。用户还可以选择从整个城市设置的充电桩网络中为车辆充电。在当地政府的大力支持下，以补贴停车位和充电基础设施的形式，微公交在杭州迅速发展，并扩展到邻近城市。与微公交同时出现的 EVCARD 是整车企业上汽主导的分时租赁模式，客户可以使用手机应用程序预订汽车，通过互联网或移动电话支付租车费，并且实现了异地取还。上汽很快将 EVCARD 在全国 50 多个城市布局。其他几家主要的汽车生产商，如东风、奇瑞和力帆，也相继建立了自己的汽车共享平台，并迅速扩展到本省以外。2015 年，北汽和富士康在北京推出了绿色汽车共享模式——绿狗出行。绿狗首先服务机关用车，然后将重点转移到私人市场。

共享汽车的迅速增长加剧了中国电动汽车市场的竞争。2015 年，市场的特点是地域分散，强大的本地整车企业主导本地区域。共享汽车的扩张打破了地域限制。出租车和乘用车运营商也纷纷效仿，为私人市场中跨越城市和省界的更激烈竞争铺平了道路。此外，共享汽车中越来越多的新参与者意味着他们与现有在位者进行着商业模式竞争，即存在复制。在竞争日益激烈的商业环境中，也出现了已经失败的案例。例如，私有运营商友友在 2015 年进入北京市场，基本上复制了绿狗的商业模式，初始价格较低，但持续的价格战、高成本、不确定的融资和疲软的市场表现，迫使友友首先减少租赁地点的数量，然后在 2016 年彻底退出市场。

2. 市场扩散阶段商业模式创新特征

在市场扩散阶段，商业模式创新的主要动力来源包括价值网络、产业链、市场竞争、联盟参与、产业政策等多个因素。一是产业政策持续的支持，特别是 2013 年新一轮的新能源汽车推广应用城市（群）将新能源汽车推广至全国大多城市，新能源汽车产销量也随之呈现出快速增长的趋势，随之而来的是车纷享、微公交等模式的陆续产生、推广和创新，包括车纷享模式在不同城市的市场扩大、微公交模式的不断创新等；二是在全国大面积推广新能源汽车的过程中，各类车企和其他企业纷纷加入产业发展和市场化进程，产业参与者的增加促进了更多商业模式创新的可能；而一些既有的商业模式在核心企业主导下通过扩大业务范围、扩大推广城市等方式进一步实现创新，构筑起更有利于商业模式创新的价值网络体系；与此同时，联盟的发展和企业对联盟的参与，也促进了商业模式合作创新的更多可能；此外，除了基于联盟、价值网络等商业模式方面的合作，也有来自不同企业的商业模式之间的竞争现象，特别是分时租赁领域的市场竞争促使商业模式创新。

在市场扩散阶段，新能源汽车产品和技术表现还没有达到非常优秀的程度，充电基础设施布局与智能化系统服务能力尚未成熟，公众接受度也并没有非常高，使得私人消费市场仍然有很大的进步和发展空间。当然，特斯拉的销售和推广，使得新能源汽车产品和技术表现成为各大车企努力突破和创新的任务与目标。但是，在这些力量的推动下，以分时租赁为代表的使用导向型商业模式出现了更多的创新项目。可以说，在这个阶段，商业模式创新更加关注通过使用导向推动产品的认可和市场表现，以期在私人消费市场受阻的情况下通过共享经济模式推动新能源汽车产业商业模式的发展和创新，而这些商业模式由于受到市场竞争和挑战的冲击，不得不实现快速转型和创新，来稳固其发展和推广。具体来说，市场扩散阶段商业模式创新的特点如下。

1）产业联盟的参与与价值网络的构建促进车企布局新能源汽车市场

企业在市场启动阶段建立和参与联盟的主要目的是分享与合作产业技术创新、推进项目示范等。到市场扩散阶段，联盟已逐渐形成稳固的体制机制，联盟的龙头企业和核心企业更有利于通过联盟内的合作，推动市场推广上的合作；而有些企业还通过价值网络的构建来加强其在市场推广上的渠道、产品等方面的优势，形成更加具有竞争力的商业模式。

通过联盟参与形成的产业合作机会，以及通过价值网络构建形成的市场竞争优势，更有利于企业布局新能源汽车市场，推动不同商业模式在不同领域内的应用和创新。最具典型的例子是北汽及其下属子公司北汽新能源、福田汽车等在新能源汽车各个分领域市场上的布局和竞争。

北汽参与的北京新能源汽车产业联盟是中国第一个新能源汽车产业联盟，联盟整合了国内外的优秀资源，成员单位覆盖了新能源汽车产业整条产业链，同时北汽、福田汽车和北汽新能源在联盟理事会中占据重要位置。联盟成立于 2009

年，以推动技术创新与合作为主要目的。2014 年，北汽集团响应"一带一路"和京津冀一体化，借助互联网与传统汽车产业融合的契机，提出了"两个转型"战略，即顺应汽车作为移动互联网终端的大趋势，植入互联网基因，做好技术创新、管理创新和商业模式创新，走创新驱动发展的道路。在这一战略的引领下，北汽集团以新能源汽车为平台，积极发展汽车金融车联网、汽车智能服务等，并与京东、乐视等互联网企业签订战略合作协议，探索工业化和信息化融合、制造业和服务业融合。

在联盟资源与合作的积极推动下，北汽在北京新能源市场已经覆盖了出租车、公交车、分时租赁、汽车共享等多个领域的布局。特别是在市场扩散阶段，北汽通过与车纷享合作，在北京开展绿狗车纷享分时租赁业务，向国家部委、私人消费市场提供分时租赁业务，其后向多个城市推广；北汽在北京开展了区域运营模式，在各个郊区与不同的出租车运营商（大部分为国有企业）合作，推广电动出租车的运营、服务和维护，并逐步向北京市区和其他城市推广。通过对多个领域的渗透参与，北汽逐渐形成了出租车区域运营模式、绿狗车纷享分时租赁项目、慢充公交车项目等多个商业模式创新项目，以北京为代表城市，在多个城市布局市场。

2）车企以租代售抢占租赁市场

在市场扩散阶段，新能源汽车的私人消费市场推广进程仍然有限，因而许多车企都通过以租代售的方式进入分时租赁和长期租赁市场。一方面是为了抢占共享经济情景下日益兴起的分时租赁和汽车共享市场；另一方面也意图通过使用导向型商业模式创新，推动公众对产品的体验和使用，并且获得市场反馈，为进一步拓宽市场打下基础。此外，在市场扩散阶段，产业政策也明确提出鼓励一些城市积极探索商业模式创新。其中，比较有代表性的企业及商业模式包括康迪与吉利联合推广的微公交模式、北汽主导的绿狗车纷享项目、华晨宝马主导的之诺租赁项目等。

车纷享模式来自国外著名的 Car-sharing，前身是杭州车厘子智能科技有限公司开发的 EV-net 汽车共享平台，具有完善的租赁系统和优秀的客户体验，自助式租车服务使得其在杭州得以推广，其还与支付宝的芝麻信用合作，为客户提供免押金服务。实际上，车纷享在 2011 年进入杭州市场时，是一个 EV-net 平台起家的初创型企业，并没有很强大的利益相关者的扶持与资助。同时，产业尚处于市场启动阶段，更多的是关注公共交通领域的推广和发展。对于私人消费市场而言，受限于车型续航里程不足、充电网络布局不足、公众意识薄弱等问题，推广受阻也不足为奇。在 2014 年车纷享模式转战北京市场时，已经处于市场扩散阶段，微公交商业模式的创新为私人消费市场带来了更多的经验借鉴。同时，越来越多的生产商关注这一领域，从而促成了车纷享模式与北汽、富士康等的合作推广，并得到了北京市政府的大力支持。可以看出的是，车纷享在不同的市场阶段进行了尝试，在市场扩散阶段不仅占据了产业发展的契机，还获得了北汽等重要利益相关者的支持与合作，使得市场推广变得顺利。这也证明了北汽所构筑的价值网络体系对商业模式创新具有重要的推动力量。

此外，微公交模式以线下分时租赁为主要手段，车型较为简单，面向大众；而宝马之诺则以高端用车为主。这些模式都是核心整车企业以租代售的形式，基于其核心价值网络的构建，推动商业模式的推广与创新。

3）产品表现与充电基础设施布局逐步成为商业模式创新的重要推动力量

在第 6 章中提到，市场扩散阶段商业模式创新的动力来源中，产品表现、充电基础设施等提供的创新动力也不容忽视。特别是对比市场启动阶段，不仅产品表现有所提升、充电基础设施布局有所增加，而且它们对商业模式创新的影响也进一步提升。

在市场启动和加速阶段，产品导向型商业模式的创新和推广并不如意，其重要原因之一就是产品表现和充电基础设施布局表现不尽如人意，导致传统的销售模式不适用于新兴的新能源汽车产品，而江淮在合肥的定向购买模式也仅仅是在产业初期的政府与政策的推动和支持下才取得了一定的成功。随着产品技术的进步，产品导向型商业模式将进一步增强，但是如何创新更加有利于持续发展的产品导向型商业模式是一个巨大挑战。

特斯拉的销售模式给出了一个很好的借鉴。一方面，特斯拉产品有着相对较高的续航里程和产品技术表现；另一方面，特斯拉布局专用充电桩，并为用户提供免费的充电服务，将充电基础设施布局和充电服务充分考虑进商业模式内。相对于其他品牌的产品，需要自有建桩或公用桩充电等形式，特斯拉提供了更为系统完整的充电服务，形成了非常独特的商业模式。此外，特斯拉采取了"线下体验+线上销售"的互联网模式，取消了中间商代理。尽管特斯拉产品并没有享受我国新能源汽车产品的购买补贴等政策支持，但其通过整车产品和充电基础设施等技术方面的表现，推动了其商业模式的推广和创新，具有借鉴意义。

13.1.4　市场加速阶段（2015 年至今）

2018 年，中国新增乘用电动汽车销量超过 100 万辆，其中 3/4 以上交付给零售客户。尽管如此，依然很难评估完全取消补贴后的后果。为了促进汽车企业加强技术革新，中央政府于 2017 年推出了新能源汽车积分制度，对传统能源乘用车年度生产量或者进口量不满 3 万辆的乘用车企业，不设定新能源汽车积分比例要求；达到 3 万辆以上的，从 2019 年开始设定新能源汽车积分比例要求；2019 年、2020 年新能源汽车积分比例要求分别为 10%、12%。与此同时，引入了适用于所有传统汽车企业的乘用车企业平均燃料消耗量。新能源汽车积分基于诸如技术参数（电池、混合动力或燃料电池车辆），包括电池容量、能效和其他指标等，为最先进的节能电动汽车提供每辆车最多 6 积分的奖励。

1. 市场加速阶段商业模式格局

2018 年，中国共有 40 多家汽车共享运营商，拥有 4 万多辆汽车，市场占有率约为 75%。北汽、上汽、吉利、奇瑞、东风等整车企业成立的汽车租赁公司约占市场的 5%。其余由技术公司运营，主要是互联网技术（Internet technology，IT）企业，在开发基于互联网预订、支付和其他信息相关服务平台方面具有竞争优势。整车企业发展共享业务的优势是汽车来自自己的生产线，在获得补贴的同时，还增加了销售量和生产规模经济。此外，2018 年开始，用于共享的车辆可计入其新能源汽车积分，大多数汽车企业都在推广自己的乘车服务，而滴滴出行、神舟和曹操这样的大型乘车公司也在其车队中使用电动汽车。截至 2018 年，中国共享汽车约达到 250 000 辆。

2016 年以来，全国各地都有中央政府补贴，电动汽车商业模式已广泛分布在中国各地的公共交通系统中。在私人市场（包括汽车共享、租赁和租赁服务）迅速增长的同时，汽车制造商与电网公司、收费服务提供商、IT 公司开展了广泛的合作。私人消费市场得到快速增长，并且成为电动汽车销量占比中最大的一部分。所有中国省份都在电动汽车发展的过程中扮演着重要的角色，无论是作为电动汽车的生产者还是消费者。

在生产者方面，电动汽车制造商数量的增加尤为显著。2013 年之前，比亚迪、吉利和众泰是少数几家与十几家领先国有企业竞争的私营企业。到 2018 年，市场参与者的数量急剧增长以至于无法跟踪所有生产者。虽然这些初创企业中很少有人拥有自己生产设施所需的许可证，但有些企业通过与老牌生产商的合作协议进入市场。2019 年 3 月，Goosen 列出了当时在中国实际生产电动汽车的 80 多个汽车品牌，其中包括一些外国品牌，如宝马、福特和丰田。许多已在中国从事合资企业的外国汽车公司已宣布计划在未来几年内建立本地电动汽车生产基地。与此同时，中国电动汽车行业约有 30 家公司正在生产电动公交车。中国汽车工业协会数据显示，2018 年中国电动汽车销量总计为 125.6 万辆，其中 105.3 万辆为乘用车，剩下的 20.3 万辆为公共汽车、卡车和其他商用车辆。此外，一些外国品牌也进入中国市场，如特斯拉 2017 年在中国销售了 2 万多辆汽车。中美贸易紧张局势导致中国进口关税提高，2018 年的销售额下降，但随着特斯拉在上海开设第一个生产基地，特斯拉的销量有望恢复增长。

随着电动汽车总产量的增长，中国电池生产商的数量也在增加。2017 年，中国占全球产能的一半以上，全球十大电池公司中国拥有 7 家。中国在充电基础设施方面也取得了很大的发展。2013 年中国公共充电桩数量不超过 25 000 个，但到 2018 年底已增长到 330 000 个。国家电网进行了大部分基础设施建设，直到 2015 年，随着星星充电、特来电等新的参与者加入，私有充电企业重新主导了市场，国家电网仅占约 20% 的公共充电站。此外，私人电动汽车购买者估计拥有约 48 万个家用充电桩。2015 年发布的《电动汽车充电基础设施发展指南（2015—2020 年）》中确定了 2020 年电动汽车充电桩 480 万个的目标。中央政府和各省市政府都支持这一目标。指南还要求建造与所有新住宅和政府建筑物以及公共停车场相关的充电桩。

2. 市场加速阶段商业模式创新特征

在市场启动阶段到市场扩散阶段转变的过程中，私人消费市场商业模式的转型也值得关注：车纷享模式作为在市场启动阶段就进入市场的模式之一，其发展初期并不顺利。但是随着产业发展的加快、充电基础设施布局的增加、产业巨头的加入、公众意识的提升等，车纷享模式能够通过市场布局进入其他城市开展商业模式创新。这说明，商业模式的创新不能跳脱产业发展的阶段特点，且与产业环境、产业参与者息息相关。

在产业阶段转变的过程中，商业模式创新发展的演变随着商业模式创新动力的变化而变化，市场加速阶段更多的是既有商业模式的深度发展与再创新。因此，在市场加速阶段，价值网络、联盟参与、产业政策继续成为商业模式创新的主要动力，同时，系统服务、产品表现等技术要素也成为商业模式创新的重要驱动力。

在市场加速阶段，商业模式创新与可持续发展成为主题，越来越多的汽车厂商甚至互联网企业等产业外部竞争者进入新能源汽车产业，并开始布局。可以看到，市场启动阶段和市场扩散阶段形成的一些创新的商业模式，其被借鉴及推广至全国各地的同时，也开始其自身的商业模式再创新。此外，也有许多新的商业模式在这一阶段以不同的创新形式加入市场竞争。具体来说，市场加速阶段商业模式创新的特点主要如下。

1) 市场竞争加大，促进联盟合作、价值网络的重要性进一步凸显

大量车企布局新能源汽车市场，促进了市场竞争的加剧，使得商业模式的创新和再创新成为重要的话题。越来越多的企业通过联盟合作和价值网络构建，推动商业模式的创新。

例如，微公交模式产生于市场扩散阶段，借鉴了国外 Zipcar、国内车纷享模式等的推广思路，同时又依托于杭州本地的汽车生产商，创新性地采用租赁的模式将新能源汽车推广至私人消费市场。实际上，进入当前市场加速阶段，吉利和康迪还进一步拓展了微公交模式的业务范围，形成了汽车共享战略联盟，扩大了市场布局的深度。这一联盟内增加了 Uber（专车服务）、阿里巴巴（大数据支持）、中兴通讯（无线充电）等合作伙伴，使得商业模式有了更多的创新潜力和竞争优势，并占据更加重要的交通出行市场。

此外，车纷享模式则是依托北汽的价值网络体系，向更多城市扩张，并依托不同城市资源形成不同的品牌和推广思路；而结果导向型商业模式的典型代表深圳普天模式，基于普天新能源和比亚迪之间的合作，以其网点布局和运营能力为基础，从公共交通领域向私人消费市场开始布局，进入租赁市场。这些商业模式创新的过程，都加入了更多的利益相关者与商业活动，使得核心企业依托于强大的价值网络体系，提高了商业模式创新的内涵与深度。

当然，在市场竞争加剧的同时，也可以看到零派乐享、友友用车、时空租赁等新模式的加入。其中，时空租赁以其电池技术为核心，通过与不同车企合作制造整车产品，并推出乘用车、商用车、物流车等租赁产品，构建起不同于微公交的租赁价值网络体系，规避了与微公交的直接竞争；而零派乐享、友友用车等则由于同质化的经营，在市场竞争中逐渐淡出。

2) 产品表现与系统服务等技术驱动商业模式的未来创新

对于技术创新驱动要素来说，进入市场加速阶段的新能源汽车产业，其产品及其技术表现大幅度提升，续航里程和用车体验大大改善，充电基础设施的布局、充电标准的统一、充电信息平台的建立等也为商业模式创新打下了重要的基础；更重要的是，智能驾驶技术、智能网联技术的突破与创新也为新能源汽车产业商业模式创新带来了新的空间，特别是作为智能化最佳载体的新能源汽车产业被寄予厚望。

因此，在市场加速阶段，产品和技术表现、系统服务等的提升与创新，推动了商业模式的未来创新潜力。一方面，换电技术的提升促进了北汽开始布局在私人消费市场与出租车领域的换电模式，共用换电站、快速换电、电池续航高等使得换电模式有着较大的发展空间；另一方面，智能、网联等技术的创新也推动了商业模式创新，如 2017 年北汽新能源推出首款人工智能纯电小车 LITE，北汽新能源与百度合作测试自动驾驶，上汽集团推出与阿里巴巴联手打造的首款互联网汽车——荣威 RX5，上市后迅速成为畅销车型。

13.2　基于不同城市的中国新能源汽车产业商业模式创新发展

13.2.1　基于城市对比的商业模式创新特点与核心企业对比

13.1 节分析了不同产业阶段新能源汽车产业商业模式创新的特点，并以此为基础分析了五种商业模式创新路径，从而深度剖析了中国新能源汽车产业商业模式创新路径。

中国新能源汽车的推广应用采取了"示范城市"策略，使得商业模式的创新很大程度上依赖于城市范围内的资源、信息和关系等。一个城市内多个商业模式构成了一个商业模式创新网络，影响了企业商业模式的创新和发展。因此，本研究还将进一步分析城市视角下新能源汽车产业商业模式的创新特点，特别是核心企业在特定城市中的创新路径。

因此，本研究将通过社会网络理论中整体网和个体网等的特征分析，反映城市视角下商业模式创新的网络特点和核心成员特点，从而进一步探讨核心企业如何在特定城市中开展商业模式创新。

本研究选择北京、杭州、深圳三个城市作为示范城市的代表，利用 UCINET 软件绘制了各个城市主要商业模式的参与者及相互关系，从而形成了城市视角下商业模式创新网络图，并用阴影标记每个商业模式，从而可以直观地反映出商业模式的数量、聚集分散程度、核心企业状况等。

　　图 13-2～图 13-4 分别为北京、杭州、深圳三个城市新能源汽车产业商业模式创新网络图。从三个图直观来看，三个城市的商业模式创新呈现出明显的差异。

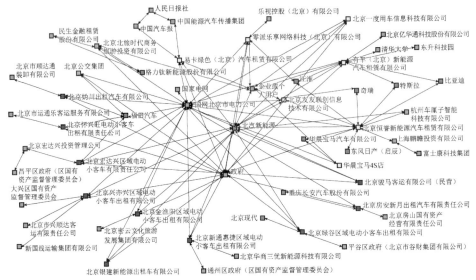

图 13-2　北京新能源汽车产业商业模式创新网络图

资料来源：根据北京主要商业模式参与者资料整理绘制

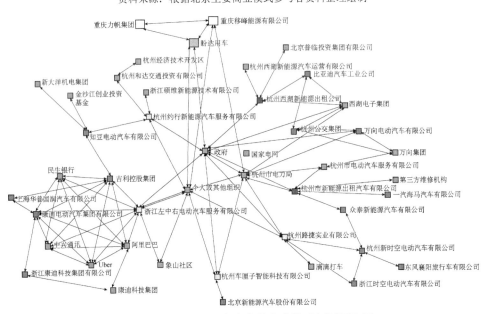

图 13-3　杭州新能源汽车产业商业模式创新网络图

资料来源：根据杭州主要商业模式参与者资料整理绘制

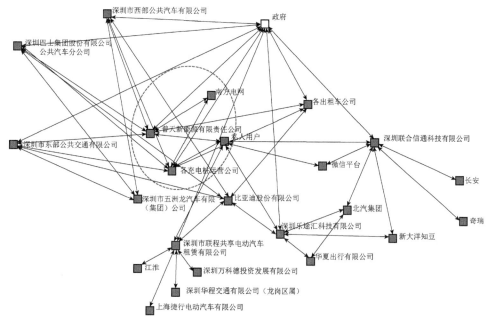

图 13-4　深圳新能源汽车产业商业模式创新网络图
资料来源：根据深圳主要商业模式参与者资料整理绘制

1. 北京新能源汽车产业商业模式创新网络以北汽主导参与为特点

北京新能源汽车产业商业模式创新网络中，北汽及其下属子公司北汽新能源和福田汽车等，占据了北京新能源汽车等各个领域，形成了出租车区域运营模式、公交车慢充模式以及各类分时租赁和汽车共享模式。其中，在出租车和公交车领域，北汽主要通过与各个区域的出租车或公交车运营企业合作开展电动出租车、电动公交车的运营；在分时租赁与汽车共享领域，北汽直接主导了绿狗车纷享、易卡绿色租车等商业模式，同时积极参与了其他分类企业主导的商业模式。

2. 杭州新能源汽车产业商业模式创新网络以多个企业参与为特点

杭州新能源汽车产业商业模式创新网络中，多个企业参与使得整体的商业模式创新网络并没有明显的核心主导企业。在分时租赁和汽车共享领域，吉利及其控股的康迪、知豆等共同主导了微公交模式，力帆科技（集团）股份有限公司、时空电动等也主导了各自的分时租赁项目；在出租车与公交车领域，则是由比亚迪、众泰、万向等相互共同合作参与的。整体来看，由于多个企业参与，整体商业模式分布较为分散。

3. 深圳新能源汽车产业商业模式创新网络由比亚迪和普天新能源共同主导

深圳新能源汽车产业商业模式创新网络中，比亚迪与普天新能源之间的合作，形成了普天模式，成为深圳新能源汽车在公共交通领域的主导者；同时，普天新能源还主导形成了充电基础设施的商业模式，而比亚迪则主导和参与了分时租赁等领域的商业模式。因此，整体来看，比亚迪与普天新能源合作主导了商业模式创新网络。

13.2.2 商业模式创新网络特点及核心企业分析

为了更进一步分析三个城市新能源汽车产业商业模式创新网络特点，本研究利用社会网络理论的定量分析方法，从整体网和个体网两个角度分析商业模式创新的网络特点以及核心企业在网络中的特性。

1. 整体网分析：商业模式创新网络整体特点

对于整体网的分析，本研究选择网络规模和网络密度两个指标。其中，网络规模表示整个网络中成员及关系数量的多少，网络密度则表示网络内成员关系的紧密程度。通过这两个指标的分析，可以看到商业模式创新网络的参与者数量多少、参与者之间信息和资源交互流动的紧密程度。

网络规模是指整个网络中成员及关系数量的多少，其计算公式为

$$n=网络中参与者的数量$$

网络密度是网络内成员关系的紧密程度，其等于"实际关系数"（也就是连线的数量）除以"理论上的最大关系数"，计算公式为

$$Q = \frac{m}{n(n-1)/2} = \frac{2m}{n(n-1)} \qquad (13\text{-}1)$$

式中，Q 为网络密度；n 为网络中参与者的数量；m 为网络中的实际关系数（连线数量）。

计算可得三个城市的网络规模和网络密度，如表 13-2 所示。

表 13-2 三个城市商业模式创新网络的网络规模和网络密度

城市	网络规模/个	网络中实际关系数/个	网络密度
北京	57	106	0.0664
杭州	45	84	0.0848
深圳	24	47	0.1702

从表 13-2 可以看到，深圳新能源汽车产业商业模式创新网络具有相对较大的网络密度。网络密度越大，意味着网络成员之间的联系越紧密，该网络对参与者的影响也就越大，也会限制其发展。这就意味着，以比亚迪和普天新能源为主导的商业模式创新网络，具有较为稳定的结构，对其短期内的商业模式创新会形成一定的阻碍。这是由于：首先，比亚迪作为车企提供整车产品，普天新能源负责充电桩建设与运营，以两者为龙头企业构成了完整、稳定的价值网络体系；同时，比亚迪与普天新能源主导的普天模式在市场启动阶段就已基本形成，成为最早稳定发展的商业模式，在后续的产业发展过程中顺利推广到了更多的交通领域和其他城市。因此，以比亚迪和普天新能源为主导的深圳新能源汽车产业商业模式创新网络，从整体网络特点来看，创新能力相对其他城市有所限制。

北京新能源汽车产业商业模式创新网络规模巨大，但网络密度最小。虽然定量分析的结果表明这一网络中，成员之间的联系相对没有那么强，但从网络图来看，这一网络由北汽所主导。这表明，北汽为龙头的商业模式创新网络中，其他成员之间的紧密程度相对较小，信息和资源相对集中到北汽，因而从整体上来看，北京新能源汽车产业商业模式创新的能力取决于核心企业北汽的创新水平和资源整合能力。

杭州新能源汽车产业商业模式创新网络中，网络密度相对也较小，表明成员之间的联系并不那么紧密。结合网络图所反映的情况来看，各个企业不仅积极参与商业模式活动，并对商业模式创新均具有一定的影响和推动力量。

2. 个体网分析：核心企业对商业模式创新网络的影响

从创新网络特点的分析和整体网的定量分析可以看到，商业模式创新受到了整体网络特点的影响，同时也应当从核心企业的角度来进一步分析商业模式创新网络的创新能力。因此，本研究依据社会网络分析方法，利用 UCINET 分析工具，进一步从个体网的角度分析核心企业的网络特点。

社会网络分析中，网络中单个点的指标反映了点在网络中的属性，一般选择中心度来衡量。中心度是社会网络分析的重点之一，用于反映个人或组织在其社会网络中具有的权力程度或中心地位。针对个体网的分析，一般主要包括点的度数中心度、点的中间中心度和点的接近中心度，每种指标测量的角度不同。

点的度数中心度描述的是在网络中，与所要分析的点有联系的其他点的数量。其代表了中心位置和权力程度，也就是说其反映了核心企业在网络中的核心地位。其值越大，说明该企业与其他参与者的联系数量越多，表明其越接近网络的中心，影响力也越大。

点的中间中心度描述的是在网络中，一个点在其他两个点连线之间的比例，可以反映其对资源的控制程度。其值越大，表明核心企业对其他利益相关者越具有控制能力，一定程度上反映了核心企业在资源整合方面的能力。同时，失去这个点，网络整体的创新能力会受到影响。

点的接近中心度描述的是一个点不需要通过"中间点"而与其他点直接相连的程度，其值越小，表明这个点与其他所有点的距离都很短；其值越大，表明点越不是网络的核心点。这一指标衡量了核心企业的信息传递和桥梁作用的程度，一定程度上反映了核心企业商业模式创新的扩散和辐射能力。

三个指标分别代表了单个点在网络中的"中心位置"和"权力"、控制其他点的能力程度、信息传递和桥梁作用的程度，以此反映出特定城市的商业模式网络中核心成员在网络中的中心位置程度、资源控制能力、信息传递能力，也就是说，可以反映出核心企业在网络中的核心地位、商业模式创新过程中的资源整合能力、商业模式创新的扩散和辐射能力。

为了便于不同规模网络图之间的比较，三个指标均采用相对值来计算。

某个点 A 的度数中心度，是与点 A 直接相连的其他点的个数，用 C_{AD} 来表示，那么按照网络规模 n 来计算，则点 A 的最大度数中心度为 $n-1$，则其相对值 C_{RD} 计算公式为

$$C_{RD} = \frac{C_{AD}}{n-1} \tag{13-2}$$

某个点 A 的中间中心度的计算方法是：假设任意两个点 B 和 C 之间存在捷径条数为 G_{BC}，点 B 和点 C 经过点 A 的捷径数目为 $G_{BC}(A)$，因此点 A 控制点 B 和点 C 交往的能力表示为 $b_{BC}(A) = G_{BC}(A)/G_{BC}$。因此，可得点 A 的中间中心度（相对值）计算公式为

$$C_{RB} = \frac{C_{AB}}{(n-1)(n-2)/2} = \frac{2\sum_{B}^{n}\sum_{C}^{n}\left(\frac{G_{BC}(A)}{G_{BC}}\right)}{(n-1)(n-2)} \tag{13-3}$$

某个点 A 的接近中心度的计算方法是：先计算点 A 与任意一点 B 之间的捷径距离（即捷径中包含的线的数量），记为 D_{AB}，则点 A 的接近中心度（相对值）计算公式为

$$C_{RP} = \frac{\sum\limits_{B}^{n} D_{AB}}{n-1} \qquad (13\text{-}4)$$

为了便于比较，我们将其取倒数，则其倒数越大，接近中心度越小，表明这个点与其他所有点的距离都很短。

通过 UCINET 软件可以计算得到三个城市中几个主要企业的各项指标，其中将核心车企视作公式中的点 A，计算结果如表 13-3 所示。

表 13-3　三个城市商业模式创新网络中核心企业的主要指标

城市	核心车企	点的度数中心度（相对值）C_{RD}	点的中间中心度（相对值）C_{RB}	点的接近中心度（相对值）的倒数 $1/C_{RP}$
北京	北汽新能源	0.3571	0.1576	0.4870
	福田汽车	0.0714	0.0060	0.3111
杭州	吉利	0.1818	0.0580	0.3577
	康迪	0.1818	0.0454	0.3411
	万向	0.0909	0.0423	0.3729
	比亚迪	0.0682	0.0026	0.2894
	时空电动	0.0455	0.0511	0.3014
	众泰	0.0455	0.0090	0.2993
深圳	普天新能源	0.3044	0.0651	0.4792
	比亚迪	0.2609	0.1098	0.4894
	深圳五洲龙	0.1304	0.0024	0.3333

从表 13-3 可以看出，各个车企在各项指标上的相对值。

在北京新能源汽车商业模式创新网络中，北汽新能源具有最高的点的度数中心度、点的中间中心度，以及最低的点的接近中心度。因此，北汽新能源处于网络的核心位置，其对网络其他成员的资源控制能力和信息传递能力比较高，体现了其对商业模式创新的资源整合、创新扩散的能力。

在杭州新能源汽车产业商业模式创新网络中，吉利和康迪的点的度数中心度最高，吉利的点的中间中心度最高，各大车企的点的接近中心度基本相似。这表明，吉利和康迪占据了商业模式创新网络的核心位置，且相对其他车企具有较好的资源控制能力。不过在信息传递与创新扩散能力方面，各大车企的表现较为平衡，这表明各大车企对商业模式创新网络的创新贡献能力较为相似。

在深圳新能源汽车产业商业模式创新网络中,普天新能源、比亚迪、深圳五洲龙三个企业的点的度数中心度相对较高;在点的中间中心度方面,比亚迪表现更出色;在点的接近中心度方面,三家企业较为平衡。这表明,普天新能源、比亚迪、深圳五洲龙三个企业占据了网络的核心位置,且对网络的创新贡献较为平衡。不过,比亚迪的资源控制能力更为突出。

此外,对比各个企业来看,各个企业在各自所在城市的中心位置程度、资源控制能力程度基本与图 13-2~图 13-4 中的直观反映较为一致;从创新扩散能力来看,各个企业的相对值均较为接近,这表明各个企业都建立了以自身为核心的价值网络。

3. 分析总结:核心企业对商业模式创新网络的影响

通过对整体网和个体网的分析,可以看到不同城市的商业模式创新网络及其核心企业的特点。

(1)在北京新能源汽车产业商业模式创新网络中,北汽新能源是其主导企业。虽然只有北汽新能源一家企业占据网络的核心位置,但由于具有突出的资源控制能力和信息传递能力以及较强的创新扩散能力,从而增强了北京新能源汽车产业商业模式创新网络整体的创新水平。

(2)在杭州新能源汽车产业商业模式创新网络中,吉利和康迪处于相对较为核心的位置,其资源控制能力也略优于其他企业,但是各大车企的创新扩散能力较为均衡,从而形成了以吉利和康迪为核心、各大车企共同创新的局面。

(3)在深圳新能源汽车产业商业模式创新网络中,以普天和比亚迪为主导企业,它们占据核心位置,并具有突出的资源控制能力和信息传递能力。但是由于整体网络密度较为紧密,相比其他城市在一定程度上限制了创新能力。这也反映了深圳新能源汽车产业商业模式网络较为稳定,市场推广与发展较为成熟。

13.3 中国新能源汽车产业商业模式创新路径分析

基于对不同产业阶段下的商业模式创新特点的分析,可以看到不同产业阶段内,在关键创新驱动要素的推动下,产生了诸多典型的商业模式创新项目。13.1

节提到了一些商业模式项目经过多个阶段的发展，也有商业模式以转变、合作等形式开展创新，也有商业模式由于各种原因逐步退出了市场，而不同类型的商业模式也呈现出了阶段性的差异。

为了更直观地体现出典型商业模式的动态演变过程，从而分析商业模式创新的可能路径，本研究以产业阶段为时间轴，将不同阶段产生和变化的典型商业模式呈现在时间轴上，并对不同类型加以区分。图 13-5 为中国新能源汽车产业商业模式动态演变与创新路径（李苏秀，2018）。

图中还用箭头表示了一些商业模式的演变过程，分别标记为路径 A、B、C、D、E 共五种典型的商业模式创新路径。其中一些商业模式创新路径又分为多个分支，表示商业模式创新路径在关键节点的多样化选择；不仅如此，商业模式创新路径在不同类型的商业模式之间也有交叉和转变。下面对商业模式创新路径做逐一分析。

13.3.1　路径 A：传统销售模式向多元化商业模式创新转变

新能源汽车产品和技术推向市场之初，车企毫不意外地选择了与以往燃油汽车相似的商业模式，即代理销售的模式。这种选择是商业模式对传统路径的依赖。然而，对于新能源汽车产业这样的战略性新兴产业，在产业发展初期，产品与技术尚未成熟、公众接受度较低的情况下，新能源汽车作为汽车产品的一种类型，相比而言毫无竞争力，难以占据市场一席之地。因此，打破路径依赖，是实现商业模式创新的一个关键路径。

如何变革原有的商业模式路径呢？依据本研究对商业模式类型的划分可以知道，产品导向型商业模式是以提供产品为导向的。因此，一种方式是通过改变产品提供的方式或者渠道，以便提供更具有针对性的产品，或者向更加细分的目标提供产品，将有助于对原有商业模式的改变；而如果彻底改变对公众需求的看法，以"提供服务"代替"提供产品"，那么商业模式的整体方式就发生改变了。因此，整体来说，商业模式创新应该打破路径依赖，向不同领域、不同目标推广和开展商业模式创新。

在这一商业模式创新路径下，主要形成了两种分支。

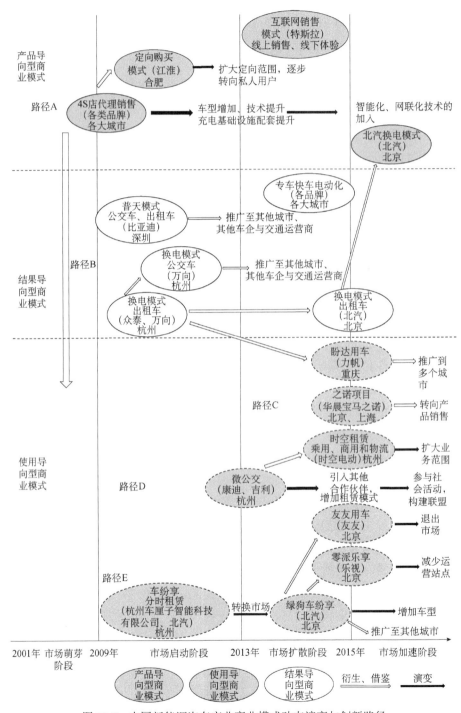

图 13-5 中国新能源汽车产业商业模式动态演变与创新路径

1. 形成符合产业发展阶段特点的产品导向型商业模式创新

在这种情况下，商业模式的创新应当着眼于产品本身的特点，寻找合适的产品推广方式、受众目标和渠道。比较典型的案例是江淮的合肥定向购买模式，在产业政策、地方政府与企业合作等共同推动下，江淮通过把目标群体缩小到产业链相关企业的员工和政府机关部门的职员，从而定向提供产品。这部分消费者相比而言更加容易接受新能源汽车产品这一新鲜事物，更容易反馈产品的本身质量和技术问题。当然，这一模式具有很大的局限性。随着产业的发展，必须要在提升产品质量的同时将产品推广至市场，才能真正实现产品的市场化。可以说，定向购买模式就是特定阶段下的产物，对于市场启动阶段来说具有非常好的实用性和借鉴意义。

2. 从产品导向型商业模式向使用导向型商业模式的创新转变

不同于"提供产品"本身，这种情况下聚焦于部分消费者的"使用需求"。随着共享经济理念的发展和深入人心，越来越多的消费者开始接受汽车租赁和汽车共享带来的便利。特别是 Zipcar、Better Place 等国外汽车分时租赁模式的成功运营，使得部分车企开始开展相似的服务，期望通过汽车共享的方式将新能源汽车产品推向市场。政府也希望鼓励这种出行方式，在缓解交通压力的同时，提高公众对新能源汽车产品的意识。

产品导向型商业模式向使用导向型商业模式的创新转变，不仅使得车企能够快速推广自身的新能源汽车产品，还可以占据新兴的出行市场，推动自身和产业的共同发展。

13.3.2　路径 B：技术创新驱动下充换电模式的交替与共同发展

与燃油汽车通过加油来提供能源的方式相类似，以电动汽车为代表的新能源汽车主要通过充电的方式来供应能源。因此，纯电续航里程、充电速度等成为新能源汽车的重要技术指标。图 13-6 为充换电速度、充电桩数量、主流车型续航里程等技术指标的阶段发展状况。

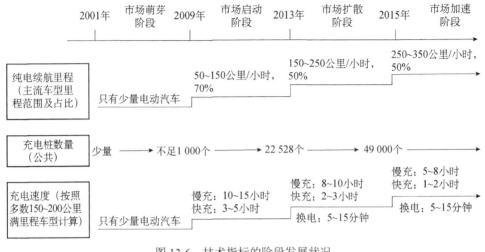

图 13-6　技术指标的阶段发展状况

资料来源：根据 EV Database 数据整理

从图 13-6 可以看出，尽管随着产业的发展，充电速度得以快速提升，但在产业发展初期，也就是市场萌芽阶段和市场启动阶段，由于电池技术尚未突破，新能源汽车的纯电续航里程整体较短，导致续航里程不足、里程焦虑等一系列问题；同时，充电速度过慢，即使是快充也要长达 3～5 小时才能充满电量，大大制约了新能源汽车的正常使用；加之充电桩数量相对较少、布局网点疏散，大大制约了新能源汽车的市场推广。许多公交车由于路线固定、车次较多，而选择了夜晚慢充补电，不影响使用；出租车则采用了快充为主、慢充为辅的方式，在夜晚慢充集中补电，白天快充以维持出租车运营。但即使如此，仍然降低了用车效率，特别是对于私人消费者来说，充电速度影响了正常使用。因此，换电模式成为一种较为创新的供电方式。

在市场启动阶段，杭州市电力局于 2010 年末与万向、众泰合作，主导了出租车换电模式。杭州市电力局在杭州西湖风景区、西湖商圈等主城区域建设了换电站，并通过换电池的方式，加快了电量补给和供应，避免了充电速度太长而影响出租车运营。另一个案例是微公交模式，其在 2013 年（市场扩散阶段），作为最早的分时租赁项目，布局网点作为租赁的站点供公众租赁使用。由于充电速度太慢、续航里程又短，因此微公交允许用户在电量耗尽时选择"换车服务"，从而不影响用户的长时间租赁使用。无论哪种方式，都大大提高了电力供给的速度和效率。

不过，换电模式存在技术上的争议，导致其在市场扩散阶段并没有大幅度推广。但由于换电模式更适合集中充电、统一管理，因而被推广至部分公交车系统使用。同时，随着充电技术的提升和突破，充电效率和速度大大提升，充电模式仍然成为大部分商业模式的主流选择。

到了市场加速阶段，充电技术仍然是大部分商业模式的主要选择，同时换电模式也成为市场中的一股力量。以北汽为代表的车企，于 2016 年左右推出了换电车型，并建设换电站，以便供北京城区出租车运营和私家车的换电使用；力帆则在重庆推出了盼达用车，采用换电的方式提供电动汽车租赁服务。

总的来看，商业模式对充电与换电的交替选择和共同发展，是由技术创新水平和实际市场需求所决定的。充电模式作为商业模式的主要选择，持续的技术创新逐渐使其成为比较正统的选择；换电模式作为商业模式的创新方式，在产业初期实现了很好的创新示范作用，同时也成为未来商业模式创新的一种可能。

13.3.3　路径 C："以租代售"转向"产品导向"

在市场扩散阶段开始，由于私人消费市场推广力量有限，许多车企都通过"以租代售"的方式进入分时租赁和长期租赁市场，以便获取用户体验数据和市场反响，便于后期向私人消费市场推广产品。

其中，华晨宝马主导的之诺租赁项目，是"以租代售"转向"产品导向"的一个典型案例。之诺租赁项目并不是以占领租赁市场为目的，而是以此项目进入电动汽车市场，取得先手优势，进而成为电动汽车行业的领导者。

2014 年，华晨宝马正式启动之诺 1E 车型的租赁项目。之诺租赁项目为客户提供一站式服务，包括产品咨询、租赁签约、提车还车、保养维修等。租赁方案包括以天为单位的短期租赁，以及为期一年、两年和三年的长期租赁。除了吸引个人用户，之诺 1E 也非常适用于需要点对点移动解决方案的公司，如有日常总部和分部之间通勤需求的企业，或者需要为客户提供交通服务的大型企业。不仅如此，华晨宝马还与一嗨、EVcard 等汽车租赁商合作，投放之诺产品用于租赁。华晨宝马通过这种定位高端的租赁模式，旨在吸引高端企业和个人客户，通过"以租代售"验证产品对目标群体的吸引力度和商业价值，从而为之诺产品进入市场打下基础。

到 2017 年，华晨宝马推出了旗下的第二款车型 60H——一款基于全新宝马 X1 打造的插电式混合动力车型。但是，华晨宝马改变了"以租代售"的方式，而是采取了产品导向型商业模式,即进入个人消费市场。在销售模式上,新车不仅采用展厅购买模式,还采用移动销售顾问服务模式,包括上门试驾、在线订车、免费上牌、上门交车、免费充电套装和安装服务。

华晨宝马商业模式在"以租代售"转向"产品导向"的过程中,还受到了宝马集团对新能源汽车产业战略布局的影响。华晨宝马和宝马集团从 2015 年开始推出"BMW 创新出行服务中国战略",即时充电 TM(ChargeNowTM)项目落地,投入建设公共充电基础设施。到 2016 年底,已在全国 10 个主要城市建成 1500 个充电桩,2017 年达到 2500 个,覆盖中国 15 个主要城市。

因此,华晨宝马的新能源汽车产业商业模式的创新路径,从之诺 1E 的"只租不卖"到之诺 60H 开始向消费者销售,既是适应产业发展阶段的需求,也是对市场竞争的妥协,同时也是宝马集团对新能源汽车产业战略选择的结果。一方面,由于面向高端群体的租赁成本过高、吸引力不足,产品定位也较为尴尬,之诺 1E"只租不卖"的商业模式的市场竞争力较弱,不得不面临转型;另一方面,随着充电基础设施布局的完善,新能源汽车的公众接受度越来越高,华晨宝马在产业链布局、价值网络构建方面有了一定的基础,为销售模式提供了更好的支持。此外,产品、品牌和参与者等市场竞争也更加激烈,促使华晨宝马急需通过产品和技术本身的优势来加入市场竞争。

13.3.4 路径 D:整车企业的汽车共享战略与创新路径

不同于华晨宝马通过"以租代售"的方式进入分时租赁和长期租赁市场,然后转向产品导向型商业模式,许多整车企业则在一开始就选择加入以分时租赁为代表的汽车共享领域的市场竞争。这是因为,相较于传统燃油汽车而言,新能源汽车属于"新鲜事物",而分时租赁对于电动汽车来讲应该是一个很好的推广模式,从消费者角度出发,租赁对消费者决策最简单,风险也最低,这一模式还可以不断吸引更多消费者来尝试、体验产品,同时达到培养消费者和品牌推广的目的。

一个最为典型的例子是以康迪与吉利为代表的微公交模式。在市场扩散阶段,康迪与吉利率先于 2013 年开始推广微公交模式,并成为私人租赁领域的典型和创新示范;2014 年,国务院办公厅印发《关于加快新能源汽车推广应用的指导意见》,提出积极引导企业创新商业模式(其中包括分时租赁),这使得分时租赁及其他租赁项目在各个城市开始布局和推广,且各具地方特色,并持续创新。而杭州微公交模式也在已有分时租赁的基础上,与社区合作,以优惠价格推广社区团体租赁；进入当前市场加速阶段，吉利和康迪还于 2015 年进一步拓展了微公交模式的业务范围，形成了汽车共享战略联盟，扩大了市场布局的深度，希望通过无线充电和整车等技术的合作、互联网与大数据的支持、交通出行多样化的推广等方式，进一步推动未来的商业模式创新，占据汽车共享的市场位置。

为了避免同质化的竞争，时空租赁在商用车、乘用车、物流车等领域开展租赁业务，以此作为其汽车共享战略和商业模式创新的路径。

总的来说，以这些整车企业为代表的商业模式创新路径，是以其汽车共享战略为指导，通过技术合作与创新、市场布局与联盟合作等方式，促进商业模式的创新与发展。

13.3.5　路径 E：非整车企业的汽车共享战略与创新路径

除了这些整车企业抢占分时租赁等汽车共享市场外，非整车企业也加入这一领域的市场竞争，最具代表的就是互联网企业。由于互联网企业并没有整车制造的价值链，因而以产品为导向的商业模式显然并不适合它们进入新能源汽车市场。而以分时租赁为代表的汽车共享领域，作为共享经济的一个典型模式，其智能化和网联化趋势明显，受到了互联网企业的拥护。

比较典型的是车纷享模式的发展路径。车纷享模式是由杭州车厘子智能科技有限公司主导运营的，这一初创型民营企业基于其 EV-net 技术平台，于 2009 年最早实现了分时租赁模式。由于受产业发展阶段的限制、企业本身价值网络的限制等一系列原因，其发展受到了限制。直到 2014 年其与北汽合作，在北京开始推广绿狗车纷享模式得以大力推广发展，并被推广至多个城市，成为分时租赁领域的主要市场力量。

除此之外，还有友友用车、零派乐享等一系列基于互联网平台的分时租赁和汽车共享模式。虽然它们在推广之初，以其便捷的用户体验受到了一定的欢迎。但是由于其自身资金链断裂、市场竞争激烈，不得不逐步退出市场。

总的来说，非整车企业的商业模式创新路径，主要以互联网企业为代表，以其技术平台为基础，开发具有智能化、网联化、集成化的分时租赁平台，并寻求与整车企业的合作，从而实现其商业模式的持续发展与创新。

案例篇

由于受到技术创新、制度条件、产业结构和资源基础"一驱动三联动"的创新动力要素的影响,新能源汽车产业商业模式在不同城市呈现不同特色。本篇综合考虑地方产业政策、新能源汽车市场规模、充电基础设施建设情况、新能源汽车相关企业等因素,首先在第 14 章选取新能源汽车产业发展较快的北京、深圳、杭州作为城市案例研究对象。通过对不同城市间的案例对比研究,探究技术创新驱动下,制度条件、产业结构和资源基础联动影响下的新能源汽车产业商业模式创新演进。其次在对中国新能源汽车产业商业模式研究过程中,一些典型的商业模式在不同城市之间也存在显著差异性和特点,而且包括公众意识在内的关键要素对商业模式的推广和创新起到重要的作用。因此,在第 15 章分别从分时租赁商业模式和公众意识培养两个视角进行案例研究。

第 14 章　基于城市视角的新能源汽车产业商业模式案例

　　本章将着重对北京、深圳和杭州的新能源汽车产业商业模式创新演进进行案例分析。首先，从经济地位、政策引导、产业布局等方面对北京、深圳和杭州的产业发展进行概述；其次，对三个城市新能源汽车产业的主要商业模式类型进行归纳和阐述；最后，对三个城市的商业模式创新过程进行演变分析。

　　北京、深圳和杭州是中国经济较为发达的区域，具有新能源汽车产业发展的基础。2020 年，北京经济总量超过 3.6 万亿元，人均 GDP 超过 2 万美元，中国电动汽车充电基础设施促进联盟发布的报告显示，北京公共充电桩数量已超过 5.9 万个，位于全国前列，北京拥有北汽、长安、现代、福田等国有控股整车企业。2018 年，深圳 GDP 突破 2.4 万亿元，新能源汽车产业的发展一直走在全国前列，普及率也居于全国首位，新能源汽车累计销量排名第一，销量达 8.42 万辆，累计建成充电桩 60 953 个，涌现出比亚迪、深圳五洲龙、沃特玛等一批行业领军企业。杭州经济活跃，新能源汽车产业发展迅速，2018 年经济总量超过 13 万亿元，全年推广新能源汽车突破 5 万辆，累计建成公用充电桩 4014 个，形成了以吉利、康迪、万向、众泰、长江汽车等私有企业为代表的区域闭合产业链。这三个城市在新能源汽车产业中具备很强的影响力与代表性。

14.1　北 京 案 例

14.1.1　北京新能源汽车产业发展概述

　　2020 年北京经济总量超过 3.6 万亿元，比上年增长 2.5%，2020 年全市居民人均可支配收入 69 434 元，已达到发达经济体标准。北京在"减量"的发展背景下，通过对经济结构进行战略性调整探索推动高质量发展，已取得一定成效。北京将通过建设"三城一区"主平台、推进 10 个高精尖产业发展政策落地等方式，加快 5G、工业互联网等新型基础设施建设，推动超高清显示设备、集成电路生产线、第三代半导体、"无人机小镇"等重大项目落地，继续推进首都经济高质量发展，也为新能源汽车的发展提供了更好的土壤。

作为中国首都和国内经济发达地区，北京是国内最早推广新能源汽车市场的地区之一，形成了相对成熟的电动汽车市场。北京新能源汽车的发展有着积极的现实意义：作为首都与全国政治中心，起到全国的表率作用，推动新能源汽车技术与产业在全国范围的积极正向有序发展；作为科技创新中心，把握新能源汽车技术的关键命脉，力争汽车工业弯道超车，实现百年汽车强国梦；作为国际交往中心和生态文明之都，发展新能源汽车技术有助于显著提升北京大气环境，减少雾霾等恶劣天气的天数和程度，降低对民众的健康影响并提升国际形象和影响力。

北京紧紧围绕首都城市战略定位，坚持市场导向和政府推动相结合，以政策服务创新为牵引，以重点应用示范为突破，以市场全面开放为动力，以基础建设为支撑，在公共领域率先示范，兼顾有序培育私家电动汽车市场，营造全社会共同关注创新、共同支持减排的良好氛围，努力将北京建设成为电动汽车全国示范应用的新标杆、应用规模全球领先的新高地。为将北京建设成为国际新能源汽车高端创新中心及推广应用高地，北京出台了一系列产业政策促进本市新能源汽车产业快速发展，截至 2021 年底，北京新能源乘用汽车保有量达50.7 万辆。

北京新能源汽车产业在政策的引领下遵循自主创新，充分利用整合优质资源，强强联合，形成产业联盟，企业与高校合作，形成产学研的氛围，通过合作创新提升北京新能源汽车的核心技术和创新能力，不断拉近与国际顶尖水平的距离。2009 年，通过整合国内整车企业、零部件企业、科研院所等优势资源，由北汽、福田汽车和北汽新能源牵头成立了中国第一个新能源汽车产业联盟——北京新能源汽车产业联盟。以技术创新和合作为目的的产业联盟提升了北京新能源汽车产业的整体竞争力。

在产业政策与联盟资源的积极推动下，北京新能源汽车市场覆盖了出租车、公交车、汽车共享等多个领域。截至 2022 年末，北京清洁能源和新能源公交车占比达 94.27%①。而在汽车牌照政策的利好影响下，新能源汽车对私总量也增长迅猛，2018 年北京新能源汽车保有量达 22.5 万辆。在北京购车摇号条件愈加困难的情况下，北京出台了一系列推广新能源汽车的政策，新能源牌照依旧按计划发放，2021 年北京小客车指标年度配额为 10 万个，其中普通小客车指标额度为 4 万个，新能源汽车指标额度为 6 万个。

随着新能源汽车的逐步推广，北京充电基础设施建设也在逐步完善。截至 2020 年 12 月，北京公共充电桩数量已超过 5.9 万个，位于全国前列。

在产业布局方面，北京以整车为核心平台，打通了新能源汽车的产业链条。在高能量电池、电机、电控等核心前沿领域进行了大胆探索，在大兴、房山、顺义、昌平建立了能够达到 10 万吉瓦·时产能的新能源汽车整车生产基地。已经形成了自有四大汽车品牌的竞争，如北汽、长安、现代、福田等。主要业务领域集中在出租、租赁、私人购买三个方面，能够基本满足北京当地生产基地全年生产配套的需求。

14.1.2　北京商业模式创新驱动要素分析

北京新能源汽车推广取得成效，一方面是政策的大力推动，另一方面是商业模式的应用和实践。北京新能源汽车产业在出租车、公交车、私人租赁和私家车等领域取得了较好的推广效果，产生了诸多商业模式。

首先，分时租赁模式。2013 年，首个纯电动汽车租赁站在清华科技园成立，最初园区投入 15 辆北汽 E150EV 纯电动汽车，配套 10 个慢充充电桩和 1 个快速充电桩，分别在北京交通大学、北京理工大学和清华大学 3 所高校投放电动汽车租赁点，分为时租、日租和月租 3 种方式，价格为 49 元/2 小时、99 元/天、1999 元/月，代表企业主要有 Green-Go 共享汽车（北京恒誉新能源汽车租赁有限公司）、有车（北京）新能源汽车租赁有限公司、金华市易卡汽车租赁有限公司。这为后来上海、武汉、杭州的分时租赁和企业长租以及年租等方式相结合而产生的新的商业模式提供了借鉴。

其次，整车租赁模式。整车租赁由传统的燃油汽车租赁模式演变而来，神州租车等是其典型代表，从出租传统汽车到出租新能源汽车，开拓业务，服务于个

---

① 北京清洁能源和新能源公交车占比超 94%. https://baijiahao.baidu.com/s?id=1770369374409060 501&wfr=spider&for=pc[2023-08-10].

人用车和机构融资，其中个人用车主要有合约租赁、以租代购、短时及分时租赁的方式，机构融资租赁是以直租和售后回租的方式进行。这种模式规避了政策及技术领域的难题，为电动汽车进入市场提供了有力的帮助。

最后，车电分离模式。北汽新能源发布了面向私人市场的车电价值分离商业模式，换电模式已经在北京、广州、厦门、兰州4个城市联合奥动新能源汽车科技有限公司、宁德时代新能源科技股份有限公司、北京普莱德新能源电池科技有限公司、北京优电科技有限公司等合作，在超过6000辆换电出租车上试运营，单车最长行驶里程50万公里，累计更换电池65万次。北汽新能源还从换电站网点布局、换电体验、技术保障、成本优化等维度，为用户带来"多""快""好""省"的绿色出行体验。

北京新能源汽车产业商业模式创新受到来自本地的技术创新、制度条件、产业结构、资源基础的作用和影响。

1. 技术创新

北京拥有丰富的科研创新能力，通过科研资源促进产学研结合。涉及新能源汽车产业的科研机构包括清华大学、北京理工大学、北京交通大学等30余所高校，中国科学院、中国北方车辆研究所等近50家国家级科研机构，以及国家工程技术研究中心、国家工程研究中心等20多家研究中心，国家级重点实验室62家，中关村开放实验室60多家，形成了中关村科学城新能源汽车的研发核心区，为北京新能源汽车产业企业提供了强大的创新支持。

北京新能源汽车专利申请量近年来保持快速增长的势头，从2012年全年仅数十件的申请量，到2017年全年超千件的专利申请量，呈现出几何倍数的增长速度。在新能源汽车领域，北汽集团旗下北汽新能源以548件的专利公开数量位列第三，是2018年新能源汽车领域专利公开数量最多的国内整车厂家。截至2018年底，北汽集团旗下北汽新能源共计有效专利申请3688件，其中发明申请1734件，实用新型申请1568件，外观281件，PCT（海外）专利累计申请105件，其中发明申请占申请总量的46%以上，为企业构建新能源核心技术的专利池奠定了基础。

2. 制度条件

产业政策的制定是为提高产业的综合竞争能力、促使我国新能源汽车形成在国际市场中处于领先地位，实现我国从汽车大国向汽车强国的弯道超车。表14-1和图14-1汇总了2009~2018年北京新能源汽车产业政策。

表 14-1　北京新能源汽车产业政策汇总

政策类型	政策发布时间	政策名称/内容
战略规划及投资	2018 年 9 月	《北京市打赢蓝天保卫战三年行动计划》
	2018 年 5 月	《关于 2019 年拟申请市政府固定资产投资补助的公用充电桩项目的公示》
	2017 年 12 月	《北京市加快科技创新发展新一代信息技术产业的指导意见》
	2017 年 2 月	《关于调整北京市示范应用新能源小客车相关政策的通知》
	2016 年 7 月	《北京市"十三五"时期交通发展建设规划》
	2014 年 6 月	《北京市电动汽车推广应用行动计划（2014—2017 年)》
	2014 年	《北京市居住公共服务设施规划设计指标》
	2013 年 10 月	《北京市 2013—2017 年机动车排放污染控制工作方案》
	2013 年 9 月	《财政部 科技部 工业和信息化部 发展改革委关于继续开展新能源汽车推广应用工作的通知》
	2012 年 7 月	《北京市"十二五"时期交通发展建设规划》
	2012 年 5 月	《2012 年北京市能源工作要点》
	2012 年 3 月	《北京市 2012—2020 年大气污染治理措施》
	2011 年 12 月	《北京市"十二五"时期高技术产业发展规划》
	2011 年 11 月	《北京市"十二五"时期新能源和可再生能源发展规划》
	2011 年 11 月	《北京市"十二五"节能减排全民行动计划》
	2011 年 6 月	《北京市"十二五"时期环境保护和建设规划》
	2011 年 3 月	《北京市国民经济和社会发展第十二个五年规划纲要》
	2011 年 1 月	《北京市"十二五"时期工业布局规划》
	2011 年 4 月	《北京市清洁空气行动计划（2011—2015 年大气污染控制措施)》
	2010 年 3 月	《"绿色北京"行动计划（2010—2012 年)》
	2015 年 3 月	《关于购买纯电动专用车有关财政政策的通知》
补贴和税收减免	2018 年 7 月	《关于调整完善新能源汽车推广应用财政补贴政策的通知》
	2018 年 5 月	《2019 年度北京市单位内部公用充电设施建设补助资金申报指南》
	2012 年 2 月	《北京市节能减排财政政策综合示范产业低碳化实施方案》（2012—2014 年)
	2012 年 2 月	《北京市节能减排财政政策综合示范交通清洁化实施方案》（2012—2014 年)
	2012 年 12 月	《北京市节能减排财政政策综合示范奖励资金管理暂行办法》
	2012 年 2 月	《北京市建设节能减排财政政策综合示范城市总体实施方案》
	2011 年 12 月	《北京市纯电动汽车示范推广市级补助暂行办法》
	2010 年 11 月	《北京市私人购买新能源汽车补贴试点方案》

续表

政策类型	政策发布时间	政策名称/内容
法规与标准	2018 年 2 月	《北京市推广应用新能源汽车管理办法》
	2017 年 9 月	《北京市推广应用新能源商用车生产企业及产品备案管理细则》
	2017 年 7 月	《北京市推广应用新能源商用车管理办法》
	2015 年 9 月	《北京市示范应用新能源小客车生产企业及产品备案管理细则（2015 年修订）》
	2014 年 6 月	《北京市示范应用新能源小客车自用充电设施建设管理细则》
	2014 年 2 月	《北京市示范应用新能源小客车生产企业及产品审核备案管理细则》
	2014 年 1 月	《北京市示范应用新能源小客车管理办法》
专门机构设立	2011 年 5 月	《关于促进产业技术创新战略联盟加快发展的意见》
	2009 年 3 月	成立北京市新能源汽车产业联盟

资料来源：根据北京市人民政府官网资料整理

图 14-1　北京新能源汽车产业重点政策颁布时间轴

资料来源：根据北京市人民政府官网资料整理

1）战略规划及投资

《北京市电动汽车推广应用行动计划（2014—2017 年）》对北京新能源汽车产业发展的宏观战略定位进行了界定，要求切实做好电动汽车推广应用工作，努力实现大气污染防治目标。倡导企业、公众及媒体三类主体全面参与电动汽车推广应用，共同维护电动汽车良好的发展态势。2018 年 2 月，北京市多部委联合发布《北京市推广应用新能源汽车管理办法》，指出北京鼓励购买和使用新能源汽车。

为了促进电动汽车产业创新与智能制造，2017 年 12 月中共北京市委、北京市人民政府发布了《北京市加快科技创新发展新一代信息技术产业的指导意见》，指出重点聚焦电动汽车，加大对电动汽车研发生产的支持力度，突破关键核心技术，提升产业竞争力。

2018 年，《北京市打赢蓝天保卫战三年行动计划》（简称"三年行动计划"）正式发布实施。"三年行动计划"的总体目标是：到 2020 年，本市环境空气质量改善目标在"十三五"规划目标基础上进一步提高，PM$_{2.5}$ 浓度明显降低，重污染天数明显减少，环境空气质量明显改善，市民的蓝天幸福感明显增强。"三年行动计划"中提到要大力推进车辆电动化。到 2020 年，全市新能源车保有量达到 40 万辆左右；推进新增和更新的公交、出租、环卫、邮政、通勤、轻型物流配送等车辆基本采用电动车，机场、铁路货场等新增或更换作业车辆主要采用新能源车等。到 2020 年，邮政、城市快递、轻型环卫车辆（4.5 吨以下）基本为电动车，办理货车通行证的轻型物流配送车辆（4.5 吨以下）基本为电动车，在中心城区和城市副中心使用的公交车辆为电动车。

"三年行动计划"中同时提出要加快充电基础设施建设，推进公交、环卫、物流等公共服务领域充电设施建设和城市公用充电设施建设，并在具备条件的物流园、产业园、大型商业购物中心、农贸批发市场、旅游景点、货运枢纽、邮政快递分拨处理中心和规模较大的邮政快递营业投递网点等建设集中式充电桩与快速充电桩，为新能源车辆在城市通行提供便利。到 2020 年，形成平原地区平均服务半径小于 5 公里的充电网络，其中，城市核心区、城市副中心、"三城一区"、2022 年北京冬奥会和冬残奥会延庆赛区、北京新机场等重点区域实现充电设施平均服务半径小于 0.9 公里。

2）补贴和税收减免

北京大力推广新能源汽车产业的财税政策，2018 年 7 月，北京市财政局会同市科学技术委员会、市经济和信息化委员会联合印发了《关于调整完善新能源汽车推广应用财政补助政策的通知》（京财经一〔2018〕1296 号）（简称《通知》），对市级新能源汽车推广应用补助政策进行了调整完善，明确了北京最新的新能源汽车补贴方案。按照《通知》要求，北京市地方财政对新能源汽车（纯电动汽车、燃料电池电动汽车）补贴标准为国家补贴的 0.5 倍，补贴总额不超过终端售价的 60%。新能源汽车补助的对象是消费者，消费者应获得的补助资金由新能源汽车生产企业或销售机构先行垫付。当前多数车企在新车发布时公布的售价都是补贴后的价格。消费者在购车时只需支付扣减国家补贴和地方补贴后的部分，另外配合车辆销售机构提供相应补贴申领的材料即可，由销售机构向主管部门申领补贴资金。《通知》中明确了补贴的范围，除私人购买新能源小客车外，其他类型新能源汽车申请市级补助资金须满足车辆运营 2 万公里的要求。新能源环卫车、新能源公交车、行政事业单位使用财政性资金购买的新能源汽车，不享受北京财政补助。

在北京 2018 年新能源汽车补贴政策出台之前，北京顺义区还发布了《顺义区2018 年新能源汽车置换补贴实施细则》和《顺义区 2018 年电动汽车公用充电设施补贴实施细则》，对顺义区的新能源汽车给予区级补贴。一是在国家、北京对新能源汽车补贴的基础上，对将燃油汽车置换为新能源车的顺义区车主（包含货运车辆及机场地区专用车辆）顺义区对符合条件的燃油车主置换新能源汽车给予相应补贴；二是新能源汽车使用顺义区境内公用充电桩进行充电，给予充电服务费用 50%（最高不超过 0.4 元/千瓦时）的补贴；三是对在顺义区建设的公共充电设施，给予不高于项目总投资 30%的区政府固定资产投资支持。

3）法规与标准

为了改善首都空气质量，大力培育战略性新兴产业，加快新能源小客车推广示范应用，北京市科学技术委员会于 2014 年 1 月颁布《北京市示范应用新能源小客车管理办法》，该办法规定了生产企业及新能源小客车条件、充电设施、补助申领、监督管理、职责分工等部分。2015 年 9 月《北京市示范应用新能源小客车管理办法》（2015 年修订）发布，对新能源小客车的管理范围和管理内容进行了修订和细化。在对财政补贴的规范方面，北京市财政局、北京市科学技术委员会、北京市经济和信息化委员会 2014 年出台的《北京市示范应用新能源小客车财政补助资金管理细则》，明确规定本细则财政补助的对象是消费者，消费者按销售价格扣减补助后支付。本市注册的汽车生产企业申领本市财政补助资金，财政部门将补助资金兑付到汽车生产企业。非本市注册的汽车生产企业申领本市财政补助资金，须授权委托一家在京注册登记的具有独立法人资格的汽车销售机构统一申领，财政部门将补助资金兑付到该汽车销售机构，这项细则有力地支持了北京补贴政策的推行。除了对企业生产和财政补贴的监管之外，北京在基础设施建设与规划方面也出台了《北京市示范应用新能源小客车自用充电设施建设管理细则》（2014 年）和《北京市居住公共服务设施规划设计指标》（2015 年），北京计划在社会停车场、新建改建居住区、办公场所以及医院、学校等场所按一定比例配建充电基础设施。充电基础设施的充电条件确认、用电报装和设施建设要严格按照管理细则施行。

2015 年 5 月，北京市公安局交通管理局发布通告称，自 2015 年 6 月 1 日至2016 年 4 月 10 日，北京核发号牌的纯电动小客车不受工作日高峰时段区域限行措施限制，新能源汽车利好不断地促进个人购买新能源汽车的积极性。2018 年 2 月发布了《北京市推广应用新能源汽车管理办法》，该办法取消了北京新能源车"小目录"，但插电式混合动力车型在北京依然不可以使用新能源小客车指标购车。新能源指标在 2020 年 12 月 31 日前，继续沿用轮候的方式发放。

　　4）专门机构设立

　　在北京市委市政府的大力支持下，遵循自主创新，充分利用、发挥整合北京优质资源的思路，中国第一个新能源汽车产业联盟于 2009 年 3 月在北京成立。产业联盟依托北京理工大学、福田汽车、北京公交集团等单位联合成立，整合了国内优质的新能源汽车资源，包括零部件企业、整车企业、科研院所和终端用户等。产业联盟的宗旨是在信息共享、技术合作、科研攻关等方面为联盟机构提供支持并创造机会。通过产业联盟合作，有利于弥补中国新能源汽车在专业技术和创新能力上的不足，拉近中国新能源汽车和国际顶尖水平的距离。

　　2011 年出台的《关于促进产业技术创新战略联盟加快发展的意见》，意图促进政府、企业、高校、研究机构等联合，促进产业技术创新。此外，北京市科学技术委员会设立的北京市新能源汽车产业发展促进中心，也为产业发展做出了巨大贡献。

　　3. 产业结构

　　北京在新能源汽车产业建设与发展上具有较好的产业基础，以及市场需求优势、人才技术优势、政策支持优势，使得北京具备了比较完善的电动汽车产业链，发展势头迅猛，产业规模居国内前列。北京电动汽车产业链布局如图 14-2 所示。

图 14-2　北京电动汽车产业链布局

1）整车企业重点企业分析

北京电动汽车产业着力强化以乘车为牵引，科技创新为支撑，规模化应用为动力，政策鼓励为引导的产业发展思路。通过整合全球技术以及人才、资本资源，创新各项合作机制，引导资源聚集，加快产业发展，整车技术水平已经进入世界前列。

北京整车企业纷纷制定发展规划，加快布局电动汽车产业、整车产品的研发和产业化步伐。其中，北汽新能源和福田汽车分别在乘用车和商用车领域取得了长足的进步，在行业内占有一席之地。

A. 北汽新能源

北京新能源汽车股份有限公司（简称北汽新能源）成立于 2009 年，是世界 500 强企业北汽集团旗下的新能源公司，是国内纯电动乘用车产业规模最大、产业链最完整、市场销量最大、用户覆盖面最广、品牌影响力最大的企业。

在技术创新方面，北汽新能源自 2009 年成立后制定"技术为核心"的发展路线，专注耕耘纯电动汽车领域，凭借掌握的新能源核心技术，已经推出 EH、EU、EX、EV、EC、LITE 六大系列车型 10 余款纯电动乘用车，成为中国新能源市场上产品谱系最长的新能源车企。

在商业模式方面，作为首个获得新能源汽车生产资质、首家进行混合所有制改造、首批践行国有控股企业员工持股的新能源汽车企业，在立足我国、辐射全球的产业布局下，北京成为制造型企业转型升级与国有企业改革创新的典范。

同时，在网约车、出租车、专用车等出行领域进行深刻布局。2018 年底，北汽新能源率行业之先，进入驾培车市场，北汽新能源 EU300 成为唯一进入驾培系统的纯电动汽车。2019 年 1 月，北汽新能源与滴滴旗下小桔车服成立京桔新能源，并以 EU5 车联网与车辆管理系统为基础，通过构建"车联网+大数据+电动化+定制化"的智慧出行模式，在提升网约车用户体验的同时，加强司机服务管理，全面提升北汽新能源在共享出行领域的产品竞争力。北汽新能源此举将出行服务布局得更全面，用与众不同的技术与模式，将纯电动汽车和出行服务有机融合。

B. 福田汽车

北汽福田汽车股份有限公司（简称福田汽车）是中国规模最大，品种最全的商用车企业。福田汽车成立于 1996 年 8 月 28 日，1998 年 6 月在上海证券交易所上市，连续 10 年蝉联商用车第一。2018 年，世界品牌实验室（World Brand Lab）发布的《中国 500 最具价值品牌》排行榜中，福田汽车以 1328.67 亿元排行第 34 名（2017 年福田汽车以 1125.78 亿元排行第 34 名），居商用车行业第一、汽车行业第四，连续 14 年领跑商用车行业。

在技术创新方面，福田汽车自 2003 年启动新能源汽车研发以来，积累了丰富的研发技术，在物流车领域，先后开发了轻卡（欧马可智蓝、奥铃智蓝、祥菱智蓝）、大 VAN（图雅诺智蓝）、中 VAN（风景智蓝）、小 VAN（智蓝 iBLUE）以及三轮车替代产品，具备了三电自主研发和集成能力。

在商业模式方面，福田汽车于 2018 年进行了全面的升级和战略转型，建立了福田智蓝新能源品牌，成立了福田智蓝新能源独立运营组织，明确了业务发展战略，标志着福田新能源汽车由"研发导向"进入了"研发"+"市场"双导向时期。在智能+网联发展趋势下，商用车产品与服务正进行着深度的融合并相互影响，基于对这一前瞻性的产业生态理解，福田汽车通过领先的车联网系统全价值链深度解读，开行业先河，率先启动"中国商用车运营指数"（简称 CVOI，反映商用车运营质量绩效变动情况的指标）。通过"中国商用车运营指数"的启动，福田汽车将构建起以数据为核心、旨在助力为客户提供多领域、多场景的一站式综合物流解决方案的工业互联网生态，从而实现由传统制造向制造服务型模式转型升级，进一步树立汽车物流专家的形象。

C. 北京北方华德

北京北方华德尼奥普兰客车股份有限公司（简称北京北方华德）是隶属于中国兵器工业集团有限公司的国家大型一类企业。1986 年公司率先引进世界著名客车德国尼奥普兰巴士公司（Neoplan Bus GmbH）全套车型和制造工艺技术，开发生产高档旅游客车。从此结束了国内高档豪华客车依靠进口的历史。

在技术创新方面，北京北方华德致力于产品创新和发展，通过技术引进、消化吸收、自主研发相结合的模式，制造出了一系列符合国际最新标准的客车。公司拥有大型公路客车、豪华旅游客车、城市公交车、自行式旅游房车、机场摆渡车及新能源客车产品。产品涵盖 8.0～13.7 米全系列，全面覆盖旅游、客运、公交、政府公务、机关团体等领域。

2）动力驱动系统及电池企业重点企业分析

电动汽车的三大核心部分为电池、电机、电动，北京的电动汽车零部件企业虽然具有一定的规模，但是与上海等一些南方城市相比，竞争力略显不足。在电机领域，除北汽新能源与精进电动能够在市场上占有重要位置外，在动力电池和电控方面，都难以取得优势。本研究选取北京国能电池、精进电动、经纬恒润等重点企业进行分析。

A. 北京国能电池

北京国能电池科技有限公司（简称北京国能电池）成立于 2011 年，是集锂离子电池研发、生产和销售的新能源高新技术企业。

在技术创新方面，北京国能电池的软包磷酸铁锂离子电池具有全球领先的优异性能，主要指标达到或者超过全球领先水平。北京国能电池的长寿命软包磷酸铁锂离子电池，循环寿命可达 1 万次以上，可实现 4C 快充，其高倍率、长寿命的磷酸铁锂离子电池在国网调峰调谷的应用领域是国内占市场份额最高的产品。除了磷酸铁锂离子电池，北京国能电池的能量密度达到 260 瓦·时/千克新型三元电池已经定型，通过了试产和小批量评审及送检，在滁州基地进行量产。根据动力电池应用分会研究部统计数据，2018 年北京国能电池新能源汽车动力电池装机量位列国内排行榜第 8 位。2013 年，北京国能电池推出了单体能量密度达 160 瓦·时/千克的电池，紧接着又推出了 180 瓦·时/千克的电池，主要产品型号有 60AH、68AH、VAD63AH。2019 年，北京国能电池在商用车领域推出的全系列液冷量产产品中，客车应用的磷酸铁锂离子电池系统能量密度超过 150 瓦·时/千克，专用车超过 145 瓦·时/千克。

在商业模式方面，北京国能电池的产品涵盖动力、储能和低速车（涵盖网约车、二轮车）三大业务板块，客户包括一汽、东风、奇瑞、江淮、陕重等主流车企。以北京为研发总部，形成了动力板块以河南郑州为中心，安徽滁州、湖北襄阳、浙江海宁为主体的动力电池生产基地；以江西科能储能电池系统有限公司为中心，福建龙岩为辅的储能基地。在产能方面，北京国能电池的北京基地打造了年产 2 亿安时高性能锂离子电池生产线，河南基地建设了年产 10 亿安时的磷酸铁锂生产线，湖北基地 4 亿安时的磷酸铁锂生产线，滁州基地规划了年产 15 亿安时的磷酸铁锂生产线，江西基地拥有 5 亿安时的电池产能。

B. 精进电动

精进电动科技股份有限公司（简称精进电动）是全球领先的新能源汽车电机和动力系统提供商，驱动电机系统产销量和出口量均稳居中国行业首位，在全球市场也处于领先地位。

在技术创新方面，其技术路线覆盖纯电动、插电式混合动力、混合动力等，驱动电机产品形成了高功率密度、高转矩密度和高可靠性的技术特色。精进电动以驱动电机产品为依托，把技术和产品拓展到电驱动总成及其核心零部件，形成了包括电机、电机控制器、新能源汽车专用变速器、减速器总成和先进控制软件的综合供应能力。

在产能方面，精进电动在上海嘉定和石家庄正定先后建设了年产 20 万台和年产 50 万台电机和驱动总成的先进研发及产业化基地，配备了具有自主知识产权的自动化生产线，在生产过程中实施了从供应链开发、生产制造、质量保障到物流管理的全面质量管理，质量第一的理念和标准全程贯穿。精进电动还在美国底特律设立了子公司，为前沿技术的研发和国际市场拓展提供了平台。

在研发方面，精进电动组建了一支国际化的产业化团队，在电机系统和电驱动总成的研发、生产、质量、供应链、项目管理、营销、售后服务等整个价值链上与国际标准接轨。公司在北京建立了国际领先的新能源汽车电机系统研发中心，拥有国际领先的 2 万转电机动态性能测试台、国际上总装机功率最高的电机可靠性试验台组，以及全面的温度、湿度、腐蚀、振动等环境试验能力。

精进电动国内外客户包括美国菲斯科、克莱斯勒、一汽、东风、上汽、广汽、吉利、北汽、长城、福田集团、中通客车、海格客车、厦门金龙、开沃客车、银隆客车等知名整车企业，并且继续扩展与国内外主流车企的合作。精进电动出口到克莱斯勒、卡玛汽车、USHybrid、Dana、EDI、Transpower 等美国客户以及加拿大的 Encount 公司、澳大利亚的 SEAAuto 公司、法国的 ACTIA 公司等。

C. 经纬恒润

北京经纬恒润科技有限公司（简称经纬恒润）是一家持续快速发展的高新技术企业，从事汽车（智能驾驶、车联网）领域的电子产品研发生产、解决方案咨询服务、研发工具代理和专业培训等，总部位于北京，形成了完善的科研、生产、营销、服务体系。

在产品开发方面，经纬恒润建立了完整先进的汽车电子开发平台和环境，拥有 700 多人的研发团队和现代化的工厂，涉足的汽车电子开发领域包括：底盘与安全系统［自适应前照灯控制系统、适用于 LED 矩阵式大灯的自适应远光（LEDADB）控制系统、电动助力转向系统、单目前视主动安全系统］，车身及舒适域系统（无钥匙进入及启动系统、防夹天窗/车窗控制单元、汽车顶灯天窗控制器、氛围灯、车载手机无线充电、车身控制器、座椅控制器、网关控制器、商用车车身网络控制器、商用车车门电子电气产品、车载 DC-DC 电源模块等），动力总成系统（柴油机排气后处理控制单元、电子驻车系统、商用车整车控制器、新能源汽车电池管理系统、新能源汽车整车控制器等），车载信息系统（T-BOX、商用车车队管理系统），车载摄像头模块（前视主动安全摄像头、驾驶员监控摄像头、环视摄像头），传感器（霍尔式角度传感器、汽车方向盘转角传感器、脚踢传感器等），生产设备［车辆装配线电器检测系统、整车线下检测仪（end of line testing took，EOL）下线诊断系统、软件自动注入设备、电子控制单元（electronic control unit，ECU）生产线终端检测设备等]。

3）充电基础设施相关企业重点企业分析

基础建设项目具有投入大、效益产生耗时长的特点，因此常由政府部门或资金实力雄厚的国有企业牵头兴办，但充电桩运营数量前三名企业中有两家是民营企业，分别是特来电（北京）新能源科技有限公司（简称北汽特来电）和万帮星星充电科技有限公司（简称星星充电）。截至 2020 年 12 月，北京公共充电桩数量已超过 5.9 万个，位居全国首位。其中，70% 的公共充电桩主要掌握在北汽特来电、国网北京市电力公司、普天新能源、星星充电 4 家企业手中。

A.特来电

特来电是青岛特锐德电气股份有限公司的全资子公司，主要从事新能源汽车充电网的建设、运营及互联网的增值服务。

在技术创新方面，特来电首创了世界电动汽车群智能充电系统，颠覆了传统充电桩对汽车充电的概念，建立了电气技术层、智能充电层和云平台层的三层结构，以"无桩充电、无电插头、群管群控、模块结构、主动防护、柔性充电"的技术特点引领世界充电技术的发展。业内专家给予系统的鉴定结论为产品世界首创、技术水平国际领先。

在商业模式方面，特来电采用互联网思维，依靠国际领先的汽车群智能充电技术和系统，创新电动汽车充电商业模式，致力于建设并运营全国最大的汽车充电网。通过大系统卖电、大平台卖车、大共享租车、大数据修车、大支付金融、大客户电商，建立"让客户满意、让政府放心"的中国最大汽车充电系统生态公司，打造充电网、车联网、互联网三网融合的新能源互联网。

在服务平台方面，特来电创建了基于充电网、车联网、互联网的三网融合的云平台，针对不同的客户群体，云平台提供了不同的服务价值。面向政府，实现对新能源汽车运行及充电基础设施的远程实时监控，满足政府安全监管需求；面向用户，提供手机 APP、网站和微信公众服务号三个访问入口，让新能源车主通过平台可以随时随地得到方便快捷、全方位的服务，如充电预约与结算、车辆行驶状况、健康状况、能耗情况、历史运行记录及轨迹等；面向充电服务提供商，提供服务运营和结算平台，并建立起和用户沟通的渠道；面向行业、企事业单位，提供按行业、按单位的细化访问权限，根据行业特点针对充电、车辆监控等业务进行定制服务；面向公众，宣传推广新能源汽车相关知识、政策、动态等，进一步推动新能源汽车的应用及普及。

B. 普天新能源

普天新能源是以新能源汽车充电网络建设、运营和服务为主业的中央企业，是中国普天控股子公司依托中国普天在信息通信和电池电源等领域积累的产业优势，打造新能源汽车产业运营、配套产品制造与服务产业平台，致力于发展成为全国性新能源汽车运营整体解决方案提供商。

中国普天以信息通信技术的研发、系统集成、产品制造、产业投资等为主营业务，旗下子公司普天新能源主要从事新能源汽车充电网络建设、运营和服务。2020 年统计数据显示，普天新能源运营充电桩数量占比达到 1.9%，排名第九。相比 2017 年，普天新能源的充电桩 2020 年市场占有率下降了 2.6%，充电桩运营数量减少约 1000 个，是业内前五中唯一一家"业务缩水"的企业。

在商业模式方面，作为深耕信息通信领域的企业，普天新能源正在力求通过技术优势谋求差异化发展。普天新能源已与滴滴出行、神州优车等科技出行领域企业达成合作，尝试打通充电与车辆运营平台接口，在充电运营和大数据服务方面创造更多可能性。

C. 星星充电

星星充电隶属于万帮数字能源股份有限公司（简称万邦新能源），星星充电的营业范围覆盖充电设备制造、充电桩运营、平台服务等环节。作为国内主流的私人充电服务商和私桩共享平台商，星星充电具备城市公共充电运营一体化经验的充电商（太原）。同时，它也是全国唯一获得国家能源局"能源互联网重大应用示范"项目、工业和信息化部"智能制造 2025 新模式应用"项目、科学技术部"新能源汽车"2018 年度重点专项三个国家级项目立项的桩企，并牵头成立全国唯一一个新能源汽车智慧能源装备创新中心。星星充电收入主要来源于充电设备销售，其充电桩运营业务盈利规模较为有限。

在技术方面，与特来电不同，星星充电并没有从成立之初就在技术和市场方面做大量铺陈，而是选择以外包的形式快速建设充电桩，抢占市场份额。但随后，随着市场地位渐趋稳定，同时为了控制成本，星星充电前几年开始进行核心部件研发，公司已研发出 500 千瓦液冷大功率充电桩，充电 8 分钟可补充续航 400 公里。

在商业模式方面，星星充电是全球近 60 家知名车企的战略合作伙伴，其中不仅包括梅赛德斯奔驰、保时捷、宝马、捷豹路虎、大众等国际品牌，还包括比亚迪、北汽等国内车企。

4. 资源基础

在北京新能源汽车产业商业模式创新网络中，北汽及其下属子公司北汽新能源、福田汽车等，占据了北京新能源汽车等各个领域，形成了出租车区域运营模式、公交车慢充模式以及各类分时租赁和汽车共享模式。其中，在出租车和公交车领域，北汽主要通过与各个区域的出租车或公交车运营企业合作开展电动出租车、电动公交车的运营；在分时租赁与汽车共享领域，北汽直接主导了绿狗车纷享、易卡绿色租车等商业模式，同时积极参与了其他分类企业主导的商业模式。

新参与者的进入影响了新能源汽车企业的资源基础，联盟模式在提高电动汽车性能、降低电动汽车的生产成本等方面具有积极的作用。例如，中国汽车工业协会、国家知识产权局、工业和信息化部等机构领导的 8 个中央联盟中，有 7 个是研发联盟。中国第一个新能源汽车产业联盟于 2009 年 3 月在北京成立。产业联盟依托北京理工大学、北汽福田汽车股份有限公司、北京公交集团等单位联合成立，整合了国内优质的新能源汽车资源，包括零部件企业、整车企业、科研院所和终端用户等。

14.1.3　北京商业模式创新演变分析

随着新能源汽车市场的发展，电动汽车的性能和成本、电动汽车的用户和购买者、生产商的数量以及它们之间的竞争性质都发生了显著变化，导致中国电动汽车行业的商业模式格局发生了巨大变化，这意味着只有特征显著才能突出典型商业模式。本研究将北京新能源汽车产业市场从 2001 年开始分成三个阶段，以此反映随后行业发展过程中的不同阶段，每个阶段会确定在北京新能源汽车市场不同细分市场中占主导地位的主要商业模式。

1）第一阶段（2001～2008 年）：示范领域主导的商业模式

2001 年北京对"863 计划"进行了修改，将新能源汽车纳入目标行业，提供研发资金并制定新能源汽车行业的技术战略，并激发了一些汽车制造商和大学投入到新能源汽车的研究。2007 年，长安（中国第三大国有汽车制造商，位于重庆）推出了杰勋混合动力汽车，标志着中国第一代电动汽车的诞生。随后，为了促进产业的发展和贯彻绿色产业的理念，北京从 2008 年北京奥运会开始资助了一大批示范项目，这些项目为电动汽车生产商提供了与潜在客户互动和获取真实道路测试数据的机会。

虽然在此期间电动汽车产业商业模式尚不成熟，但是已有的示范项目为大多数中国电动汽车制造商奠定了第一代商业模式的基础。2008 年北京奥运会期间，First Automobile、东风、长安、上汽、北汽和奇瑞等汽车制造公司为其提供了超过 500 辆混合动力汽车和纯电动汽车用于公共交通，奥运会为当时有能力生产新能源汽车的所有国有汽车制造商提供了一个平台。

2）第二阶段（2009～2012 年）：从示范项目到公共交通，以公共交通为基础的商业模式

随着 2009 年"十城千辆"工程的实施，电动汽车产业进入了一个新的发展阶段，电动汽车领域扩散迅速，出现了若干新的商业模式，北京被列为"十城千辆"示范基地之一，由于电动汽车的电池续航里程有限，充电基础设施发展薄弱，因此重点关注公共交通领域，如公共汽车、出租车、政府车辆和物流车辆。北京为促进新能源汽车发展，出台了《关于进一步完善新能源汽车推广应用财政补贴政策的通知》，根据电池类型，纯电动汽车的购买补贴高达 6 万元，插电式混合动力汽车的购买补贴高达 5 万元。

北京在此期间引入了杭州出租车换电模式和深圳普天模式。出租车换电模式是由众泰（私人汽车生产商）和杭州市电力局（国家电网的附属机构）运营，涉及电池交换而非电池充电，从而促进了电动汽车的利用率。普天模式由普天新能源和比亚迪为汽车租赁/租赁市场建立，解决了电动汽车的高成本问题，该商业模式主要基于新能源汽车电池和车辆的分离。在新能源汽车中，电池成本占整车成本的1/3，使得电动汽车的价格远高于传统燃油汽车，而车电分离模式使客户分别支付了汽车租赁费和电池租赁费，从客户的角度出发，将电池的固定成本转化为汽车的可变运营成本。普天新能源还投资运营充电基础设施，为新能源汽车运营提供营收来源。

随着北京新能源汽车在公共交通领域的成功运营，越来越多的厂商参与到产业结构的变革，改变了产业层面的资源能力和技术，加大了鼓励新能源汽车在私人领域使用的力度。

3）第三阶段（2013～2018 年）：私人和公共交通领域

在私人领域主要是私人购买，北京出台了一系列优惠政策促进私人购买。例如，通过降低或取消道路通行费和停车费、缩短等待时间和降低车牌费、免除拥堵车辆交通管制和其他交通限制等方式支持私人购买新能源汽车。此外，在私人运输领域，由于技术进步和规模经济预计电动汽车生产成本会下降，因此 2013 年北京还宣布了逐步淘汰机制，2014 年和 2015 年的最高补贴金额分别减少 10%和

20%，2015 年宣布进一步削减：2017～2018 年的补贴与 2016 年相比减少 20%，2019～2020 年进一步减少 25%，并宣布从 2021 年起将完全取消消费者补贴。

在公共交通领域主要包括共享汽车、出租车区域运营、电动大巴，并引入了许多不同的电动汽车产业商业模式，创新主要集中在利基市场和充电技术上。此外，在公共交通领域最显著的发展是在全国范围内扩展和复制，在成功商业化运营的基础上，北京到 2020 年已实现 100%公共交通系统电气化。随着"十城千辆"工程的进行，新增城市和城市区域均有资格参与，试点城市总数达到 88 个。2016 年起，政策的进一步扩大，重心从示范转向市场化，因而竞争日益激烈，公共和私人交通领域也出现了新的商业模式。在公共汽车行业，新的进入者提供替代电池和充电技术，虽然比亚迪、北汽等已建立的电动客车生产商主要使用锂离子电池和各种快、慢充电解决方案，但新来者格力钛新能源股份有限公司向北京客车公司提供了使用快充电池的客车。由于电池技术的创新，换电模式的竞争力得到了提高，北京于 2016 年开始在郊区运营电动出租车。北京新能源汽车产业商业模式创新的动态演变过程和创新路径如图 14-3 所示。

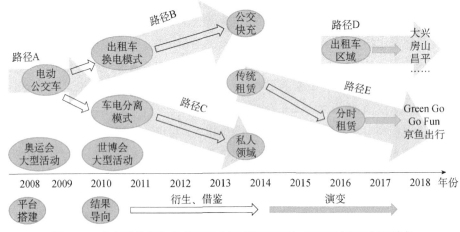

图 14-3　北京新能源汽车产业商业模式创新的动态演变过程和创新路径

通过对北京新能源汽车产业商业模式创新的动态演变过程分析和阶段特点总结可以看到，北京新能源汽车产业商业模式创新路径呈现出五种典型的创新路径。

（1）路径 A：大型活动示范路径。在市场发展初期，传统销售模式难以刺激并满足市场需求，因而通过奥运会等大型活动让电动汽车出现在公众眼前，实现新能源汽车的示范效应，这些项目为电动汽车生产商提供了与潜在客户互动和获取真实道路测试数据的机会。

（2）路径 B：公共交通充电转化路径。在产业发展初期，北京被列为"十城千辆"示范基地之一，电动汽车的电池续航里程有限，充电基础设施发展薄弱，主要专注于公共交通领域的公交快充，实现绿色出行、绿色发展的目标。

（3）路径 C：私人购买（从车电分离到整车购买）。技术进步和规模经济的影响，使得新能源汽车成本快速下降，由先前的车电分离完成了整车购买，实现新能源汽车的进一步推广。

（4）路径 D：不同区域的新能源汽车基础设施建设。为了提升电动出租车的普及率，实现绿色出行，北京依据地理区域的差异和出行特点，在不同区域建立了停车位、充电桩（分直流充电桩和交流充电桩）等充电基础设施。

（5）路径 E：租赁（从传统租赁转型到分时租赁，品牌扩张、市场细分）。以分时租赁为代表的租赁形式多元化成为北京新能源汽车发展的典型模式，达到了规避同质化竞争的目的，并出现了友友用车等不同品牌。

从上述阶段的发展过程中，我们发现制度条件、产业结构、资源基础和技术创新影响了北京电动汽车行业商业模式的发展。制度条件表现在中央和地方政府政策的形式对电动汽车购买者的优惠，以及对充电基础设施发展的支持层面。其中，在制度条件的第一阶段从支持电动汽车的发展转向研发、技术探索和技术示范；在第二阶段从对生产商的补贴和支持转向市场创造；在第三阶段从大规模的生产转向基础设施支持。由此，2015 年后公共补贴的逐步降低与政策的演变是一致的。

产业结构的变化从两个方面影响商业模式。首先，市场参与者数量的增长不仅创造了许多新的商业模式，而且还复制了成功的商业模式，从而大大增加了竞争。其次，电动汽车产业的扩张——从第一阶段占主导地位的传统汽车制造商、大学和研究机构，到公共和私营交通公司、能源公共事业公司、电池生产商、充电服务提供商、互联网和技术公司等随着时间的推移而进入的参与者，使得设计具有价值主张、客户群等新的商业模式成为可能。

14.2　深　圳　案　例

14.2.1　深圳新能源汽车产业发展概述

2018 年，深圳 GDP 突破 2.4 万亿元，同比增长 7.5%左右，经济总量居亚洲城市前五，居民人均可支配收入增长 8.4%。深圳作为中国经济及科技发展的领头羊之一，其在新能源汽车领域的发展起步较早。深圳新能源汽车产业的发展是以公共服务领域为突破口，首先在公共交通领域展开新能源汽车示范推广活动，包括混合动力公交、纯电动公交、纯电动出租车，随后在公务车、私家车领域逐步推广，新能源汽车的应用在深圳快速普及。近几年，深圳新能源汽车产业的发展一直走在全国前列，新能源汽车的普及率位于全国首位。

深圳新能源汽车产业经过近几年的发展，整体市场规模快速扩张，大量的资本流入，新能源汽车相关企业数量快速增长，市场竞争逐渐由缓和走向激烈。现阶段，深圳新能源汽车产业相关生产企业有百余家，其中整车生产及研发企业有近 10 家，比亚迪更是中国新能源汽车产业的龙头企业。同时，依托深圳较为发达的科技水平，其新能源汽车产业链条也在不断完善，对新能源汽车产业发展规模的快速扩张具有重要的意义。

伴随我国汽车保有量的快速增长，对环境的污染越来越严重，与此同时，能源的供需矛盾更加突出。在此背景下，新能源汽车产业的发展便受到了政策的大力支持，发展前景被普遍看好。近几年，深圳发布了一系列政策，通过资金工具、非资金工具，以补贴、推广方案、管理机制和路权等形式，对新能源汽车进行扶持、推广与应用。与此同时，在深圳，消费者购买新能源汽车可以享受国家免征新能源汽车车辆购置税、车船税等税收优惠政策。因此，深圳地方性鼓励政策，对该地区新能源汽车产业的快速发展起到了较大的促进作用。

2016 年，深圳新能源车辆应用推广中心经深圳市社会组织管理局正式批准注册成立，该组织是由国内领先的新能源汽车制造企业、动力电池制造企业、充电桩运营企业、新能源汽车运营企业、信息技术服务企业、保险金融服务企业等联合起来，自愿举办的民办非企业单位，已成为深圳最具影响力的新能源产业社会服务组织，促进了新能源车辆在深圳的广泛应用。

在深圳新能源汽车产业政策与推广中心的共同促进下，截至 2018 年底，深圳机动车保有量 336.66 万辆，其中新能源汽车累计注册登记数量达到 272 687 辆，占机动车总保有量的 8.1%（新能源汽车累计注册登记数量为首次在深圳注册车辆数，未计算外地车辆迁入以及本地车辆转出、报废的数量）。深圳纯电动公交车16 359 辆、纯电动出租车 21 485 辆、纯电动通勤车 2 818 辆、纯电动货车 61 857辆、新能源租赁汽车 21 912 辆、新能源私家车及其他车辆 148 256 辆。

深圳充电基础设施建设已取得了一定成就。据深圳市发展和改革委员会不完全统计，2018 年 1～12 月，深圳累计建成各类充电桩 20 331 个，其中公交快速充电桩 331 个、社会快速充电桩 6264 个、物流园区和大型商场充电桩 13 736 个（以慢充桩为主）。结合历年来的统计数据，截至 2018 年底，深圳累计建成充电桩 60 953 个，其中公交快速充电桩 5287 个、社会快速充电桩 12 416 个、专用充电桩 206 个、慢速充电桩 43 044 个。同时，深圳积极推进新能源汽车充电基础设施统一运营监管平台建设，深圳市发展和改革委员会负责建立市级新能源汽车充电基础设施安全监控平台，平台建成后将与充电基础设施运营企业级监控平台实现信息对接，进而对全市充电基础设施动态运行状态进行监控。

在产业布局方面，随着深圳新能源汽车技术水平的不断提升、产业快速发展，深圳已初步具有较强的竞争力，涵盖动力电池、电机、电控、整车、配套设施等领域的完整产业链，涌现出比亚迪、深圳五洲龙、沃特玛等一批行业领军企业。

14.2.2　深圳商业模式创新驱动要素分析

深圳新能源汽车推广取得的成绩离不开政策的支持，同时也离不开其商业模式的适应性。各个城市的经济发展水平不一样，城市布局不一样，消费者群体的承受能力、使用习惯，包括物业、配电等都不一样，所以只能因地制宜，因此也发展出了一套适合深圳新能源汽车产业发展的商业模式。

深圳普天模式建立的初衷是借助一套商业模式，支撑电动汽车充换电基础设施的建设。因为当电动汽车规模化投放时，不得不面对车辆和电池成本过高以及电池使用寿命过短的问题。这种模式在深圳运营两年后，逐渐得到了各方的认可。中国普天以"融资租赁、车电分离、充维结合"的模式在深圳运营。中国普天在其中除了充当配套充电基础设施的建设者和运营商的角色外，还扮演了设计者和实施者。

融资租赁是一种灵活、高效的消费信贷方式。当前，越来越多的新能源车企与融资租赁公司合作，甚至自己成立租赁公司，各种不同的融资租赁模式快速兴起。中国普天通过融资方式购买电池及充电基础设施，再将电池租给公交公司，并利用中国普天在信息通信和电池电源等领域积累的优势，构建了一个全程全网的新能源汽车智能监控网络，同时负责电池的充电和维护。在该商业模式下把电池的费用从整车费用中剥离出来，由中国普天购买电池，租赁公司购买裸车，用车单位向前两者租赁。公交车的报废年限一般是 8 年，但电池寿命达不到 8 年，所以在报废年限内中国普天需要再提供一套电池。

普天模式结合城市基础设施规划的统筹安排,有效破解了新能源汽车基础设施不配套、用户使用不方便、产业链各方各自为政、难以规模化发展等产业发展难题,对城市新能源汽车产业推广具有重要意义。

深圳新能源汽车产业商业模式创新同样受到来自本地的技术创新、制度条件、产业结构和资源基础的作用和影响。

1. 技术创新

作为首批节能与新能源汽车示范推广试点城市,深圳已形成了较为完整的产业集群,在新能源汽车整车、三大关键零部件、配套充电设备、关键材料等领域不断涌现出代表企业。自主创新能力也是这些企业的内在基因,从而形成了龙头企业带动、关键零部件与配套企业互动的良好发展态势。深圳在电池、电机、电控等关键领域的产业核心技术实现重大突破,总体技术水平国内领先,部分技术达到国际一流水平,初步实现了以示范推广带动产业发展,以产业发展促进示范推广的目标,为下一阶段迈向更高水平的发展提供了强大的产业和技术支撑。

2. 制度条件

深圳作为全国首批示范应用推广新能源汽车的城市,政府部门高度重视和大力支持,2008 年以来,出台了大量的激励政策推动其产业发展和市场应用,包括《深圳新能源产业振兴发展规划(2009—2015 年)》《深圳新能源产业振兴发展政策》《深圳市新能源汽车推广应用若干政策措施》等一系列政策措施,在财政、税收、金融、土地和牌照等方面给予新能源汽车发展以优惠的政策(表 14-2)。

表 14-2 深圳新能源汽车产业政策汇总

政策类型	政策发布时间	政策名称/内容
战略规划及投资	2018 年 5 月	《关于我市 2018 年新能源汽车充电设施建设任务的通知》
	2018 年 4 月	《2018 年"深圳蓝"可持续行动计划》
	2016 年	《深圳市 2016—2020 年新能源汽车推广应用工作方案》
	2016 年	《深圳市新能源汽车充电设施布局规划(2016—2020)》
	2015 年 3 月	《深圳市新能源出租车推广应用政策实施细则》
	2015 年 1 月	《深圳市新能源汽车发展工作方案》
	2015 年 1 月	《深圳市新能源汽车推广应用若干政策措施》
	2014 年 6 月	《关于加快推进珠江三角洲地区新能源汽车推广应用的实施意见》

续表

政策类型	政策发布时间	政策名称/内容
战略规划 及投资	2013 年 2 月	《广东省新能源汽车产业发展规划（2013—2020 年）》
	2012 年 9 月	《深圳市综合交通"十二五"规划》
	2012 年 5 月	《深圳市低碳发展中长期规划（2011—2020 年）》
	2012 年 1 月	《深圳市节能"十二五"规划》
	2010 年 1 月	《深圳市人民政府关于住宅区和社会公共停车场加装新能源汽车充电桩的通告》
	2009 年 12 月	《深圳新能源产业振兴发展规划（2009—2015 年）》
	2009 年 12 月	《深圳新能源产业振兴发展政策》
	2009 年 7 月	《深圳市节能与新能源汽车示范推广实施方案（2009—2012 年）》
补贴和 税收减免	2019 年 1 月	《深圳市 2018 年新能源汽车推广应用财政支持政策》
	2017 年 11 月	《深圳市城市规划标准与准则》
	2017 年 7 月	《深圳市 2017 年新能源汽车推广应用财政支持政策》
	2015 年 9 月	《深圳市新能源汽车推广应用扶持资金管理暂行办法》
	2015 年 8 月	《电动汽车充电站运营服务规范》
	2010 年 7 月	《深圳市私人购买新能源汽车补贴试点实施方案》
	2010 年 5 月	《深圳市电动汽车充电系统技术规范》
法规与标准	2018 年 11 月	《深圳市新能源汽车充电设施管理暂行办法》
	2018 年 11 月	《电动汽车充电基础设施建设技术规程》
	2016 年 12 月	《深圳市网络预约出租汽车经营服务管理暂行办法》
	2011 年	《深圳市电动汽车充电系统技术规范》
专门构设立	2015 年 1 月	《深圳市人民政府办公厅印发深圳市新能源汽车发展工作方案的通知》

资料来源：根据深圳市人民政府官网资料整理

1）战略规划及投资

深圳是我国示范推广节能和新能源汽车的第一批试点城市之一，为积极做好相关工作，推动优化调整机动车产业结构，产业化及市场化推进新能源汽车的发展，根据国家、省、市的纲领性文件及具体工作要求，开展一系列的筹备和试点工作，并先后出台和贯彻落实了《深圳市节能与新能源汽车示范推广实施方案（2009—2012 年）》《深圳新能源产业振兴发展规划（2009—2015 年）》《深圳市新能源汽车推广应用若干政策措施》《关于我市 2018 年新能源汽车充电设施建设任务的通知》等具体的政策措施，较好地实现了节能以及新能源汽车的示范和推广。

2018 年 4 月，深圳市人民政府印发《2018 年"深圳蓝"可持续行动计划》，涉及汽车行业的主要内容为：2018 年 5 月 1 日起，新增营运类轻型货车全部为纯电动车；2018 年 12 月 31 日前，淘汰 2 万辆营运类轻型柴油车，推动 1 万辆非营运类轻型柴油货车置换为纯电动货车。在环保政策趋严的背景下，"深圳蓝"模式有望在全国污染严重城市推广，这标志着深圳新能源汽车推广进一步成为典范。

在指标方面，2019 年 5 月，广东出台了《广东省完善促进消费体制机制实施方案》，明确要求广州、深圳要优化汽车消费环境，逐步放宽汽车指标。根据深圳市交通运输局发布的《关于调整深圳市 2019 年至 2020 年小汽车调控增量指标配置额度公告》，深圳决定调整 2019～2020 年小汽车调控增量指标配置额度。2019 年 6 月起，在原定每年普通小汽车增量指标配置额度为 8 万个的调控目标基础上，2019～2020 年每年增加投放普通小汽车增量指标 4 万个，其中个人指标占 88%，企业指标占 12%。广州市交通运输局也发布了增加中小客车增量指标配置额度的消息。广州市交通运输局称，2019 年 6 月至 2020 年 12 月，增加 10 万个中小客车增量指标额度，增加的额度原则上按 1∶1 分别配置普通车竞价指标和节能车摇号指标。

在出租车方面，2019 年 3 月，深圳市司法局发布《深圳市网络预约出租汽车经营服务管理暂行办法》。其中，为加快推进大气污染防治，深圳将禁止非纯电动车辆新注册为网约车，规定申请《网络预约出租汽车运输证》的车辆应当为轴距 2650 毫米以上的纯电动小汽车。

2）补贴和税收减免

从 2010 年 7 月深圳制定《深圳市私人购买新能源汽车补贴试点实施方案》，到 2019 年 1 月深圳市财政委员会和深圳市发展和改革委员会正式发布《深圳市 2018 年新能源汽车推广应用财政支持政策》，9 年时间财政补贴一直是促进新能源汽车发展的重要动力。

根据最新政策，对于在深圳依法注册登记的新能源汽车，由新能源汽车生产企业在销售新能源汽车产品时按照扣减补贴后的价格与购车方进行结算。深圳市发展和改革委员会、新能源汽车补贴审核试点区有关部门按程序将企业垫付的补贴资金拨付给生产企业。

深圳 2018 年补贴政策分三个阶段，其中 2018 年 2 月 12 日至 6 月 11 日为过渡期，避免了往年政策一刀切的做法。具体来看，2018 年 1 月 1 日至 2 月 11 日上牌的车辆按照深圳 2017 年政策对应标准补贴；2018 年 2 月 12 日至 6 月 11 日上牌的新能源乘用车、纯电动客车按照深圳 2017 年政策对应标准的 0.7 倍补贴，纯电动货车和专用车按对应标准的 0.4 倍补贴，燃料电池电动汽车补贴标准不变；2018 年 6 月 12 日至 12 月 31 日上牌的新能源乘用车、纯电动客车、纯电动货车和专用车按照《关于调整完善新能源汽车推广应用财政补贴政策的通知》（财建〔2018〕18 号）对应标准的 0.5 倍补贴，燃料电池电动汽车按照对应标准的 1 倍补贴。

为推动新能源汽车应用，深圳在新能源汽车停车方面也出台了相关优惠政策：一是《深圳市人民政府关于印发深圳市新能源汽车推广应用若干政策措施》规定，2015 年 1 月 8 日起，新能源汽车享有当日首次（1 小时）在路内停车位免费临时停车优惠。二是《深圳市发展和改革委员会关于新能源汽车充电实行停车优惠的通知》规定，从 2016 年 12 月 14 日起，全市实行政府定价管理的公共公益性停车场，为新能源汽车提供充电服务时，给予每天两小时免费停车优惠。

3）法规与标准

在新能源汽车配套保障方面，深圳出台了诸多相关法规与标准，覆盖到充电设施、充电站、停车等多个方面，有效配合了新能源汽车的发展。最早于 2011 年，深圳就制定了《深圳市电动汽车充电系统技术规范》系列标准，明确了充电物理接口、通信协议等相关标准，确保了充电设施的通用性、安全性。

为贯彻落实广东省人民政府有关"新建住宅配建停车位必须 100%建设充电设施或预留建设安装条件，相关标准要求纳入建筑设计、验收规范"等工作任务，规范广东省电动汽车充电基础设施建设，广东省住房和城乡建设厅组织制定了广东省标准《电动汽车充电基础设施建设技术规程》，并于 2018 年 12 月 27 日批准公布，于 2019 年 2 月 1 日起实施，该标准明确了民用建筑配建充电设施设计、施工和验收相关技术要求。具体到深圳，2018 年 11 月 9 日，为加强深圳新能源汽车充电设施管理，提升新能源汽车充电设施公共安全水平，深圳市发展和改革委员会印发了《深圳市新能源汽车充电设施管理暂行办法》，且从 2018 年 11 月 12 日起实施，其中指出，充电设施是指各类新能源汽车集中式充换电站和分散式充电桩及其接入上级电源的相关设施，包括充电站地面构筑物、充电站（桩）等充电设备及其接入上级电源、监控系统的相关配套设施等，凡是在本市建设运营的新能源汽车充电设施均纳入本办法管理范围。

根据《深圳市城市规划标准与准则》的相关规定，对充电基础设施做出规划。在建设用地面积超过 3 公顷时，应配置有效使用面积不小于 700 平方米的公共充电站（不少于 8 个快速充电位）；当建设用地面积超过 8 公顷时，应配置有效使用面积不小于 1100 平方米的公共充电站（不少于 16 个快速充电位）。根据《深圳市

2016—2020 年新能源汽车推广应用工作方案》要求，新建住宅、大型公共建筑物和社会公共停车场应按停车位数量的 30%配建慢速充电桩，并 100%预留建设安装条件；已建住宅、大型公共建筑物和社会公共停车场按停车位数量的 10%配建慢速充电桩；已建政府机关、国有企业、事业单位等非经营性停车场按停车位数量的 20%配建慢速充电桩。深圳市公安局交通警察局对应建但未建充电桩的经营性停车场，采取逐个约谈停车场管理单位的做法，并且暂缓办理停车场许可业务，以此督促其尽快完成充电桩建设。对于新开办的停车场，未按规定要求配建充电设施的，不予办理行政许可业务。

另外，根据《深圳市机械式立体停车设施建设运营管理实施细则（试行）（征求意见稿）》的规定，深圳市人民政府鼓励在满足消防安全要求的前提下在机械式立体停车库内部或停车库周边的空地设置一定比例的充电设施。

4）专门机构设立

在 2015 年的《深圳市新能源汽车发展工作方案》中，提到建设和完善公共研究服务平台。依托高等院校、科研机构、重点企业、技术创新服务机构等，建设若干个新能源汽车共享测试、产品开发数据库等公共服务平台。

2016 年 4 月，深圳市新能源车辆应用推广中心正式成立。它是由国内领先新能源汽车制造企业、动力电池制造企业、充电桩运营企业、新能源汽车运营企业、信息技术服务企业、保险金融服务企业等联合起来，自愿举办的民办非企业单位。推广中心现有理事会成员 24 家，包括比亚迪、地上铁、陆地方舟、新沃运力、巴斯巴、中国人保、航通北斗、佳华利道等。推广中心以"营造良好的新能源汽车产业发展环境，争取更加有力的扶持政策和公共资源，加强成员之间的合作交流，加速新能源汽车在交通运输领域的规模应用"为宗旨，致力于促进新能源车辆在深圳的广泛应用。

3. 产业结构

作为行业先驱者，深圳是全国首批新能源汽车示范推广试点城市，在新能源汽车产业发展方面取得了显著的成绩。行业的发展离不开众多优秀企业的推动，深圳已汇集了一大批新能源汽车创新创业人才，整车、动力总成、电池及材料、管理系统、电机及驱动控制、配套设施等一大批优秀企业（图 14-4）。

1）整车企业重点企业分析

以深圳为中心的珠三角新能源汽车产业集群处于发达的经济圈，传统汽车工业基础雄厚，集聚了传统车企广汽集团、广汽本田、广汽丰田等，总部位于深圳的中国大型新能源汽车企业比亚迪，是珠三角新能源汽车产业集群的代表企业，同时也存在深圳五洲龙等具有竞争力的企业。

图 14-4　深圳电动汽车产业链布局

A. 比亚迪

比亚迪股份有限公司（简称比亚迪）建有九大生产基地，总面积将近 700 万平方米，在全球多处设立分公司或办事处，并在全球拥有 30 多个工业园，战略布局囊括六大洲。比亚迪是世界上唯一一家同时掌握电池、电机、电控、充电基础设施和整车技术的车企。在整车方面，比亚迪推出了秦、唐、宋、元、E 系列等多种车型。

比亚迪不仅具有一流的零部件开发制造能力，还有专业化的平台技术整合能力。在纯电动汽车领域，比亚迪推出自主创新、高度集成、超凡性能的全新"e 平台"。通过高压三合一和驱动三合一的高度集成，大大释放了车内的空间，提高了传动效率，降低了能耗；减少了大部分的噪声，提高了整车的噪声、振动与声振粗糙度（noise，vibration，harshness，NVH）性能。高度集成的印制电路板（printed circuit board，PCB）和 DiLink 智能网联系统，减少了至少 50 根线束，使整车的线束布局更加合理，条理更加清晰，减少了因为连接不畅而出现的线路短路问题。

在插电式混合动力领域，比亚迪双模技术不断突破向新，第三代插电式混合动力系统 DM3 在传承第二代技术强悍动力性的基础上，添加了大功率 BSG 电机（belt-driven starter generator，利用皮带传动兼顾启动和发电的一体机），让低速行驶时的充电效率更高，节约燃料，保护环境；由于 BSG 电机可以调控发动机的转速，及时避开发动机的抖动区间，让整车动力输出更加平顺，同时具有更佳的整车 NVH 性能。

B. 深圳五洲龙

深圳市五洲龙汽车股份有限公司（简称深圳五洲龙）总部位于深圳市龙岗区宝龙工业城，是国内最早从事新能源客车生产研发的高新技术企业。集团总占地面积为 110 万平方米，员工 1 万余人，技术研发人员 1000 多人。2009 年开始，深圳五洲龙先后在重庆、沈阳、揭阳等地投巨资成立新能源汽车及动力电池子公司，其产品涵盖新能源汽车产业链的大部分关键环节。该公司以"五洲龙"牌新能源客车为主导产品，即混合动力、纯电动、燃料电池、清洁燃料客车，同时还包括传统柴油客车及公交车系列和专用医疗车辆系列。

深圳五洲龙较早明确了发展新能源客车的战略，经过 10 余年的发展，已建成现代化的新能源汽车研发大楼，专业研发人员达 300 多名。同时，先后承担了国家科技支撑计划，国家发展和改革委员会、工业和信息化部重大项目，五次承担国家"863 计划"新能源汽车研究项目，六次参与国家新能源汽车准入、国家财政补贴标准、市公交充电标准的倡导与制定。此外，深圳五洲龙拥有 60 多项国家发明、实用新型专利技术，是国内拥有专利数量最多的新能源汽车生产企业之一。深圳五洲龙核心自主知识产权混合动力控制系统经过 14 代的发展，已经成为国内首家同时配置能量智能控制系统、电机控制系统、自动离合器控制系统、电子信息管理系统的一体化智能混合动力控制器。

2）动力驱动系统及电池企业重点企业分析

深圳新能源汽车的快速发展，得益于深圳发达的电子产业，而这是深圳的传统优势。深圳新能源汽车主要由"三大件"（电池、电机、电控）和"三小件"（电空调、电刹车、电助力）构成。深圳在这些领域有较好的基础，形成了较为完整的产业链。例如，比克电池、航盛电子、星源材质、大地和电气、蓝海华腾、普天新能源，以及贝特瑞、特尔佳等一大批新能源汽车关键零部件和核心材料企业迅速成长，形成了深圳特点鲜明的动力驱动系统及电池产业体系。

A. 比亚迪

比亚迪是国内老牌动力电池制造商，是国内动力电池第一梯队企业。公司主要经营锂离子电池材料磷酸铁锂、电解液、苯基环己烷（CHB）、碳酸亚乙烯酯（VC）、六氟磷酸锂、隔膜纸、前驱体、塑胶壳、盖板的研发、生产和销售；锂离子电池（铁动力锂离子电池）、太阳能电池（太阳能光伏电池）的研发、生产和销售；汽车车身外覆盖件冲压模具、汽车夹具检具设计与制造；汽车关键零部件制造及关键技术研发等业务。比亚迪动力电池有三个工厂，包括深圳宝龙工厂、惠州坑梓工厂和青海西宁工厂。2018 年 8 月，比亚迪与重庆璧山区政府就动力电池年产 20 亿瓦·时产业项目签订投资合作协议；该项目为三期工程，一期、二期工程先后于 2020 年 6 月、2022 年 3 月在璧山区建成投产。比亚迪在璧山区已形成 35 吉瓦·时动力电池规模化生产能力，2021 年产值突破 100 亿元，2022 年上半年产值达 101.3 亿元。

在电池方面，2018 年比亚迪与多家主机厂建立了战略合作的强关联，计划将比亚迪电池业务拆分出来，独立融资上市。在电机方面，2018 年比亚迪新能源汽车电机出货量 32.17 万台，位列全国第一。产品均为永磁同步电机，基本安装在自家新能源汽车上，也有小部分产品安装在合资公司广汽比亚迪、北京华林的整车上。分车型来看，乘用车前五配套车型为唐 PHEV、宋 PHEV、E5、秦 PHEV、元 EV，占比亚迪电机出货量的比例超八成。

B. 比克电池

深圳市比克电池有限公司（简称比克电池）2001 年于深圳创立，是一家集锂离子动力电池、新能源汽车、电池回收梯次利用三大核心业务为一体的新能源企业。比克电池主攻三元材料的圆柱电池，作为最早一批进入锂离子电池行业的企业，比克电池一直在消费电池领域有着较高人气。

比克电池作为锂电企业，当前配套的车型覆盖乘用车、专用车、巴士车等，支持全品类车型电动化。在乘用车市场以配合客户助力客户为主，在一些行业应用存在缺口的出行市场领域，比克电池围绕电芯、电机、电控进行整车开发，通过自有品牌合作等方式合作开发电动物流车、电动巴士等。2017 年起，比克电池开始在动力电池领域发力，先后与众泰、一汽、奇瑞、江淮大众等企业配套动力电池。同时，比克电池的圆柱电池也得到了不少造车新势力的青睐，小鹏、奇点、云度等车型纷纷搭载了比克电池的动力电池。

比克电池正提前布局，包括继续扩张产能，提升产线的智能化。此外，未来新能源动力电池进入退役期的数量越来越多，所以比克电池也布局电池回收，未来有望打造从电池到整车，到后市场的一个完善的生态链条。

C. 大地和电气

深圳市大地和电气股份有限公司（简称大地和电气）是由中国宝安集团控股的一家致力于永磁电机、异步电机及其控制器的研发、生产与销售一体的高新技术企业，该企业专注于电动车辆用永磁同步电机、交流异步电机及其驱动系统的研发和批量化生产方面，并已培养锻炼了一支富有创新与锐意进取精神的技术与管理团队。其拥有永磁同步系统（电机及控制器）和交流异步系统（电机及控制器）的完全自主知识产权，曾先后与国内著名科研院所和高校（中国科学院、清华大学、天津大学、武汉理工大学等）进行技术交流与合作，并参与了科学技术部组织的"863计划"电动汽车专项项目ISG（integrated starter generator）电机的研发，多次为参加"863计划"电动汽车专项项目的高校与科研单位提供电机配套服务。

D. 英威腾电气

深圳市英威腾电气股份有限公司（简称英威腾电气）自2002年成立以来，专注于工业自动化和能源电力两大领域。公司于2010年在深圳证券交易所A股上市，在全球设有40多家分支机构及200多家渠道合作伙伴，营销网络遍布全球100多个国家和地区。

英威腾电气在新能源汽车行业的主要产品包括电机控制器、辅助控制器、DC/DC转换器、车载充电机、充电桩等，产品已成熟应用于新能源客车、物流车、环卫车及乘用车等各类新能源车型。其新能源汽车动力总成，是集电控、电机、整车控制器、减速箱及充电等产品为一体的新能源汽车驱动解决方案。产品可应用于电动大巴、物流车、电动汽车等市场上大部分新能源汽车。

英威腾电气是国家火炬计划重点高新技术企业，依托电力电子、自动控制、信息技术，业务覆盖工业自动化、新能源汽车、网络能源及轨道交通。全国共有12个研发中心，实验室拥有国内工控行业首家TÜV SÜD颁发的ACT资质，并通过UL目击实验室及CNAS国家实验室认证①。深圳公明科技产业园和苏州工业产业园，能为客户提供先进的集成产品开发设计管理、全面的产品研发测试与自动化信息化的作业生产。

3）充电基础设施相关企业重点企业分析

深圳成为中国新能源汽车产业发展的领头羊，在充电桩领域的发展势头比较突出，一方面是基于深圳利好政策的推动，另一方面是市场需求的驱动。在巨大的市场发展潜力面前，各路民营资本纷纷投资介入充电桩行业，形成了投资热潮。截至2017年底，深圳新能源充电设备生产企业30余家，其中90%以上都是民营资本。

①　南德意志集团（Technischer Überwachungs-Verein，TÜV）在英语中意为技术检验协会（Technical Inspection Association），TÜV SÜD是世界上规模最大、最古老的TÜV检验机构。实验室资质（Acceptance of Client Testing，ACT），是TÜV对外部实验室认可的最高等级资质，俗称数据认可资质。UL是美国保险商试验所（Underwrite Laboratories Inc.）简写。中国合格评定国家认可委员会（China National Accreditation Service for Conformity Assessment，CNAS）。

近几年，深圳市人民政府接连审批了多家充电桩生产企业，其中仅 2015 年就分五批给予 23 家企业充电桩生产的备案资质。其中，中兴通讯股份有限公司、比亚迪汽车工业有限公司、深圳市科陆电子科技股份有限公司、深圳前海巴斯巴网络服务有限公司、深圳卫蓝能源技术有限公司、云杉智慧新能源（深圳）有限公司（现云杉智慧新能源技术有限公司）六家企业是第一批获得备案资质的充电桩企业。经过近几年的发展，深圳充电桩行业民营资本进入规模不断扩大，生产企业数量也不断增多，整体市场竞争也由缓和走向激烈。现阶段，深圳充电桩行业正处于群雄逐鹿的阶段，除个别企业整体竞争实力较强之外，多数企业发展规模仍有限，市场占有率偏低。

从企业发展规模来看，现阶段深圳充电桩企业以中小型企业为主，大型企业数量相对较少。其中，有不少企业是由电力、通信、汽车零部件制造、汽车整车制造等领域的企业投资设立的子公司，用以拓展整个集团企业的业务体系。从企业主营业务方面分析，深圳充电桩建设运营市场企业主要来源于电力、通信、电源产品、汽车零部件制造、电池、互联网、仪表、能源等领域。而车企进入充电桩建设运营市场的较少，主要以比亚迪为代表。从企业性质来看，目前深圳充电桩建设运营市场中，民营企业占主导地位，比例超过 80%。主要是由于政策的放开，民营资本大量涌入充电桩市场，同时也对充电桩相关技术水平的提升起到了较大的推动作用。

A. 科陆电子

深圳市科陆电子科技股份有限公司（简称科陆电子）是智能电网、新能源、节能减排产品设备研发、生产及销售方面的龙头企业，较早涉足物联网行业，独立开发、自主研制并生产了 100 多种主要产品，荣获多项省、市级科技进步奖和广东省重点新产品称号，已申请 300 多项国家专利和软件著作权，产品全部具有自主知识产权。

科陆电子主要包括智能变电站、智能用电系统、智能电能表、标准仪器仪表、风电变流器装置、储能与电力电源、机场专用中频静态电源、大功率光伏逆变器、高中低压变频器、高压大功率静止无功发生器 SVG、电动汽车充放电设备及检测产品、电子资产全生命周期管理系统等十几类产品。

科陆电子与国开发展基金有限公司于 2016 年 4 月共同出资设立车电网，全权负责科陆电子在新能源领域的运营管理平台建设以及车、桩、网项目的综合运营服务商。目前，按照充电类型来划分，可将充电桩分为交流充电桩和直流充电桩，在硬件产品的制造研发上，车电网采取全线产品投入的方式，打造"直流桩+交流桩"的多功能充电站产品矩阵。此外,车电网还在深耕硬件市场的同时,开发了具有集充电、停车、租车、购车、维保、休闲等功能的手机 APP——象前充,通过该 APP,充电基础设施用户可获得充电导航、扫码充电、支付、订单管理、分享等服务,真正享受智能、便捷的充电体验。

B. 奥特迅

成立于 1993 年的深圳奥特迅电力设备股份有限公司(简称奥特迅),将电力、电子、新材料的创新应用作为重点关注方向。2009 年,其开始进入电动汽车充电领域,聚力于直流操作电源的研发生产,其高频智能化充电模块已作为成熟产品得到较为广泛的落地应用。另一款产品——矩阵式柔性充电堆也已投入运营,一套充电堆可满足 64 辆纯电动出租车或 720 辆社会乘用车的充电需求。奥特迅第二代充电技术——集约式柔性公共充电堆打破了一车一桩的模式,在缓解交通能源、空间紧张的问题方面有一定贡献。

C. 中兴新能源

中兴新能源科技有限公司(简称中兴新能源)是中兴通讯旗下的子公司,依托中兴通讯多年积累的强大研发实力与产学研体系,中兴新能源独立研发出自主知识产权并在世界领先的新能源汽车用大功率无线充电系列产品,发明专利申请已覆盖电磁式无线充电技术、异物检测、原副边通信等技术方向,不断推进全面覆盖无线充电核心专利。

立足于"新能源汽车"这一国家新兴战略产业发展方向,2014 年中兴通讯推出"智慧无线充电",研发出自主知识产权并在世界领先的新能源汽车用大功率无线充电系列产品。所谓无线充电,指通过非接触式的电磁感应方式对电动公交车进行电能传输。车辆在充电停车位停泊后,司机只要在车载 PAD 单击充电按钮,即可通过 Wi-Fi 自动接入通信网络,建立起地面系统和车载系统的通路连接,真正实现"停车即充电"。中兴新能源研发出具有完全自主知识产权的 MCI 式 3~60 千瓦车用大功率无线充电系列产品,为新能源电动汽车提供自动、自在、自由的汽车充电整体解决方案,并在全国 30 多个城市包括成都、张家口、大理、丽江等地开通了无线充电公交线路。

4. 资源基础

深圳新能源汽车产业商业模式创新网络中,比亚迪与普天新能源之间的合作形成了普天模式,进而成为深圳新能源汽车在公交交通领域的主导者。同时,普天新能源还主导形成了充电基础设施的商业模式,而比亚迪则主导和参与了分时租赁等领域的商业模式。因此，整体来看，比亚迪与普天新能源合作主导了商业模式创新网络。

深圳作为中国经济及科技发展的领头羊之一，再加上地方政策的扶持，在发展新能源汽车领域时吸引了较多的社会资本流入深圳新能源汽车产业。产业资本的大规模进入为深圳新能源汽车产业的发展奠定了坚实的资金基础，对整个行业的快速发展起到了较大的促进作用。政府及相关企业等多方面合作支持也持续促进了新能源汽车的发展。例如，深圳市新能源车辆应用推广中心自 2016 年成立以来，立足深圳，面向全国，开展了多样化且富有成效的新能源汽车推广应用工作：一是搭建沟通交流平台，推动政府与企业之间、新能源汽车产业链上下游企业之间的交流，并举办全国性的新能源汽车赛事活动和专业论坛，连续举办三届中国深圳新能源汽车（物流车）挑战赛；二是提供公共服务，通过深圳市绿色货运新能源车辆运行监控公共服务平台，为政府对新能源电动物流车的使用状况进行有效监管提供实时数据服务，通过为企业申请办理射频识别（radio frequency identification，RFID）电子标签及路权维护，保障新能源物流车路权优惠政策的落实；三是推动合作试点项目，如运维充一体化示范项目等，引导企业合法合规经营，引导更多企业和终端用户使用新能源汽车；四是承接广东和深圳政府部门招标委托的课题研究和外包服务，为政府决策提供行业反馈意见和行业数据；五是定位智库角色，汇集行业数据、跟踪行业动态、收集行业诉求，并每年发布《深圳市新能源物流车辆推广应用年度报告》，供政府部门、行业组织等各界机构借鉴。

14.2.3　深圳商业模式创新演变分析

深圳作为首批节能与新能源汽车示范应用推广城市，政府高度重视，并以国家和广东省的新能源汽车发展战略为指引，统筹规划，制定发展目标，加强政策引导，积极培育和发展新能源汽车产业。

深圳市人民政府高度重视新能源汽车的发展和推广工作。深圳新能源汽车推广以公交系统、出租车和公务用车等公共服务领域为主导，并积极探索私人购车领域推广新能源汽车的策略。

深圳有关部门的统计数据显示，深圳新能源汽车推广规模居全国前列，截至 2017 年 7 月底，深圳已累计推广新能源汽车超过 7.6 万辆，其中纯电动公交车

14 659 辆，纯电动出租车 6485 辆、纯电动物流车 11 382 辆、新能源私家车超过
3.2 万辆。到 2017 年底，纯电动公交车 16 359 辆，纯电动出租车 12 518 辆，实现
了专营公交车辆纯电动化。从新能源汽车的配套设施建设情况来看，截至 2016 年
底，深圳累计共建成集中式充电站 277 座，快充桩 6881 个、慢充桩 22 155 个。

从深圳新能源汽车产业链的相关企业来看，聚集了一批在全国有较大影响力
的企业。例如，比亚迪新能源汽车已在国内有广泛的市场，同时出口五大洲 20 余
个国家，包括欧美发达国家，新能源汽车的产能已突破年产 10 万辆的规模。此
外，深圳五洲龙是国内最早从事新能源客车生产研发的企业，目前集团包括深圳
总部、重庆五洲龙新能源汽车有限公司、沈阳五洲龙新能源汽车有限公司及广东五
洲龙电源科技有限公司，新能源汽车产品远销中东、拉丁美洲、非洲、亚太等地区。
总部位于深圳的陆地方舟也成长为中国电动汽车行业十大著名品牌，入选"中国企
业品牌 500 强"，除深圳总部外，陆地方舟还在江苏如皋和广东佛山建厂。深圳的新
能源汽车零配件企业（如比克电池、航盛电子、星源材质、大地和电气、蓝海华腾、
普天新能源以及贝特瑞、特尔佳等）迅速成长，正在形成深圳新能源汽车产业体系。

1. 深圳新能源汽车产业商业模式现状及演变过程

作为技术突破与价值实现之间的关键枢纽，商业模式被认为是加速新能源汽
车推广的重要动力。在新能源汽车产业商业模式构建中，深圳市人民政府发挥了
政府在绿色公共管理中的职能，制定了新能源车辆和新能源公交发展规划，并为
规划落地构建了良好的政策环境。在整个过程中，形成了政府推动、终端用户拉
动的双头促进作用，从产业链良性发展的高度，带动地区新能源汽车在纯电动公
交、出租车、私人购买和分时租赁等领域的发展，形成了具有深圳特色的新能源
汽车产业商业模式。

1）纯电动公交领域：裸车销售+电池租赁模式

裸车销售+电池租赁模式将车体与电池的销售予以分离，消费者从汽车经销
商处购买不含电池的裸车，电池制造商则将电池产品直接提供给能源补给运营
商，再由能源补给运营商向用户提供电池租赁服务，同时负责能源补给设施的建
设、运营以及电池的后期保养等事宜。由此，当用户需要进行能源补给时，可直
接到能源补给网点完成充电或电池更换，达到与传统燃油汽车相当的便捷水平。
2017 年，深圳推出的纯电动巴士就是采用了这一模式。

深圳探索出的"融资租赁、车电分离、充维结合"的商业模式，其逻辑在于
市场需求带动产业竞争，产业竞争促进技术发展，技术发展有利于成本降低，成

本降低便于推广应用。这种推广模式的优势在于较大程度上减轻了消费者的购车经济压力，而且电池的维护与回收由专业运营机构负责，可大量削减用户在能源补给设施处花费的时间，有利于提升其对新能源汽车的接受度。在该模式中，能源补给运营商发挥着十分关键的作用，其在向用户提供电池租赁服务时，需考虑各品牌车型与电池规格以及电池与充电基础设施接口之间的匹配问题。对此，政府、汽车制造商、电池制造商及能源补给运营商需要开展共同协商，在建立统一技术标准的基础上，加快能源补给网点建设，从而形成对消费者的广泛辐射与覆盖。

裸车销售+电池租赁模式具有以下三个特点：①车电分离。深圳市人民政府有关部门提出的纯电动大巴出厂指导价为 210 万元/辆，与使用传统燃油大巴 55 万元/辆的购置价格相比，剔除国家和地方政府给予的购置补贴后整车购价仍高达 110 万元/辆。车电分离，即裸车和动力电池按 6.5∶3.5 的比例进行价格分离，公交企业购买裸车，充维服务运营商购买动力电池，这种方案可以降低公交企业的购置成本。②融资租赁。车电分离后，引入金融租赁机构，由金融租赁机构、公交企业、车辆生产企业、充维服务运营商共同签订融资租赁合同等相关协议，以融资租赁的形式购置新能源车辆，为进一步解决车辆购置资金和规模推广提供支持。③充维外包。根据地方政府新能源汽车推广原则，公交企业承担的充维外包总成本原则上不高于同类燃油车辆的燃油成本，即新能源车辆能源补给总成本与传统燃油车辆燃油成本基本持平。

2）纯电动出租车领域：整车租赁+自充电模式

整车租赁是指由汽车租赁运营商在约定时间内将新能源汽车整车交付给用户并向用户收取租赁费用的一种推广模式。在该模式下，整车企业将新能源汽车销售给汽车租赁运营商而非私人用户，私人用户则通过租赁的方式获得新能源汽车的使用权，并支付相应的租赁费用和充电费用，并由汽车租赁运营商负责新能源汽车的维修与保养事宜。在该模式中，汽车租赁运营商作为中间环节将汽车制造商、电池制造商、整车企业以及充电基础设施运营商和用户紧密联系起来，能够给予用户较大的灵活性，不仅可以降低其使用成本，而且能够使其获得购前体验，有利于建立新能源汽车的品牌形象与口碑，进而扩大用户规模。

深圳在纯电动出租车领域采用整车租赁+自充电模式，提出了对电动出租车推出免 5 年使用费的电动出租车示范运营牌照的举措，促成比亚迪与深圳巴士集团股份有限公司合作成立全国首家纯电动汽车租赁公司——深圳市鹏程电动汽车出租有限公司，使 800 辆纯电动出租车率先投入运营；在配套设施的投入建设方面，直接采取特许经营方式，引入广东电网有限责任公司和中国普天两家大型企业参与投资、建设、运营充电基础设施，并由它们收取充电费用，在全市范围布设了科学的充电网络体系，确保了电能补充的可得性、及时性、安全性。最终形成了深圳商业模式：快速充电—整车销售—第三方运营（简称深圳快充）。

在深圳快充模式中，具有整车生产资质的比亚迪将电池与裸车整合，直接向用户（深圳市鹏程电动汽车出租有限公司）销售整车。运营商中国普天投资建设以快速充电为主营业务的充电站，经由中国南方电网购买电力，提供充电服务。比亚迪作为电动汽车制造企业，通过整合电池与裸车生产，在产品生产环节基于纵向整合的思路，提升了电池与整车的匹配程度，降低了生产和中间环节成本，提供高性能整车。中国普天基于资本优势，积极并购充电网点，拥有了 57 座充电站，实现了深圳充电网点近 95%的拥有率，面向用户提供充电服务。在此基础上，深圳快充模式中的价值链以这两个主导企业为核心，分别与用户实现对接。在政府政策及创新型商业模式的推动下，深圳已基本实现出租车全面纯电动化。

3）私人购买领域：整车销售+自充电模式

私人购买领域商业模式类似于传统燃油汽车的销售模式，即汽车制造商从电池制造商处购买电池并将其搭载到汽车上形成整车，然后经由汽车经销商将整车售卖给消费者。关于充电问题，用户可以直接利用自家民用电网完成能源补给，同时也会有专门的能源供给商建造充电基础设施，为用户提供公共充电服务。

4）分时租赁领域：整车共享模式

整车共享模式是在共享经济背景下由整车租赁模式衍生出的一种推广模式。分时租赁注重多人分时共享、按需付费，提供自助便捷、随借随还的汽车租赁服务。大部分共享汽车采用押金+租金的方式进行汽车租赁收费，用户需要用车时通过手机 APP 进行注册，在通过资质审核并缴纳押金之后便可就近自助取车。该模式下，新能源汽车的使用流程主要包括：预约车辆→解锁→启动→行车→还车→停车，主要采用分钟+公里数的计费机制，由共享汽车运营商承担车辆故障维修、电池充电保养和专用停车网点建设等工作。

互联网及大数据技术的应用是该模式的亮点。用户可以利用 APP 检索到附近的指定停车网点及可用共享汽车的信息，运营商也可实现对共享汽车的实时监控与管理。由此，灵活化、智能化的用车与还车方式不仅满足了大众消费者的用车需求，而且能够提高汽车的使用效率，减少城市交通资源的浪费。全国典型的共享模式有北京车纷享模式、杭州微公交模式、重庆盼达用车和上海

EVCARD 模式。

在深圳新能源汽车共享领域，主要有深圳金钱潮电动汽车租赁有限公司等企业，网点遍布深圳机场、蛇口码头、深圳各大火车站、福田交通枢纽、皇岗口岸、华强北、海岸城、会展中心等重要地段。可以让市民顺利地使用到电动汽车，同时实现此地取车、异地还车。然而，由于充电基础设施覆盖率较低、公共停车网点建设规模较小等原因，大部分市民偶尔使用而非日常使用共享汽车，尚未形成消费习惯，同时各大共享汽车平台普遍存在还车难、充电难、后台服务体系不完善，以及驾驶体验不足、信用押金难退还、客户流量推广不足等问题。

2. 深圳新能源汽车产业商业模式演化及路径

从深圳新能源汽车产业商业模式的类型分析可以看出，深圳新能源汽车产业商业模式在公交领域、出租领域、私人购买领域和分时租赁领域存在显著的地域特征，并且具有阶段性的变迁和动态变化。按照时间发展角度，对深圳的新能源汽车产业发展进行划分，可以分为以下三个阶段。

1）第一阶段（2009～2011 年）：起步发展阶段

此阶段以政府主导为主。2009 年在"十城千辆"工程的推动下，深圳被选定为全国首批 13 个节能与新能源汽车示范推广试点城市之一。2010 年，深圳又被交通运输部确定为首个国家建设公交都市示范城市、建设低碳交通运输体系首批 10 个试点城市之一，并在 2011 年被财政部、国家发展和改革委员会确定为 8 个节能减排财政政策综合示范城市之一。深圳市人民政府不断探索，在公交车、出租车等领域先行先试，推广应用新能源汽车，形成了较强的竞争力，涵盖动力电池、电机、电控、整车、配套设施等领域的完整产业链，涌现出比亚迪、深圳五洲龙、沃特玛等一批行业领军企业，并创造业内多个"全国第一"。在纯电动公交领域，深圳市人民政府通过特许经营的方式，将中国普天作为运营商引入深圳新能源汽车的产业链中，由中国普天出面做担保，向银行进行融资。中国普天负责出资购买电池，租赁公司出资购买裸车，整车租赁给公交公司运营 8 年，三方参与利益分成；在纯电动出租车领域，2010 年 3 月，由深圳巴士集团股份有限公司和比亚迪共同成立的深圳市鹏程电动汽车出租有限公司，是深圳唯一一家纯电动出租车公司，两家持股比例接近，并由深圳巴士集团股份有限公司控股。

2）第二阶段（2011～2015年）：推广发展阶段

在前期政府政策的引导下，此阶段政府政策与市场进行进一步结合，同时借力2011年的大运会，仅2011年深圳就投入新能源汽车2011辆。其中，比亚迪作为纯电动汽车的主力，投入K9纯电动公交车200辆，e6纯电动出租车300辆。这也开启了深圳新能源汽车推广发展的阶段。截至2012年6月底，深圳新能源汽车总数量达到3183辆。其中，公交车2050辆（包括混合动力1771辆、纯电动253辆、纯电动中巴26辆），纯电动出租车300辆，燃料电池电动汽车62辆，公务车20辆，家用车751辆。

3）第三阶段（2015年至今）：规模化发展阶段

深圳以公共服务领域为突破口，继续在公共交通、公务车、私家车、物流车、环卫车等领域逐步开展新能源汽车推广应用工作，新能源汽车推广应用规模居全国乃至世界前列。2015年，深圳进入规模化推广新能源汽车阶段。2015年，提出公交车和出租车更新、新增使用纯电动汽车比例不低于70%，年内完成推广纯电动公交车3600辆，实现2015年全市新能源产业增加值405.87亿元。2016年，完成推广纯电动公交车9726辆，纯电动化率达90%，2016年全市新能源产业增加值上升至592.25亿元。2017年，完成推广纯电动公交车1756辆，纯电动公交车16 359辆，纯电动出租车12 518辆，实现专营公交车辆纯电动化，纯电动出租车推广应用突破万辆，成为全球纯电动公交车规模最大、应用最广的城市。同时，在其他新能源汽车领域，深圳也成果显著，截至2018年底，深圳纯电动巡游出租车基本实现全面纯电动化。深圳成为国内一线城市中唯一实现巡游出租车纯电动化的城市，也是全球运营纯电动巡游车数量最大的城市。2018年，深圳新能源汽车全年注册登记数量约11.7万辆，超过上海和北京，继续居全国第一，占全市机动车总保有量的8.1%，已连续4年成为全球新能源电动物流车保有量最大的城市。

按照时间发展的顺序，本研究绘制了深圳新能源汽车产业商业模式的演变发展情况，即深圳新能源汽车产业商业模式创新的动态演变过程，如图14-5所示。

从图14-5可以看出，深圳新能源汽车产业发展呈现先公共交通后私人购买的推广模式，由示范推广向规模化推广不断深化的状态，在不同领域呈现不同的发展路径。现阶段，在私人购买领域推广效果仍然不太明显，公众选择新能源汽车的意愿不强，究其根源主要是新能源汽车的成本和续航里程等原因造成的。深圳作为新能源汽车推广的先锋阵地，在公共交通（包括纯电动公交车和纯电动出租车）领域，探索出了具有深圳特色的发展路径，具体如下。

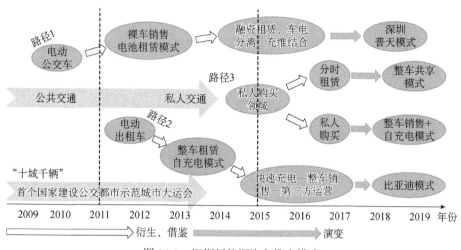

图 14-5　深圳新能源汽车推广模式

A. 发展路径 1：以政企紧密合作为主导的深圳普天模式

为加快新能源汽车的推广和普及工作，中国政府陆续出台了一系列财政补贴措施，启动了"十城千辆"工程等示范项目。在此背景下，国内一些示范城市运用财政补贴，借鉴国外新能源汽车的商业运行经验，积极探索新能源汽车的推广工作，形成了深圳模式、杭州模式等各具特色的创新模式。其中，在公共交通领域，以"融资租赁、车电分离、充维结合"为特点的深圳模式较为成功。下面以此为例分析其运行流程和特点。

2010 年，深圳市人民政府与中国普天签署战略合作框架协议，双方共同推进深圳新能源汽车的推广工作。根据协议，中国普天旗下的力能公司①（普天新能源有限责任公司全能子公司）获得深圳公交新能源充电配套设施的建设和专营权，成为新能源汽车充电基础设施运营商。在中央财政和地方财政的支持下，公交公司、普天新能源、金融租赁公司和汽车生产厂商四方合作，共同完成新能源公交车的商业化运作。

第一，融资租赁。公交公司、普天新能源、金融租赁公司和汽车生产厂商四方签订新能源公交车购销合同。其中，由普天新能源向交通银行下属的金融租赁公司进行担保，金融租赁公司支付裸车费用并且将使用权出租于公交公司，而动力电池则由普天新能源在接受国家和深圳财政补贴的基础上出资购买。公交公司获得车辆后，按租赁合同分 8 年分期支付租赁费（金融公司出资购买裸车的本息），而不是一次性购买。

---

① 普天新能源（深圳）有限公司，曾用名深圳市力能加电站有限公司，简称力能公司。

第二，车电分离。对于纯电动汽车购销实行车电分离，即裸车由金融租赁公司出资购买，而动力电池则由充电基础设施运营商——力能公司购买。这里力能公司并不是全资购买，而是支付动力电池原价减去国家和地方政府双补贴后的差价。例如，一辆总值 200 万元的电动公交大巴，电池原价 135 万元，国家和深圳财政各补贴 50 万元后，剩余的 35 万元由力能公司支付。

第三，充维结合。按照协议，充电基础设施运营商力能公司除了负责购买动力电池，还要负责新能源公交车充电基础设施的投资、建设和运营，并承担公交车运行所产生的电费、电池及充电基础设施维保费用。公交公司为获得上述服务，需要向力能公司支付充维服务费。充维服务费一般是指同里程下的油电差价，即充维服务费=传统燃油大巴同样里程产生的燃油费-同样里程电动大巴的电费。

深圳模式中，政府企业紧密合作是基础，政府财政补贴是保证，示范运行是途径。深圳市人民政府通过与相关企业签署框架协议，给予其新能源充电基础设施运营的特许经营权，加速了深圳新能源公交车的商业化运营。深圳模式说明在新能源汽车推广初期，政府的介入、参与甚至主导十分必要，对于降低新能源汽车运行的技术风险、市场风险的影响意义重大，具有很强的示范和引领作用。尽管这一模式很好地运用了金融杠杆，但政府的财政补贴支持仍然占主导。深圳普天模式中，一辆 200 万元的电动大巴，需要政府提供 100 万元的财政补贴才能运行。对于一些财政困难的城市，很难复制。车电分离的购车模式，有效减轻了公交公司的资金压力，有利于新能源汽车的推广。但是，由于充电基础设施投入大、成本回收期长，在运行初期易造成企业收支不平衡，但推广效果较为明显。截至 2015 年底，深圳公交车领域新能源汽车占比已达 44%，出租车领域新能源汽车占比已达 16%。

B. 发展路径 2：以汽车制造企业为主导的比亚迪模式

比亚迪创立于 1995 年，从二次充电电池起步，已经成长为中国新能源汽车的领导者，是全球唯一同时掌握电池、电机、电控等电动汽车核心技术的新能源汽车制造企业。2008 年开始，比亚迪不断推出新能源汽车新产品，并在商业化方面大胆探索创新。2012 年，比亚迪利用自身掌握的核心技术、产业链覆盖长等优势，与国家开发银行合作，推出针对城市公交（出租车）的"零元购车·零成本·零风险·零排放"解决方案，具体包括融资性租赁、经营性租赁和买方信贷三种商业模式。

第一，融资性租赁模式。比亚迪与国家开发银行等金融机构合作，向电动公交车的消费者——公交公司提供融资租赁的一种商业模式。比亚迪获得公交公司新能源汽车购买意向后，与金融机构签署汽车购买合同，并按照与公交公司协商的汽车具体配置和技术要求组织生产，而金融机构则与公交公司签署融资租赁合同，约定租赁期、还款方式和金额等。租赁期内，金融机构掌握电动汽车所有权，公交公司采用分期付款方式向金融机构缴纳租金；租赁期满后，公交公司拥有电动汽车的所有权。该模式是在客户即公交公司信贷资质较高的前提下开展的，这里政府对公共交通的支持作用就很重要了。

第二，经营性租赁模式。第三方汽车租赁公司在与比亚迪签订汽车购货合同后，向与比亚迪有合作关系的金融机构申请融资贷款用以支付货款。同时，与公交公司签订租赁合同，并按合同约定将电动大巴租赁给公交公司使用。租赁期可长可短，汽车所有权归汽车租赁公司所有。在该模式下，对公交公司的信贷资质要求相对较低。

第三，买方信贷模式。公交公司为了一次性购买电动大巴，同与比亚迪具有合作关系的金融机构签订融资贷款合同，获取融资以支付汽车货款。获得公交大巴产权后，从事商业化运营并按融资合同约定分期付款还贷。

比亚迪既是整车生产企业，同时也是动力电池这一关键部件的主要生产商，公司业务覆盖产业链的大部分核心领域，对技术、资本和服务的掌控能力很强，自成体系。这也是整车租售模式成功的主要原因所在，但这一模式不是一般整车生产企业所能复制的。比亚迪模式虽然也获得了政府财政补贴，但主要依赖金融机构融资运行。比亚迪从 2003 年开始涉足新能源汽车行业，到 2008 年，已先后推出 F3DM、K9、E6、秦、唐等型号新能源汽车。2016 年上半年，比亚迪新能源汽车销量约 4.9 万辆，较上年同期增长 130.74%，占据全国 29% 的市场份额。其中，纯电动汽车销量占比约 44.9%，达到 2.2 万辆，同比增长超过 3 倍。

C. 发展路径 3：私人购买领域

深圳市人民政府不断探索电动汽车在私人购车领域推广的商业模式和相关政策，并出台相关的财税优惠，政府鼓励私人购买电动汽车，并积极加大相关配套设施建设的投入力度。由于电池购置成本较高，用户一次性购买新能源汽车整车需要支付昂贵的费用，再加上补贴政策退坡，自充电的方式也存在充电耗时较长、充电基础设施使用不便、电池寿命缩短等问题。因此，影响了整车销售+自充电模式的推广。在该模式下，选择新能源汽车的消费者多用于短途出行，或是自家拥有充足的充电场地。而在充电基础设施建设尚未完善的情况下，该模式给潜在购买者设立了较高的使用门槛，不适用于我国新能源汽车的前期推广阶段。

14.3 杭 州 案 例

14.3.1 杭州新能源汽车产业发展概述

作为浙江省会的杭州是浙江都市经济的重中之重。2014 年 10 月，浙江省委常委会议专题研究杭州工作时即确立了"杭州兴则全省兴，杭州强则全省强"的清晰定位。2015 年 2 月，富阳举行撤市设区授牌仪式，成为杭州的第九区；2017年 8 月，经国务院同意，浙江省人民政府宣布撤销县级临安市，设立杭州第十区临安区。第十区的入列，使杭州市区面积扩大至 8002.8 平方公里，超越上海、南京，成为长三角陆域面积最大的城市，同时人口亦猛增至近 800 万人，达到"特大城市"的规模等级。2018 年，杭州全年 GDP 13 509 亿元，比上年增长 6.7%。全年人均 GDP 为 140 180 元（按年平均汇率折算为 21 184 美元）。作为营造先进生产力的最佳物理平台，"大"杭州时代的来临，给浙江经济打开了无限的想象空间，也成为新能源汽车发展的宝贵助力。

杭州的汽车工业发展历史悠久，是中国重要的汽车生产、制造和出口基地，杭州汽车工业在地区经济总量中占有重要比重，其产业规模大，产业链齐全。作为首批"十城千辆"推广应用示范城市、私人购买补贴城市，同时又是新一轮推广应用示范城市（群）中浙江城市群的主要成员，杭州是全国最先发展新能源汽车产业的城市之一，杭州市人民政府也非常重视新能源汽车产业的推广和发展，积极推广电动汽车等新能源汽车的使用。在政策方面，通过国家补贴加地方政府补贴的双重支持、电动汽车不限牌及不限号等措施，促进杭州新能源汽车产业的推广应用。

2018 年，杭州新增市级企业高新技术研发中心 279 家、省级重点实验室（工程技术研究中心）5 家、省级企业研究院 67 家、省级高新技术企业研发中心 149家、省农业重点企业研究院 4 家。在这样的科研实力背景下，杭州依托骨干企业和大项目，围绕汽车及新能源汽车、智能网联汽车、关键零部件三大主攻方向，进一步优化资源要素配置，加强核心技术攻关，推动创新平台建设，实现杭州汽车产业的跨越式发展。2016 年，经浙江省汽车工业技术创新协会、浙江吉利控股集团有限公司、万向集团、众泰集团、亚太集团等单位联合发起，浙江省经济和信息化厅批准，浙江省新能源汽车产业联盟正式成立。在搭建政企桥梁的同时，助力省内汽车行业整零协同、智能制造等国家产业战略。

自 2009 年杭州被列入全国首批新能源汽车示范试点城市以来，行业发展运行情况走在全国前列。2016 年中国汽车工程研究院股份有限公司的统计数据显示，推广应用示范城市的最终成绩单上，浙江城市群（由杭州、金华、绍兴、湖州四个城市组成）2013～2015 年的推广量为 25 353 辆，位列全国城市（群）第五名（前四名为上海、深圳、北京和江苏城市群），对比其计划推广的任务量 10 100 辆，完成率高达 251.02%，仅次于上海的 557.12% 和湖南城市群的 316.60%。而在浙江城市群中，作为核心成员杭州的推广量占浙江城市群总推广量的 88%，达 2.23 万辆之多，就单个城市的推广量而言，杭州仅次于上海、深圳和北京。2017 年 1～9 月，新能源汽车产业总产值接近 75 亿元。截至 2017 年 9 月底，杭州新能源汽车推广应用数量超过 5 万辆，主要集中在公交、私人租赁、个人购买领域。其中，个人新能源汽车保有量超过 1.5 万辆，增长迅速。杭州 2018 年度工作总结数据显示，杭州 2018 年全年推广新能源汽车突破 5 万辆，其中公共交通领域推广新能源汽车 26 615 辆。

杭州作为全国首批新能源汽车应用示范推广城市，新能源汽车越来越受到杭州车主的青睐，充电基础设施建设也在稳步发展。2016 年，杭州市出台《杭州市推进新能源电动汽车充电基础设施建设实施办法》，明确了充电基础设施分类、建设思路和建设方式、推进体制与机制、资金保障和部门职责。为方便市民临时补电，杭州市城乡建设委员会还组织开发了新能源汽车充电基础设施智能化管理系统及"杭州 e 充"APP。这款 APP 整合了国网浙江省电力有限公司杭州供电公司等企业运营的公用充电桩数据，市民可通过 APP 实时查询公用充电桩信息，规划线路就近导航进行充电。

截至 2018 年 11 月底，杭州已建成公用充电桩 4014 个，五年任务三年完成，数量全省第一，新能源汽车公用充电基础设施服务网络基本形成。杭州早晚高峰交通限行区域内的公用充电服务半径也从 2016 年底的 3 公里缩小到 1.5 公里，已能满足并适度超前于现有新能源电动汽车的应急补电需求。

在产业布局方面，杭州新能源汽车产业已逐步形成了以吉利、康迪、万向、众泰、长江汽车、西湖比亚迪等企业为代表的，包括新能源示范运营、整车制造、电池、电机、电控等关键部件和核心基础材料在内的完整产业链，并在国内外具备一定的影响力。

14.3.2 杭州商业模式创新驱动要素分析

在新能源汽车市场推广和示范应用方面，自进入"十城千辆"以来，杭州积极推广电动汽车等新能源汽车的使用。政策的支持推动了杭州新能源汽车产业的推广和应用，加之微公交、时空租赁等各具特色的汽车共享与分时租赁模式的大力推广，使得杭州成为新能源汽车推广应用示范城市中的典型。

杭州新能源汽车产业在出租车、公交车、私人租赁领域均取得了较好的成效。2016 年，就单个城市的新能源汽车推广量而言，杭州仅次于上海、深圳和北京。杭州新能源汽车推广量如此之好，主要归功于其诸多典型商业模式的大力推广。例如，在出租车领域。早在 2010 年末，众泰、海马、万向等与杭州市电力局联合推出了众泰朗悦和海马普力马两款换电式电动出租车，通过快速换电的运营模式，解决了当时续航里程不足、充电速度慢的产业现状。经过五年多的运营，杭州已经形成了市区快速换电圈。2014 年底，快充模式（不换电）下的比亚迪 E6 纯电动出租车也开始进入市场运营，并以快充模式加入新能源汽车市场。又如，在公交车领域。杭州很早就引入新能源公交车，2013 年底在个别线路采取了纯电动公交车试运营，直到 2014 年底开始正式运营，万向提供的万向纯电动公交车和比亚迪提供的比亚迪纯电动公交车分别在 126 路、17 路等线路投入使用。再如，在私人领域。自 2014 年 5 月 1 日实施《杭州市小客车总量调控管理暂行规定》以来，直至 2015 年 10 月 8 日，杭州市交通运输局共发放 23 208 个新能源汽车指标，实际上牌数量达到 16 569 个，其中杭州个人申请新能源汽车指标数为 1159 个（实际上牌 1031 个），只占总量的 4.99%左右。私人领域的指标增长量不小，但是新能源汽车购买的比例却不协调。

杭州新能源汽车产业商业模式创新同样受到来自本地的技术创新、制度条件、产业结构和资源基础的作用与影响。

1. 技术创新

杭州拥有着强劲的科研实力，浙江大学、浙江工业大学、浙江理工大学等多所高校均坐落在杭州。同时，2018 年，西湖大学成立，国科大杭州高等研究院正式签约，浙江省北大信息技术高等研究院、中乌航空航天研究院、北京航空航天大学杭州创新研究院等正式入驻，累计新引育优质高校和科研院所 17 个。在强劲科研实力的推动下,形成了具有杭州优势的集研发设计、生产制造、推广应用、销售服务于一体的汽车全产业链生态体系。

2. 制度条件

近些年,随着新能源汽车示范推广工作的开展,杭州新能源汽车产业发展政策不断完善,已通过包括《杭州市小客车总量调控管理规定》《杭州市节能与新能源汽车示范推广试点实施方案》《杭州市新能源汽车推广应用财政补助暂行办法(征求意见稿)》等在内的杭州新能源汽车发展政策共 17 项,涉及战略规划及投资 7 项、补贴和税收减免 5 项、法规与标准 4 项以及专门机构设立 1 项,见表 14-3。

表 14-3　杭州新能源汽车产业政策汇总

政策类型	政策发布时间	政策名称/内容
战略规划及投资	2015 年 6 月	《杭州市 2015 年大气污染防治实施计划的通知》
	2015 年 7 月	《杭州市电动汽车充电设施近期布点规划》
	2014 年 4 月	《鼓励和推进杭州市区公共停车场产业化发展的实施办法》
	2011 年 10 月	《杭州市人民政府关于扶持我市十大产业科技创新的实施意见》
	2011 年 6 月	《杭州市 2011 年节能工作实施方案》
	2009 年 6 月	《杭州市人民政府关于加快我市汽车产业发展的若干意见》
	2009 年 5 月	《杭州市节能与新能源汽车示范推广试点实施方案》
补贴和税收减免	2017 年 7 月	《2017—2018 年杭州市新能源汽车推广应用财政支持政策》
	2015 年 2 月	《关于进一步明确新能源汽车推广应用财政补助办法有关问题的通知》
	2014 年 1 月	《杭州市新能源汽车推广应用财政补助暂行办法(征求意见稿)》
	2010 年 12 月	《杭州市私人购买使用新能源汽车试点财政补助资金管理办法(试行)》
	2009 年 5 月	《杭州市汽车产业发展专项资金管理办法(试行)》
法规与标准	2018 年 6 月	《关于直接申领其他指标新能源小客车车型调整相关事宜的通告》
	2017 年 2 月	《杭州市新能源电动汽车公用充电桩运营管理暂行办法》
	2016 年 5 月	《杭州市推进新能源电动汽车充电基础设施建设实施办法》
	2015 年 4 月	《杭州市小客车总量调控管理规定》
专门机构设立	2013 年 11 月	杭州市节能与新能源汽车发展协调小组

资料来源:根据杭州市人民政府官网资料整理

1）战略规划及投资

杭州市人民政府高度重视新能源汽车的环保作用及其产业的发展，并从推广目标、技术研发、基础设施建设等方面进行了规划。例如，《杭州市 2015 年大气污染防治实施计划的通知》明确发展绿色运输，积极推进新能源车（分时租赁）建设，力争 2015～2016 年再推广 10 000 辆、投运达到 20 000 辆，并将责任落实到具体单位；2015 年，杭州市人民政府还批复了《杭州市电动汽车充电设施近期布点规划》，对未来电动汽车充电基础设施布局进行了规划，并规定新建商务办公楼、住宅、酒店宾馆、超市卖场等民用建筑工程项目和自走式城市公共停车场，按不低于停车位总数 10% 的比例配建充电桩或预留充电基础设施接口。

此外，根据《杭州市人民政府关于扶持我市十大产业科技创新的实施意见》，企业在电动汽车技术领域研发具有自主知识产权和较广阔市场前景的项目，可按项目研发经费的 30% 给予资助。

2）补贴和税收减免

在税收减免方面的政策，杭州市人民政府主要遵照国家政策执行。2016 年，财政部、科学技术部、工业和信息化部、国家发展和改革委员会出台了《关于调整新能源汽车推广应用财政补贴政策的通知》，政策调整主要包括：一是对列入中央财政补贴的《新能源汽车推广应用推荐车型目录》提高门槛并动态调整。二是调整新能源汽车补贴标准，如客车最高补贴标准从原来的 50 万元/辆降低为 30 万元/辆，乘用车最高补贴标准从原来的 5.5 万元/辆降低为 4.4 万元/辆。同时，规定地方财政补贴（地方各级财政补贴总和）不得超过中央财政单车补贴额的 50%。三是改进补贴资金拨付方式，从原来的先预拨再清算，改为次年申报拨付。非个人用户购买的新能源汽车申请补贴，累计行驶里程须达到 3 万公里。四是明确和落实了推广应用新能源汽车各环节的主体责任。

杭州根据国家相关政策和本市新能源汽车的发展状况制定了本市新能源汽车推广应用财政补助办法，如《2017—2018 年杭州市新能源汽车推广应用财政支持政策》，其具体的补贴标准为：微型纯电动汽车按照中央财政补贴标准的 25% 给予地方配套补贴，每辆补贴最高不超过 1 万元；其余车型按照中央财政补贴标准的 50% 给予地方配套补贴，其中新能源货车和专用车每辆补贴最高不超过 3 万元；享受中央和地方财政补贴的总额最高不超过车辆销售价格（销售价格须与市场公允价相符）的 50%，如补贴总额高于车辆销售价格的 50%，按车辆销售价格的 50% 扣除中央财政补贴后计算地方财政补贴金额；对于基础设施建设，投资建设本市公用和共用充换电设备（含充换电站、桩及装置）的，由地方财政按实际投资额的 25% 给予补贴。在萧山、余杭、富阳区及四县（市）公共领域推广的新能源汽车和投资建设的充换电设施项目，地方财政配套补贴资金按现行财政体制承担。

3）法规与标准

已有法规涉及新能源汽车产业的相关内容，如《杭州市小客车总量调控管理规定》指出，单位和个人需要办理新能源汽车登记的，可以直接申领其他指标，这就意味着新能源汽车可直接上牌，无须摇号等待。2018 年发布的《关于直接申领其他指标新能源小客车车型调整相关事宜的通告》对可以通过直接申领其他指标办理新能源汽车登记的车型相应进行调整。

而《杭州市新能源电动汽车公用充电桩运营管理暂行办法》（简称《暂行办法》）的出台，是继《杭州市推进新能源电动汽车充电基础设施建设实施办法》后，规范和优化杭州新能源电动汽车公用充电桩运营管理工作的又一项重要举措，也为公用充电设施运行管理提供了政策保障。《暂行办法》实施后，对充电桩的运营管理进行了规范。例如，要求充电桩有统一的接口，公用充电桩的基本参数、使用管理动态信息都会接入杭州新能源汽车充电设施智能化管理系统。杭州已建成的公用充电桩在保障新能源汽车应急补电需求上发挥了重要作用，国网浙江省电力有限公司杭州供电公司建设的公用充电桩充电次数占全省国网建设公用充电桩的 80%，占国网全国车联网平台总量的 20%。但是已投入运营公用充电车位存在被燃油车辆占用，电动汽车无法使用的情况，同时存在部分车主人为造成充电桩故障、损坏等问题。在此背景下，《暂行办法》的出台能够充分发挥已建成公用充电桩的作用，有效提高充电车位利用率并保障充电服务水平，协调停车场业主单位和充电桩建设运营企业之间的共享、共赢机制。

4）专门机构设立

2013 年，为促进节能与新能源汽车产业的发展，杭州设立了节能与新能源汽车发展协调小组。此后，为进一步加强杭州节能与新能源汽车产业发展的组织领导，在节能与新能源汽车发展协调小组下设杭州市推进新能源汽车产业发展联席会议，为杭州新能源汽车产业发展提供组织保障。

2016 年，浙江省新能源汽车产业联盟在杭州正式成立，联盟成员包括浙江省汽车工业技术创新协会、浙江吉利控股集团有限公司、万向集团、众泰集团、亚太集团等单位。联盟的成立一方面推动了浙江省内汽车产业技术与市场的协同，另一方面也为构建完善的浙江省汽车工业互联网制造和服务平台做出了贡献。在搭建政企桥梁的同时，助力浙江省内汽车行业整零协同、智能制造等国家产业战略。

综上所述，杭州新能源汽车产业发展政策，在战略规划及投资、补贴和税收减免、法规与标准、专门机构设立上均有涉及，且政策分布较为均衡，为杭州新能源汽车产业的发展提供了支撑。

3．产业结构

杭州已有整车企业、动力驱动系统及电池企业和充电基础设施相关企业。随着各项相关政策的启动，更多的新能源汽车企业开始入驻杭州，杭州新能源汽车产业链也初步形成。杭州电动汽车产业链布局如图14-6所示。

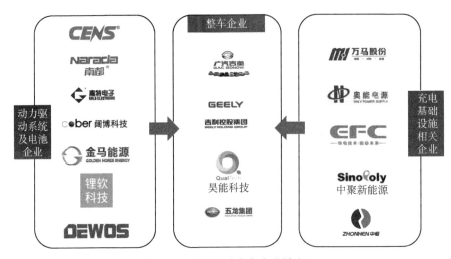

图14-6　杭州电动汽车产业链布局

1）整车企业重点企业分析

与其他省市和地区发展战略性新兴产业不同，杭州着力构建产业链生态体系。围绕汽车及新能源汽车、智能网联汽车、关键零部件等领域，加快推进整车产能释放，大力发展新能源汽车，加快布局智能网联汽车，构建汽车产业链生态体系。依托现有产业基础和优势，按照差异化发展原则，形成从关键零部件到整车的完整产业体系，打造国内重要的汽车研发与制造创新基地。

杭州大江东产业集聚区，围绕现有的整车企业，发展发动机、新能源汽车核心部件、汽车电子、轻量化部件等高端零部件，吸引人才、技术、资本等创新资源，集聚具有关键作用的重大产业项目，建设技术研发、检验检测、商贸物流等公共平台，不断完善区域功能，打造引领带动杭州汽车产业发展的增长极。

A．吉利控股集团

浙江吉利控股集团有限公司（简称吉利控股集团）是中国国内汽车行业十强

中唯一一家民营轿车生产经营企业，始建于 1986 年，经过 30 多年的建设与发展，在汽车、摩托车、汽车发动机、变速器、汽车电子电气及汽车零部件方面取得了辉煌业绩。吉利控股集团旗下拥有吉利汽车、领克汽车、沃尔沃汽车、Polestar、宝腾汽车、路特斯汽车、伦敦电动汽车、远程新能源商用车、太力飞行汽车、曹操专车、荷马、盛宝银行、铭泰等众多国际知名品牌。各品牌均拥有各自独有的特征与市场定位，相对独立又协同发展。

在技术创新方面，2018 年吉利控股集团全面迈入新能源汽车时代的元年。发布智擎新能源动力系统，通过四大技术路径（混动技术、纯电技术、替代燃料和氢燃料电池技术），初步实现从技术追随到技术引领的新跨越。吉利控股集团已聚集了超过 2500 人的全球顶尖的新能源研发团队，取得了数百项核心专利，打造了底层架构技术，实现了真正 100% 自主研发的中国新能源技术体系和解决方案。此外，吉利控股集团在新能源商用车、甲醇汽车产业化等方面的工作也取得了重大进展，伦敦电动汽车逐渐成为全球城市交通领域零排放的先行者。

在商业模式方面，2010 年吉利控股集团并购沃尔沃汽车，沃尔沃汽车自 2017 年开始全面启动电气化战略，2019 年起所有新上市的车型都将搭载电气化系统，到 2025 年，沃尔沃汽车销量中将有一半来自纯电动车。沃尔沃汽车也是全球首家提出全部车型 100% 搭载电气化战略的汽车公司。2016 年 10 月，远程汽车品牌正式发布，该品牌旗下首款纯电动轻卡和纯电动客车首次亮相。作为吉利控股集团的全新业务板块，公司充分整合内部资源，发挥国内和国外团队的一体化协同效应，以实现在商用车领域节能、减排和大幅度降低营运成本。

B. 广汽吉奥

广汽吉奥汽车有限公司（简称广汽吉奥）成立于 2010 年 12 月 9 日，是杭州吉奥汽车有限公司（简称杭州吉奥汽车）与广州汽车集团股份有限公司（简称广汽集团）在杭州签约成立的新的合资公司，是国内先进的皮卡生产基地和微型客车生产基地。广汽吉奥注册资本为 12.6 亿元，广汽集团以现金方式出资持有 51% 的股权；浙江吉奥控股集团有限公司（简称吉奥集团）以其持有的杭州吉奥汽车等相关资产出资，持有 49% 的股权。合资公司成立以后将对吉奥集团原有整车资产和业务进行整合，逐步形成 50 万台整车生产能力，累计投资 60 亿元。合资公司注册地为萧山经济技术开发区。

广汽吉奥的前身是吉奥集团，自 2003 年成立以来，吉奥集团凭借着灵活的经营机制和持续的自主创新，快速成长为中国民营企业的典范。从吉奥品牌创立之始，吉奥集团就一直倡导"立即行动"的企业精神，公司成立 168 天就实现了首辆吉奥汽车正式下线,不到百天时间实现新车批量投放市场,创造了中国民营企业造车的"吉奥速度"。2005年6月,吉奥汽车161辆皮卡作为中国自主品牌汽车首次挺进欧洲市场。2006年1月,2050辆吉奥皮卡成功出口非洲,成为当年中国汽车出口单笔第一大单。2007年,吉奥汽车出口总量位列行业第二。2008年,吉奥商标被认定为中国驰名商标,并先后通过了欧洲国家认证、南非SABS认证、GCC认证等多个国际认证。随着集团发展的需要,2010年4月26日,吉奥集团与广汽集团正式达成战略合作,成立合资公司,吉奥由此完成了发展史上最大的一次战略调整。

在技术方面,广汽吉奥拥有杭州、台州、东营3个规模化整车生产基地,1个汽车技术中心,2个营销公司,7个零部件生产厂家。广汽吉奥生产的奥轩SUV系列车型、财运皮卡车型、星旺微车三大系产品远销海内外,同时荣获了中国驰名商标、节能环保首选品牌、最受欢迎汽车下乡品牌等多项荣誉。广汽吉奥已经成长为一家集汽车整车生产及零部件制造于一体的综合性合资企业。

2)动力驱动系统及电池企业重点企业分析

杭州除大江东产业集聚区外,萧山、滨江等东南区块以萧山经济技术开发区、高新技术开发区为重点,积极构建总部基地、新能源客车、动力电池、汽车核心零部件、新能源汽车研发基地。余杭、下沙等东北区块以余杭经济技术开发区、杭州经济技术开发区、余杭仁和工业园区为重点,重点构建新能源客车、乘用车、新能源汽车零部件基地。

A. 赛恩斯能源

赛恩斯能源科技有限公司(简称赛恩斯能源)是一家专业从事磷酸亚铁锂正极材料、磷酸亚铁锂离子电池及电源系统技术研发、生产、销售和服务的高新技术企业,公司坐落在杭州西湖科技园区,注册资本1亿元。公司定位于国际领先的安全动力锂离子电源系统解决方案供应商。公司产品广泛应用于电动自行车、电动摩托车、电动汽车、混合电动汽车、光伏系统储能电源、通信基站备用电源、电动工具、启动电源、医疗器械和军工等领域。

在技术创新方面,公司投入巨资进行关键技术开发,已在电芯和电源系统方面取得了多项关键技术的专利和技术诀窍,核心专利技术已申请国际专利,对公司产品进入国际市场起到重要的保障作用。公司下设磷酸亚铁锂材料事业部、电芯事业部、电池事业部和系统事业部,各事业部分别由在相应领域有多年业务经验的管理团队进行领导,事业部之间分工明细,合作紧密,从而保证了公司产品在质量上的持续稳定、安全可靠,在关键性能指标上领先于行业内同类产品。其中，磷酸亚铁锂材料已在国内外得到广泛应用，产能位于国内前列；圆柱形磷酸亚铁锂电芯拥有国内领先的循环寿命和高倍率充放电能力；自主开发的锂离子电池管理系统和锂离子电池充电器均采用智能化和集成化的芯片技术，在提高产品性能的同时也大幅度降低了产品成本；电动自行车用 24 伏、36 伏、48 伏系列电池组已进入批量生产，大批出口到欧美市场。电动大巴用 600 伏 200 安培小时电池组已装备到上海 825 路电动公交车并正式商业化运营。

同时，公司建立了完善的质量管理和认证体系，通过 ISO9000/14000、CE、UL、ROHS、UN38.3 等多项认证。公司坚持绿色环保的开发理念和企业社会责任，持续开发锂离子电池能源系统，为电动车辆、光伏储能、通信基站等领域提供先进完善的电源系统解决方案。

B. 德沃仕电动

杭州德沃仕电动科技有限公司（简称德沃仕电动）成立于 2012 年，隶属于杭开控股集团，累计投资 1 亿元。公司是一家长期致力于新能源汽车电机和电机控制系统研发、制造、销售、服务的专业企业。

在技术创新方面，公司领导层高度重视技术创新工作，通过人才引进，组建国内顶尖技术团队，致力于新能源汽车驱动电机系列产品的研发与创新。公司主要产品为永磁同步电机和异步电机，广泛应用于各类新能源驱动的乘用车、商用车、专用车等。公司集研发、生产、测试、销售于一体，已成为多家国内大型车企的供应商，在新能源汽车驱动电机领域占有一定份额。

依托公司前身——杭开电气稀土永磁电机事业部的技术沉淀，联合浙江大学对关键技术的攻关，公司成立两年多以来已成功开发新能源汽车驱动型永磁同步电机及高效交流异步电机系列产品 20 多个类别。公司拥有包括国家发明专利在内的十多项自主知识产权。新能源汽车驱动型永磁同步电机采用稀土钕铁硼永磁材料，电机效率高，转矩密度大，转矩和转速平稳，动态响应快且精准，可广泛应用于电动轿车、电动环卫车、电动客车和电动叉车等。

公司属于国家高新技术企业，2015 年取得代表汽车行业最高质量管理标准的 TS16949 质量管理证书。公司拥有高效灵活的团队，团队成员具有多年的研发、生产、销售、测试经验。研发方向包括电磁设计、结构设计、工艺工装、可靠性等，具备高效开发产品的能力，可以同时开发多个项目；公司现有不同产品的生产线多条，具备年产 30 万台的生产能力；公司具备新产品开发测试验证的实验室，测试能力达 15 000 转每分/300 牛米～5000 转每分/3000 牛米，测试台架数量达到 30 套，具备新能源驱动电机设计开发、性能测试、耐久性、防水防尘、设计验证等测试能力。

在商业模式方面，公司通过形成系列化产品，覆盖了 10～210 千瓦功率范围。以此为基础，其市场应用也很广泛。公司产品分别在众泰、宇通、东风汽车、青年汽车、上汽、上汽通用五菱、吉利汽车、时空电动等国内整车上得到成功应用，市场反响良好。

C. 高泰昊能

浙江高泰昊能科技有限公司（简称高泰昊能）成立于 2011 年 6 月，位于美丽的西子湖畔，是一家致力于发展新能源领域电池管理系统和电动汽车控制系统研发、设计、生产与销售于一体的高新技术企业。

在技术创新方面，公司专注于电动汽车动力总成控制系统的开发和应用，本着客户第一、服务客户的原则，针对客户需求研发和生产具有高可靠性、高性价比的工业级产品。公司的技术和产品具有高效、稳定、可靠的特点，获得了客户的广泛认可。公司以电池管理系统和电动汽车控制系统为核心，开发了系列产品，包括电池管理系统、测温模块、监控屏、ID 绝缘转换器、车用电池组控制系统和电池绝缘检测器等产品，并在国网换电站、国网标准电池箱和电动汽车控制等项目中得到大量应用。

公司已通过 TS16949/ISO9001 质量管理体系认证，规范产品的开发和生产流程，严格把控产品质量，产品在国内处于领先地位。公司已申请并获得了多项发明和实用新型专利，以及著作权和软件产品等各类知识产权。公司已获取软件企业资质和国家高新技术企业资质，公司的"电动汽车电池安全智能管理系统"获得国家创新基金项目的资助并通过验收。

在商业模式方面，公司自 2011 年成立至今，积累了大量的行业经验和运营模式（如杭州微公交模式、电动汽车换电模式、电动汽车随借随还租赁模式），已形成包括电池管理系统、整车控制系统、高压配电箱和电池充换电站/储能站控制系统四大产品线，覆盖了新能源电动汽车基础设施建设和整车控制的关键产品领域，并可以运用于储能领域的电池管理系统。

3）充电基础设施相关企业重点企业分析

截至 2018 年 11 月底，杭州已建成公用充电桩 4014 个，数量居全省第一，新能源汽车公用充电设施服务网络基本形成。

A. 万马股份

浙江万马股份有限公司（简称万马股份）是国家大型企业浙江万马集团的核心企业。公司起源于 1992 年创建的浙江万马电缆厂，1996 年改制设立为有限责任公司，2007 年整体变更为股份有限公司。公司占地面积 20 万平方米，总资产 23.6 亿元，拥有员工 1600 余人，其中工程技术人员 130 余人，高级技术管理人员 35 人。公司主要产品有交联聚乙烯绝缘电缆、塑力电缆、控制电缆、氟塑料耐高温电缆、硅橡胶电缆、矿用电缆、预分支电缆、铝绞线及钢芯铝绞线等共 180 多个品种，产品规格达到 28 000 余个，其中交联聚乙烯绝缘电缆最高电压等级可达 500 千伏。

在技术创新方面，万马股份作为国家重点发展的高新技术企业，从硬件设施到技术实力，在电线电缆、高分子材料、特种线缆及光伏新能源等领域均处于国内领先水平。旗下万马高分子、万马天屹、万马特缆、万马新能源等更是行业内的佼佼者。公司充电设备产品齐全，拥有 7～360 千瓦功率的产品线，包括大功率一体式/分体式直流充电桩、壁挂式交流充电桩、智能交流充电桩等，公司正积极开发大功率、智能化充电设备。

在商业模式方面，公司在新能源领域已具备完善的产业基础，从充电设备制造、全国主要城市充电基础设施投资与合作到充电网络建设运营，能为用户提供整体解决方案及一站式服务。万马新能源确立"迎着需求建站"的思路，构建"智能化城市快充网"。万马爱充主营桩联网的运营及衍生业务，公司拥有芯片级别的充电桩智能化接入的技术储备及完整解决方案，并提供个性化开发支持和全流程响应。桩联网运营方面，万马新能源实现自有桩体及第三方企业桩的接入、托管、运营，并成功为多地第三方客户开发、代运营桩联网。

B. 中聚新能源

中聚（杭州）新能源科技有限公司（简称中聚新能源）隶属香港上市公司——五龙电动车（集团）有限公司（简称五龙集团），是其核心配套产业基地。公司集产品研发、设备供货、系统设计与系统集成、技术咨询与技术服务为一体，具备动力电池系统、储能系统、交直流充电站/桩、车载充电机等系列产品的生产制造、系统集成和运营服务能力。

在技术创新方面，公司旗下运营 HUPO 品牌，系列产品包括交直流充电桩、便携式充电桩、车载充电机、电站储能系统、商用储能系统、户用储能系统、锂离子电池电源等。公司现有完整的智能化充电产品阵营和电动汽车充电一体化解决方案，将全方位满足使用者和管理者的智能化充电需求。智电 HUPO 交流充电桩"臻智致精，互联互通"，具备完善的通信功能，可远程通信接受控制指令，与充电站管理系统集成，实现智能化监测管理、便捷充电、保障充电安全；充电模式灵活，可自动定时、定额、定量，能够极大地满足车主随时随地充电需求，为新能源汽车绿色出行提供强有力的能源保障。

4. 资源基础

杭州新能源汽车产业商业模式创新网络中，多个企业参与使得整体的商业模式创新网络并没有明显的核心主导企业。在分时租赁和汽车共享领域，吉利及其控股的康迪、知豆等共同主导了微公交模式，力帆、时空电动等也主导了各自的分时租赁项目；在出租车与公交车领域，则是由比亚迪、众泰、万向等共同合作参与的。整体来看，多个企业参与，使得整体商业模式分布较为分散。

而联盟模式也进一步拓展了商业模式及其创新的内涵。2015 年，以分时租赁平台为基础形成了汽车共享战略联盟，新的参与者加入，不仅带来了技术创新与进步的成果、新的车型产品与相关服务，影响了资源基础，还带来了商业模式创新的机遇。2016 年，浙江省新能源汽车产业联盟在杭州成立，这一联盟既有吉利、康迪、众泰、万向、时空电动、宝骏等诸多浙江本土的整车生产企业，也吸纳了大量本土零部件生产厂商、信息服务企业等，还吸纳了浙江省汽车及零部件产业科技创新服务平台、浙江大学技术转移中心汽车产业分中心等研究与成果转化平台。联盟致力于推动联盟研究院建设，促进产业生态圈的形成，为新能源汽车产业厂商提供技术支持和创新动力。

14.3.3 杭州商业模式创新演变分析

1. 杭州新能源汽车产业发展现状及商业模式发展概述

根据浙江省发布的《浙江打赢蓝天保卫战三年行动计划》，规定到 2020 年累计推广应用新能源汽车 23 万辆以上，加快推进城市建成区新增和更新的公交、环卫、邮政、出租、通勤、轻型物流配送车辆使用新能源或清洁能源汽车，全省使用比例达到 80%，到 2020 年底，杭州、宁波等地公交车全部更换为新能源汽车。《2019～2024 年中国汽车市场前景及投资机会研究报告》的统计数据显示，2018 年新能源汽车累计销量排名第一为深圳，销量达 8.42 万辆，而杭州以 5.64 万辆的销量排名第五。

杭州新能源汽车推广量如此之好，主要归功于其诸多典型商业模式的大力推广，特别是国内分时租赁的先驱者——杭州微公交模式。吉利与康迪联手推广的这一模式为杭州新能源汽车的大力推广做出了巨大贡献，并且这一模式被不断复制推广到其他各大城市，形成了独有的新能源汽车推广经验。

杭州新能源汽车产业快速发展，商业模式创新不断被借鉴与复制，而开放的商业氛围与市场特质也为新能源汽车产业这一战略性新兴产业提供了非常良好的发展环境。

杭州新能源汽车产业在出租车、公交车、私人租赁领域已取得了较好的成效，并产生了诸多典型商业模式。表 14-4 列出了杭州新能源汽车市场中的主要商业模式及其基本情况。

表 14-4　杭州新能源汽车市场中的主要商业模式及其基本情况

类型	商业模式	电力供应	品牌车型	主导企业
产品导向	一般销售模式	充电	各种车型	各种车型对应厂商
结果导向	出租车换电模式	充换兼容	众泰/海马（车）、万向等（电池）	众泰、万向、杭州市电力局
	出租车快充模式	充电	比亚迪	比亚迪、西湖电子集团有限公司
	公交车换电模式	充换兼容	万向（车和电池）	万向集团有限公司
	公交车慢充模式	充电	比亚迪	比亚迪、西湖电子集团有限公司
使用导向	左中右微公交	充电	康迪	康迪、吉利
	车纷享	充电	北汽	杭州车厘子智能科技有限公司
	盼达换电模式	换电	力帆	重庆力帆
	电蚂蚁	充电	新大洋知豆	知豆（吉利控股集团、新大洋机电集团、金沙江创业投资基金的合资公司）

2. 杭州新能源汽车产业商业模式创新的演变过程

通过用时间轴的方式将上述商业模式进行表示，并标记出这些商业模式的演变发展路径，得到杭州新能源汽车产业商业模式创新的动态演变过程和创新路径（图 14-7）。

从图 14-7 可以看出，典型商业模式并不是一成不变的，而是根据自身特点、环境变化甚至国内外借鉴而经历了演变的过程，分应用领域来说：

在出租车领域，早在 2010 年末，众泰、海马、万向等与杭州市电力局联合推出了众泰朗悦和海马普力马两款换电式电动出租车，通过快速换电的运营模式，解决了当时续航里程不足、充电速度慢的产业现状。经过 5 年多的运营，杭州已经形成了市区快速换电圈。2014 年底，快充模式（不换电）下的比亚迪 E6 纯电动出租车也开始进入市场运营，并以快充模式进入新能源汽车市场。

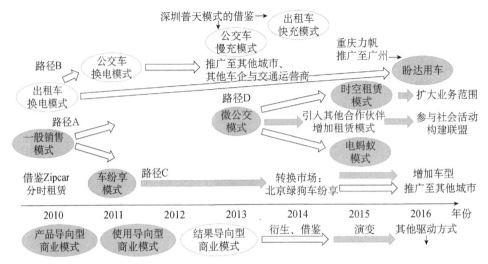

图 14-7　杭州新能源汽车产业商业模式创新的动态演变过程和创新路径

在公交车领域，杭州也很早就引入新能源公交车，2013 年底在个别线路采取了纯电动公交车试运营，直到 2014 年底开始正式运营，万向提供的万向纯电动公交车和比亚迪提供的比亚迪纯电动公交车分别在 126 路、17 路等线路投入使用。

在私人领域，自 2014 年 5 月 1 日实施《杭州市小客车总量调控管理暂行规定》以来，直至 2018 年 7 月 31 日，杭州首次小客车"二次摇号"举行，首次阶梯摇号总共投放了 1 万个指标。据其他媒体报道，此次投放的指标数量比之前每月的个人摇号指标翻了一番多，中签率仅达到 5.42%。私人领域的指标增长量不小，但是新能源汽车购买的比例却不协调。在 23 208 个指标申请中，企业申请达 22 049 个（实际上牌 15 538 个），其中大多数指标被租赁企业获得。

与此对应，在私人租赁领域，微公交、车纷享等新能源汽车产业商业模式创新项目的投入使用，使得杭州新能源汽车市场发展迅速，这些模式还被推广应用到其他城市和地区。2013 年浙江左中右电动汽车服务有限公司（简称左中右）推出的杭州微公交模式闻名国内，在 2014 年又增加了社区租赁模式，在转塘象山社区设立示范社区，进一步推动该模式的应用，2015 年左中右又与吉利、康迪、中兴通讯、民生银行、Uber 等通过战略合作开启汽车共享 4.0 时代，布局分时租赁、无线充电、互联网＋交通等领域；2015 年，时空电动汽车进入租赁市场，通过与东风汽车、众泰汽车等合作生产电动汽车，以只租不卖的形式推广电动物流车、电动小客车、低速电动车等，还与滴滴打车形成战略合作，推出两座小滴出租车；2015 年 8 月"电蚂蚁"新能源汽车租赁及充电服务整合项目的推出，标志着杭州经济技术开发区新能源智慧交通运营网络项目的正式启动，意味着新能源汽车推广及充电基础设施布局已经纳入了杭州智慧城市建设与互联网＋交通产业发展的蓝图。2017 年 4 月，时空电动在线上正式发布"蓝色大道"计划，计划建设一张移动电网，聚焦高频出行场景，"运营车+换电站"的模式，能够最大限度地提升运营车辆的效率，进而推动电动汽车的规模化落地应用。此外，配套建设的移动电网，还为未来出行全场景新能源化、汽车金融和智能驾驶的拓展应用提前打下基础。

由此可以看到，杭州新能源汽车市场中，新能源汽车车型以吉利、康迪、众泰、时空、万向等为主，东风、北汽、海马等通过合作生产或运营加入这一市场。这些车型遍布公交车、出租车及私人领域，且开始布局充电基础设施、互联网＋交通、快车专车等领域，使得杭州新能源汽车市场中的商业模式呈现出多元化、市场化的态势。

3. 杭州新能源汽车产业商业模式创新的阶段特点及创新路径

通过对杭州新能源汽车产业商业模式的发展及其演变、利益相关者及其演变进行分析，对比中国新能源汽车产业发展的阶段特点可以看出，杭州新能源汽车产业商业模式的演变过程与其基本一致，经历了三个阶段。

第一阶段（2010～2013 年）：探索与模仿创新阶段。在这一阶段，公共交通领域率先探索，私人领域采取传统路径开展商业模式。一方面，借鉴国外先进模式，引入国外先进的汽车共享商业模式——车纷享；另一方面，借鉴国内现有经验，杭州微公交在参考借鉴国外经验的同时，还考虑了杭州先进发达的公共自行车共享体系，推出了微公交这一优秀的商业模式典范。

第二阶段（2013～2015 年）：集成式创新阶段。在模仿、借鉴和引进的基础上，商业模式的再创新需要本土化的过程，杭州微公交模式考虑了社区团租的推广模式，从而扩大了影响力和业务范围；时空租赁则从进入市场之初就走的是年租＋只租不卖的形式，并且不同于微公交的是，它还进入了物流车等商务用车领域的租赁市场。

第三阶段（2015 年至今）：突破式创新阶段。在这一阶段，核心企业意识到商业模式创新更加需要产业组织内的合作，而不再局限于单个企业为核心的业务扩大。同时，受到政策与市场环境影响，更多的利益相关者加入这一产业。典型代表有杭州微公交模式的主导企业吉利与康迪，联合多个企业形成汽车共享联盟，其中有阿里巴巴加入智能化服务，中兴通讯负责无线充电技术研发，民生银行负责配套金融业务支持等，使得商业模式及其创新的内涵进一步拓展；政府也通过国有交通资产公司进入产业布局，通过电蚂蚁模式不仅参与了租赁业务，还拓宽到了充电基础设施服务，扩大了新能源汽车产业商业模式创新的外延。

这三个阶段不仅对应了中国新能源汽车产业商业模式创新的发展阶段，也对应了商业模式的三次关键创新，形成了杭州新能源汽车产业商业模式创新演变过程的基本框架。

通过对杭州新能源汽车产业商业模式创新的动态演变过程分析和阶段特点的总结可以看到，杭州新能源汽车产业商业模式创新的路径，与 13.3 节中总结的中国新能源汽车产业商业模式创新路径整体相似，呈现出四种典型的创新路径。

（1）路径 A：传统销售模式向多元化商业模式创新转变。在市场发展初期，传统销售模式难以刺激并满足市场需求，因而车企纷纷转向分时租赁等多元化的商业模式创新策略。在杭州，车纷享、微公交等模式应运而生。其中，吉利和康迪主导的微公交模式，正是由于产品导向型商业模式不符合产业发展初期的推广策略，而采取的分时租赁模式。

（2）路径 B：技术创新驱动下充换电模式的交替与共同发展。由于产业发展初期充电速度慢、续航里程低等产品表现差强人意，杭州最先就采用了换电模式来推广出租车和公交车领域电动汽车的应用；随后，基于普天模式在深圳的成功运营，比亚迪将其模式复制到了杭州，引入公交车慢充、出租车快充的运营模式；到第三个阶段，重庆力帆在借鉴杭州出租车换电模式的基础上推出了盼达用车的换电分时租赁模式，并推广至杭州使用。

（3）路径 C：非整车企业的汽车共享战略与创新路径。以 EV-net 分时租赁技术平台为切入点的杭州车厘子智能科技有限公司，在产业发展之初就借鉴 Zipcar 分时租赁模式，推出了车纷享模式。由于受到市场推广难、微公交模式的竞争，车纷享不得不转向北京市场，并与北汽合作开展创新，并推广至其他企业。

（4）路径 D：整车企业的汽车共享战略与创新路径。以微公交为代表的整车企业的汽车共享战略成为分时租赁和汽车共享领域的典型模式；时空租赁采取了不同的推广策略，规避了同质化竞争；而电蚂蚁模式则是知豆与国有运营企业合作开展的系统化的租赁服务，不仅包括分时租赁项目，还包括充电桩共享业务。

第15章　基于跨城市视角的新能源 汽车产业商业模式案例

在对中国新能源汽车的研究过程中，一些典型的商业模式在不同城市之间也存在显著差异性和特点。与此同时，包括公众意识在内的关键要素对商业模式的推广和创新起到重要的作用。因此，本章分别从分时租赁商业模式创新和公众意识培养两个视角进行案例研究。

15.1　中国电动汽车分时租赁商业模式创新研究

作为解决环境问题和能源危机的有效手段，新能源汽车产业在全球范围内得到了快速发展。中国的电动汽车不仅销量增长迅速，而且在商业模式领域也取得了较多的创新。其中，基于"互联网+"思维下的电动汽车分时租赁模式更是获得了较多的公众关注。本章从城市层面分时租赁商业模式入手，以政策、技术和产品为分析要素，对中国电动汽车分时租赁市场起步阶段和快速发展阶段的商业模式特点进行深入剖析。同时，进一步从运营城市、运营车型、取还方式、收费模式和运营效果五个方面对不同阶段中国电动汽车分时租赁商业模式创新特点进行研究，并选取北京绿狗车纷享、杭州微公交、上海 EVCARD、重庆盼达四个分时租赁商业模式作为城市案例进行剖析。在上述分析的基础上，研究认为中国电动汽车分时租赁商业模式将呈现区域运行、相关利益方进一步增加、技术创新和新产品不断发展、充电领域与电池技术颠覆式创新的四大发展趋势。

15.1.1 引言

面对环境污染和世界能源危机问题的日益严重，中国作为世界第一大汽车生产国和消费国，积极应对来自环境和能源的严峻挑战，布局新能源产业，大力推广新能源汽车的应用示范和产业发展。自 2009 年中国启动"十城千辆"工程以来，新能源汽车的商业化和市场化运营被极大地促进。

尽管中国新能源汽车产业发展取得了显著的成绩，但新能源汽车相比传统汽车依然存在价格高、续航里程较短、驾驶体验不足、充电基础设施薄弱等问题，导致中国新能源汽车的推广和市场化运营依然面临一些瓶颈。

商业模式创新作为促进电动汽车发展的有效手段，与电动汽车的技术创新同等重要（Teece，2010）。由于技术创新与产业创新的相关性，在新的技术经济模式的形成过程中，商业模式创新将弥补低技术水平造成的不足，并通过多种不同的方式促进技术创新（阳双梅和孙锐，2013）。一些组织甚至认为，商业模式创新是电动汽车产业发展的先决条件（Henriksen et al.，2012）。商业模式创新是企业想要实现变革最重要的事情。随着"十城千辆"工程在北京、上海、杭州等主要示范城市推广，产业得到快速的发展，与此同时商业模式更是呈现多样化的发展趋势。其中，得益于"互联网＋"和共享理念的发展，分时租赁作为一个重要的商业模式在新能源汽车，尤其是电动汽车领域得到飞快发展。由于电动汽车（包括插电式混合动力汽车和纯电动汽车）在中国新能源汽车市场中占绝对优势，因此本研究重点分析电动汽车的分时租赁商业模式。

分时租赁是租车行业新兴的一种模式，注重多人分时共享、按需付费，提供自助便捷、随借随还的汽车租赁服务。一部分学者从传统意义上的汽车租赁与汽车共享的关系上进行了定义。他们认为，汽车分时租赁在本质上是一种更便捷的、短时的汽车租赁，它不同于私家车和出租车、公交车等公共交通，是介于二者之间的一种具有创新性和灵活性的交通方式（Katzev，2003）。分时租赁是汽车的一种短时租赁，其租赁时间从一小时到数小时（薛跃等，2008）。也有学者从汽车分时租赁所有权与使用权相分离的本质出发，尝试对其进行定义。这部分学者认为，汽车分时租赁是以有限的车辆，通过合理的调配，在不同的时间为不同拥有使用权的顾客服务，从而达到车辆利用效益最大化的模式（骆雁，2012）。分时租赁作为共享经济的一种形式，通过提升使用率有效地克服了成本高、用户体验差等问题，降低了用户对续航里程的需求。研究表明，相比传统的直接购买的商业模式，分时租赁降低了 80% 的使用成本，将电动汽车的使用率提升了 2～3 倍。

2013 年以来，在中国很多城市，电动汽车分时租赁商业模式日渐形成并逐步成长壮大。北京绿狗车纷享、杭州微公交、上海 EVCARD、重庆盼达等分时租赁模式对产业发展和推广、公众意识培育等起到了重要的作用，也成为电动汽车企业布局产业、进入市场的重要手段（张长令，2014）。

分时租赁商业模式的快速发展吸引了越来越多的利益相关者加入，其中既有传统的汽车制造企业，还有互联网企业、交通运营企业、能源企业等。传统汽车制造企业如北汽、吉利、康迪、宝马等车企以电动汽车分时租赁为基础，逐步进行电动汽车产业的战略布局和规划，一些新兴的科技企业（如一度用车、壹壹租车）、交通运营企业（如首汽）、能源企业（星星充电）也在服务提供和充电基础设施建设等方面涉足分时租赁商业模式。这些利益相关者的参与，有效地促进了分时租赁商业模式的发展。

尽管产业界分时租赁商业模式处于快速发展阶段，但学术界对分时租赁商业模式的研究尚处于起步阶段。在明确电动汽车产业和商业模式整体发展现状的基础上，对微公交模式在政策方面、价值方面和网络结构方面的创新进行了分析，并给出发展建议（褚叶祺和翁晓冬，2014）。有学者从整车与电池、基础设施、系统服务三个角度对法国 Autolib 与德国 Car2go 电动汽车分时租赁模式进行了定性分析，探讨两者在这三方面的独特性与创新性，从而为我国分时租赁的创新性发展提供借鉴（刘颖琦，2015）。同样有学者关注分时租赁项目，以数据分析为主要研究方法，在对全球汽车共享的发展状况进行简要介绍的基础上，对中国 EVCard 和法国 Autolib 两种模式在会员特征、车辆、使用时长与里程、定价等方面进行了比较分析（丁晓华等，2016）。

随着分时租赁商业模式的发展，如何实现商业模式创新的问题日渐重要。如何通过政策激励商业模式创新，吸引更多的利益相关者加入，解决现有分时租赁模式中网络密集度低和固定成本投入高等问题，实现电动汽车分时租赁商业模式可持续发展成为理论界和产业界面临的重要问题。

15.1.2　中国电动汽车分时租赁商业模式的发展

1. 中国电动汽车分时租赁商业模式

自 2013 年 7 月在上海建立中国首个电动汽车分时租赁模式 EVCARD 以来，中国多个城市和地区的分时租赁模式呈现快速发展的态势，具有分时租赁商业模式的城市数量增长迅速。截至 2017 年 6 月底，分时租赁商业模式不仅可以在北京、上海、广州、深圳这样的大城市看到，而且出现在杭州、成都、重庆、武汉、芜湖、青岛、临沂等城市。2017 年北京推出了 2000 辆分时租赁汽车；在上海，上汽集团与 EVCARD 合资成立的"环球车享"投放运营 6500 辆；在深圳，比亚迪、中兴通讯、车仆智能、联程共享四家企业的 1000 多辆分时租赁汽车在运行。

随着分时租赁商业模式的发展，分时租赁模式呈现出同一城市的不同商业模式间竞争以及同一模式在不同城市间的跨区域发展，致使分时租赁商业模式得到演进和创新。例如，北京市场中的绿狗车纷享、一度用车、宝驾出行、GoFun 出行等多个分时租赁商业模式；杭州市场中的微公交、电蚂蚁、时空租赁等分时租赁企业和模式；深圳市场中的比亚迪、中兴通讯、车仆智能、金钱潮和联程共享；广州市场中的有车、EVCARD、驾呗等共享模式。

与此同时，北京绿狗车纷享和杭州微公交已经突破地域界线，实现了跨区域商业模式发展的布局。

2. 中国电动汽车分时租赁商业模式的发展阶段

中央政府和地方政府的一系列政策推动了电动汽车分时租赁的快速发展，技术专利的成熟化促进了电动汽车分时租赁规模的迅速扩张，卓越的新产品表现为分时租赁模式提供了高效能的车辆，从而为商业模式的发展提供了坚实的基础。因此，本研究基于政策、技术、市场的角度，将中国电动汽车分时租赁商业模式划分为两个阶段：起步阶段和快速发展阶段（表 15-1）。

表 15-1 中国电动汽车分时租赁商业模式的发展阶段

阶段划分	时间	标志性政策	分时租赁模式
起步阶段	2013～2015 年	"三纵三横"（2012 年）	EVCARD、微公交、绿狗车纷享
快速发展阶段	2015 年至今	基础设施建设（2015 年）	EVCARD、微公交、绿狗车纷享、GoFun、金钱潮、盼达用车、叮咚出行、联程共享、易微享、有车、驾呗、时空租赁、比亚迪、中兴通讯等

1）第一阶段：中国电动汽车分时租赁商业模式的起步阶段

2013～2015 年为中国电动汽车分时租赁市场的起步阶段，这一阶段是"新一轮新能源汽车推广应用城市（群）"的主要推广期，主要是向私人消费市场进一步扩大规模，促进商业模式创新和发展的一个阶段。2013 年的新能源汽车推广应用城市（群）将新能源汽车推广至全国 88 个城市和地区，极大地推动了电动汽车产业和商业模式的发展。自 2013 年中国首家分时租赁企业 EVCARD 在上海成立以来，绿狗车纷享、微公交等分时租赁商业模式陆续产生、推广和创新，包括绿狗车纷享模式在不同城市的市场也不断扩大。

中国电动汽车分时租赁商业模式主要聚焦在北京、上海、杭州三个地区。其中，上海诞生了中国首个电动汽车分时租赁品牌 EVCARD，而杭州微公交模式主要是围绕着城市公共交通开展的分时租赁，北京以整车企业北汽集团为依托成立 GreenGo 绿狗租车，虽然最初其也在杭州诞生，但后期在北京地区的发展使得 GreenGo 成为中国规模最大的电动汽车分时租赁公司。

第一阶段，三个城市分时租赁商业模式所采用的运营车辆以本地整车企业的产品为主，主流分时租赁企业所选用的车型分别为荣威 E50、北汽 EV150、康迪 K10 等。纵观第一阶段的这几款车型，均具备补贴前价格处于 15 万～20 万元、轴距适中、续航里程在 170 公里左右的特点，除了康迪是两座外，其他两种车型都可以乘坐 4～5 人。其中，荣威 E50 轴距长 2305 毫米，工况下续航里程最高可达 170 公里，车辆售价 18 万元（补贴前）；北汽新能源 EV150 轴距长 2500 毫米，工况下续航里程为 148 公里，车辆售价 20 万元（补贴前）；康迪的轴距长 2340 毫米，最高续航 160 公里，车辆售价大约 15 万元（补贴前）。

在充电方式上，三种商业模式均采用固定网点充电的形式，充电方式采用直流快充+交流慢充的模式，慢充时间在 6 小时左右，快充时间在 2 小时左右。

三种商业模式在车辆取还方式上相同，收费除了微公交需要缴纳会员费外，其他两种模式都采用押金＋基准价＋里程价的方式。

2）第二阶段：中国电动汽车分时租赁市场的快速发展阶段

2015 年起，充电基础设施、安全监管等政策及法规标准陆续出台，并且国家出台了推广分时租赁模式的指导建议；与此同时，汽车厂商纷纷成立各类商业联盟、布局商业模式，抢占新能源汽车市场。在这一阶段，"十城千辆"工程的示范推广城市逐步加快了分时租赁商业模式的应用推广，一度用车、金钱潮、盼达用车、叮咚出行等本地品牌异军突起。

电动汽车分时租赁企业经过起步阶段的发展，EVCARD、微公交、绿狗车纷享已经初具规模，运营城市突破了原有的范围，车型更迭，取还方式服务性增强，实现了量变的突破。随着一线城市成功模式的推广，分时租赁模式的主导方逐渐向两个方向发展，一方面是由整车厂主导的运营企业，如起步阶段的 EVCARD、绿狗车纷享以及快速发展阶段中的盼达用车。另一方面是在快速发展阶段中出现的，由互联网企业或其他利益相关者主导的分时租赁生态整合模式，如一度用车、叮咚出行、金钱潮等，它们都致力于解决分时租赁的重要环节，并且通过整合资源，实现利益的最大化。

2015年7月，深圳首个电动汽车分时租赁项目启动试运营，金钱潮为消费者提供有偿上门送车服务，并在深圳建设智能型互联网立体停车场等基础设施。盼达用车是中国西部第一个智能分时租赁项目，也是全国首家在分时租赁领域3分钟内轻松完成换电、完美解决电动汽车续航里程有限、"车、桩、位"必须三位一体等重大难题。2016年7月，广州首家倡导"新能源汽车共享出行"理念的分时租赁模式——叮咚出行，在广州市新能源文化产业园正式启动。

第二阶段，三个城市分时租赁商业模式所采用的运营车辆性能升级，主流分时租赁企业EVCARD、绿狗车纷享和微公交所选用的车型有奇瑞eQ、长安奔奔、宝马i3、北汽EV 200、全球鹰K17。纵观第二阶段的这几款车型，除宝马i3以外，具备补贴前价格16万元左右、轴距变长、续航里程在180～200公里的特点，所有车型都可以乘坐4～5人。其中，奇瑞eQ轴距长2340毫米，续航里程可达200公里，车辆售价16万元（补贴前），较荣威E50续航里程和空间都得到了升级；长安奔奔轴距长2410毫米，工况下续航里程为180公里，车辆售价16万元（补贴前）；北汽EV 200轴距长2500毫米，续航里程最高可达260公里，车辆售价16万～19万元（补贴前）；康迪全球鹰K17的轴距长2461毫米，最高续航里程为150公里，车辆售价约16.48万元（补贴前）；宝马i3，轴距长2570毫米，工况下续航里程245公里，车辆售价41万～52万元（补贴前）。EVCARD推出宝马i3这样的高端品牌车型，满足不同消费者的租赁需求。

在第二阶段兴起的金钱潮、联程共享、叮咚出行等分时租赁模式的运营车辆续航里程均达200公里以上，车辆购置成本较第一阶段进一步缩减。金钱潮的江淮iEV4轴距长2400毫米，续航里程152公里，参考售价12万～15万元；联程共享所用的比亚迪E5工况下续航里程可达到305公里，轴距长2660毫米，参考售价20万～25万元；叮咚出行的江淮iEV5匀速下续航里程可达240公里，轴距长2490毫米，售价12万～15万元；盼达用车采用的是五座两厢车力帆330EV，轴距长2340毫米，续航里程为160公里，参考售价14万元。

在充电方式上，盼达用车推出国内首个分时租赁换电模式，机械臂换电仅需3分钟。其余车辆均支持直流快充、交流慢充的模式。在取还方式上，各种模式均提供异地取还的服务，优化了消费者体验。收费模式方面，仅金钱潮采用会员制，其他均采用押金＋基准价＋里程价的方式。

15.1.3　中国电动汽车分时租赁的相关政策与市场表现

中国电动汽车分时租赁商业模式的发展与政策、技术和产品密不可分，下面结合电动汽车整个产业的政策、技术创新和产品对电动汽车分时租赁的相关政策和市场进行分析。

1. 电动汽车产业政策与分时租赁政策

2001 年起，中央政府出台了多项促进电动汽车产业发展的政策，这些政策涉及电动汽车产业战略规划及投资、补贴和税收减免、法规与标准等诸多方面，有效地加快了产业的发展。

战略规划及投资类政策：2015 年发布的《电动汽车充电基础设施发展指南（2015—2020 年）》对全国电动汽车的充电基础设施进行整体的规划和布局。补贴和税收减免类政策：2014 年发布的《加强"车、油、路"统筹，加快推进机动车污染综合防治方案》，针对新能源汽车研究制定减免过路过桥费、免费停车等政策做出了规定和说明。2015 年发布的《关于 2016—2020 年新能源汽车推广应用财政支持政策的通知》中规定，2017～2020 年除燃料电池电动汽车外其他车型补助标准适当退坡，其中：2017～2018 年补助标准在 2016 年基础上下降 20%，2019～2020 年补助标准在 2016 年基础上下降 40%。2014 年，国务院办公厅正式发布《关于免征新能源汽车车辆购置税的公告》，提出 2014 年 9 月 1 日至 2017 年12 月 31 日，对纯新能源汽车、插电式（含增程式）混合动力汽车和燃料电池电动汽车免征车辆购置税。法规与标准类政策：截至 2015 年 9 月，我国已发布新能源汽车标准 77 项，涵盖新能源汽车基础通用、整车、关键总成（含电池、电机、电控）、电动附件、基础设施、接口与界面等各领域。

在多项产业政策出台的同时，中央政府和地方政府也对分时租赁领域出台了相应的政策和措施。2014 年 7 月，国务院办公厅出台的《关于加快新能源汽车推广应用的指导意见》明确提出，要探索分时租赁、整车租赁、车辆共享等新能源汽车模式，总结探索、推广中的经验和科学方法，以推动新能源汽车在个人使用领域应用的普遍性。这一意见的出台成为中国电动汽车分时租赁领域及其模式探索和发展的战略性政策。

在此基础上，各地政府也纷纷出台地方政策和措施促进地方电动汽车分时租赁的发展。《北京市电动汽车推广应用行动计划（2014—2017年）》提出，开展电动汽车分时租赁示范运行，建设电动汽车分时租赁网络，使其成为城市多层次交通体系的组成部分。2015年10月，深圳市人民政府决定专门提供2000个指标用于电动汽车的分时租赁。2016年2月，上海专门针对电动汽车分时租赁发布了《关于本市促进新能源汽车分时租赁业发展的指导意见》，从车辆数量、基础设施建设两个方面明确了两个阶段性的发展目标。上海规定到2020年底，新能源汽车分时租赁服务网点超过6000个，纯电动汽车超过20 000辆，充电桩超过30 000个。上海对市级平台运营设计的公共网络租赁等公共服务费用，给予财政资金补贴，2016年给予50%运营补贴，2017~2018年给予30%运营补贴，每年补贴上限不超过300万元。《湖南省2016—2020年新能源汽车推广应用奖补政策》规定，对一次性购置30辆以上新能源客车并用于租赁运营等非公交单位，按照当年中央财政补贴标准的30%给予省级财政购置补贴。《浙江省新能源汽车产业"十三五"发展规划》明确，到2020年，已形成覆盖全省的新能源汽车推广应用格局。积极探索新能源汽车"互联网+"应用新模式，深化车辆分时租赁、车辆性能监测、"云服务"等车网融合模式创新，形成一批可复制、可推广的商业模式。进一步放宽市场准入，鼓励和支持社会资本进入新能源汽车整车租赁服务领域。

2. 电动汽车技术创新与分时租赁商业模式

电动汽车的技术创新是中国电动汽车分时租赁市场的发展基础，随着技术创新的不断发展，中国电动汽车分时租赁市场中的各类汽车品牌的技术指标得到了很大的提升。技术创新的重要指标——专利和新产品可以反映电动汽车的技术创新情况（王静宇等，2016）。本研究通过检索国家知识产权局的专利服务系统——专利检索及分析系统，获得2009~2017年电动汽车的专利信息，统计如图15-1和图15-2所示。

2009~2017年，得益于国家各项政策支持，企业和科研机构对电动汽车的研发投入增加，从而使得电动汽车技术专利逐年上升。技术创新的方向与分时租赁商业模式发展所急需解决的成本问题、充电问题和续航问题高度吻合。在专利数据方面，除了一般车辆的电源电力牵引专利，电池组的充电装置的技术专利数量较多，这些领域与发展分时租赁商业模式所需要的充电桩、配电箱等充电基础设施领域的需求紧密结合。

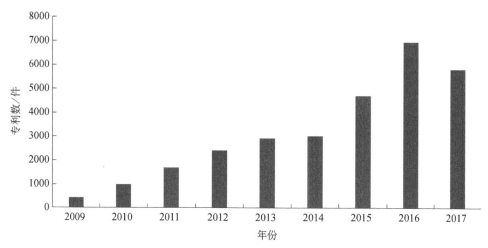

图 15-1　2009～2017 年中国电动汽车专利数

资料来源：国家知识产权局

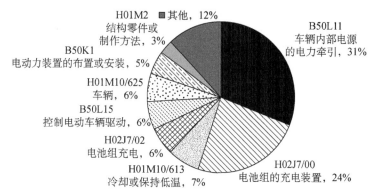

图 15-2　2009～2017 年电动汽车技术专利的主要技术领域分布

资料来源：国家知识产权局

3. 电动汽车市场新产品与分时租赁

2017 年 9 月 1 日，工业和信息化部正式发布《新能源汽车推广应用推荐车型目录（2017 年第 8 批）》，2017 年累计发布 8 批推荐车型目录，共包括 188 家企业的 2538 个车型。2016 年以前的新能源汽车目录已经废除。2009～2015 年的目录车型再次进入 2017 年目录的仅 3 款，而 2016 年 5 批车型有 220 款进入 2017 年目录，成为 2017 年首批补贴目录的主力。2016～2017 年主力企业的电动汽车目录如图 15-3 所示。

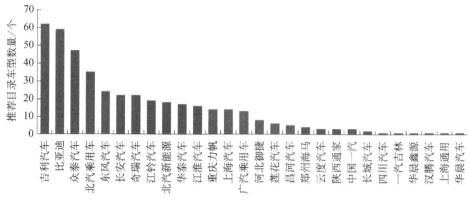

图 15-3　2016～2017 年电动汽车推广应用推荐主要车型目录

资料来源：工业和信息化部

为了更好地体现不同企业的不同产品在电动汽车市场上的表现，对 2016～2020 年中国市场新能源汽车销量前五名车型进行汇总，绘制表 15-2。

表 15-2　2016～2020 年中国市场新能源汽车销量前五名

项目	2016年	2017年	2018年	2019年	2020年
中国市场新能源汽车销量/万辆	比亚迪唐 29 940	北汽EC系列 78 079	北汽EC系列 90 367	北汽EC系列 111 125	特斯拉（Model3）137 459
	比亚迪秦 20 827	知豆D2 42 342	奇瑞eQ.电动车 46 967	元EV 61 551	宏光MINI 112 758
	绅宝D20 18 814	宋DM1.5T 293 66	秦ProDM 45 054	宝骏新能源 48 098	欧拉R1 46 774
	绅宝D50 18 740	奇瑞eQ电动车 25 140	比亚迪ES 43 902	奇瑞eQ电动车 39 401	埃安（Aions）45 626
	云100S 16 231	帝豪EV 23 225	江淮IEV 42 024	唐DM 34 084	全新秦EV 41 219

占据主要车型目录前列的吉利、众泰、北汽、比亚迪等多家企业不仅在各自主要城市的市场中占据领先地位，而且还布局了分时租赁市场，成为基于城市层面的分时租赁商业模式的引领者。例如，奇瑞的 eQx 系列产品、北汽的 EV 系列产品、吉利的帝豪等产品不仅占据车型销量的领先地位，而且也是分时租赁市场

中的主要车型。同时，这些企业以产品为依托成立分时租赁公司，带动分时租赁商业模式的发展。又如，北汽的 GreenGo 绿狗租车分时租赁，其所代表的车纷享模式带动了包括北京、天津、河北、常州等多个市场的分时租赁商业模式的兴起和发展。

从表 15-3 可以看出，分时租赁平台依托北汽新能源、江淮、长安、比亚迪、吉利等整车企业，选择车型根据区域、用途、充电方式等不同呈现多样化。比亚迪、江淮汽车的续航里程较长。

表 15-3　典型分时租赁车型信息汇总

分时租赁模式	车型	续航/公里	整车企业	运营城市
EVCARD	荣威 E50	170（综合工况）	上汽	上海、重庆、成都、广州等24 个城市
微公交	康迪 K10	150	吉利	上海、广州、重庆、昆明、南京、成都、海南
盼达用车	力帆 330EV	160	力帆	杭州、成都、绵阳、济源、郑州
盼达用车	力帆 620EV	160	力帆	杭州、成都、绵阳、济源、郑州
叮咚出行	知豆 D2S	155	知豆	广州
绿狗车纷享、易卡租车、京鱼出行、巴歌出行	北汽 E150EV	148（综合工况）	北汽新能源	北京、天津、河北等
京鱼出行	北汽 EC180	156	北汽新能源	北京
易卡租车	北汽 EU260 Plus	260（最大）	北汽新能源	北京
金钱潮、联程共享、京鱼出行、绿狗车纷享	江淮 iEV4	152	江淮	深圳、北京
GoFun 出行、联程共享、京鱼出行、巴歌出行	江淮 iEV5	匀速 240、工况 200	江淮	北京、上海、厦门、青岛、深圳
一步用车、京鱼出行、嗒嗒用车	江淮 IEV6E	205	江淮	郑州、北京、泉州
绿狗车纷享、易开出行、GoFun 出行、巴歌出行	奇瑞 eQ	200	奇瑞	北京、天津、河北、芜湖等
绿狗车纷享、氢氪出行	长安逸动 EV	200	长安	北京、杭州、宁波、青岛、常州、大连
格灵出行	长安新奔奔 EV	180	长安	上海

续表

分时租赁模式	车型	续航/公里	整车企业	运营城市
巴歌出行、易卡租车、联程共享	比亚迪 E5（豪华版）	305（综合工况）	比亚迪	北京、深圳
绿狗车纷享	众泰 E200	160	众泰	北京、杭州、宁波、青岛、常州

15.1.4　中国电动汽车分时租赁商业模式创新

国外学者通过对电动汽车产业的特点进行分析，认为电动汽车产业商业模式可以划分为以产品为导向的传统商业模式、以使用为导向和以结果为导向的新型商业模式，并将商业模式的评判标准简化为服务导向，认为从传统商业模式到新型商业模式（即从传统到创新）的过渡表明其服务导向性越来越强（Kley et al.，2011）。

本研究借鉴 Kley 等的观点，以服务导向为研判标准来分解中国电动汽车分时租赁商业模式的各个要素，并通过要素对比来解析中国电动汽车分时租赁商业模式创新。

1. 分时租赁运营城市对比分析

分时租赁商业模式的最大优势在于能够实现分时共享，是实现规模经济的有效手段，而运营城市范围的大小是分时租赁商业模式运营规模的体现，也是商业模式向以使用为导向和以结果为导向的转变。可持续发展的分时租赁商业模式能否可以在多个城市和地区复制是商业模式创新的前提。表 15-4 对中国典型的电动汽车分时租赁商业模式在两个发展阶段中的运营城市状况进行了分析。

表 15-4　分时租赁项目运营城市不同阶段对比

分时租赁模式	发展阶段	EVCARD	微公交	绿狗车纷享	金钱潮	盼达用车	一度用车	叮咚出行
运营城市	起步阶段	上海	杭州	杭州		重庆		
	快速发展阶段	重庆、成都、广州、海口等24个城市	上海、广州、重庆、昆明、南京、成都、海南	北京、天津、河北等4省7市	深圳	杭州、成都、绵阳、济源、郑州	北京	广州

　　从表 15-4 可以看出，在市场起步阶段，EVCARD、微公交、绿狗车纷享等分时租赁商业模式在各城市的整车制造企业资金要素的支撑下，率先占据了"十城千辆"工程示范推广城市上海、杭州、北京等地的市场，并进一步依托产品、技术发展起来，使得市场规模逐步扩大和稳固。

　　在市场快速发展阶段，随着分时租赁项目市场的扩张，发展较好的 EVCARD、微公交、绿狗车纷享先在其他城市进行布局，布局城市也基本符合中国逐步开放的"十城千辆"工程示范推广区域，其中尤以 EVCARD 的市场规模最大，在重庆、成都、广州、海口等 24 个城市进行了布局，正向二线甚至三线城市推广。金钱潮、一度用车、叮咚出行是快速发展阶段中涌现出的基于互联网技术的新能源汽车共享平台，还在深圳、北京、广州等地与该区域的其他分时租赁品牌竞争发展。

　　2. 分时租赁车型对比分析

　　分时租赁的车型是电动汽车产业商业模式价值主张的主要载体。车型的品牌、续航里程、充电方式、安全性、操控性等问题对消费者的选择倾向产生很大影响。各个地区的分时租赁项目结合企业背景，选择不同类型的车辆，为消费者提供多样化服务（表 15-5）。

表 15-5　分时租赁项目运营城市不同阶段对比

分时租赁模式	发展阶段	EVCARD	微公交	绿狗车纷享	金钱潮	盼达用车	一度用车	叮咚出行
车型	起步阶段	荣威 E50、众泰 1E、北汽 EV160	康迪 K10、康迪 K11	北汽 EV150				
	快速发展阶段	奇瑞 eQ、长安奔奔、宝马 i3	全球鹰 K17	北汽 EV200	江淮 iev4	力帆 330EV、力帆 620EV	北汽 EV160	东风 E30L、知豆 D2

　　在市场起步阶段，EVCARD、微公交、绿狗车纷享选用与其有股份合作的整车企业的电动车作为专用车辆。例如，具有上汽背景的荣威 E50，具有康迪股份的小型双门电动汽车康迪 K10、康迪 K11 和北汽的 EV150。上汽和北汽是传统的大型汽车企业。

　　在市场快速发展阶段，江淮、力帆、吉利、东风等越来越多的车企纷纷加入分时租赁行业，EVCARD、微公交、绿狗车纷享升级了原有车型，EVCARD 引入了更为高端的宝马 i3，微公交升级了四门车型全球鹰 K17，EV200 续航里程的提升满足了消费者的实际需求。

3. 分时租赁取还方式对比分析

分时租赁取还方式是电动汽车产业商业模式与客户交互的方式，也是商业模式向服务化导向转变的重要体现。优化取还方式将会极大地创新电动汽车分时租赁商业模式，方便消费者接触使用（表 15-6）。

表 15-6　分时租赁项目取还方式不同阶段对比

分时租赁模式	发展阶段	EVCARD	微公交	绿狗车纷享	金钱潮	盼达用车	一度用车	叮咚出行
取还方式	起步阶段	站点取还	站点取还	站点取还				
	快速发展阶段	异地取还	异地取还	异地取还	异地取还	异地取还	站点取还	异地取还

在市场起步阶段的分时租赁项目基本都是定位运营，站点取还为主。随着规模的扩大和运营的成熟，后期发展的分时租赁企业都实现了异地取还功能。

4. 分时租赁收费模式对比分析

收费模式是商业模式要素中重要的盈利模块，是企业获得利润的基本途径，更是商业模式可持续发展的根基。数据表明，尽管分时租赁商业模式在其他方面有着较多的差别，但是在收费模式上，几乎所有的分时租赁项目都采用押金＋租金的模式（表 15-7）。

表 15-7　分时租赁项目收费模式不同阶段对比

分时租赁模式	发展阶段	EVCARD	微公交	绿狗车纷享	金钱潮	盼达用车	一度用车	叮咚出行
收费模式	起步阶段	押金＋基准价＋里程价	会员费＋押金＋基准价＋里程价	押金＋基准价＋里程价				
	快速发展阶段	押金＋基准价＋里程价＋城市服务费	会员费＋押金＋基准价＋里程价	押金＋基准价＋里程价	会员费＋基准价＋里程价＋电费	押金＋基准价＋里程价	基准价＋里程价	押金＋基准价＋里程价

在市场起步阶段，只有微公交收取一定的会员费用，这与国外的 Autolib 相类似，即通过推出会员产品，增强客户黏性，实现绑定。

进入快速发展阶段以后，EVCARD 加收城市服务费用，在这一时期出现的盼达用车、叮咚出行则采取传统收费模式，一度用车无须押金，仅收取租赁的基准价和里程费用，即实际租金。金钱潮采用会员制，租赁期间产生的电费也由消费者承担。

5. 分时租赁商业模式运营效果对比

分时租赁商业模式在中国市场取得了较大认可。根据第一财经商业数据中心发布的《2017 中国共享出行行业大数据观察》，注册最多的 EVCARD 会员人数达到 90 万人，共享车辆突破 9800 辆，网点 4500 多个。打破充电模式的盼达用车共享车辆 7000 辆，网点 600 余个（表 15-8）。

表 15-8　分时租赁项目对比

分时租赁模式	EVCARD	微公交	绿狗车纷享	金钱潮	盼达用车	一度用车	叮咚出行
注册会员/个	900 000	—	120 000	500	—	—	—
共享车辆/辆	9 800	5 000	5 000	100	7 000	300	—
网点数/个	4 500	104	130	24	600	60	50

15.1.5　城市案例

在政策、技术和产品三重因素的共同作用下，上海、杭州、北京和深圳等城市的电动汽车分时租赁商业模式都已经从第一阶段发展到第二阶段，并与城市特征紧密结合，形成了各自特色鲜明的典型分时租赁商业模式，因此选取北京绿狗车纷享模式、杭州微公交模式、上海 EVCARD 模式、重庆盼达模式作为案例研究的对象，对它们的商业模式的演进进行深入研究。

1. 北京绿狗车纷享模式

以整车企业北汽集团为依托成立的 GreenGo 绿狗租车经过第一阶段和第二阶段的发展，已经形成以北京为发展中心的中国规模最大的新能源汽车分时租赁公司之一。

公司主体——北京恒誉新能源汽车租赁有限公司是 2014 年 6 月由北汽新能源与富士康集团共同投资 1000 万元组建的分时租赁公司。主要业务领域为：电动汽车租赁、电动汽车分时租赁、电动出租车业务。在运营上由北京恒誉新能源汽车租赁有限公司和易卡绿色（北京）汽车租赁有限公司、杭州车网纷享电动技术有限公司（负责提供技术平台）等租赁行业领先公司共同合作运营。北京恒誉新能源汽车租赁有限公司在成立初期便与杭州车厘子智能科技有限公司达成了战略合作。绿狗车纷享拥有其自主研发的用于分时租赁的信息化平台，因此绿狗车纷享整体上的智能化水平在运营之初便较高。与传统的分时租赁相比，绿狗车纷享分时租赁没有门店，用户主要通过网站、手机、电话和现场等多种渠道、方式预订车辆，在预定取车时间前往即可使用会员卡解锁车辆，输入授权码即可开始使用。

2014年，北京的绿狗车纷享项目主要为私人领域和公务领域提供分时租赁服务。用于租赁的车型为北汽E150EV，其他车型如北汽绅宝E和特斯拉等尚未投入运营。在充电基础设施方面，绿狗车纷享用户主要使用北京恒誉新能源汽车租赁有限公司自营的充电桩。此外，北京恒誉新能源汽车租赁有限公司与北京富电科技有限公司达成合作，北京富电科技有限公司的充电桩也向北京恒誉新能源汽车租赁有限公司租户开放。在还车方面，绿狗车纷享在运营初期仅支持定点还车。在2015年底，绿狗车纷享北京的车辆数达1588辆，在绿狗车纷享全国布局中占有重要地位。

2015年以后，经过两年多的快速发展，绿狗车纷享已实现北京、天津、河北、常州等地区的车辆运营，截至2017年底，其拥有各类运营车辆超3000台，实现车桩点智能互联网点超100个，会员超10万人，其中在北京建成并投入运营的租赁网点80个，预设网点47个。在车辆供给方面，绿狗车纷享提供的电动汽车车型除了北汽E150EV，还有少量的奇瑞EQ、北汽E200EV、宝马之诺等。北汽新能源系列车型不断升级，智能化水平也得到提升。

2015年5月，绿狗车纷享开通了异地还车平台，截至2017年9月，用户可在10个网点进行异地还车。还车时，用户必须要对所租赁的电动汽车进行充电，这一过程在网点的自建充电桩上刷会员卡即可实现（网点充电免费），然后锁车后利用APP还车并通过支付宝、微信支付租金。同时，绿狗车纷享网点的充电桩也对外提供充电服务，并获取相应的充电收入。

2. 杭州微公交模式

杭州微公交模式于2013年7月29日启动并运营，在2013年底杭州微公交共投放3019辆电动汽车，主要进行电动汽车的租赁、运营和市场推广等业务，由吉利控股集团与康迪成立的左中右推出，可在杭州市内全部租赁网点实现异地租还。截至2016年8月，微公交在杭州已投入运营租赁网点78个，待运营网点24个，其中特色网点包括提供充电换车服务的智能立体车库站点。

在微公交运营初期，商业模式中的主要参加者包括租赁运营商——左中右、汽车生产商——康迪、电力运营商——国网浙江省电力有限公司杭州供电公司、政府和用户。在车型选择上，租赁用电动汽车由左中右向吉利控股集团和康迪科技的另一合资子公司——康迪采购，主要车型为康迪 K10（二座）、康迪 K11（四座）。在租赁流程上，开始是以线下支付的方式、工作人员协助的情况下进行出租。此外，在基础设施方面，充电桩、网点等的建设、运营也由左中右负责，由此提高整个分时租赁的效率。

在微公交的快速发展阶段，微公交新投入了一批康迪的另一款车型——全球鹰 K17；微公交商业模式中逐渐加入新的参与方，这些参与方主要是科技/互联网企业。2014 年 11 月，微公交运营商左中右与蚂蚁金服就依托支付宝钱包的服务窗口等信息平台，就在线支付、客户信用、在线用车、会员运营和管理平台达成战略合作；2015 年 5 月，左中右、康迪和中兴通讯达成合作，就无线充电、自动驾驶等技术的研发和应用以及信息化平台的开发与探索达成共识；2015 年 11 月，阿里巴巴参与到微公交项目中，负责提供车载智能系统，全球鹰 K17 的智能化程度大大提升。

3. 上海 EVCARD 模式

EVCARD 是上海国际汽车城新能源汽车运营服务有限公司开展的电动汽车分时租赁项目。上海国际汽车城新能源汽车运营服务有限公司于 2013 年 7 月由三家公司投资成立，坐落于新能源试验基地上海汽车城嘉定区。在政府政策的倾斜和技术支持下，以"分时租赁、按需付费、全程自助、随借随还"为特点的 EVCARD 分时租赁一经推出就进入快速发展的阶段。

2013~2015 年，EVCARD 新能源分时租赁与多家汽车公司达成合作，分批多次引购了奇瑞 eQ、荣威 E50、宝马之诺 1E 三类新能源车型投入运营，迅速建立多个分时租赁点，仅在 2~3 年就实现了上海部分地区的分时租赁覆盖。

2015 年，EVCARD 扩大了市场规模，截至 2016 年，EVCARD 在上海地区已经有 1109 个租赁热点被启用，正常运行的车辆达千余辆，官网注册客户达到 12 万人以上，拥有上海最大的新能源租赁市场，保守估计占领上海市场的 80%，遥遥领先其他新能源汽车租赁公司。

4. 重庆盼达模式

盼达用车是由重庆力帆控股有限公司战略投资的新能源汽车智能出行平台。盼达用车和其他分时租赁产品最大的不同是，它采用的是可充电可换电的模式。使用的车型绝大部分是力帆 330EV 纯电动车，另外还有一些 650EV。盼达用车的换电服务外包给重庆移峰能源有限公司，隶属于力帆科技（集团）股份有限公司旗下,重庆移峰能源有限公司的主要业务就是储能。盼达用车换电所使用的电池,所有权也属于重庆移峰能源有限公司。

借助换电模式,盼达用车的车辆使用时间相比其他分时租赁企业得到了大幅提升。用户在使用的过程中只需开门、驾驶、停车等几道步骤,不必考虑车辆的充电问题,提升了产品的使用体验。此外,盼达用车在停车位方面还避免了建设充电桩等问题,从而让其可选择的停车点大幅增加,从而降低了车辆的运营成本。此外,车辆换下的电池可以在夜间利用峰谷电价的价格优势进行集中充电。

15.1.6 中国电动汽车分时租赁商业模式发展趋势

从 2013 年开始的中国电动汽车分时租赁商业模式经历了起步和快速发展两个阶段后,在中国多个示范城市和地区都可以看到电动汽车分时租赁的商业模式。纵观中国电动汽车分时租赁商业模式的发展过程可以看到,商业模式在从产品到服务的不断转化过程中,形成了多种商业模式的创新。结合产业政策、技术创新和新产品市场表现,可以预期未来中国电动汽车分时租赁商业模式发展和创新将具有以下四个发展趋势。

1. 分时租赁商业模式将呈现大区域运营和竞争的趋势

分时租赁商业模式的创新重点聚焦到提升规模经济,增加盈利能力。在过去近 5 年的中国电动汽车产业商业模式发展过程中,可以看到无论是既有的汽车整车制造商,还是新进入该领域的新兴企业等都加大了商业模式的复制和推广。这样的结果是,随着分时租赁商业模式从第一阶段向第二阶段发展,越来越多的城市开展了分时租赁商业模式。尤其是像 EVCARD、微公交等较早进入该领域的商业模式不仅在中国的大城市中推广,更是在中小型城市中得到复制和发展,这样的复制和推广有利于实现分时租赁商业模式的规模经济,一方面通过共享运营平台减少运营成本,提升盈利能力;另一方面大区域运营需要运营企业规模做大,不仅要提供足够多的车辆,而且能够通过获取和分析分时租赁运营企业的车辆运营数据,提升产品市场表现,提高消费者满意度,获取更多的运营收益。因此可以预期,越来越多的商业模式将布局区域发展,而不是仅仅局限于一个城市。

2. 更多的利益相关者加入将加快分时租赁商业模式创新速度

中国电动汽车分时租赁商业模式中的运营商主要由以下几类构成:传统租赁

公司、整车制造企业、新兴产业中的企业、科研机构和社会资本等。在市场起步阶段，由上汽主导的 EVCARD 和北汽主导的车纷享商业模式引导着整个分时租赁行业；在快速发展阶段，呈现出多个利益相关者参与和商业模式创新的局面。传统租赁企业首汽主导了 GoFun 模式，深圳的联程共享是科研机构与社会资本合作的结果，动力电池企业国轩高科股份有限公司投资一度用车等。

在商业模式运营中，可以看到随着互联网、高科技公司等新的利益相关者的加入，越来越多企业利用自身的互联网技术和优势，在提升用户使用体验方面做了更多的创新，不仅实现了诸如异地还车、手机解锁车辆等多种新的功能，而且带动了整个分时租赁商业模式的创新趋势。未来，随着越来越多包括能源供给、电池企业等利益相关者的加入，必然会产生更多的产业融合，进一步促进商业模式创新的发展。

3. 技术创新和新产品将进一步提升商业模式的创新能力

通过对比电动汽车产业商业模式运营车辆，发现随着市场从起步阶段到快速发展阶段，运营车辆的车型呈现多样化的趋势。分时租赁市场上既有北汽、上汽、奇瑞、吉利、江淮、知豆、时空电动、康迪等企业的车型，更是出现了包括宝马 i3 和特斯拉 Model S 在内的新车型。与此同时，无论是北汽、上汽、奇瑞、吉利还是宝马、特斯拉，各类车辆的续航里程不断提升，从原有的 150 公里左右向 200～300 公里转变。

这样的转变使分时租赁商业模式的服务属性进一步增强，不仅能满足消费者更长距离的消费需求，而且一定程度上解决了消费者因运行里程短带来的里程焦虑问题，减少了充电网络的需求，从而使得异地取还、无钥匙解锁、移动端一键操作等商业模式成为可能。

随着 5G 网络的发展、锂硫电池与固态电池技术进步、无线充电、车辆轻量化、智能驾驶、清洁能源使用、智能微电网等各类新技术的发展与商业化应用，分时租赁的车辆性能和平台将得到更大的提升，为商业模式创新提供更多的可能。

4. 充电领域和电池领域的技术创新为分时租赁商业模式创新创造更多可能

在市场起步阶段，电动汽车分时租赁以充电模式为主，但到快速发展阶段，出现了盼达用车的换电模式。未来，随着无线充电技术的发展，排除地点、充换电设备、管理等因素的影响，电动汽车的充换电模式将得到更大的创新。与此同时，电池技术的进步也将促进分时租赁商业模式的创新。例如，新的电池技术：固态电池、锂硫电池、铝空气电池、镁电池、石墨烯电池等。未来，随着能源补给网络建设、车辆制造技术、电池制造技术、电池标准统一和电力体制改革等一系列问题的不断解决，以及越来越多利益相关者的加入，更多产业间的融合，充电技术的进步和电池的技术创新将为电动汽车产业商业模式创新创造更多的可能性。

15.1.7 结论

本研究通过分析政策、技术和产品三个要素将中国电动汽车分时租赁商业模式的发展分为起步阶段和快速发展阶段，依据运营城市、运营车辆、取还方式、收费方式和运营效果对电动汽车分时租赁商业模式创新进行研究，并对北京、上海、杭州和重庆四个典型城市的分时租赁商业模式进行城市案例研究，在此基础上探讨中国电动汽车分时租赁商业模式的发展和创新趋势。

1. 中国电动汽车分时租赁商业模式的发展与政策、技术和产品紧密关联

战略规划及投资、补贴和税收减免、法规与标准等多项中央政府和地方政府的政策极大地推动了电动汽车产业和分时租赁商业模式的发展。在中央政府层面，包括充电能源供给、充电基础设施建设、民间社会资本进入等各项支持政策在内的电动汽车政策，对分时租赁商业模式的发展具有战略意义。在此基础上的各主要示范城市的地方政策，更是对分时租赁商业模式从补贴、模式推广、基础设施等方面予以重点支持。上述政策相互作用、相互影响形成政策体系，对电动汽车分时租赁商业模式的发展起到重要作用。

与此同时，在政策体系的引导下，中国电动汽车的技术创新和新产品的市场表现迅速得到提高。从技术专利的角度分析，2009~2017 年，中国电动汽车技术专利数量逐年上升。从主要技术领域分布来看，车辆内部电源的电力牵引、电池组的充电装置、冷却或保持低温技术专利数量较多，这些专利有效地解决了分时租赁商业模式发展所急需解决的成本问题、充电问题和续航问题。在电动汽车新产品市场表现方面，通过对工业和信息化部的电动汽车推广应用推荐主要车型和销量车型数据分析得出，占据主要车型目录前列的企业不仅布局分时租赁市场，而且在各自的主要城市市场中还占据领先地位，成为基于城市层面的分时租赁商业模式的引领者。销量高的车型通常也是分时租赁市场中的主要车型。成熟的技术专利、卓越的新产品表现为分时租赁商业模式的发展和创新提供了必要的技术和产品支撑。

2. 中国电动汽车分时租赁商业模式发展划分为两个阶段

基于政策、技术、市场三个要素，中国电动汽车分时租赁商业模式可以划分为两个阶段：起步阶段和快速发展阶段。2013～2015 年为起步阶段，分时租赁商业模式主要聚焦在北京、上海、杭州等最早的一批"十城千辆"示范城市中，运营车辆以本地的整车企业产品为主，充电方式和收费模式较为一致。2015 年起，中国电动汽车分时租赁进入快速发展阶段，商业模式创新体现在从产品导向向服务导向的转化，在商业模式的运营方、经营模式、收费方式等多个方面日渐形成不同特色，呈现出多元化的商业模式创新。

3. 中国电动汽车分时租赁商业模式在不同城市呈现出不同特色

在政策、技术和产品三重因素的共同作用下，上海、杭州、北京和深圳等城市的电动汽车分时租赁商业模式从起步阶段发展到快速发展阶段，形成了各自特色鲜明的分时租赁商业模式。通过对北京绿狗车纷享模式、杭州微公交模式、重庆盼达用车和上海 EVCARD 模式的城市案例分析，可以看到以整车企业北汽集团为依托成立的 GreenGo 绿狗租车和以上汽集团为依托的 EVCARD 经过两个阶段的发展形成区域经营、异地取还、多种收费模式并行的特点；杭州微公交模式则吸引了更多利益相关者的参与，如蚂蚁金服、阿里巴巴、中兴通讯等科技/互联网企业，微公交模式从产品转向服务，加快了商业模式创新的速度；重庆盼达用车与其他商业模式不同的换电模式为中国电动汽车分时租赁商业模式创新提供了更多的方向和可能。

4. 中国电动汽车分时租赁商业模式发展和创新呈现四大趋势

未来，中国电动汽车分时租赁商业模式发展和创新将呈现四个主要趋势：大区域运营和竞争、更多的利益相关者加入、技术创新和新产品进入市场、充电领域和电池领域的技术创新，这四大趋势将进一步促使分时租赁商业模式从产品导向向服务导向的转变，进而实现商业模式的创新。

15.2　新能源汽车产业公众意识培育策略研究

作为国家战略性新兴产业之一，新能源汽车产业在中国取得了快速的发展，对中国环境保护和能源安全等问题提供了重要的解决方案。随着公共交通领域新能源汽车保有量的快速增加，私人消费市场的推动和应用成为未来新能源汽车发展的重要方向。国内外实践和理论研究表明，公众意识的提高有利于私人消费市场的推动。本节首先从态度—行为缺口的视角出发，选取了从态度到行为的决策过程中最重要的三个方面：政策认知、技术与产品认知、环境价值认知作为公众意识研究的主要内容，并构建了新能源汽车产业公众意识培育的缺口分析框架。其次，应用此分析框架设计调查问卷并对北京进行实地调查与访谈，获取公众对北京新能源汽车产业政策、技术与产品、环境价值三个方面的认知状况，通过数据对比和分析，表明北京新能源汽车领域的公众意识培育关键缺口为：政策实施效果未达到公众预期、公众对技术与产品的信心不足、公众对环境价值考虑欠缺且不愿为环境效益支付费用等。对此，本节选取新能源汽车发展较好的美国、德国、法国、日本和荷兰等国家以及一些典型城市作为国际经验借鉴的对象，对其在公众意识培育方面的成功经验进行总结和借鉴。最后，基于上述分析，从上述三个方面提出培育和提升北京新能源汽车产业公众意识的相关策略。

15.2.1 引言

世界能源安全、环境保护增加了对新能源汽车技术研发与快速发展的诉求，促使各国以前瞻性视角、战略性眼光来评估新能源汽车的形势，并重新审视、部署汽车形势。对于中国，作为战略性新兴产业之一，发展新能源汽车产业已经成为国家振兴经济和转变产业结构的重要突破口，其对缓解能源供需矛盾、改善环境、促进经济可持续发展有着重要的推动作用。

在中国，随着"十城千辆"工程、2014 年国家发布的减免新能源汽车购置税公告等各类政策措施的出台与推进，新能源汽车产业发展迎来了利好时代。特别是北京，作为中国首都，又是京津冀一体化区域发展的核心，新能源汽车产业发展及相关政策制定与落实至关重要。

在 2009 年成为"十城千辆"工程首批示范城市之后，北京提出了一系列发展新能源汽车尤其是电动汽车的相关政策，如《北京市纯电动汽车示范推广市级补助暂行办法》等。不仅如此，北京还通过开展"电动北京伙伴计划""电动北京伙伴计划"校园行、建设北京新能源汽车体验中心等活动进行电动汽车的推广。在此基础上，北京新能源汽车尤其是电动汽车的推广取得了良好的效果。截至

2015 年底,北京在公共领域和私人领域累计推广新能源汽车已达 32 805 辆,位列推广应用示范城市(群)第三名,与 35 020 辆的推广计划相比,完成率达 93.68%。

尽管如此,新能源汽车产业发展仍旧面临着技术、商业模式等难题,特别是新能源汽车的推广策略采取的是率先在公共交通领域推广示范,然后逐步向私人领域推广。在私人消费市场,新能源汽车的推广应用依旧面临着公众意识薄弱、对新能源汽车产品属性的认知不足等障碍。特别是在北京,许多消费者购买新能源汽车都源于限号、限牌等政策限制,或者是有政策补贴等利好因素的推动。可以说,新能源汽车产业的发展仍然是靠政府推动,市场力量仍旧不够强大。

因此,新能源汽车产业公众意识的培育与提升,不仅能够促进公众接受新产品、新技术,提高信心和认可度,还能够促进私人购买与消费,释放市场活力,促进新能源汽车产业的有序发展。随着政策退坡、市场竞争加剧,新能源汽车产业公众意识的培育至关重要。

15.2.2　理论分析与研究框架

对新产品、新技术的公众意识培育,最终目的是要促进和引发消费者的购买行为。而消费者购买行为的发生是从态度到行为的一个决策过程,其中更是涉及消费者个人价值观、需求、动机、情绪、信息的认知、行为的控制等,还受到政策、社会环境等外部因素的影响。这些要素的缺失或错配,可能就会引发态度—行为缺口。国内有相关研究从态度—行为缺口的视角出发对新能源汽车产品采用进行了分析和研究,研究发现我国新能源汽车产品采用存在四个缺口,分别为态度高但认知浅、有意愿但顾虑多、被吸引但约束多、有尝鲜但反馈少。

对新能源汽车产业公众意识的研究同样可以采取类似的方法。通过问卷调查与访谈获取公众意识培育的不足,然后通过态度—行为缺口的分析方法,将公众在政策认知、购买意愿、环保意识这三方面的态度与其认知和行为意愿进行对比分析,寻找态度、认知、行为之间的缺口,进而提出针对性的对策与建议。

中央和地方政府都出台了各项政策促进新能源汽车产业的推广与应用,新能源汽车的政策实施和实际推广、公共交通领域以及汽车共享与租赁领域新能源车的应用、新能源汽车的环保价值和减排效果,都取得了很好的实践效果和社会价值。但是对于公众消费者来说，可能会非常支持政府的环保观点、产业的环保诉求，对产业的推广也充满了信心。但在实际生活中，公众消费者往往不愿意为环境属性等外部性因素支付费用，更倾向于从自身的需求、情感和认知去权衡汽车的各项指标属性。可以说，购买意愿并没有完全转化为实际的购买行为，对新能源汽车产品及其价值的认可态度和意识也未必起到了真正的转化。

因此，公众意识的培育与提升，不能仅仅停留在意识和意愿的培育，还要促进态度向行为的转化，促进实际的购买行为、认知改进。从态度—行为缺口的视角出发，不仅仅关注态度和行为本身，而是关注态度到行为的决策过程，关注决策过程中的关键因素，包括对政策的态度、购买意愿与行为、对环境价值的认知等方面，这些因素的缺失导致公众意识培育的缺口。通过填补缺口，从促进消费者购买行为的角度来提升和培育公众意识更具实践意义。

基于态度—行为缺口视角的公众意识培育缺口分析的基本思路，本研究构建了新能源汽车产业公众意识培育的缺口分析框架（图 15-4）。该分析框架重点对从"对新能源汽车的态度"到"购买行为的达成"这一决策过程中的影响要素进行分析，这些要素包括政策认知、技术与产品认知、环境价值认知。

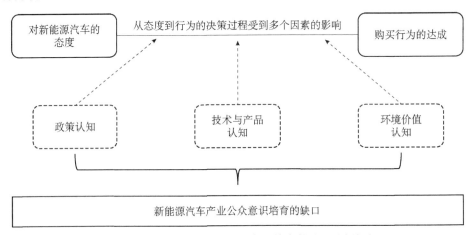

图 15-4 新能源汽车产业公众意识培育的缺口分析框架

基于对影响要素的分析，进一步提炼出不同分析要素中的一些具体问题，包括政策效果与公众预期和认知是否存在差距、购买意愿是否转化为购买行为、环境意识是否受到公众的重视等。针对上述问题，结合数据收集和分析，最终获取新能源汽车产业公众意识培育的缺口，从而为提出对策建议提供思路。

15.2.3　新能源汽车产业公众意识的现状与不足：北京数据

1. 问卷与研究设计

为了研究北京新能源汽车产业公众意识的不足及缺口，特别是公众对政策、技术与产品、环境价值三个方面的认知，本研究设计了"北京市新能源汽车产业公众意识问卷调查"，通过结合几个问题的数据对这三个方面进行分析。

（1）政策认知方面：通过公众对新能源汽车政策效果的认知判断，结合公众对新能源汽车推广价值的判断，分析公众对政策的认知程度以及所存在的问题。

（2）技术与产品认知方面：通过调查公众对新能源汽车推广价值的判断（态度），结合他们的购买意愿（行为决策），可以发现态度到行为之间是否存在脱节，并结合具体原因，分析在技术与产品认知方面是否存在问题。

（3）环境价值认知方面：结合公众对新能源汽车推广价值、环保价值等方面的认知分析，找出在环境价值方面是否存在不足。

以上三个方面的内容，通过问卷予以表现，问题包括"是否应该推广新能源汽车？""现行政策是否有效果？""推广新能源汽车产品是否有环保价值和减排效果？""是否愿意购买新能源汽车产品？"等。问卷调查采用利克特五点量表，问题从负面选项到正面选项按照程度分别计分为-2、-1、0、1、2五个层次（表15-9）。本研究通过对这些问题的组合交叉分析，并结合开放式问答及一对一访谈，对问卷调查进行补充，以便更好地体现调查效果。

表 15-9　问卷设计

调查问题	-2	-1	0	1	2	理由
是否应该推广新能源汽车？	非常不值得	不值得	无所谓	比较值得	非常值得	
现行政策是否有效果？	完全没效果	没什么效果	不清楚	比较有效果	非常有效果	
推广新能源汽车产品是否有环保价值和减排效果？	完全没效果	没什么效果	不清楚	比较有效果	非常有效果	
是否愿意购买新能源汽车产品？	非常不愿意	不愿意	无所谓	比较愿意	非常愿意	

2. 北京新能源汽车产业公众意识的态度—行为缺口分析

本研究选择在北京市区及各大郊区的社会公用充电桩（站）、新能源出租车及新能源公交车的充换电站、新能源汽车租赁站点等地附近进行实地调研、发放问卷。共发放 262 份问卷，收回有效问卷 248 份。受调查者均为新能源汽车实际驾驶人员，覆盖新能源公交车及出租车司机、新能源汽车租赁及汽车共享的驾驶人员、私人驾驶员等，其汽车驾龄在 1～2 年的占 19.76%，3～5 年的占 41.53%，5～10 年的占 26.21%，10 年以上的占 12.50%。此外，男女比例分别为 64.52%、35.48%，样本的选择具有一定的代表性。

根据本研究的问卷调查，选择前述四个问题进行交叉统计分析，对公众关于政策认知、技术与产品认知、环境价值认知三个方面进行分析研究，结果表明在三个方面均存在公众意识薄弱的问题，具体分析及原因如下。

1）政策认知缺口：公众对政策效果的认知薄弱

本研究选取"是否应该推广新能源汽车？""现行政策是否有效果？"这两个问题对公众的政策认知进行分析。这两个问题分别对应公众对新能源汽车推广所持态度和公众对政策效果的认知。对两个问题进行交叉统计如图 15-5 所示。

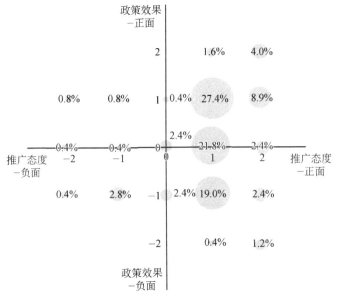

图 15-5　公众对新能源汽车推广态度与政策效果认知的交叉统计

从图 15-5 可以看出，近 90% 的受调查者对新能源汽车推广持正面态度，可见公众对于政府与社会大力推广新能源汽车是接受和支持的，尽管支持程度仍有一定的提升空间；从政策效果的认知来看，约 40% 的受调查者对新能源汽车现行政策的效果持正面态度，近三成的受调查者持负面态度，剩余三成的受调查者选择"无所谓""不清楚"。

　　结合两个问题来看，约 42%的受调查者认为新能源汽车值得推广，且现行政策有效果；约 48%的受调查者虽然也认为新能源汽车值得推广，但其中一半认为现行政策没有起到应有的效果，另一半则选择中间态度。

　　因此可以看到，新能源汽车产业政策的实施和应用一定程度上是受到支持和肯定的，且现行政策也已取得了一定的效果。但政策效果与公众预期和认知存在一定的差距。

　　访谈结果显示，尽管受调查者大多认为近年来政策体系的内容、形式、覆盖面都在日益完善，新能源汽车也非常值得推广，但现行政策大多基于产业层面开展实施，如免征购置税补贴、推广应用补贴等接近普通公众的政策却存在调整动态、时限太短、手续烦琐、优惠车型局限等问题，使得公众并不能很好地享受这些政策便利。也就是说，政策没有实施到位或没有便利地惠及公众，使得政策的预期效果没有达到公众需求。因此，新能源汽车产业公众意识存在第一个缺口：政策认知缺口，即政策的实际实施及其效果在惠及公众方面不够完善。

　　2）技术与产品认知缺口：公众对产品与技术信心不足

　　本研究选取"是否应该推广新能源汽车？""是否愿意购买新能源汽车产品？"这两个问题对公众的购买行为进行分析。这两个问题分别对应公众对新能源汽车推广所持态度和公众对新能源汽车产品的购买意愿。对两个问题进行交叉统计如图 15-6 所示。

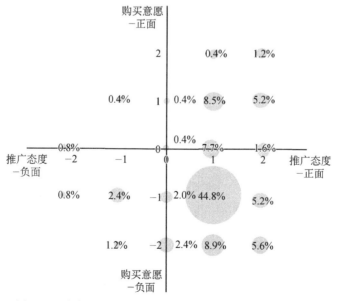

图 15-6　公众对新能源汽车推广态度与购买意愿的交叉统计

公众对政府与社会大力推广新能源汽车是接受和支持的；从图 15-6 可以看出，仅 16.1% 的受调查者表示愿意购买新能源汽车；超过 70% 的受调查者明确表示不愿意购买新能源汽车，尽管其中的 60% 以上对新能源汽车推广持正面态度。这表明，新能源汽车产品存在"叫好不叫座"的现象。

实地访谈调查显示，关于不愿意购买新能源汽车产品的理由，80% 的受调查者都提及"续航里程太短""充电太慢且不方便"等充电技术原因，40% 的受调查者提及"车辆成本没有优势或维修费用过高""车辆质量不好"等车辆性能原因；而少量愿意购买新能源汽车产品的受调查者中，几乎所有人都提及了"有政府补贴""摇号容易中""不限号不限行"等原因，而"环保价值和减排效能"等原因则被当作一个附加价值被考虑。

研究可以发现，新能源汽车产品"叫好不叫座"的本质原因在于车辆性能和充电技术的制约；另外，政府补贴、费用减免等激励制度，以及不限号不限牌等政策倾斜，的确对新能源汽车产品的公众购买意愿有一定的促进作用。

因此，新能源汽车产业公众意识存在第二个缺口：技术认知缺口，即公众对目前的技术与产品信心不足，不愿意做"第一个吃螃蟹的人"。

3）环境价值认知缺口：公众对环境价值考虑欠缺

本研究选取"是否应该推广新能源汽车？"和"推广新能源汽车产品是否有环保价值和减排效果？"、"是否愿意购买新能源汽车产品？"和"推广新能源汽车产品是否有环保价值和减排效果？"这两组问题对公众的环境意识进行分析。这两组问题对应公众对新能源汽车推广所持态度、公众对新能源汽车产品的购买意愿、公众对新能源汽车产品环境价值的认知。对两组问题进行交叉统计如图 15-7 和图 15-8 所示。

从图 15-7 可以看出，90% 的受调查者对新能源汽车推广持正面态度。这 90% 的人群中，33% 的受调查者对新能源汽车产品的环境价值持肯定态度，52.9% 的受调查者持中立态度。访谈结果显示，这 52.9% 的受调查者之所以对产品推广持正面态度、对环境价值持中立态度，主要原因有三个方面：30% 的受调查者认为现阶段新能源汽车数量太少，占机动车比例太低，环境价值暂时还无法体现；约 15% 的受调查者认为，新能源汽车产品制造过程也可能造成污染，因此对环保价值的判断不能太过武断；还有不足 10% 的受调查者属于从众心理，或认为国家研究判断后所推行政策理应受到支持。

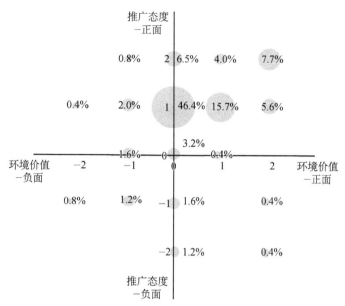

图 15-7　公众对新能源汽车产品的环境价值认知与推广态度的交叉统计

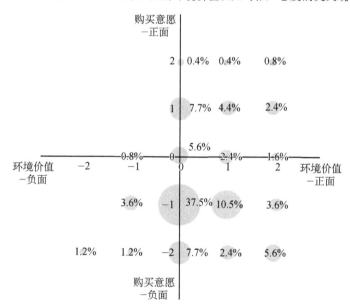

图 15-8　公众对新能源汽车产品的环境价值认知与购买意愿的交叉统计

从图 15-8 可以看出，愿意购买新能源汽车的 16.1% 受调查者，均对新能源汽车的环境价值持正面态度或中立态度；明确表示不愿意购买新能源汽车的受调查者中，绝大多数也对新能源汽车的环境价值持正面态度或中立态度。也就是说，尽管对新能源汽车的环境价值持反对态度的人群非常少，但仅34.1%的受调查者对新能源汽车的环境价值持明确的正面态度，仍有58.9%的受调查者持中立态度。从数据上来看，公众是否愿意购买新能源汽车产品与公众对新能源汽车产品环境价值的认知并没有紧密的联系。

从访谈结果来看，约65%的受调查者认为，不论新能源汽车产品是否存在环境价值，他们在考虑是否购买新能源汽车产品时，首要考虑的仍然是汽车的性能和质量，甚至是自己对新鲜事物的喜好等，环境属性并不是首要考虑的。

综上所述，公众对新能源汽车产品的环境价值认知存在疑虑，且并不非常看重新能源汽车产品的环境属性，特别是在考虑是否购买新能源汽车产品的过程中，环境价值并不是首要考虑的，最多是一个附加价值。这也符合相关研究得出的"消费者不愿意为外部因素支付费用"的结论。因此，新能源汽车产业公众意识存在第三个缺口：环境价值认知缺口，即公众对新能源汽车产品的环境价值认知有疑虑，且不愿意为此支付费用。

3. 小结

本研究基于态度—行为缺口的视角，从政策认知、技术与产品认知、环境价值认知三个方面入手，构建了新能源汽车产业公众意识培育的缺口分析框架，然后对北京新能源汽车产业公众意识培育进行了现实数据分析，研究表明：

（1）本研究框架具有一定的实用性和理论创新。本研究基于态度—行为缺口的视角，选择从态度到行为达成的决策过程最为关键的政策认知、技术与产品认知、环境价值认知三个因素作为研究对象，构建了新能源汽车产业公众意识培育的缺口分析框架。这一分析框架能够结合数据对公众意识培育的关键缺口进行分析，进而能够有针对性地提出对策。分析框架的建立和使用是着眼于从态度到行为达成的决策过程，而非态度和行为本身，从而能够着眼于决策过程寻找问题所在，具有一定的理论创新。

（2）北京新能源汽车产业公众意识培育的数据分析表明，公众意识培育在政策认知、技术与产品认知、环境价值认知这三个方面存在关键缺口，导致公众意识不足。三个方面的缺口主要表现为：政策实施效果未达到公众预期；公众对技术与产品的信心不足；公众对环境价值考虑欠缺且不愿为环境效益支付费用等。

展望与结论篇

本篇对技术创新驱动下新能源汽车产业商业模式创新的研究成果进行充分总结和归纳，并对未来随着产业发展出现的新模式新技术进行展望，随着智能网联、无人驾驶、5G、固态电池、氢燃料电池等新技术的发展，互联网、储能等新产业的融入将会对未来商业模式创新产生不可估量的影响和变化。

第 16 章　新模式新技术的未来

随着新能源汽车的不断发展，新技术的融入使新能源汽车产业商业模式呈现出纷繁复杂的景象。而技术不断创新，新技术的出现也必将引发汽车产品的再定义与新能源汽车产业商业模式的新变化。当你使用手机仅仅通过语音或键入指令，一辆无人驾驶的汽车就能从远处驶来，安全高效地载你前往目的地；当你驾驶着电动汽车，在行驶过程中也能补充能量，实现更长的续航里程；当 5G 技术逐渐成熟，5G 的应用又将为汽车行业带来何等巨大的改变……随着新技术新模式的发展，这些曾经只是构想的未来将在我们眼前一一呈现。鉴于篇幅所限，本章仅探讨如下技术对新能源汽车产业商业模式创新的影响。新技术影响下的"未来之车"究竟开往何方，让我们携手期待，共同见证。

1. 智能网联技术下的商业模式影响

智能网联技术弥补了自动驾驶和无人驾驶技术的缺陷，让汽车在智能化的基础上与万物互联。智能网联汽车（intelligent connected vehicle，ICV），是指搭载先进的车载传感器、控制器、执行器等装置，融合现代通信与网络技术，实现车联网与智能车的有机联合，进而能够实现车与人、车、路、后台等智能信息的共享与交换，达到安全、舒适、节能、高效行驶，并最终替代人来操作的新一代汽车。

近年来，我国车联网产业发展迅速，关键技术创新不断加快，测试示范区建设初具成效，融合创新生态体系初步形成，具体表现如下。

在战略层面，中国的智能网联汽车发展已上升至国家战略层面，发展定位从原来以车联网的概念体现并作为物联网的重要组成部分，向智能制造、智能网联等智能化集成转移。

在产业层面，智能网联汽车的发展对于汽车产业而言不同于以往的任何一次汽车技术升级。技术的爆发不仅仅发生在产业内部，甚至更多地体现在互联网企业等跨界领域。智能网联汽车需要高度智能化的数据分析能力。我国主要整车企业纷纷制定了智能网联汽车的战略规划，并通过跨界合作寻求产业融合和商业模式创新发展。例如，上汽与阿里巴巴互联网汽车领域战略合作，以及智能驾驶相关的前瞻技术研发；一汽"挚途"智能网联汽车技术战略，明确表示将在 2025 年实现智能商业服务平台运营。

在技术层面，智能网联汽车的技术体系由传感、决策、控制、通信定位及数据平台等组成，实现这些功能主要依赖于环境感知与导航定位技术、智能网联汽车决策控制技术和车联网技术等。其中，环境感知与导航定位技术对行驶中的智能网联汽车进行实时导航定位；智能网联汽车决策控制技术对采集的信息进行进一步处理，根据信息包含的内容进行决策，进而指导驾驶行为；车联网是以车内网、车际网和车载移动互联网为基础，按照约定的通信协议和数据交互标准，在车-X（X：车、路、行人及互联网等）之间，进行无线通信和信息交换的大系统网络，是能够实现智能化交通管理、智能动态信息服务和车辆智能化控制的一体化网络。

虽然智能网联汽车在不断升级，然而从整体来看依然没有成熟的商业模式。其一，智能网联汽车的智能化终极目标是实现自动驾驶，要实现这一目标，技术和商业模式的创新缺一不可，而在伴随着技术创新的条件下，商业模式的发展路径是怎样的，需要进一步探究。其二，在新的商业模式中，企业的定位到底是什么。国内企业都在行业剧变中定位自己，那么随着物联网技术的不断发展，企业应该在商业模式中知道自身处于产业链的什么位置，这样才能更加清晰地定义自己的商业模式。

2. 无线充电技术下的商业模式影响

电动汽车无线充电技术通过埋于地面下的供电导轨以高频交变磁场的形式将电能传输给运行在地面上一定范围内的车辆接收端电能拾取机构，进而给车载储能设备供电，可使电动汽车搭载少量电池组，延长其续航里程，同时电能补给变得更加安全、便捷。无线充电技术摆脱了线缆拔插的思维定式。它借助电磁场为媒介，无电气接触地实现了供电侧和用电侧之间的能量传输，是一种安全可靠、使用友好的创新技术，在近年来引起了国内外的广泛关注。

无线充电的相关标准还在逐步完善，无线充电技术在电动汽车上的初期应用仍将集中在中高端车型，2020 年无线充电标准基本可以支撑无线充电的互操作性要求；预计 2020~2025 年无线充电技术将逐步实现商业化运营；2025 年以后随着智能网联汽车产业成熟，无线充电产业也将实现产业化。

随着电动汽车充电个性化需求的增加，加之电动汽车势不可挡的发展趋势，无线充电技术在电动汽车充电领域有着广阔的商用前景。对该技术商用研究主要集中在动、静态方式充电的选取方面。静态充电方式与传统的插充式充电类似，在汽车静止状态下进行充电，在固定区域设置专门的充电点。动态充电方式与静态充电方式相反，在电动汽车移动的过程中进行充电。这种方式下，通过路面敷设充电通道，车辆在道路上行驶过程中，即可自动连接充电系统，在能量消耗的同时进行一定程度的能量补充。

电动汽车无线充电技术的发展，在对充电桩产业发展产生影响的同时，在商业推广的过程中也有以下难点：需要大量的资本投入、基础设施建设难度大以及在投资、运营过程中可能存在多个投资主体，项目推进的全局性、项目管理的协调性以及项目回报期的利益分配等问题协调难度大。因此，未来随着无线充电技术的商业化进程，在商业模式发展中可以实现：一是电网公司投资＋电网公司运营，在该模式下，汽车制造商只负责汽车生产，充电平台和充电配套服务由电力公司提供，相关的服务费用则由政府统一定价。二是电网公司投资＋第三方运营。由汽车制造商作为第三方运营汽车无线充电平台，一方面通过向电网公司出售无线充电设备获得收益，另一方面通过向电网公司支付费用租借无线充电设备，同时向用户提供充电服务，并收取相关服务费用。三是第三方投资＋第三方运营。在该模式下，国内典型的例子就是中兴通讯开创的"设备产品＋服务＋平台"商业模式，这是由汽车制造厂商投资无线充电设备并进行运营的。

3. 储能技术下的商业模式影响

储能主要是指电能的储存。电池储能技术在新能源汽车中的应用可以实现对电能系统的调峰，而且可以保证电能传输的稳定性，进而保证供电质量和持续性。储能技术能够对汽车电池内的功率进行采集和释放，实现电能储备的目标，降低电力系统运行对网络的影响，提高新能源汽车的经济效益。新能源汽车中的储能技术不仅要能快速响应电池的动态，而且还要能吸收电池内多余的能量，保护汽车内部的风电机，提高风电机的运行能力。

随着储能市场的不断增长以及行业厂商的发展日趋成熟，储能系统的商业模式越来越受到人们的关注。然而，储能技术在我国新能源汽车技术创新发展中依然困难重重。首先，我国电力产业总体上在向市场化推进，但电力市场的建设难度大、复杂程度高，我国储能产业政策仍在不断摸索和建立过程中。其次，风力系统、光伏系统和储能系统等新能源系统是用来转化能源的，但是新能源系统的制造与回收也需要消耗能源。尽管最近十年依靠规模生产效应，新能源系统制造成本下降很快，但是能耗成本依然占据成本的重要部分。

事实上，储能及其商业模式虽然是在多种因素的驱动下产生的，但是其技术创新驱动起到了决定性的作用。例如，新技术和智能设备的出现，其一是电动汽车行业发展带来的电池技术成本与性能突破，为储能产业的发展带来了挑战与机遇，其二是云平台、大数据、智能管控等技术的出现，促进了储能产业的发展。

未来的商业模式应当考虑到通过技术创新降低储能成本，尤其是储能系统的制造能耗成本和回收成本，配合电力体制改革，鼓励企业灵活发展储能商业模式，从而推动储能产业的商业模式发展。

4. 固态电池技术下的商业模式影响

固态电池作为一种电池科技，与现今普遍使用的锂离子电池和锂离子聚合物电池不同的是，固态电池是一种使用固体电极和固体电解质的电池。相较于锂离子电池，固态电池具有能量密度高、体积小、柔性化和更安全的特性，直接使用金属锂做负极，这样可以明显减轻负极材料的用量，使得整个电池的能量密度有明显提高；固态电解质取代传统的电解液（主要有有机和无机陶瓷材料两个体系），正负极之间的距离（传统上由隔膜电解液填充，现在由固态电解质填充）可以缩短到甚至只有几到十几微米，这样电池的厚度就能大大降低；全固态电池通过使用适当的封装材料（不能是刚性的外壳），制成的电池可以经受几百到几千次的弯曲而保证性能基本不衰减，避免在大电流下工作有可能出现锂枝晶以及发生副反应，从而更安全。

尽管固态电池具有很大的前景，但是固态电池的商业化发展路径依然存在关键问题需要突破。从技术上来说，如充抵岸速度慢、倍率性能偏低以及电解质材料缺乏等问题。未来，固态电池的发展应当从温度性能和倍率性能两方面进行研究，解决高速和极寒情况续航两大电动汽车痛点。从产业结构上来说，固态电池的发展尚未形成产业链，从电池原材料的供应到整车的应用上，都有待于进一步的完善和发展。从资源基础上来说，固态电池的研究在于对新型未知资源的探索以及如何在已有资源的条件下使得固态电池能够得到很好的发展和利用，而固态电池的这一商业化进程需要固态电池技术的驱动才能完成商业模式的创新。

5. 5G 技术下的商业模式影响

5G 即第五代移动通信技术，作为最新一代蜂窝移动通信技术，5G 的性能目标是高数据速率、减少延迟、节省能源、降低成本、提高系统容量和大规模设备连接。以 5G 为代表的移动通信技术正与人工智能、大数据紧密结合，开启一个万物互联的全新时代。

然而，随着技术和产业的发展，能源电力对通信网络提出了新的挑战。首先，网络复杂化，多网共存业务连接复杂度按指数级提高，5G 不是一个单独的网络，资源调度、资源管理包括网络管理等，使 5G 阶段网络的复杂度也将呈指数级增加。其次，业务结合滞后化，还没有能源互联网与 5G 技术结合的真正应用。最后，能源互联网安全问题，其也是 5G 面临的一个重要挑战。能源互联网的目标是实现能源和环境的可持续发展，能源效率和电力风险是面临的关键问题。

未来，应当专注于网络与能源互联网的发展匹配，使得网络能够灵活可编排，与能源互联网相匹配；专注于能源互联网与 5G 技术的正向耦合，能源互联网要适应全球信息通信的大幅扩张，必须在技术安全性、效率性等层面具有更大的突破；5G+能源互联网的新型商业模式，在 5G 技术的辅助下，依托分布式能源、智能电网、自动售配电等诸多新的商业模式大有可为。此外，能源互联网还可以和自动驾驶相结合，共建绿色交通。

6. 氢燃料电池技术下的商业模式影响

氢燃料电池是利用氧气和氢气的化学反应转换成发电的装置。其工作的基本原理是电解水的逆反应，将氧气和氢气分别供给阴极和阳极，在化学反应的作用下产生电流。氢燃料电池的特点在于无污染、无噪声、高效率。

全球主要国家均对氢燃料电池的发展投入大量资源，以期在未来新时代的能源竞争中占据领先位置。日本、韩国和中国对燃料电池的整体投入较高，以丰田、现代为代表的燃料电池乘用车和固定式热电联供系统以及氢能大巴、物流车的生产均处于全球领先地位。未来，氢能源汽车应当突破技术的限制，在氢气的生产、储存、报关和运输等方面做出突破；在新能源汽车的燃料电池发动机的制造工艺上进行优化；应当在燃料电池电动汽车上增加辅助电池或超级电容器，来储存燃料电池富余的电能，并且在燃料电池电动汽车减速时接收再生制动时产生的能量。此外，未来氢能源汽车还应当与智能网相连接，实现车车互联。

随着科技创新及产业化力度持续加强，产学研用紧密结合，车联网技术、共性技术平台建设逐步发展，越来越多的新技术将涌现出来。与此同时，技术与技术之间的叠加效应也将越来越明显，由此将对新能源汽车产业商业模式创新产生巨大影响，颠覆性的商业模式将显现出来。而技术创新和商业模式创新的协同也将使新能源汽车产业绽放出更为蓬勃的生命力,从而更好地服务于各个细分市场和客户需求,技术创新驱动下的未来商业模式或许超乎我们的想象。历史车轮滚滚向前,时代潮流浩浩荡荡,新技术的探索从不停歇,新模式的实践自当紧跟其上,借着技术的"东风",又将怎样书写下新能源汽车产业的恢宏篇章,敬请期待。

第 17 章　对 策 建 议

商业模式创新篇和案例篇对商业模式创新的演进进行了深入研究，并对未来新技术进行了探讨，本章将从商业模式创新影响要素和商业模式颠覆式创新的角度，对提升中国新能源汽车产业商业模式创新提出对策。

1. 全面提升新能源汽车技术创新水平，驱动商业模式创新

提升整车产品的技术水平。围绕整车生产的关键环节，开展技术交流合作，整合优势资源，降低研发成本，推动技术成果转化，开发适应市场需求的整车及关键零部件产品。同时，开展新能源汽车关键共性技术研究，突破整车控制、车身轻量化、电动汽车底盘、驱动电机及控制器、智能驾驶系统等关键核心技术。加强标准化建设，引导企业将关键核心技术转化为国家标准、行业标准、地方标准、团体标准、企业标准，推进国家新能源汽车及关键零部件技术标准制定工作。

聚焦关键技术瓶颈，持续提高动力电池的比能量和循环寿命，建立动力电池产能预警机制；统筹推进和完善覆盖动力电池全生命周期的回收利用体系，加强拆解回收等技术的研究，加快梯次利用商业化进程，推动建立回收利用市场化机制；加快固态电池等新体系电池的工程化研究；加强燃料电池的基础研究、技术创新和系统集成，力争跟上其至赶超国际领先水平。

加强新能源汽车充电基础设施建设力度。由于充电基础设施生产成本高、损坏率高、运营能力低等特点，各利益相关者的建设积极性不高。因此，从政策层面来讲，国家应该出台更多鼓励电动汽车充电基础设施的政策，激励利益相关者对充电基础设施的投资建设。从市场层面而言，新能源汽车产业发展应该逐渐走向市场化，通过充电基础设施建设市场化、互联网化，引入更多利益相关者，使更多的第三方企业、互联网企业等加入到充电基础设施的建设中，扩大建设队伍，实现资源共享、成本摊销、利益分成。从企业角度而言，新能源汽车建设方应该探索更多充电基础设施建设解决方案，引入更多互联网思维，如采用众筹建桩，集成更多社会资源，加强企业创新能力。

在促进新能源汽车产业关键技术的同时,应该迎合互联网时代的发展,不断提升新能源汽车产业的智能网联化水平。引导企业布局智能网联汽车产业,加强智能网联汽车技术创新。支持整车企业与互联网、人工智能、信息通信等企业深度合作,引进环境感知、车载操作系统、高精度导航等核心技术,研发具备自动驾驶功能的智能网联汽车。在产业基础较好的地区开展智能网联汽车试点,建设智能道路交通系统与车辆网络系统,带动智能网联汽车产业化。

2. 持续改善新能源汽车制度条件,助力商业模式创新

加强商业模式创新的支持政策,通过发挥商业模式创新倍增效应促进新能源汽车产业技术创新。在新能源汽车产业及基础设施发展初期,政府发挥着举足轻重的作用。虽然中国的新能源政策体系已现雏形,但是充电标准、行业规范等方面的政策缺失,建设用地、商业模式和技术模式创新等方面缺乏行之有效的政策,而私人领域建设方面的政策仍需完善。政府应针对公共专用领域、私人领域基础设施的开放和商业化运作给予政策上的鼓励和支持。通过政策关注商业模式创新的全过程,加快产业化进程,充分掌握新能源汽车的产业特点及运营模式,发挥电动汽车闲时充电优势,促进现有分时租赁等商业模式的快速发展。

提高示范城市影响,促进多商业模式发展。通过北京、上海、杭州等城市的示范作用,推动中国电动汽车分时租赁进入快速发展阶段。促使商业模式创新从产品导向向服务导向的转化,加强商业模式的运营方、经营模式、收费方式等多个方面日渐形成不同特色,呈现出多元化的商业模式创新。充电领域和电池领域的颠覆式创新,必将进一步实现分时租赁商业模式从产品导向向服务导向的转变,进而实现多样化的商业模式创新。

推动公众意识培育,提高公众对新商业模式的认可。鼓励公务人员率先使用新能源汽车,自觉成为新能源汽车推广应用的推动者。倡导新能源汽车行业从业人员身体力行,自觉成为电动汽车理念的传播者。倡导广大市民积极参与新能源汽车推广应用活动,成为新能源汽车应用的践行者。从其他国家、城市(地区)的经验来看,提高公民节能环保意识对于加速新能源汽车产业化也是十分重要的。

新闻媒体要进行全方位、多层次、宽视角的科普宣传,切实增进社会公众的认知程度,营造易于接受、乐于使用电动汽车的良好环境。重点加大政策宣传力度,通过专家解读、专题报道、典型案例等形式进行宣传报道,使公众清晰、消费者明晰、执行者熟悉。强化舆论监督作用,重点关注产品质量、服务保障、设施建设等关键环节,共同维护新能源汽车良好的发展态势和局面。

3. 积极完善新能源汽车产业结构，推动商业模式创新

推进新能源汽车产业结构调整，推动产业结构升级，促进新能源汽车产业持续、健康、稳定发展。在国家产业政策的推动下，我国新能源汽车产业发展迅速，已经初步形成了新能源汽车产业较为完整的产业链，但我国新能源汽车产业结构还存在不合理的地方，之后需要进一步调整和完善我国新能源汽车产业组织结构、市场结构和技术结构。

加强新能源汽车产业组织结构调整。为了进一步完善新能源汽车企业之间的资源互补优势，在企业依托自身发展的前提下，国家应通过出台相关政策，指导和引导我国自主品牌新能源汽车企业的兼并重组及战略联盟的形成，进一步提高产业集中度，增强产业规模效应。此外，还应加强汽车服务业的发展，国家可以通过出台分类管理制度，完善新能源汽车服务业产业，提高产业服务质量，完善市场环境，确定专职管理部门并加快个人信用系统的建设。

加快新能源汽车产业市场结构调整。随着新能源汽车产业国家补贴政策的不断滑坡，国家应切实采取有效措施，完善新能源汽车产业市场配套基础设施和汽车信贷体系，逐步以市场为导向，制定合适的营销策略，完善我国新能源汽车销售网络和售后服务体系，积极引导市场消费者观念，通过完善新能源汽车产业相关政策及市场资源，以解决新能源汽车消费者的后顾之忧。

完善新能源汽车产业技术结构调整。新能源汽车产业是技术密集型产业，因此新能源汽车产业的快速发展离不开高新科技的支撑。我国新能源汽车企业应进一步整合现有资源，推进自主品牌企业的兼并重组，建立公正公平的市场消费环境，推进自主品牌的政府采购制度，营造良好的自主品牌发展舆论环境，鼓励自主品牌企业通过实施"走出去"战略进行发展。此外，应进一步建立以新能源汽车技术创新为主的自主创新体系，包括产学研合作创新体制建设、研发中心建设、基础性研发平台建设、人才培养战略和自主创新评价体系建设，增加技术创新投入，加强对零部件企业自主创新能力的支持。

4. 坚持夯实新能源汽车资源基础，支撑商业模式创新

整合优质资源，积极促进多方合作。新能源汽车产业是我国七大战略性新兴产业之一，是技术密集型产业，未来新能源汽车产业的发展需要进一步充分发挥我国汽车科技优势、人才优势、资本优势，进一步促进优势资源的整合和转化，并以我国新能源汽车产业联盟为依托，集成创新和各方资源发展新能源汽车产业。通过筛选技术含量高、科技实力强、研发投入大、创新成果多、行业带动作

用强、经济社会效益好的一批汽车企业作为重点技术创新企业，进行重点扶持，引导其加强创新体系建设，规划创新方向，研制行业核心技术，谋求发展优势。整合新能源汽车产业链上的研发、设计、制造、零部件供应和终端用户等资源，加强产、学、研、用的有效衔接，切实降低新能源汽车产业的研发成本、共享技术成果，打造我国新能源汽车技术的规模化产业配套体系，加速推动我国新能源汽车和大数据平台有机融合，实现车辆智能化、交通智慧化和信息动态化，逐步提升我国新能源汽车产业的国际竞争力。

第 18 章 结 论

发展新能源汽车不仅是中国应对气候变化，推动绿色发展的战略举措，更是中国从汽车大国迈向汽车强国的必由之路。自 2001 年的"863 计划"开始，中国新能源汽车产业从无到有、从小到大、从弱到强，取得了举世瞩目的成就，中国不仅成为全球新能源汽车产业发展最为重要的市场之一，更是作为全球新能源汽车产业技术创新和商业模式创新最为活跃的市场代表。

商业模式创新作为与技术创新同等重要的一个促进产业发展的关键要素，在汽车与氢燃料、无人驾驶、5G、无线充电等各类新技术加速融合的今天，日益推动新能源汽车产业商业模式的改变，而这一切对中国新能源汽车产业的发展至关重要。因此，对商业模式创新的研究，尤其是沿着技术创新的演进路径，从技术专利、新产品视角出发对商业模式创新的研究更为重要。

本书在这样一个新能源汽车产业生态背景下，对技术创新驱动下的新能源汽车产业商业模式创新进行了深入研究。揭示了新能源汽车产业的商业模式是什么，商业模式创新的影响因素有哪些，驱动要素之间如何相互作用影响商业模式创新以及中国新能源汽车产业商业模式的创新演进结果。本书正文部分由绪论部分及六个篇章构成：绪论、现状篇、政策篇、理论篇、商业模式创新篇、案例篇、结论与展望篇。

1. 绪论

首先，从能源安全、生态环保、燃油车禁售、产业生态融合下的技术创新、商业模式创新等多个层面对新能源汽车产业的发展背景和意义进行分析；其次，对本书研究对象——新能源汽车和新能源汽车产业进行了明确的概念界定，在此基础上对新能源汽车产业体系中的三个关键产业链（整车、动力电池和充电基础设施）及相关代表企业进行论述，从而明晰了新能源汽车产业的内涵和外延。

2. 现状篇

按照国外和国内的分类方法对全球新能源汽车产业现状进行了研究。首先，从整车市场表现、动力电池市场表现和充电基础设施三个方面对国外新能源汽车产业市场进行了研究。其次,对中国新能源汽车产业整体市场发展阶段开展研究,分析了包括市场萌芽、市场启动、市场扩散和市场加速四个不同市场阶段的商业模式发展情景,并对中国整车制造企业的地理分布和技术创新等进行了总体论述。再次,采用与国外市场分析相同的分类分析方法,分别从整车市场表现、动力电池市场表现和充电基础设施三个方面对中国新能源汽车产业发展的现状进行研究。最后,对国内外新能源汽车产业商业模式的现状进行了研究,讨论了包括 Autolib 项目、Car2go 项目、Better place 项目、EVCARD 等国内外多个典型的商业模式,从而全面体现全球新能源汽车产业商业模式的发展。

研究表明:在电动汽车方面,美国近年来电动汽车始终保持稳健增长,其市场份额逐年提升,其中纯电动汽车的比例大幅增加,特斯拉为其最大产量贡献者,加利福尼亚州新注册数量最多。德国联邦政府出台了许多政策鼓励电动汽车的发展,纯电动车型和插电式混合动力车型保持高速增长,纯电动车型增速较高。德国是仅次于中国和美国的世界第三大电动汽车市场,也是欧洲最大的电动汽车市场。在电池方面,2020 年装机量 TOP10 企业中松下与 AESC 来自日本,LG 与三星来自韩国,其余六家均为中国企业,动力电池行业产业集中度高,主要集中在中国、日本、韩国三国。日本主要是松下、AESC,韩国主要是 SDI、LG,中国有宁德时代、比亚迪、国轩高科、孚能等。从全球动力电池格局来看,松下及宁德时代竞争优势明显,LG、SDI 增长较快。在充电桩方面,欧洲已经形成较为完善的充电基础设施发展体系,欧洲主要是汽车企业积极推动充电基础设施的建设,欧洲的充电运营产业活跃,充电运营商数量众多且分散。欧洲电动汽车充电基础设施呈现区域化差异,其中英国、德国、法国、荷兰等国充电桩数量较多,其他国家数量较少。英国充电桩的建设呈快速发展趋势,对应其电动汽车发展势头,英国充电桩市场具有极大的发展空间。美国各州独立性较强,在充电基础设施发展上存在地区差异。日本政府与车企主导充电基础设施的建设与运营,在政策的支持下,电动汽车充电桩数量也迎来飞速增长。

中国市场上,电动汽车的增速远高于世界平均增长速度。从产销量来看,2014～2020 年中国新能源汽车总产量从 7.85 万辆跃升至 136.60 万辆,总销量从 7.48 万辆增长至 136.70 万辆[①]。截至 2020 年底,全国新能源汽车保有量达 492 万辆,其中纯电动汽车保有量 400 万辆;新能源汽车增量连续三年超过 100 万辆,

---

① 2021 年中国新能源汽车产销量及龙头企业对比分析「图」[EB/OL]. https://baijiahao.baidu.com/s?id=1726515334530236401&wfr=spider&for=pc[2022-07-17].

呈持续高速增长趋势①。与此同时，2020 年我国动力电池装机量 63.6 吉瓦·时，动力电池产业在京津冀、长三角和珠三角地区发展态势良好。2020 年，全球动力电池装机量前三家电池企业装机量占总装机量的 69%，前十企业的装机总量占动力电池装机量的 93%②，动力电池行业集中度较高。中国动力电池市场同时也吸引了外国电池厂商，如特斯拉、松下、三星等企业纷纷在中国建厂，国外企业进一步向中国市场进入。中国已建成全球最大的电动汽车公共充电桩网络，截至 2020 年底，全国充电基础设施累计数量为 168.1 万台，同比增加 37.9%；2020 年全年，充电基础设施新增 46.2 万台，其中公共充电基础设施增量为 29.1 万台，同比增长 12.4%③，增速较高。其中，广东、上海、北京、江苏、浙江等加速发展地区建设的公共充电基础设施占比达 50%，建设区域较为集中。

3. 政策篇

新能源汽车产业优异的市场表现首先得益于国家将新能源汽车产业作为战略性新兴产业予以政策上的支持，政策篇中重点剖析了产业政策对产业发展的影响。我们同样将全球各地区分为国外和国内两部分进行研究，国外部分分别选取新能源汽车产业发展迅速的美国、德国、法国、荷兰、英国、日本和韩国共 7 个国家的产业政策作为研究对象，从战略规划及投资、补贴和税收减免、法规与标准、专门机构设立四个方面针对不同国家的政府政策进行研究。

通过对新能源汽车的政策研究发现，美国、日本、英国、德国和中国的政策体系均较为完善，政策内容丰富。美国和英国对新能源汽车的战略规划较为全面、投资大，且对能源、环境、气候方面关注较高。德国在战略规划及投资、法规与标准方面较为完善，在补贴方面经历了不对消费者提供补贴到为消费者提供补贴的过程。日本的新能源汽车政策对燃料电池电动汽车和混合动力汽车更为偏爱。荷兰增加电动汽车的主要动力之一是财政刺激。韩国突出的特点在于其新能源汽车补贴政策体系较为完善。中国将新能源汽车产业立于国家产业发展战略地位；补贴和税收减免激励明显；法规与标准正在逐步完善。总的来说，我国新能源汽车产业发展政策数量和质量均处于较高水平，逐步形成了较为完善的政策体系。

① 2020 年全国机动车保有量达 3.72 亿辆[EB/OL]. https://baijiahao.baidu.com/s?id=1688550005034063010&wfr=spider&for=pc[2021-11-18].

② 2020 全球动力电池装机量 TOP10 解析[EB/OL]. https://baijiahao.baidu.com/s?id=1693300087243544903[2021-11-18].

③ 截止（到）2020 年 12 月，全国充电基础设施累计数量为 168.1 万台[EB/OL]. https://newenergy.in-en.com/html/newenergy-2399369.shtml[2021-11-18].

通过对动力电池的政策研究发现，各国对动力电池产业虽然在不同程度上都给予了支持，但相较于整车和充电基础设施而言，支持力度普遍不是很大。其中，美国、日本、韩国在动力电池政策方面较为完善，支持力度较大。而欧盟国家，在动力电池方面较美国、日本、韩国整体上起步较晚、较为落后。中国关于动力电池单独的支持政策出台时间较晚，对动力电池的关注度从 2014 年开始才日益提升，中国十分重视动力电池行业标准及市场规范管理，且动力电池的回收利用是中国动力电池政策体系中重要的一环。从规划、行业标准与规范、回收利用等方面已形成较完善的政策体系。

通过对充电基础设施的政策研究发现，各国都将充电基础设施建设作为推广新能源汽车的重要举措，因而在战略规划及投资、补贴和税收减免、法规与标准等方面都给予了大力支持。其中，美国在战略上十分重视充电点的布局和充电技术研究；德国则在充电基础设施的标准化工作方面给予足够的关注；法国更加重视对基础设施的投资，出台了许多资助政策和投资计划以提供大量补贴和税收优惠；荷兰的智能充电系统建设走在国际前列；英国则更加重视充电点的布局和建设；日本和韩国相较于美国和欧盟国家，在充电基础设施方面的支持政策较少；中国电动汽车充电基础设施产业相关政策的年度发布数量及年度生效数量整体呈上升趋势，对充电基础设施建设、运营等方面较为重视，但多为战略规划等宏观政策，且 2014 年前产业政策多依托电动汽车产业政策，几乎没有专门针对充电基础设施发展的政策。近年来，在战略规划及投资、法规与标准、补贴奖励类方面的政策逐渐完善。

4. 理论篇

为了更好地分析技术创新驱动下的中国新能源汽车产业商业模式是如何创新的，在理论篇中，我们在文献综述的基础上，从动态视角出发，基于战略-商业模式分析框架和战略选择模型，构建技术创新驱动下的新能源汽车产业商业模式创新演变模型，该模型包括商业模式创新的演变基础、动力系统和演变结果三部分。

1）演变基础

本书通过分析，得出商业模式创新的四大影响因素，即以技术创新因素驱动为核心，制度条件、产业结构和资源基础三大创新联动要素相联系，这四大因素构成了新能源汽车产业商业模式创新驱动因素。为了更为有效地探索不同市场阶段中，这四大创新驱动要素对商业模式创新的不同影响，本书构建了包括 4 个一级指标、15 个二级指标的新能源汽车产业商业模式创新动力的指标体系，并应用层次结构模型确定了市场启动阶段、市场扩散阶段、市场加速阶段的不同商业模式创新指标权重，通过分析可以看到不同市场阶段的创新动力不同，各个要素对商业模式创新带来的贡献也各不相同。

2）动力系统

本书将中国新能源汽车产业商业模式创新动力系统划分为四大子系统：技术创新子系统、制度条件子系统、产业结构子系统和资源基础子系统，在此基础上，应用系统动力学原理和方法，构建新能源汽车产业商业模式创新动力系统，并通过因果回路关系和传导路径分析不同子系统驱动下的商业模式创新动力系统的机制，从而总结各个子系统中推动商业模式创新的关键动力因素。

3）演变结果

研究商业模式在产业层次和城市层次两个不同视角下的创新演变结果。产业层面，基于产业阶段对中国新能源汽车产业商业模式创新的阶段特点和不同类型进行分析和总结，然后基于典型商业模式创新的演变过程，总结商业模式创新路径；城市层面，则是通过社会网络分析来研究对比不同城市新能源汽车产业商业模式创新的整体特点，并对比分析核心企业在其中的特点和作用。

（1）技术创新驱动下的新能源汽车产业商业模式创新模型是由商业模式驱动因素、商业模式创新演变机制和商业模式创新路径构成的动态演进框架。

（2）中国新能源汽车产业商业模式创新的演进基础是以技术创新为核心，制度条件、产业结构、资源基础三要素联动的影响要素模型。

（3）创建商业模式创新动力系统研究表明，技术创新是商业模式创新的主要驱动力，产业政策制度引导商业模式创新方向，产业链上利益相关者促进商业模式结构创新，产业联盟为商业模式创新提供实验平台。

（4）不同产业阶段受到不同动力组合的影响。商业模式创新的动力从以市场启动阶段的产业政策和产业链为主要动力，到市场扩散阶段的重视联盟参与、价值网络构建、市场竞争等要素，再到市场加速阶段的更加关注价值网络构建以及技术创新驱动带来的创新动力。同时，随着产业和市场进程的发展，使用导向型商业模式与产品导向型商业模式的创新日益受到重视，并深受各个阶段主要创新动力的推动和影响。

5. 商业模式创新篇

本书首先从技术入手来探索技术创新的方向，从新能源汽车整车、动力电池和充电基础设施三大领域入手，分别对中国新能源汽车产业层面的关键技术、专利分布、企业技术能力进行了详细研究和分析。对于产业层面的关键技术主要分析了整车关键技术和充电基础设施关键技术，在此基础上，鉴于专利是体现技术创新的重要指标，运用德温特创新索引数据库，利用专利分析方法，从历年专利数量、专利申请人排行、专利申请人国家分布、专利申请人领域分布、技术领域分布五个方面对全球电动汽车、动力电池、充电基础设施的专利发展进行了详细分析。同时，在全球新能源汽车产业技术创新分析的基础上，深入研究了中国新能源汽车的技术创新水平。最后，从企业视角对中国新能源汽车企业和企业的技术创新表现进行研究，识别出中国新能源汽车、动力电池和充电基础设施的技术特点和技术优势。

研究表明，整车领域的研究重点集中在轻量化、智能化、网络化和自动化四个方面。动力电池作为新能源汽车的核心，研究集中在不断提高动力电池新型材料、电池管理系统等本身的关键技术，以及动力电池回收利用技术、梯次利用、安全性问题等方面；充电基础设施领域，充电的智能化、便捷化将是未来一段时间的技术研究重点。中国新能源汽车产业链上的企业竞争日趋激烈，产业格局日渐形成，充分反映了中国新能源汽车相关产业的技术创新趋势及技术创新水平，为进一步研究技术创新驱动下的商业模式创新提供了研究基础。

之后，结合社会网络理论和利益相关者理论等，对不同产业阶段的中国新能源汽车产业商业模式的创新演进进行研究。将中国新能源汽车产业发展划分为四个阶段，分别是市场萌芽阶段、市场启动阶段、市场扩散阶段和市场加速阶段。在此基础上，应用 UCINET 软件绘制了各个城市主要商业模式的参与者及相互关系，从而形成了城市视角下商业模式创新网络图，通过城市对比以及对商业模式创新网络特点和核心企业分析，对不同城市的中国新能源汽车产业商业模式创新发展进行研究。

本研究对产业阶段的中国新能源汽车产业商业模式创新的阶段特点分析表明，在市场启动阶段，产业政策推动了企业对商业模式的探索和创新，产业链的构建和参与者的加入促进了商业模式创新的企业间合作，同时商业模式创新一定程度上弥补了新能源汽车产业技术创新的不足；而在市场扩散阶段，产业联盟的参与和价值网络的构建促进了车企布局新能源汽车市场，同时大量车企通过"以租代售"抢占租赁市场，这些都使得新能源汽车市场竞争加剧，并使产品表现与充电基础设施布局逐步成为商业模式创新的重要推动力量；到市场加速阶段，市场竞争的加大促进了企业通过联盟合作、价值网络构建来增加自身商业模式的优势，同时产品表现与系统服务等技术的创新和发展驱动着商业模式的创新和未来发展。

从中国新能源汽车产业商业模式创新的动态演变过程得知，中国新能源汽车产业商业模式的创新路径有五种典型方式。

（1）传统销售模式向多元化商业模式创新转变，形成了符合产业发展阶段特点的产品导向型商业模式创新，或是从产品导向型商业模式向使用导向型商业模式的创新转变。

（2）在技术创新驱动下充换电模式的交替与共同发展，反映了技术创新水平和实际市场需求对充换电模式的选择，以及对商业模式创新的影响。

（3）"以租代售"转向"产品导向"的创新路径，这是指车企通过"以租代售"测试新能源汽车产品的市场反应和用户反馈，从而将具有竞争力和优秀表现的产品真正投入市场。

（4）整车企业的汽车共享战略与创新路径，以这些整车企业的汽车共享战略为指导，通过技术合作与创新、市场布局与联盟合作等方式，促进商业模式的创新与发展。

（5）非整车企业的汽车共享战略与创新路径，是以互联网企业为代表的新的产业参与者，以其技术平台为基础，开发具有智能化、网联化、集成化的分时租赁平台，并寻求与整车企业的合作，从而实现其商业模式的持续发展与创新。

6. 案例篇

在建构整个理论体系之后，由于新能源汽车产业商业模式在不同城市呈现不同特色，分别选取北京、深圳和杭州这三个城市的新能源汽车产业商业模式创新进行城市案例研究，探究在技术创新、制度条件、产业结构和资源基础联动影响下的新能源汽车产业商业模式创新演进。与此同时，研究了新能源汽车分时租赁商业模式在不同城市层面的演进，以及中国新能源汽车产业公众意识培育策略。

研究表明，城市层面的新能源汽车产业商业模式创新路径具有城市特点。北京新能源汽车产业商业模式创新的路径呈现综合发展态势，共有五条路径：大型活动示范路径、公共交通充电转化路径、私人购买路径、不同区域的新能源汽车基础设施建设路径、租赁路径。深圳新能源汽车产业发展呈现"先公共交通、后私人购买"的推广模式，发展路径包括三条：以政企紧密合作为主导的深圳普天模式、以汽车制造企业为主导的比亚迪模式和私人购买路径。杭州新能源汽车产业商业模式在分时租赁方面表现突出，演进路径包括四条：传统销售模式向分时租赁等多元化商业模式创新转变、充换电模式的交替与共同发展、非整车企业的汽车共享战略与创新路径、整车企业的汽车共享战略与创新路径。

对新能源汽车分时租赁商业模式在跨城市层面的演进研究表明,中国电动汽车分时租赁商业模式的发展与政策、技术和产品紧密关联;中国电动汽车分时租赁商业模式发展划分为两个阶段;中国电动汽车分时租赁商业模式在不同城市呈现出不同特色;未来,中国电动汽车分时租赁商业模式发展和创新将呈现四个主要趋势:即大区域运营和竞争、更多的利益相关者加入、技术创新和新产品进入市场、充电领域和电池领域的技术创新。

在对中国新能源汽车产业公众意识培育策略的研究中发现,公众意识培育在政策认知、技术与产品认知、环境价值认知这三个方面存在关键缺口,导致公众意识不足。三个方面的缺口主要表现为:政策实施效果未达到公众预期;公众对技术与产品的信心不足;公众对环境价值考虑欠缺且不愿为环境效益支付费用等问题。

7. 结论与展望篇

随着无人驾驶、5G、新材料、新能源、无线充电等各类新技术的发展,可以预知,未来中国新能源汽车产业商业模式创新必将异彩纷呈。本书分别详述了未来对新能源汽车商业模式创新或将产生颠覆影响的智能网联技术、无线充电技术、储能技术、固态电池技术、5G 技术和氢燃料电池技术,分析了它们对商业模式的创新影响。

研究表明,智能网联技术重新定义企业在新能源汽车产业链中的地位,从而重新设计商业模式,促进商业模式创新。无线充电技术对充电桩产业发展影响巨大,在商业模式发展中可能实现电网公司投资＋电网公司运营、电网公司投资＋第三方运营以及第三方投资＋第三方运营等多种商业模式创新。储能技术的突破将带来电池技术成本下降与性能提升。固态电池将解决高速和极寒情况续航两大电动汽车痛点,从技术上淘汰基于续航里程较短而出现的商业模式。5G 与能源互联网组成的新型商业模式,依托分布式能源、智能电网、在 5G 技术的辅助下自动售配电等新的商业模式将大有可为。氢燃料电池是更具可持续、可再生的环保电池技术,可以促进新能源汽车高效运营,并通过在燃料电池电动汽车上增加辅助电池或超级电容器以储存燃料电池富裕的电能,从而提升氢能源的使用效率和新能源汽车的续航里程,颠覆电动汽车技术范式,创新高续航氢能源汽车的商业模式。

参 考 文 献

北京市生态环境局. 2020. 2019 年空气质量状况报告[R]. 北京: 北京市生态环境局.

才艺欣, 王贺武, 叶强, 等. 2013. 深圳和杭州电动出租车充电或换电池服务的商业模式[J]. 汽车安全与节能学报, 4（1）: 54-60.

曹静, 范德成, 唐小旭. 2010. 产学研结合技术创新绩效评价研究[J]. 科技进步与对策, 27（7）: 114-118.

陈军, 张韵君. 2013. 基于政策工具视角的新能源汽车发展政策研究[J]. 经济与管理, （8）: 77-83.

陈瑞青, 白辰. 2015. 中国新能源汽车产业发展现状、问题及对策[J]. 汽车工业研究, （1）: 10-13.

程广宇. 2010. 国外新能源汽车产业政策分析及启示[J]. 中国科技投资, （5）: 33-35.

褚叶祺, 翁晓冬. 2014. 电动汽车微公交商业模式研究——以杭州市为例[J]. 浙江工业大学学报（社会科学版）, 13（3）: 339-344.

丁晓华, 王冕, 陈岩, 等. 2016. 电动汽车共享商业模式的发展[J]. 科技导报, 34（6）: 105-110.

方太升, 潘勇. 2010. 安徽省新能源汽车产业技术发展举措及对策研究[J]. 安徽科技, （9）: 9-11.

傅家骥. 1998. 企业重建与技术创新[J]. 科技潮, （8）: 142-144.

高闯, 关鑫. 2006. 企业商业模式创新的实现方式与演进机理——一种基于价值链创新的理论解释[J]. 中国工业经济, （11）: 83-90.

高铭泽. 2013. 中国新能源汽车产业研究[D]. 长春: 吉林大学.

葛建平. 2013a. 北京市新能源汽车充电设施供给的政策工具选择[J]. 生态经济, （10）: 118-121, 154.

葛建平. 2013b. 新能源汽车充电设施供给的政策网络主体及其互动关系[J]. 企业经济, （10）: 162-166.

龚岩. 2014. 企业商业模式演进中的财务困境分析[D]. 哈尔滨: 哈尔滨工程大学.

谷兴荣. 2006. 企业创新发展基本模式与成长规律新探[J]. 科技与经济, 19（2）: 17-21.

郭琨焜. 2011. 关于吉林省新能源汽车产业发展的政策分析[J]. 知识经济，（19）：127-127.

国际能源署. 2018. 全球电动汽车展望2018[R]. 巴黎：国际能源署.

郝凤霞，王天敏，钱枫莉. 2017. 分时租赁能否为电动汽车的发展突破瓶颈——基于法国Autolib项目的分析[J]. 当代经济，（22）：4-7.

何鹏，邹朋，蔡丛，等. 2014. 国内外节能与新能源汽车财税政策分析[J]. 汽车工业研究，（1）：30-34.

恒大研究院. 2019. 中国新能源汽车发展报告2019[R]. 北京：恒大研究院.

恒大研究院. 2020. 中国新能源汽车发展报告2020[R]. 北京：恒大研究院.

洪志生，薛澜，周源. 2015. 新兴产业发展中商业模式创新对技术创新的作用机理分析[J]. 中国科技论坛，（1）：39-44.

黄健柏，白冰. 2011. 电动汽车企业技术合作创新模式投资决策[J]. 系统工程理论与实践，31（9）：1707-1717.

黄鲁成，成雨，吴菲菲，等. 2012. 基于专利分析的北京新能源汽车产业现状与对策研究[J]. 情报杂志，（5）：1-6，11.

李大元. 2011. 低碳经济背景下我国新能源汽车产业发展的对策研究[J]. 经济纵横，（2）：72-75.

李飞. 2010. 企业成长路径与商业模式的动态演进研究[D]. 天津：天津大学.

李芊. 2012. 三网融合下的电视娱乐业商业模式创新研究[D]. 长沙：中南大学.

李苏秀. 2018. 中国新能源汽车产业商业模式创新动态演变研究[D]. 北京：北京交通大学.

李苏秀，刘颖琦，王静宇，等. 2016. 基于市场表现的中国新能源汽车产业发展政策剖析[J]. 中国人口·资源与环境，26（9）：158-166.

李文辉. 2012. 新能源汽车产业链构建研究[D]. 郑州：郑州大学.

李志强，赵卫军. 2012. 企业技术创新与商业模式创新的协同研究[J]. 中国软科学，10（8）：117-124.

联合国环境规划署. 2019. 2018年排放差距报告[R]. 内罗毕：联合国环境规划署.

刘兰剑，陈双波. 2013. 基于多回路竞争的新能源汽车技术创新政策研究[J]. 科学管理研究，31（5）：41-45.

刘颖琦. 2015. 全球典型国家电动汽车产业发展：政策与商业模式创新[R]//中国汽车技术研究中心. 中国新能源汽车产业发展报告（2015）. 北京：社会科学文献出版社：327-351.

罗少文. 2008. 我国新能源汽车产业发展战略研究[D]. 上海：复旦大学.

罗炜，唐元虎. 2001. 企业合作创新的组织模式及其选择[J]. 科学学研究，19（4）：103-109.

罗艳托，汤湘华，胡爱君. 2014. 国内外电动汽车发展现状、趋势及其对车用燃料的影响[J]. 国际石油经济，22（5）：64-70.

骆雁.2012.影响消费者选择意愿的汽车共享效用分析[J].交通与运输（学术版），（1）：132-135.

莫愁，陈吉清，温宗孔，等.2013.电动汽车产业技术路线图制定实践研究[J].科技管理研究，33（19）：83-88.

石斌，施佑生.2014.城市公交融资租赁的意义与经验[J].开放导报，（2）：88-91.

苏素，肖阿妮.2012.政府主导型产业共性技术R&D合作组织研究——以电动汽车产业联盟为例[J].科技进步与对策，29：55-59.

孙冰，袭希，余浩.2013.网络关系视角下技术生态位态势研究——基于东北三省新能源汽车产业的实证分析[J].科学学研究，31：518-528.

孙俊秀，陈洁，殷正远.2012.美日欧新能源汽车政策辨析及启示[J].上海管理科学，34（2）：63-66.

唐葆君，刘江鹏.2015.中国新能源汽车产业发展展望[J].北京理工大学学报（社会科学版），17（2）：1-6.

田志龙，盘远华，高海涛.2006.商业模式创新途径探讨[J].经济与管理，20（1）：42-45.

汪沁，张露嘉.2013.我国新能源汽车产业政策分析与评价[J].经营与管理，（11）：57-61.

王海啸，缪小明.2013.我国新能源汽车研发补贴的博弈研究[J].软科学，27（6）：29-32.

王静，朱桂龙.2012.新能源汽车产业产学研合作专利分析[J].中国科技论坛，（1）：37-43.

王静宇，刘颖琦，Kokko A.2012."十城千辆"示范工程政策与效果比较研究[J].科学决策，12：1-14.

王静宇，刘颖琦，Kokko A.2016.基于专利信息的中国新能源汽车产业技术创新研究[J].情报杂志，35（1）：32-38.

王生金，徐明.2014.平台企业商业模式的本质及特殊性[J].中国流通经济，（8）：106-111.

王小峰，于志民.2016.中国新能源汽车的发展现状及趋势[J].科技导报，34（17）：13-18.

王秀杰，陈轶嵩，徐建全.2012.我国新能源汽车产业化发展问题及对策研究[J].科技管理研究，32（11）：29-35.

魏淑艳，郭随磊.2014.中国新能源汽车产业发展政策工具选择[J].科技进步与对策，31（21）：99-103.

吴贵生，李纪珍，孙议政.2000.技术创新网络和技术外包[J].科研管理，21（4）：34-44.

吴晓波.1995.二次创新的进化过程[J].科研管理，16（2）：27-35.

吴晓波，耿帅，徐松屹.2004.基于共享性资源的集群企业竞争优势分析[J].研究与发展管理，16（4）：1-7,13.

吴晓波，赵子溢.2017.商业模式创新的前因问题：研究综述与展望[J].外国经济与管理，39（1）：114-127.

肖海晶.2006.国外技术创新模式及对我国的启示[J].学习与探索，（6）：207-210.

熊彼特. 2009. 经济发展理论——对利润、资本、信贷、利息和经济周期的探究[M]. 叶华，译. 北京：中国社会科学出版社.

许鹏飞. 2013. 我国新能源汽车发展的路径和对策研究[D]. 杭州：浙江工业大学.

薛奕曦，陈翌，孔德洋，等.2014. 基于价值网络的电动汽车商业模式创新研究[J]. 科学学与科学技术管理，（3）：49-57.

薛跃，杨同宇，温素彬.2008. 汽车共享消费的发展模式及社会经济特性分析[J]. 技术经济与管理研究，156（1）：54-58.

阳双梅，孙锐.2013. 论技术创新与商业模式创新的关系[J]. 科学学研究，31（10）：1572-1580.

杨忠敏，王兆华，宿丽霞.2011. 基于模块化的节能新能源汽车技术集成路径研究[J]. 科技进步与对策，28（18）：60-64.

尹秋菊，黄洁萍，冯丽.2013. 电动汽车技术转移网络结构及其社会资本[J]. 北京理工大学学报（社会科学版），15（2）：43-47.

曾涛. 2006. 企业商业模式研究[D]. 成都：西南财经大学.

曾志伟. 2012. 关于中国新能源汽车产业政策体系的分析及探讨[J]. 公路与汽运，（5）：1-4.

张洁晶. 2011. 中国纯电动车商业模式分析[J]. 汽车工程师，（12）：17-20.

张晓宇，赵海斌，周小柯.2011. 中国新能源汽车产业发展现状及其问题分析——基于我国汽车产业可持续发展的视角[J]. 理论与现代化，（2）：60-66.

张亚萍，高勇，武秋丽，等.2013. 我国电动汽车商业模式创新与发展研究[J].上海汽车，（1）：29-32.

张长令. 2014. 完善电动汽车分时租赁模式[J]. 中国发展观察，（11）：67.

中国汽车工程学会. 2020. 节能与新能源汽车技术路线图 2.0[M]. 北京：机械工业出版社.

中华人民共和国海关总署. 2020. 中国海关统计年鉴[R]. 北京：中华人民共和国海关总署.

周敏，黄福华. 2013. 技术驱动下的共同物流商业模式创新路径研究[J]. 江汉论坛，（6）：73-76.

Afuah A. 2004. Business Models：A Strategic Management Approach[M]. New York：McGraw-Hill Companies.

Afuah A，Tucci C. 2001. Internet Business Models and Strategies Text and Cases[M]. New York：McGraw-Hill Companies.

Åhman M. 2006. Government policy and the development of electric vehicles in Japan[J]. Energy Policy，34（4）：433-443.

Amble M M，Parag P，Shakkottai S，et al. 2011. Content-aware Caching and Traffic Management in Content Distribution Networks[M]. Zhuhai：IEEE.

Andries P，Debackere K. 2007. Adaptation and performance in new businesses：Understanding the moderating effects of independence and industry[J]. Small Business Economics, 29 (1-2): 81-99.

Arend R J. 2013. The business model: Present and future—beyond a skeumorph [J]. Strategic Organization, 11 (4): 390-402.

Augier M, Teece D J.2009. Dynamic capabilities and the role of managers in business strategy and economic performance[J]. Organization Science, 20 (2): 410-421.

Barney J. 1991. Firm resources and sustained competitive advantage[J]. Journal of Management, 17 (1): 99-120.

Beattie V, Smith S J. 2013. Value creation and business models: Refocusing the intellectual capital debate[J]. The British Accounting Review, 45 (4): 243-254.

Bellman R, Clark C E, Malcolm D G, et al. 1957. On the construction of a multi-stage, multi-person business game[J]. Operations Research, 5 (4): 469-503.

Beltramello A, Haye-Fayle L, Pilat D . 2013. Why New Business Models Matter for Green Growth[M]. Paris: OECD GreenGrowth Papers.

Bergek A, Berggren C, KITE Research Group. 2014. The impact of environmental policy instruments on innovation: A review of energy and automotive industry studies[J]. Ecological Economics, 106: 112-123.

Casadesus-Masanell R, Zhu F. 2010. Strategies to fight ad-sponsored rivals[J]. Management Science, 56 (9): 1484-1499.

Chesbrough H. 2007. Business model innovation: It's not just about technology anymore[J]. Strategy & Leadership, 35 (6): 12-17.

Chesbrough H. 2010. Business model innovation: Opportunities and barriers[J]. Long Range Planning, 43 (2-3): 354-363.

Chesbrough H, Rosenbloom R S. 2002. The role of the business model in capturing value from innovation: Evidence from Xerox Corporation's technology spin-off companies[J]. Industrial and Corporate Change, 11 (3): 529-555.

Demil B, Lecocq X. 2010. Business model evolution: In search of dynamic consistency[J]. Long Range Planning, 43 (2-3): 227-246.

Demil B. 2005. Processes of legitimization and pressure toward regulation: Corporate conformity and strategic behavior[J]. International Studies of Management & Organization, 35 (2): 56-77.

Eden C, Ackermann F. 2000. Mapping distinctive competencies: A systemic approach[J]. Journal of the Operational Research Society, 51 (1): 12-20.

Eriksson H E, Penker M. 2000. Business Modeling with UML[M]. New York: John Wiley.

Gambardella A, Mcgahan A M. 2010. Business-model innovation: General purpose technologies and their implications for industry structure[J]. Long Range Planning, 43 (2-3): 262-271.

Gass V, Schmidt J, Schmid E. 2014. Analysis of alternative policy instruments to promote electric vehicles in Austria[J]. Renewable Energy, 61: 96-101.

Gopalakrishnan S, Damanpour F. 1997. A Review of innovation research in economics, sociology and technology management[J]. Omega International Journal of Management Science, 25 (1): 15-28.

Gordijn J, Akkermans H, Vliet H V. 2000. What's in an electronic business model?[C]. European Workshop on Knowledge Acquisition. Springer-Verlag.

Hamel G. 2000. Leading the Revolution[M]. Boston, MA: Harvard Business School Press.

Hasoneh A. 2013. The role of knowledge management in the healthcare sector[J]. International Journal of Advanced Research, 1 (6): 436-442.

Henriksen K, Andreassen K V, Thudium C S, et al. 2012. A specific subtype of osteoclasts secretes factors inducing nodule formation by osteoblasts[J]. Bone, 51 (3): 353-361.

IEA. 2015. World Energy Outlook 2015[J]. International Energy Agency, (1): 31-54.

Intergovernmental Panel on Climate Change. 2014. Working Group III. Climate change 2014: mitigation of climate change: chapter 8: transport: final draft[J]. Economic Development, 2014: 739-810.

Jensen M B, Johnson B, Lorenz E, et al. 2007. Forms of knowledge and modes of innovation[J]. Research Policy, (36): 680-693.

Johnson M W. 2010. The time has come for business model innovation[J]. Leader to Leader, (57): 6-10.

Johnson M W, Christensen C C, Kagermann H. 2008. Reinventing your business model[J]. Harvard Business Review, 87 (12): 52-60.

Katzev R. 2003. Car sharing: A new approach to urban transportation problems[J]. Analyses of Social Issues and Public Policy, 3 (1): 65-86.

Keegan M. 2018. Shenzhen's silent revolution: World's first fully electric bus fleet quietens Chinese megacity[N]. The Guardian, 2018-12-12.

Keen P, Williams R. 2013. Value architectures for digital business: Beyond the business model[J]. Mis Quarterly, 37 (2): 643-648.

Kley F, Lerch C, Dallinger D. 2011. New business models for electric cars—A holistic approach[J]. Energ Policy, 39 (6): 3392-3403.

Koen P A, Bertels H M J, Elsum I R. 2011. The three faces of business model innovation: Challenges for established firms[J]. Research-Technology Management, 54 (3): 52-59.

Kokko A, Liu Y. 2012. Governance of new energy vehicle technology in China[J]. Paving the

Road to Sustainable Transport: Governance and Innovation in Low-carbon Vehicles, 20: 200-220.

Konczal E F. 1975. Models are for managers, not mathematicians[J]. Journal of Systems Management, 26 (165): 12-15.

Lee Y, Shin J, Park Y. 2012. The Changing patern of SME's innovativeness through business model globalization[J]. Technological Forecasting and Social Change, 79 (5): 832-842.

Linder J C, Cantrell S. 2001. Five business-model myths that hold companies back[J]. Strategy & Leadership, 29 (6): 13-18.

Liu Y, Kokko A. 2013. Who does what in China's new energy vehicle industry?[J]. Energy Policy, 57: 21-29.

Magretta J. 2002. Why business models matter[J]. Harvard Business Review, 80 (5): 86-92.

Mahadevan B. 2000. Business models for internet-based E-commerce: An anatomy[J]. California Management Review, 42 (4): 55-69.

Mangematin V, Lemarié S, Boissin J P, et al. 2003. Development of SMEs and heterogeneity of trajectories: The case of biotechnology in France[J]. Research Policy, 32 (4): 621-638.

Martijn H, Raymond O. 2019. How business model innovation affects firm performance in the energy storage market[J]. Renewable Energy, 131 (FEB.): 120-127.

Matzler K, Bailom F, von den Eichen S F, et al. 2013. Business model innovation: Coffee triumphs for nespresso[J]. Journal of Business Strategy, 34 (2): 30-37.

Mitchell D W, Coles C B. 2004. Establishing a continuing business model innovation process[J]. Journal of Business Strategy, 25 (3): 39-49.

Mustafa R. 2014. Business model innovation: Pervasiveness of mobile banking ecosystem and activity system—An illustrative case of telenor easypaisa[J]. Journal of Strategy & Management, 8 (4): 342-367.

Narayanan V K, Fahey L. 2005. The relevance of the institutional underpinnings of Porter's five forces framework to emerging economies: An epistemological analysis [J]. Journal of Management Studies, 42 (1): 207-223.

Osterwalder A, Pigneur Y, Christopher L T. 2005. Clarifying business models: Origins, present, and future of the concept[J]. Communications of the Information Systems, 16 (1): 1-25.

Osterwalder A, Pigneur Y. 2010. Business Model Generation: A Handbook for Visionaries, Game Changers, and Challengers[M]. New Jersey: John Wiley and Sons.

Peng M W, Sun S L, Pinkham B, et al. 2009. The institution-based view as a third leg for a strategy tripod[J]. The Academy of Management Perspectives, 23 (3): 63-81.

Porter M E. 1980. Competitive strategy: Techniques for analyzing industries and competitors:

With a new introduct[J]. Social Science Electronic Publishing, (2): 86-87.

Santos J, Spector B, van der Heyden L, et al. 2009. Toward a theory of business model innovation within incumbent firms[J]. INSEAD Working Papers Collection, (16): 1-56.

Schumpeter J A. 1934. The Schumpttr: Theory Economic Development[M]. Canbridge: Harvard University Press.

Shafer S M, Smith H J, Linder J C. 2005. The power of business models[J]. Business Horizons, 48 (3): 199-207.

Situ L. 2009. Electric vehicle development: The past, present & future[C]. 3rd International Conference on Power Electronics Systems and Applications: 1-3.

Suarez F F, Cusumano M A, Kahl S J. 2013. Services and the business models of product firms: An empirical analysis of the software industry[J]. Management Science, 59 (2): 420-435.

Teece D J. 2010. Business models, business strategy and innovation[J]. Long Range Planning, 43 (2-3): 172-194.

Teegen H, Doh J P, Vachani S. 2004. The importance of nongovernmental organizations (NGOs) in global governance and value creation: An international business research agenda[J]. Journal of International Business Studies, 35 (6): 463-483.

Timmers P. 1998. Business models for electronic markets[J]. Journal of Electronic Markets, 8 (2): 3-8.

Voelpel S C, Leibold M, Tekie E B. 2004. The wheel of business model reinvention: How to reshape your business model to leapfrog competitors[J]. Journal of Change Management, 4 (3): 259-276.

Wirtz B W, Pistoia A, Ullrich S, et al.2016. Business models: Origin, development and future research perspectives[J]. Long Range Planning, 49 (1): 36-54.

Yang L Y, Xu J H, Neuhäusler P, et al. 2013. Electric vehicle technology in China: An exploratory patent analysis[J]. World Patent Information, 35 (4): 305-312.

Zott C, Amit R. 2008. The fit between product market strategy and business model: Implications for firm performance[J]. Strategic Management Journal, 29 (1): 1-26.

Zott C, Amit R. 2010. Business model design: An activity system perspective[J]. Long Range Planning, 43 (2-3): 216-226.

Zott C, Amit R. 2013. The business model: a theoretically anchored robust construct for strategic analysis[J]. Strategic Organization, 11 (4): 403-411.

Zott C, Amit R, Massa L. 2011. The business model: Recent developments and future research[J]. Journal of Management, 37 (4): 1019-1042.